10/18

12, AVENUE D'ITALIE. PARIS XIIIe

Sur l'auteur

Steve Sem-Sandberg est né en 1958 en Suède. Il est l'auteur de nombreux romans et notamment d'une trilogie sur trois figures féminines, Ulrike Meinhof, Lou Andreas-Salomé et Milena Jesenskà. Sorti en 2009 en Suède, *Les Dépossédés* a obtenu le prix August Strindberg, l'équivalent suédois du prix Goncourt. *Les Élus*, son dernier roman, a été récompensé par le prix Médicis étranger 2016.

STEVE SEM-SANDBERG

LES ÉLUS

Traduit du suédois
par Johanna Chatellard-Schapira
et Emmanuel Curtil

10/18

ROBERT LAFFONT

Du même auteur
aux Éditions 10/18

LES DÉPOSSÉDÉS, n° 4886
► LES ÉLUS, n° 5192

Traduit avec le concours financier
du Swedish Arts Council

Titre original :
De utvalda
Édition originale : Albert Bonniers Förlag 4

ISBN 978-2-264-07097-5

Pour See

decursus [lat.]
Descente rapide, chute [en parlant de torrent] ;
[méd.] évolution d'une maladie.

Partout, on fournit du travail aux infirmes, on s'efforce de l'adapter à leurs capacités, etc. Mais n'oublions pas que la lutte pour l'existence ne repose pas sur la compassion et les œuvres de charité, c'est un combat où les plus forts et les plus capables doivent l'emporter – et ils l'emporteront, ne serait-ce que pour la survie de l'espèce [...]. Il nous faut être lucides : la guerre a favorisé la multiplication d'individus inaptes, c'est-à-dire de mauvaises variantes, qui risquent d'être encore plus nombreux à la génération suivante, laquelle sera dès lors davantage disposée à les préserver et à les porter à bout de bras. Aussi cruel que cela puisse paraître, il convient de souligner que l'aide toujours accrue que l'on accorde à ces mauvaises variantes est gaspillée du point de vue de l'économie humaine et va à l'encontre de l'hygiène raciale [...]. L'amélioration de la race doit commencer chez les enfants. Si nous ne sommes pas en mesure pour l'instant d'agir sur la qualité de la reproduction, du moins devons-nous nous efforcer de favoriser cette qualité par l'élevage. Cela implique d'éduquer les enfants selon des principes biologiques et sociaux.

Julius Tandler,
Krieg und Bevölkerung (1916)

La maison de redressement du Spiegelgrund a pour fonction d'observer et d'examiner tous les enfants et adolescents mentalement déficients, depuis la naissance jusqu'à l'âge adulte, dans le but d'évaluer leurs capacités physiques et mentales, puis, après l'établissement du rapport d'expertise, de les rediriger vers une institution ou un centre de soins adaptés. En outre, l'expérience acquise à cet égard pourra être utilisée au profit de futurs travaux scientifiques.
Actuellement, nous disposons de quinze groupes composés de trente élèves chacun, et de deux groupes de soixante élèves chacun. À cela s'ajoute un groupe uniquement composé de nourrissons et d'enfants en bas âge, doté d'une capacité moyenne de cinquante lits, et deux autres groupes, chacun composé de trente enfants psychopathes en âge d'aller à l'école [...].
Lors de l'admission [...], il incombe aux autorités compétentes, que ce soit le Jugendamt[1]*, comme c'est le cas actuellement, ou tout autre service de santé publique, de fournir les circonstances précises dans lesquelles l'enfant a été adressé à notre institution, ainsi que des informations sur ses antécédents familiaux détaillant les tares héréditaires ou handicaps éducatifs. En outre, si possible, un dossier scolaire complet devra être fourni, afin d'apporter des éléments complémentaires sur d'éventuelles défaillances dans l'éducation ou toute autre particularité.*
Lors de l'admission, il est du ressort du médecin de l'institution de noter immédiatement le status somaticus, *et, si l'état de santé de l'enfant le requiert, de*

1. Service de l'enfance et de la jeunesse.

prescrire le traitement approprié ; dans le cas où un traitement a déjà été prescrit, un dossier médical complet précis devra être fourni. L'examen devra être à la fois neurologique et de médecine interne [...]. Après une rencontre avec la famille, que celle-ci ait eu lieu de façon informelle ou par le biais d'une convocation officielle, le médecin de l'institution devra établir une anamnèse retraçant les antécédents génétiques, psychiatriques et physiques. Une fois que l'enfant aura été mesuré et pesé, des clichés seront réalisés à des fins de documentation. Enfin, quelques lignes seront ajoutées permettant d'établir son statut anthropologique. Plus tard, lorsque nous aurons mis en place le dispositif nécessaire à l'accueil de l'enfant et rassemblé le personnel scientifique requis, ce statut sera enrichi par des données anthropologiques et phrénologiques précises, et complété par des empreintes dactyloscopiques.

Après un temps d'adaptation suffisant, l'élève subira un examen psychologique, qui fera également partiellement office de test d'intelligence selon la méthode actuellement en vigueur, dont certains points auront été considérablement améliorés et développés, et dont le but ne sera pas d'établir un quotient intellectuel (lequel sera malgré tout conservé – avant tout pour des raisons pratiques), mais plutôt de se forger une opinion sur la personnalité globale de l'enfant et de vérifier la présence de certaines aptitudes mentales et physiques nécessaires à l'éducation. Les exercices de composition portant sur des sujets choisis avec soin – lesquels sont destinés à nous donner un aperçu de l'âme de l'enfant ou de l'adolescent et ne manquent jamais de nous fournir des informations importantes sur le développement de son caractère – nous permettent d'avoir accès à des idées et pensées formulées par l'élève de façon inconsciente, qui sont souvent un excellent moyen de compléter notre connaissance de son caractère. Ces tests psychologiques sont menés par des spécialistes triés sur le volet, dotés d'une formation et d'une expérience solides, sous la direction d'un psychologue spécialisé en pédagogie. Les résultats, discutés conjointement, sont sans cesse réexaminés afin de trouver de nouvelles méthodes adaptées à nos desseins.

Hans Krenek,
« Beitrag zur Methode der Erfassung von psychisch auffälligen Kindern und Jugendlichen »,
extrait des archives de pédiatrie (1942)

Il est légitime à coup sûr de faire une histoire des châtiments sur fond des idées morales ou des structures juridiques. Mais peut-on la faire sur fond d'une histoire des corps, dès lors qu'ils prétendent ne plus viser comme objectif que l'âme secrète des criminels ?

Michel Foucault,
Surveiller et punir (1975)

I

Enfant adoptif

L'établissement La première fois qu'on l'emmena au Spiegelgrund, c'était en janvier 1941, par un clair matin baigné d'une lumière au ras d'un sol étincelant sous son manteau de givre. Adrian Ziegler revoit encore l'église coiffée de sa coupole vert-de-gris : elle dominait tous les pavillons au sommet de la colline et se découpait sur un ciel d'azur d'un bleu si intense qu'il semblait irréel ; comme un ciel de carte postale ou d'affiche colorisée. La voiture s'arrêta juste devant l'entrée des bâtiments administratifs qui abritaient la direction de l'établissement. Une infirmière les y attendait pour les mener auprès du directeur, un homme pâle et sérieux vêtu d'un costume sombre qui les reçut afin de signer la paperasse. Elle les conduisit ensuite jusqu'au pavillon situé à gauche de l'entrée principale, où se trouvaient un médecin et une seconde infirmière qui ordonna en criant à Adrian de se déshabiller et de monter sur la balance. Le garçon affirmerait longtemps qu'il ignorait l'identité de la personne qui l'avait reçu au Spiegelgrund. Ce n'est que bien après, en lisant le compte rendu de l'examen médical, qu'il reconnaîtrait au bas du document le nom et la signature du docteur Heinrich Gross – l'homme qui allait le poursuivre tout au long de son existence, et cela même longtemps après sa libération. Pour l'heure, ce n'est qu'un inconnu en blouse blanche, un homme effrayant qui lui écarte les mâchoires de force, lui palpe le crâne, la nuque et chaque vertèbre de la colonne en le malmenant de ses doigts rudes. Au cours de l'examen qui dure plus d'une heure, le docteur Gross utilise des instruments qu'Adrian n'a encore jamais vus. Il y a, entre autres, un engin circulaire terminé par une pointe dont le médecin se sert pour mesurer son crâne. Adrian doit ensuite s'asseoir sur une chaise haute constituée d'une planche amovible et de deux battants latéraux, tandis que le docteur Gross abaisse un objet pour mesurer la distance entre ses yeux, puis entre ses yeux et son menton. Une fois les mesures prises, le médecin enfile une paire de gants pour examiner ses testicules et lui glisser un doigt dans l'anus. Quand l'examen est terminé, la première infirmière revient avec une chemise de nuit. On lui donne également une couverture dans laquelle il peut s'emmitoufler et une paire de chaussons en feutre. Il est encore tôt. Dans le couloir, la lumière hivernale révèle un carrelage au motif rhomboïde et monotone. Plus tard, ce souvenir le hanterait souvent : cette étrange palpitation de la lumière dans les couloirs, sur les murs et le sol des dortoirs. Elle semblait vivre sa propre vie indépendamment des enfants qui s'y trouvaient et paraissait plus réelle qu'eux. Naturellement, l'infirmière n'a pas la patience d'attendre. *Alors, tu ne comptes pas rester planté là toute la journée ?* Ils empruntent une porte à l'arrière du bâtiment. Là, entre les hauts arbres, dans la grande ombre blanche de givre de la colline, Adrian aperçoit pour la première fois la longue rangée de pavillons froids et fermés qui seront son foyer durant les prochaines années. À ses yeux, ces bâtiments aux façades de brique irrégulières percées de fenêtres grillagées se ressemblent tous. Adrian aperçoit une petite ligne de tramway qui semble les relier entre eux. Un peu plus haut, une locomotive rouge et blanc descend la colline, tirant trois wagons derrière elle. De loin, on dirait un train miniature. Le pavillon qui deviendra le sien, le numéro 9, est situé à deux rangées de maisons à gauche de l'allée centrale. L'infirmière sort de sa blouse un gros trousseau de clefs qu'elle égrène d'un geste machinal avant de trouver la bonne. Bien qu'il fasse déjà jour, les salles sont toutes fermées. Si elles abritent des enfants derrière leurs portes closes, on ne les entend pas. L'infirmière s'arrête à côté de la salle d'eau, devant un placard dont elle sort une serviette et un bout de savon grossier de couleur brunâtre. Quand Adrian a fini de se laver, elle inspecte ses ongles et ses oreilles avant de lui rendre ses vêtements et ses chaussons en feutre, qui lui serviront pour circuler dans le bâtiment. Il reçoit également une veste grise en laine d'agneau, qu'il n'est pas autorisé à porter bien qu'il fasse un froid de canard dans le couloir. L'infirmière le conduit devant une grande porte blanche au-dessus de laquelle est inscrit le chiffre IV. La première fois, il crut que les enfants de l'autre côté retenaient simplement leur respiration. Plus tard, il se dirait qu'ils étaient déjà morts et qu'ils faisaient semblant de vivre pour lui. Pour qu'il ne perde pas espoir tout de suite.

Le fleuve De ses années d'enfance Adrian dirait qu'elles ne comptaient pas parmi les épisodes les plus heureux de sa vie, mais qu'il pouvait du moins se les rappeler sans rougir. Il passait ses étés à Kaisermühlen avec son oncle préféré, le frère cadet de sa mère, qui se prénommait Ferenc mais qu'elle appelait Franz. Tous les enfants de la famille portaient le nom de Dobrosch, car les parents d'Adrian n'étaient pas mariés à l'époque.

Malgré sa sonorité, Ferenc prétendait que ce nom était d'origine hongroise. Selon lui, la famille maternelle d'Adrian venait d'un petit village situé dans une partie de la Hongrie qui appartenait désormais à la Slovaquie. Pour sa mère, en revanche, ce nom n'avait rien d'hongrois, il était slovaque. Peu importe, de toute façon – hongrois ou slovaque, il en valait bien un autre ! À cette époque, en Autriche, tous les noms se valaient. Oncle Ferenc n'avait aucune formation mais il était débrouillard et travailleur. Il gagnait sa vie en effectuant de menus travaux qu'il n'avait aucun mal à trouver. L'été, il gardait les animaux dans les environs de Hubertusdamm, un espace autrefois inondé entre la digue de protection et le fleuve, où les jardins ouvriers abritaient souvent des vaches et des chèvres. Adrian et son jeune frère Helmut l'aidaient à nourrir les bêtes et recevaient pour leur peine un peu de lait frais. Les bêtes leur communiquaient leur chaleur et leur présence leur procurait toujours une impression de sécurité. Quand il pleuvait, elles se blottissaient les unes contre les autres comme si elles dormaient. Adrian se coucha à côté de Ferenc, sur le sol couvert de crottin, de morceaux de pneu ou de clous provenant des ateliers et des garages sur la route. Il fallait toujours prendre garde où on marchait quand on n'avait pas de chaussures, sinon on risquait de se planter quelque chose dans le pied. L'air était encore imprégné de l'averse passée, mais le ciel d'été était haut et clair, soutenu par les colonnes noires d'insectes qui se formaient au-dessus des flaques d'eau boueuse. Ferenc portait un béret et un veston à même la peau, sous lequel on apercevait son torse velu et bronzé, couvert de piqûres d'insectes. Il gratta les plus grosses d'entre elles de ses ongles durs et lécha le sang sur ses doigts. Ça ne fait pas mal du tout, assura-t-il. Puis il montra à

Adrian comment mâcher de l'herbe pour tromper sa faim. Après quoi, il s'allongea pour regarder le fleuve : Il est maudit, dit-il. Autrefois, Kaisermühlen faisait partie du IIe arrondissement. Les fermiers des environs faisaient moudre leur grain dans les moulins qui bordaient le cours d'eau. Et voilà qu'un jour l'empereur a décidé que les anciens bras du fleuve devaient être endigués et régulés et qu'un nouveau canal devait être creusé. Toute la zone située sur la rive gauche du Danube s'est retrouvée sur la rive droite, séparée du reste de la ville par le fleuve et complètement isolée. C'est à cette époque-là qu'on a surnommé Kaisermühlen l'île de la faim. Les gens s'y sont installés pour chercher du travail, mais le fleuve leur a été fatal. C'est comme le canal de Panamá, expliqua Ferenc. Beaucoup d'ouvriers qui ont aidé à le creuser sont morts noyés. Est-ce que son oncle connaissait quelqu'un qui avait participé à la construction du canal ? demanda Adrian. Ferenc répondit qu'il était trop jeune pour ça. En revanche, il avait un parent du côté de son père qui y avait participé, bien que, pour la plupart, les ouvriers aient été des étrangers. C'est que le travail était dangereux ! Les gens mouraient du typhus ou emportés par les eaux, qui les recrachaient des mois ou des années après sans que personne sache qui ils étaient ni d'où ils venaient. Adrian, lui, aimait le fleuve, surtout les jours clairs comme celui-ci, après la pluie, quand la vue était dégagée. On pouvait voir le mont Kahlenberg et le pont Reichsbrücke et la flèche de l'église Saint-François-d'Assise de Leopoldstadt. Il aimait la force contenue mais irrésistible de ses flots. La façon dont sa lumière et celle du ciel se modifiaient d'heure en heure. Les eaux lourdes et houleuses du matin qui, le soir, se transformaient en un miroir si lisse qu'on avait l'impression de pouvoir marcher dessus.

Ils prirent le chemin de la maison, Ferenc en tête, portant le broc de lait, suivi d'Adrian et du petit frère. Helmut, âgé de trois ans tout au plus, peinait pour ne pas se laisser distancer. Petit, il avait les yeux bleus et les cheveux blonds et drus. Personne n'aurait cru qu'il était l'enfant d'Eugen Ziegler, pas même Ziegler lui-même, qui accusait sa femme d'avoir conçu ce Dobrosch avec un autre homme. De l'avis d'Adrian, qui vivait avec lui, son frère était pourtant le portrait craché de son père : le même regard absent, le même sourire un peu faux. Aucun des frères ne portait de chaussures, leur mère estimant qu'il ne servait à rien de les user si ce n'était pas nécessaire.

Simmeringer Hauptstraße Adrian avait grandi à Simmering. Et ce n'est rien de le dire ! déclarerait-il plus tard. À part l'épisode du Spiegelgrund, j'y ai vécu toute ma vie. Quand ils ont décidé de me faire adopter, c'est également là-bas que j'ai atterri. J'y ai même fait de la prison. À Kaiserebersdorf. Malgré le ton badin, on comprenait que c'était une malédiction. Il y a des endroits auxquels on n'échappe pas, c'est comme ça. Quand Eugen Ziegler avait emménagé dans ce quartier, les sociaux-démocrates venaient de commencer leurs gigantesques projets de construction. Ils étaient décidés à éradiquer la pauvreté – ainsi que l'énonçaient leurs pancartes électorales – à une époque où Simmeringer Hauptstraße était ce qu'elle avait toujours été depuis des siècles : une rue fortement encombrée, centre névralgique d'un réseau de petits ateliers, de boutiques et de débits de boissons. La famille habitait un immeuble du XIXe siècle qui, comme la plupart des habitations de cette dimension dans le quartier, offrait côté rue une façade « décente » tandis que la cour grouillait d'une vie sordide et misérable. Le bâtiment de deux étages compensait en largeur ce qu'il perdait en hauteur : il possédait deux cages d'escalier distinctes, séparées au milieu par une porte cochère. Selon Adrian, elle était large mais pas tant que ça : sur les deux montants en chêne qui la flanquaient, de profondes entailles indiquaient l'endroit où les plates-formes des équipages et des camions restaient coincées. L'immeuble voisin abritait une auberge dont le tenancier déchargeait ses tonneaux de bière dans la cour. Celle-ci servait également de lieu de déchargement à Streidl, un commerçant ayant sa boutique dans l'immeuble. On accédait aux appartements par d'étroites galeries intérieures qui couraient le long des deux étages. La famille Dobrosch-Ziegler habitait au dernier, à droite au bout du couloir. Au fond de la cour, dans un coin près des latrines abritées par un haut et vénérable châtaignier, se trouvait une dépendance faisant office de laverie. Tous les jours, qu'il pleuve ou qu'il vente, les femmes s'y rassemblaient pour faire la lessive, entraînant souvent dans leur sillage une nuée d'enfants braillards. Cette laverie est associée à l'un des premiers souvenirs d'enfance d'Adrian. De retour chez lui par une grise journée d'hiver, il pénètre dans la vaste salle. Un nuage de vapeur aigre y flotte. Du linge sèche au-dessus de la cuisinière et dehors sur la galerie. Emilia et Magda, le visage brillant de sueur, soulèvent des marmites d'eau bouillante. Elles l'interpellent d'une voix stridente : qu'il prenne garde, sinon il risque de s'ébouillanter ! Emilia et Magda (Magdalena) étaient les deux jeunes sœurs de sa mère. Puisque ni l'une ni l'autre n'avaient encore trouvé de mari, le père d'Adrian consentait à les laisser vivre avec eux. L'appartement ne comptait que deux pièces : une cuisine et une chambre un peu plus grande dont l'un des murs était couvert de moisissure – il était inconcevable que tant de personnes puissent y vivre ensemble. Il y avait aussi Florian, le frère aîné de la mère, qui dormait dans une alcôve dans la cuisine et était un peu « spécial », comme on disait à l'époque ; il ne lui venait jamais à l'esprit de chercher du travail, malgré les semonces continuelles de la mère d'Adrian, auxquelles se mêlaient celles de son père – quand il était là. Car ce dernier condescendait non pas à rentrer à la maison (jamais il ne se serait abaissé à une telle chose durant ces années-là) mais à « passer », selon son propre terme. En ces occasions, il venait souvent avec de l'alcool qu'il voulait d'abord servir à la ronde dans un accès de générosité, avant de changer d'avis. Il entrait alors dans des colères incontrôlables, presque toujours dirigées contre les frères et sœurs de la mère. Il les traitait de parasites et de vermine, les accusait de vivre dans l'appartement sans permission – et à ses crochets, qui plus est ! Ce qui était faux, préciserait Adrian, car le seul frère à vivre là de façon permanente, c'était Florian. Et l'oncle Ferenc payait sa part. D'ailleurs, il ajoutait toujours un petit supplément quand il le pouvait, tandis que le père, malgré toutes les affaires qu'il avait prétendument sur le feu, ne déboursait pas un kopeck. Le pire, c'était quand Eugen Ziegler se mettait en colère contre l'oncle Florian. Adrian se rappellerait une scène en particulier : le père avait attrapé Florian par sa longue frange brune et propulsait sa tête contre le mur tel un lanceur de marteau. Encore et encore. Ça faisait un bruit sourd évoquant une hache contre un billot. Pourtant, alors que ses yeux révulsés se retournaient de plus en plus dans leurs orbites, l'oncle Florian n'avait pas esquissé un geste pour se défendre. C'était l'une des rares fois où la mère avait osé s'interposer, criant que si Eugen ne laissait pas son Florian tranquille, elle le quitterait pour de bon. Plus facile à dire qu'à faire ! Qu'adviendrait-il des autres si Leonie quittait Eugen ? Tous dépendaient d'elle : les frères, les sœurs et les enfants toujours plus nombreux. Alors elle avait nettoyé les taches de sang par terre, rangé les bouteilles vides sous l'évier et, pendant que l'oncle Florian réparait le pied de la table cassé par Eugen (il était doué pour les choses simples, l'oncle Florian, les travaux manuels – quand il bricolait, il avait vraiment l'air d'avoir toute sa tête), elle avait coiffé son béret, boutonné le manteau en coton marron qu'elle portait par tous les temps et pris le tram 71 pour Schwarzenbergplatz. Elle avait ensuite passé la journée à récurer les planchers et battre les tapis des riches familles de Wieden ou de Josefstadt (parfois, elle poussait même jusqu'à Salmannsdorf, à Döbling). Et encore, le jour dont il est question ici, elle n'avait même pas eu les moyens de prendre le tram et avait dû faire le chemin à pied ! Ce que Leonie Dobrosch gagnait en faisant le ménage chez les autres suffisait à peine à payer le loyer. Souvent, elle rapportait des restes de nourriture qu'elle parvenait à grappiller – pain rassis, pommes de terre ou knödels qu'on pouvait faire frire. Tout ce que les familles riches n'avaient pas mangé. Et, puisque tout partait à vau-l'eau dès qu'elle s'absentait, elle devait se remettre à ranger et à nettoyer avant de pouvoir faire la cuisine. Leonie n'avait qu'une seule journée pour elle, le dimanche. Ce jour-là, elle mettait tout le monde dehors, remplissait une cuvette d'eau et, à quatre pattes, récurait le plancher, qu'elle recouvrait ensuite de papier journal. Plus personne n'était autorisé à rentrer. Gare à celui qui osait se montrer ! Elle restait assise à la table de la cuisine, seule ou avec l'oncle Florian (il était le seul à avoir le droit d'être là) ; assise, c'est tout. Sans rien faire. Sans rien dire. Et comme les enfants n'avaient pas d'endroit où aller (quel que soit le lieu où ils traînaillaient, ils finissaient tôt au tard par en être chassés), ils se regroupaient en bandes ; des mômes de tous âges qui erraient sans but, quémandant çà et là quelque chose à manger, un objet dont ils pourraient tirer bénéfice, volant pour la plupart d'entre eux, souvent dans les caisses de légumes que les marchands alignaient sur le trottoir. Adrian appartenait à cette bande depuis ses trois ou quatre ans, ses tantes ayant rarement le temps de s'occuper de lui. Les enfants gambadaient autour des anciens baraquements d'hôpital à Hasenleiten ou au bord du canal du Danube, à l'ombre des arbres feuillus, havre de fraîcheur et de tranquillité durant les mois d'été ; ou encore dans la zone abritant les hauts gazomètres de la ville : les bâtiments de brique rouge, gigantesques, qui dominaient ses lointains souvenirs d'enfance. À l'époque où ils habitaient dans Simmeringer Hauptstraße, Adrian était souvent le plus jeune de la bande, et il lui arrivait régulièrement de se perdre. Une histoire qu'on aimait à raconter dans la famille (sa sœur Laura s'en chargeait) voulait qu'il se fût évanoui devant l'église Saint-Laurent alors qu'il avait quatre ans. L'hiver battait son plein et on avait mis un certain temps avant de remarquer la petite forme enneigée au pied des marches de l'édifice. Finalement le sacristain l'avait trouvé, et puisque nul ne savait qui était l'enfant, la bonne du curé l'avait pris en pitié. Elle avait emmené Adrian chez elle, lui avait donné un bain, à manger et un lit. C'était la première fois que le garçonnet avait une couche pour lui tout seul ; d'ordinaire il dormait au pied du lit de ses tantes ou avec Helmut et Laura. Il était resté trois jours chez la bonne, jusqu'à ce que sa mère, inquiète et honteuse, vînt le chercher. Ce n'était pas à cause du curé qu'elle avait honte. En réalité, elle savait depuis le début où se trouvait son fils – les enfants de la bande l'en avaient informée sur-le-champ –, seulement elle n'avait pas voulu que la police s'en mêle (tout ce qui touchait aux autorités inspirait à Leonie Dobrosch, comme à la plupart des gens de sa condition, une indicible terreur). Ensuite, puisque les choses avaient pris cette vilaine tournure, elle s'était dit que son fils pouvait bien rester quelques jours chez la bonne, histoire de se remplumer un peu. Des années plus tard Adrian Ziegler poserait sur cet épisode un regard lucide. Pour lui, d'une certaine façon, sa mère l'avait déjà abandonné. Finalement, ce n'était pas si difficile d'abandonner son enfant : on pouvait toujours se justifier par la suite (comme elle avait dû le faire quand elle avait récupéré son fils chez la bonne) en arguant que c'était pour son bien – peut-être même la meilleure chose qui lui soit arrivée. Plus tard encore, alors qu'il serait allongé dans son lit au Spiegelgrund, l'image de la bonne reviendrait hanter ses cauchemars – sa bouche aux lèvres fines et dures et ses yeux sévères, aux iris bleu clair qui semblaient tout aspirer autour d'elle sans jamais rien donner en retour. Un jour, elle les avait fixés sur Adrian : Sais-tu qui règne au ciel et comment s'appelle le Fils du Très-Haut ? Voyant que le garçon ne savait que répondre, elle avait souri d'un air supérieur, avant de se détourner et de se murer dans le silence. À la maison, on ne parlait ni du ciel ni de la terre ; les conversations se rapportaient uniquement à ce qu'on était en train de faire dans l'instant. Ferenc était le seul à pouvoir se lancer dans des diatribes sur tout et n'importe quoi, ce que ses sœurs lui reprochaient. Quand les psychologues du Spiegelgrund interrogèrent Adrian sur les origines de ses parents, dans le but de déterminer la nature du sang qui coulait dans ses veines, il fut tout aussi incapable de répondre à cette question qu'à celle posée des années auparavant par la bonne du curé. À la maison, on ne parlait pas du passé : cela aurait porté malheur. C'est au Spiegelgrund qu'Adrian apprit que sa mère avait travaillé comme couturière dans une usine du Vorarlberg, avant de déménager à Vienne et d'avoir des enfants avec ce Ziegler. Et encore était-ce arrivé par hasard, quand on lut tout haut un extrait de son dossier médical parce qu'il avait été puni. Quant à Eugen Ziegler, qui il était – ou plutôt ce qu'il était, c'est-à-dire en termes de génétique –, Adrian ne le comprit que le jour où il atterrit en maison de correction à Mödling, après avoir passé quatre ans dans une famille adoptive qui avait fini par le mettre dehors. Comment voulez-vous qu'on tire quelque chose de lui, affirmait le personnel de la maison de correction, puisque son père a du sang tzigane dans les veines ? C'est alors que quelque chose se produisit. Peut-être était-ce juste la guerre – il ne fallait sans doute pas chercher plus loin. Adrian fut convoqué un matin dans le bureau du directeur (J'ai une surprise pour toi !), et voilà que ce dernier ouvre une porte et – abracadabra ! – qui apparaît soudain devant les yeux médusés d'Adrian, à la place du débarras qu'il s'attend à trouver derrière ? Son tzigane de père, armé de son plus beau sourire, qui dit Allons mon garçon, tirons un trait sur le passé. Ça se passe en octobre 1939 ; Adrian n'a pas revu son père depuis plus de quatre ans et, avant cela, les visites d'Eugen Ziegler se limitaient à deux, trois par ans. À présent Adrian a dix ans, et le directeur de la maison de correction lui dit qu'il peut rentrer à la maison avec son père. Évidemment, on s'attend à ce qu'il manifeste de la joie. En réalité, il est terrifié.

Portrait d'un père Eugen était fort soucieux de son apparence. Avant d'aller au lit, il enduisait ses épais cheveux noirs d'huile de noix et les couvrait ensuite d'un bas afin de n'être pas décoiffé pendant la nuit, si bien que, quand il dormait à la maison, sa mère plaçait toujours une serviette sur l'oreiller pour le protéger. Une serviette sur l'oreiller au moment du coucher signifiait donc que le père allait rentrer. Adrian se rappelle avec quelle impatience il se réveillait le lendemain. Mais ce sentiment faisait presque toujours place à la déception lorsqu'il voyait la serviette intacte sur l'oreiller. Une déception sans cesse renouvelée, car le père promettait systématiquement de leur rapporter une surprise lors de sa prochaine visite : une petite voiture, un calot en acier, une collection d'étiquettes de bouteille colorées semblable à celle qu'il avait un jour montrée à Adrian, avec la promesse de lui en confectionner une rien que pour lui la prochaine fois. La prochaine fois. Puis la prochaine. Et encore celle d'après. Pourtant ce n'était guère mieux quand Eugen finissait par rentrer, la plupart du temps tellement tard qu'Adrian n'entendait jamais la violente tambourinade contre la porte d'entrée. Le matin, il trouvait sa mère à moitié allongée sur son père, comme si elle avait essayé de le repousser pendant la nuit ou que quelque chose s'était brisé en elle et qu'elle n'avait plus la force de bouger. Pour un homme aussi arrogant et fanfaron, Eugen Ziegler se montrait singulièrement peu disert au sujet de lui-même ou de sa famille. Il avait raconté à Adrian qu'il s'appelait Ziegler car il descendait de l'un des milliers de Tchèques qui avaient émigré à Vienne pour travailler dans les briqueteries. Sans leur dur labeur on n'aurait pas pu construire une seule maison dans cette ville, crois-moi ! Son père descendait des Tchèques et les Tchèques fabriquaient des briques.

Aussi son père avait-il été nommé Ziegler[1]. Adrian comprit assez vite que cette histoire avait été inventée. Son père lui avait également affirmé avoir travaillé comme manœuvre dans une gare de triage, quelque part dans l'est de la Slovaquie, où le hasard avait voulu qu'il atterrisse dans un train de marchandises qui l'avait conduit jusqu'à Donetsk, en Ukraine. Là, il avait travaillé pendant des années dans une aciérie. C'était juste après la révolution, alors que des milliers de volontaires se rendaient en Russie, exaltés par Lénine et la révolte des masses. J'ai toujours été communiste dans mon cœur, avait déclamé Eugen Ziegler en se frappant la poitrine. Une fanfaronnade, rien de plus. Eugen Ziegler n'avait pas de cœur et pensait qu'il pouvait s'en tirer à bon compte, ou du moins compenser ce déficit, parce qu'il avait du chic. C'est le type d'hommes sur lesquels les femmes se retournent dans la rue, lui avait confié tante Magda. Les filles d'un certain genre, s'était empressée d'ajouter tante Emilia. À Adrian, curieux de savoir si sa mère faisait partie de cette catégorie de filles, tante Emilia avait répondu qu'Eugen était différent en ce temps-là. Mais quand Adrian avait posé des questions sur ce temps-là, les propos étaient redevenus vagues et confus : on ne devait jamais évoquer le passé. Eugen Ziegler parlait le russe, indéniablement, il devait donc y avoir une once de vérité dans l'histoire de sa fuite vers Donetsk. Sa connaissance du russe avait d'ailleurs failli leur coûter la vie à tous les deux. C'était à l'automne 1939, quelques semaines après qu'Eugen avait ramené son fils de Mödling pour commencer une nouvelle vie. Ils habitaient alors dans le IIIe arrondissement, dans Erdbergstraße, à quelques pâtés de maisons du

1. Dérivé de *Ziegel* en allemand, signifiant brique, tuile.

Rochusmarkt. Tous les matins, le père se rendait au bistrot pour faire des affaires, et tous les soirs Adrian, en sa qualité de fils aîné, avait pour mission de le ramener à la maison – le plus souvent complètement saoul. Mais Vienne, comme aimait à se plaindre son ivrogne de père en chaloupant sur le chemin du retour, n'était plus ce qu'elle était : les trottoirs grouillaient de *piefkes*, de traîtres et de chiens de nazis. Et voilà que deux d'entre eux se tenaient sur Rochusmarkt en uniforme de la Wehrmacht. Adrian n'eut pas le temps de réagir : son père tituba vers eux et déversa dans la langue de Tolstoï un flot d'obscénités et d'invectives dont les deux soldats ne comprirent pas un traître mot. Ce qu'ils comprirent, en revanche, c'est qu'il parlait russe. *Spitzel*[1] *!* lança l'un des soldats à son collègue en saisissant le fusil accroché à son dos. Attrapant son père par les épaules, Adrian l'entraîna sur la place du marché, où ils s'accroupirent derrière une baraque pas encore démontée. Serrés l'un contre l'autre ils entendirent les soldats passer devant eux au pas de course, martelant le sol de leurs bottes et faisant cliqueter leurs fusils dans les baudriers. Son père passa la main dans ses cheveux, avant de tourner son visage imbibé d'alcool vers Adrian et de cracher :

Si un jour tu t'acoquines avec ces chiens de nazis, je te réduis en bouillie, compris ?

Il fallut attendre six années avant que les nazis soient expulsés de Vienne. Aussi improbable que cela puisse paraître, quand la ville connut ce renouveau, Eugen Ziegler se mit au diapason et prit lui aussi un nouveau départ. Avant cet avènement, il en était réduit à gérer ses affaires de façon totalement improvisée. Pour Eugen Ziegler, les affaires étaient les affaires. Pas un

1. Indicateur en allemand.

jour ne passait sans qu'il s'y consacrât, et Adrian ne se rappellerait pas qu'il eût jamais parlé d'autre chose. Longtemps après, il se reconnaîtrait dans ce trait de caractère. Mon père, expliquerait-il, était rétif à tout ce qui était décidé, topé. Il ne vivait que dans le moment présent, dans la promesse de ce qui allait advenir. Une fois que l'affaire était conclue et qu'il se retrouvait avec X tonnes de coke ou Y stères de bois, il ne savait ni comment les écouler ni comment les transporter. Quand il rentrait à la maison, ce n'était jamais parce qu'il avait envie de nous voir, Helmut et moi, ni maman non plus d'ailleurs, malgré ce qu'il voulait nous faire croire. C'était pour persuader Ferenc d'allonger la somme qui lui manquait pour livrer ses briquettes de charbon ou payer un acompte sur ceci ou sur cela. Et comme la mère refusait de laisser ses frères participer de près ou de loin aux affaires du père, ils étaient toujours au centre des querelles qui éclataient entre Leonie et Eugen. Tu ne sais pas ce que tu fais, lui reprochait-elle. Et puisqu'elle se mettait systématiquement en travers, c'était elle qui prenait les coups. Quand Eugen Ziegler violentait sa femme, il procédait de façon méthodique. Tout le monde était sommé de quitter l'appartement, les tantes et les enfants d'abord, puis l'oncle Ferenc (si d'aventure il se trouvait là) et l'oncle Florian. Afin d'éviter tout dommage collatéral, il était particulièrement important d'éloigner ce dernier, d'une extrême sensibilité. Une fois rassemblés dans la cour, ils regardaient la mère rebondir d'un mur à l'autre en hurlant. La séance, qui durait tantôt vingt minutes, tantôt une heure, était ponctuée de pauses qui semblaient indiquer que le spectacle était terminé. Puis on entendait résonner un cri terrible, et ça reprenait ! À ce stade, si le père n'était pas encore parti en claquant la porte, c'est qu'il était trop ivre. Il s'affalait alors dans un coin, épuisé, pendant que la mère, boitillant, remettait la pièce en ordre, rangeait et nettoyait. Un jour, après ce genre de séance, le père commanda à l'auberge voisine une escalope et une bière qu'il se fit livrer dans l'appartement : frapper sa femme avait dû lui donner faim. Sans un mot, la mère disposa une nappe blanche sur la table, tandis que la famille se regroupait tout autour pour regarder Eugen dîner. Même s'il prenait autant de soin à manger qu'à frapper, tout le monde comprit, à la façon dont il portait la fourchette ou le verre à ses lèvres, qu'il était ivre mort. Avant de quitter les lieux sans un mot, il vida le pot à café contenant l'argent que la mère et Ferenc destinaient au loyer. Je sais que ce n'est pas votre faute, Frau Dobrosch, disait le propriétaire, Herr Schubach, quand, au matin, la mère quémandait un délai, un sourire contrit aux lèvres ; ce Ziegler n'est qu'un ivrogne, mais ça ne peut pas continuer comme ça.

Famille adoptive Ils finirent par être expulsés en mai 1935. Ce jour-là, Adrian s'en souviendrait, il avait plu à verse toute la journée. Ferenc et Florian avaient descendu dans la cour les rares meubles qu'ils avaient eu assez de force pour porter : le lit maternel ainsi que celui dans lequel les enfants dormaient à tour de rôle ; la table, plusieurs fois démolie et autant de fois rafistolée par Florian ; les chaises et la penderie contenant les robes de sa mère. Elle avait rangé les vêtements de Laura, d'Helmut et d'Adrian dans une grande malle. Ils n'avaient pas de bâche pour couvrir les meubles et il pleuvait si fort que les gouttes de pluie rebondissaient à plusieurs centimètres de la surface en bois sur laquelle elles atterrissaient. Les voisins étaient sortis sur les galeries tout autour. Les garçons avec qui Helmut et lui avaient traîné dans les rues du quartier étaient plantés là, à les observer en silence avec des yeux ronds. À côté d'eux, nonchalamment adossés à la balustrade, se tenaient leurs pères, vêtus d'un simple tricot de corps, leurs fines cigarettes coincées entre leurs doigts. Ils attendaient l'arrivée d'Eugen et du camion qu'il avait soi-disant réservé. Mais d'Eugen, point. Et point de camion non plus. Finalement la mère, fatiguée d'être le centre de l'attention, prit ses enfants par la main et s'en alla. Laura fut confiée aux soins d'Emilia, qui s'était trouvé une petite chambre dans une pension de Taborstraße. Quant à Helmut et Adrian, la mère les conduisit à l'orphelinat central de Lustkandlgasse. Plus tard, elle raconterait à Adrian qu'elle avait manqué s'évanouir sur le trajet. Elle avait été obligée de s'asseoir sur le trottoir juste devant la gare François-Joseph. Un homme s'était approché d'elle Ça ne va pas, ma petite dame ? avant d'entrer dans une échoppe pour lui chercher un verre d'eau. C'est l'unique manifestation de gentillesse que j'ai reçue à cette époque, conclurait-elle. Adrian n'en aurait aucun souvenir. Bien que les deux enfants aient passé presque tout l'été suivant à l'orphelinat de Lustkandlgasse, il ne se rappellerait pratiquement rien de cette période. Juste qu'il ne quittait pas son frère d'une semelle, ni sur le terrain de jeux, ni lors de la distribution de nourriture. Son frère, qui était blond et gai, était le chouchou de l'orphelinat. *Ein hübsches Kind*[1]. Les bonnes veillaient à ce que les petits se lavent quotidiennement. Un jour, elles les aidèrent à se coiffer et à s'habiller avant de les conduire dans une grande salle revêtue du sol au plafond de larges carreaux noirs et blancs. Le long des murs on avait placé de hauts bancs sur lesquels se tenaient les enfants. On demanda à Adrian de prendre

1. Un beau petit garçon.

place sur l'un d'eux, de tenir fermement la main d'Helmut et d'attendre sagement son tour. Soudain, la pièce se remplit d'inconnus. Terrifié, les jambes en coton, il ne pensait qu'à une chose : Pourvu que je ne fasse pas pipi dans ma culotte devant tout ce beau monde. Les adultes longèrent lentement les bancs, inspectant les enfants. Une dame portant une robe rouge à col de dentelle blanc s'arrêta devant Helmut et lui. Après avoir examiné son petit frère des pieds à la tête, elle se tourna vers la bonne :

La dame rouge *Je prends celui-là, il a l'air gentil.*

La bonne d'enfants *Dans ce cas, vous devez prendre le grand aussi, c'est son frère. Soit vous prenez les deux, soit vous n'en prenez aucun.*

La dame rouge *Ah non, celui-là, je n'en veux pas, il est trop vilain.*

La bonne d'enfants *Je suis navrée, nous ne séparons pas les frères et sœurs.*

La dame rouge *Eh bien, si je n'ai pas le choix, je prendrai le vilain aussi.*

Et voilà, marché conclu ! Adrian prit le tram 71 en compagnie de son frère et de la dame en rouge. Savourant le vent chaud du mois d'août qui soufflait par la vitre entrouverte de la voiture, il fut surpris de constater à quel point le paysage lui paraissait familier. Puis il comprit : le tramway remontait Simmeringer Hauptstraße. Le voici de retour dans la rue de maman. Il crut entrevoir Herr Gabel, le marchand de légumes, vêtu de son tablier gris, en train de surveiller les cageots de fruits qu'il entreposait au matin sur le trottoir. Frau Haidinger, comme s'appelait la dame à la robe rouge, était assise sur la banquette en face de lui ; dès qu'elle le voyait tourner la tête, elle se penchait pour la lui redresser. Le reste du temps, elle ne le lâchait pas du regard, comme si elle avait peur qu'il s'échappe au prochain arrêt ou pis encore : qu'il se jette sur elle pour l'étrangler. De près, Frau Haidinger n'était pas aussi imposante qu'elle lui était apparue dans la salle aux carreaux noirs et blancs. Ses jambes étaient épaisses et noueuses, et quand elle souriait ses petites dents blanches évoquaient à Adrian un sourire de crocodile. Avec Helmut, elle adoptait un comportement totalement différent : elle ne cessait de le cajoler et de caresser ses cheveux blonds. Quand ils descendirent à l'arrêt du cimetière central pour changer de tram, elle offrit à Helmut un chocolat Bensdorp acheté pour dix groschen dans une boutique devant l'entrée du cimetière. Adrian était bien trop vilain pour recevoir quoi que ce soit. Une fois arrivés à Kaiserebersdorf, la station de tramway n'était qu'à dix minutes de marche de la maison des Haidinger si on coupait à travers les champs et les friches. De l'autre côté les cheminées de Schwechat hérissaient l'horizon, et le vent charriait la lourde odeur de malt des brasseries voisines. Frau Haidinger habitait une grande maison de plain-pied, construite pour deux familles. Frau Haidinger, son mari et ses parents occupaient la partie gauche, tandis que la droite hébergeait son frère, Rudolf Pawlitschek, et les siens. Les deux familles étaient en bisbille, et le fait que Frau Haidinger rentre flanquée de deux enfants adoptifs n'était pas pour détendre l'atmosphère. Il se trouve qu'Herr Pawlitschek était infirme. À l'endroit où aurait dû commencer son bras gauche, juste sous l'épaule, dépassait un pauvre petit moignon. Peut-être était-ce parce qu'il était *inutile*, selon le terme employé par Frau Haidinger, qu'il était si plein de colère et d'amertume. Pour lui, les enfants étaient des *bâtards*, et il faisait tout ce qui était en son pouvoir pour les rabaisser et les humilier. Dès son premier jour chez les Haidinger, Adrian dut se mettre au travail. Derrière la maison se trouvait un vaste jardin qui abritait une étable remplie de vaches, de chèvres, de poules et de lapins. Adrian devait récolter du fourrage, récurer les cages à la soude et attacher les chèvres quand elles avaient fini de paître. Quand Herr Haidinger arrosait les salades, les oignons, les fraises et les tomates, Adrian devait transporter dans la brouette un nombre incalculable de seaux qu'il avait remontés du puits. Il ne recevait aucun salaire pour sa peine. Les deux frères dormaient dans la même chambre mais ne se voyaient quasiment jamais. Pendant que l'un s'échinait, l'autre accompagnait Frau Haidinger dans ses visites et rentrait tous les soirs avec un nouveau jouet ou une tablette de chocolat. Bien plus tard Adrian comprendrait que la ville de Vienne payait une somme considérable pour chaque enfant placé dans un *foyer convenable* : le montant couvrait le gîte et le couvert et permettait en outre à Frau Haidinger d'acheter de nouveaux vêtements pour Helmut – qui « grandissait si vite » – et peut-être pour elle-même. Adrian ne le digérerait jamais : S'il y avait autant d'argent à dépenser, demanderait-il à sa mère, pourquoi ne te l'ont-ils pas donné à la place ? Ainsi, nous aurions pu continuer à vivre tous ensemble ! Mais sa mère se contenterait de hausser les épaules avec cet air de petite fille sans défense qu'elle adoptait toujours à cette époque-là : elle n'avait pas la réponse. Les autorités estimaient peut-être quc les parents ayant failli dans leur rôle n'avaient pas droit à une seconde chance. Et Leonie, elle, avait failli le jour où Herr Schubach les avait flanqués dehors avec leur maigre mobilier, sans une bâche pour s'abriter, et qu'ils étaient devenus le point de mire des voisins rassemblés sur les galeries, la cigarette à la bouche.

Mars 1938 Chez les Haidinger, la radio était toujours allumée. Quand elle ne l'était pas, c'est que les batteries étaient à plat. Adrian devait alors les porter chez un électricien de Schwechat pour les faire recharger. Les batteries étaient lourdes et toujours au nombre de deux minimum : la batterie déchargée, qu'il devait transporter jusqu'à Schwechat, et celle de la fois précédente, désormais rechargée, qu'il récupérait. Le seul moment où les familles Haidinger et Pawlitschek faisaient la paix, c'est quand elles étaient assises autour de la radio. Ensemble, elles écoutaient les discours du chancelier fédéral Schuschnigg, ainsi que toutes sortes de débats portant sur la trahison commise à l'égard de l'Autriche ou le refus du détachement de la Heimwehr en Styrie de prendre position contre ses frères allemands. Le jour de l'entrée triomphale d'Hitler à Vienne, un groupe composé d'Herr Haidinger, d'un voisin nommé Herr Christian, membre du Front patriotique, et du vieux Herr Pawlitschek, le papa de l'homme au moignon, se rendit à Heldenplatz. Le vieil Herr Pawlitschek, un grand monsieur aux cheveux en brosse et à la lèvre supérieure hérissée d'une moustache rugueuse, était, selon l'expression de Frau Haidinger, un nazi *convaincu*. Comme s'il existait des nazis *à moitié* convaincus ! On emmena Adrian pour porter les provisions. Le groupe prit le tramway jusqu'à Schwarzenbergplatz et continua à pied sur la Ringstraße, passant devant l'hôtel Imperial où (ainsi que le fit remarquer avec insistance le vieil Herr Pawlitschek) Hitler était descendu avec ses hommes, puis devant l'opéra où (toujours d'après lui) c'était bourré de Juifs qui se pavanaient. La grande avenue était bondée de spectateurs agitant qui des drapeaux, qui des mouchoirs, et scandant *Heil Heil Heil* à en faire trembler les immeubles. Comme ils s'approchaient de Heldenplatz, la foule devint si dense qu'il fut impossible de mettre un pied devant l'autre ; ils durent traverser la rue pour longer les musées de l'autre côté. Quand ils purent enfin franchir les rails du tramway dans l'autre sens, ils s'étaient de nouveau tellement éloignés qu'Hitler n'était plus qu'un petit point gris sur le balcon. Mais je l'ai vu, assurerait ensuite Adrian. Vu et bien vu ! Pourtant, plus que la vision du Führer, c'est son discours, résonnant à travers les haut-parleurs tout là-haut au-dessus de la masse, qui fit au garçon la plus forte impression. Et ce, bien qu'il fût impossible d'en distinguer le moindre mot : le son saccadé se noyait dans le brouhaha des dizaines de milliers de personnes qui, comme eux, criaient, agitaient des drapeaux à croix gammée et levaient le bras. Adrian n'avait qu'une idée en tête : rester bien campé sur ses jambes et se tenir prêt à plonger en cas de brusque mouvement de foule. Quelques semaines plus tard, son instituteur de l'école de Münnichplatz fut remplacé. Magister Bergen, le nouveau maître, était un nazi *convaincu*, voire un membre du parti. Il donna immédiatement du fil à retordre à Adrian. Il y avait une poésie d'Ottokar Kernstock qu'on était censé lire en accentuant la fin de chaque phrase pour lui donner un ton solennel. Les élèves devaient répéter les vers que Herr Bergen déclamait debout sur son estrade :

Das Hakenkreuz im weißen Feld
Auf feuerrotem Grunde
Gibt frei und offen aller Welt
Die frohgemute Kunde
Wer sich um dieses Zeichen schart
Ist deutsch mit Seele, Sinn und Art
Und nich bloß mit dem Munde.

La croix gammée sur son lit blanc
Est ceinte d'un feu sanglant ;
D'une voix libre, joyeuse, sincère
Au monde elle proclame
Que se rassemblent sous cette bannière
Allemands de cœur, Allemands dans l'âme
Et que ces liens jamais ne soient
Qu'un flot de vaines paroles.

Invariablement, l'instituteur appelait Adrian au tableau pour lui faire réciter le poème à haute voix, mais le garçon perdait toujours le fil. En outre quelque chose dans sa façon de prononcer les strophes – peut-être était-ce le vers *Wer sich um dieses Zeichen schart* – devait être particulièrement comique : dès qu'il atteignait ce passage la classe entière se tordait de rire et Magister Bergen devenait aussi rouge qu'un drapeau nazi. L'instituteur rendit un jour visite à Herr et Frau Haidinger pour leur expliquer que leur bâtard de fils adoptif était si stupide qu'il était impossible de lui inculquer quoi que ce soit. Les Haidinger avaient eu tort de l'accueillir dans leur famille (l'instituteur devait connaître les circonstances de l'adoption). Un jour ils devraient payer pour ça ! Après quoi, ce fut au tour d'Adrian de payer. Herr Haidinger ne se compliqua pas la tâche : le garçon fut sommé de se mettre torse nu et de le suivre jusqu'à la remise à outils qui, ironie du sort, abritait les cages à lapins. Car c'est comme un lapin qu'il se retrouva suspendu par les mains à un crochet. Une fois qu'Herr Haidinger eut ôté sa ceinture, il le rossa ; ses propres cris ne tardèrent pas à se joindre à ceux d'Adrian et ils finirent par hurler à l'unisson tels des forcenés. À travers la porte entrouverte qui laissait pénétrer la lumière, Adrian aperçut Helmut en train de grignoter la friandise que Frau Haidinger venait de lui offrir. Avec son sourire hypocrite, il était le portrait craché de leur père quand il avait peur.

L'argent de Herr Pawlitschek Bien que manchot, Rudolf Pawlitschek vantait ses talents de chasseur à qui voulait l'entendre. Un jour il convia Adrian dans sa chambre, qui donnait dans le hall d'entrée, afin qu'il assiste au graissage de son fusil. Sans cesser de narrer ses exploits, Herr Pawlitschek décrocha l'arme pendue à un clou au-dessus du lit, la posa sur ses cuisses légèrement écartées et prit la graisse et le chiffon dans le tiroir de la table de chevet ; tout cela d'une seule main. Le nettoyage put alors commencer : muni du chiffon, Herr Pawlitschek entreprit d'astiquer vigoureusement le fusil bien calé sous son aisselle gauche en le tournant à l'aide de son moignon – lâchant et rattrapant l'arme à petits mouvements rapides. C'était étrange : on aurait dit que la main droite frottait toujours au même endroit alors que l'aisselle reproduisait mécaniquement le même geste – lâcher, rattraper ; lâcher, rattraper. À force, Herr Pawlitschek se mit à transpirer à grosses gouttes ; curieusement, l'ombre grimaçante d'un sourire se dessina sur son visage maussade. Quand il remit la graisse et le chiffon à leur place, Adrian aperçut une liasse de billets tout au fond du tiroir. Cette vision s'empara de son esprit. Cet argent l'obséda au point qu'il ne parvint plus à penser à autre chose : ni le matin quand il se rendait en traînant les pieds à l'école de Münnichplatz, ni pendant la journée quand, exilé au dernier rang par Magister Bergen, il observait son instituteur qui interrogeait les autres élèves en l'ignorant avec une patiente obstination. Un jour, se dit Adrian, quand Herr Pawlitschek serait absent, il s'introduirait dans sa chambre pour compter l'argent. Pas pour le prendre, non, juste pour savoir combien il y avait. Ce jour arriva plus vite qu'il ne l'avait espéré. Une après-midi, au retour de l'école, il trouva la maison vide : les Haidinger et les deux Pawlitschek (le vieux et le jeune) étaient partis, ainsi que le fusil habituellement pendu au-dessus du lit. Ouvrant le tiroir de la table de chevet, Adrian en sortit la graisse et le chiffon, défit l'élastique qui retenait les billets et les compta avec des doigts tremblants. Soixante Reichsmarks. À cet instant précis, comme il le formulerait plus tard, ce n'est pas lui qui prit la décision, mais la décision qui *s'imposa* à lui. Le libre arbitre n'avait rien à voir là-dedans. C'était une chose inéluctable qui *devait* avoir lieu, pour la simple raison que l'argent se trouvait dans le tiroir et que (hormis les vaches et les lapins) la maison était déserte. En quelques minutes il mit les billets dans sa poche, jeta dans son cartable le peu de vêtements qu'il possédait et monta dans le tram. Cette après-midi-là, les flâneurs étaient bien moins nombreux sur le Ring que le jour où Adolf Hitler et son cortège s'étaient frayé un chemin à travers la foule : Adrian fut vite arrêté par une patrouille de police – les enfants en âge d'être scolarisés ne rôdaient pas sans surveillance. En outre, il n'était pas particulièrement convaincant en écolier, avec sa gueule de Tatar et son pantalon maculé de taches d'herbe – le seul que Frau Haidinger l'autorisât à porter quand il jouait les valets de ferme. Le policier qui l'appréhenda, persuadé que le cartable était un camouflage, ne douta pas un instant d'avoir affaire à un voleur à la tire chevronné. Conviction confirmée par la liasse de billets. Au poste de police où on conduisit Adrian, l'argent fut recompté et le garçon fit des aveux complets. Il s'appelait Adrian Dobrosch (il portait toujours le nom de sa mère.) ; quant à l'argent d'Herr

Pawlitschek, il avait prévu d'en garder la moitié pour payer le gîte et le couvert, selon ses propres mots, et de donner l'autre moitié à sa mère afin qu'elle puisse enfin s'acquitter du loyer. Qui donc est ta mère ? demanda le policier, dévisageant Adrian d'un air rusé comme s'il venait de mettre le doigt sur toute une bande de malfrats. Le garçon ne répondit pas.

Le gosse de Tatar Évidemment, ils étaient déjà au courant de tout. Frau Haidinger refusa tout net de le reprendre. Quant à Herr Pawlitschek, une fois son argent récupéré, il demanda aimablement qu'on le dispense de déposer plainte. Déposer plainte contre qui, d'ailleurs ? D'un point de vue juridique – et c'était le seul qui comptait –, Herr et Frau Haidinger étaient les parents d'Adrian. Ainsi, Adrian n'eut d'autre choix que de retourner à Lustkandlgasse : au KüST, selon l'abréviation officielle du Kinderübernahmestelle, le centre de prise en charge des enfants de l'Alsergrund. Il ne fut plus question de parader sur un banc tel un animal de foire dans l'espoir qu'une dame en robe rouge et col de dentelle blanc jette son dévolu sur vous et vous amadoue avec une tablette de chocolat. Deux semaines plus tard, le temps que son dossier passe d'un secrétariat à un autre et que l'acte d'adoption soit annulé, Adrian fut transféré à Mödling. La ville hébergeait un ancien orphelinat, la Hyrtl'sche Waisenhaus : un grand bâtiment en brique évoquant une forteresse médiévale, flanqué de hautes tours carrées et abritant une église dans sa cour intérieure. À peine arrivés au pouvoir, les nazis avaient transformé l'orphelinat en institution pour enfants posant des problèmes de discipline. Adrian y ferait en tout et pour tout deux séjours. Le second, au début du printemps 1943, fut le plus terrible. De son premier passage, à l'automne 1939, il ne conserverait que peu de souvenirs. Il se rappellerait les vastes salles pleines de courants d'air, les couloirs interminables et la cage d'escalier où ils n'étaient autorisés à se déplacer qu'en groupe, en *Einzer-* ou *Zweierreihen*, en file indienne ou en rangs par deux, pour rejoindre le réfectoire ou le gymnase – jamais ils ne marchaient sans but. Et aussi les ordres hurlés par l'aîné menant la troupe et les piétinements hargneux qui résonnaient jusqu'en haut de la cage d'escalier. Les premières semaines, il fut rongé par la culpabilité. Il avait démérité auprès des Haidinger et de tous ceux qui s'étaient occupés de lui. Et Helmut ? Frau Haidinger l'avait-elle gardé ? Où avait-il connu un sort pire encore par sa faute à lui ? Il ne savait rien, et cette incertitude le minait davantage que les remarques incessantes des autres garçons sur son apparence physique, sa peau foncée et ses drôles d'oreilles (quelle colle utilisait-il pour les plaquer sur son crâne ?). Un jour, il fut convoqué chez le directeur. Assis derrière son imposant bureau, Heckermann paraissait petit par contraste. Sa fine moustache semblait avoir été étudiée pour mettre en valeur la lèvre supérieure, plus fine encore : moustache et lèvre s'étiraient en deux traits minces formant un petit bec. De l'oiseau, le directeur tenait également l'allure un peu fragile, qui devint menaçante quand, enfonçant la tête dans les épaules, il se tourna vers Adrian pour lui demander son nom. Le garçon se recroquevilla et répondit sur le ton martial que tout résident de l'institution était tenu d'adopter :

Dobrosch !

Jamais ce nom laid et impertinent n'avait paru aussi répugnant qu'à cet instant, dans ce bureau. On avait l'impression qu'en le prononçant Adrian avait ouvert une vieille boîte de conserve qui déversait son contenu nauséabond. Durant quelques secondes, Herr

Heckermann parut fortement incommodé par l'odeur. Puis, ouvrant à nouveau le bec, il affirma :

Faux !

Que doit-on répondre à un représentant de l'autorité qui déclare Faux ! quand vous lui donnez votre nom ? Adrian ferma les yeux, persuadé que sa dernière heure était arrivée.

Faux ! À partir de maintenant, tu t'appelles Ziegler !

Quand Adrian se risqua à écarter les paupières, il vit le directeur se lever. Survint alors le moment où un Eugen Ziegler souriant de toutes ses dents sortit du débarras pour serrer le fils prodigue sur son cœur.

Les mains chaleureuses de l'oncle Florian Ce fut comme un baptême. Voilà qu'Adrian sortait enfin de l'ombre d'une mère incapable de veiller sur lui pour marcher dans la lumière éclatante du nom paternel ! Dix ans durant, Eugen Ziegler avait battu Leonie Dobrosch, sans trêve ni repos. Il avait abandonné femme et enfants si souvent que personne ne se donnait plus la peine de tenir les comptes. On ne comptait pas non plus le nombre de fois où il était revenu à la maison, ivre ou complètement fauché, et donc tout disposé à se repentir. Quand père et fils quittèrent Mödling ensemble, Eugen prit Adrian par les épaules. Plus rien ne pourrait jamais les séparer, puisque sa mère et lui étaient désormais mariés *pour de bon*. Il avait tenu à annoncer en personne l'heureuse nouvelle à son fils, ajouta-t-il, tandis que son bras, placé autour d'Adrian dans un geste paternel et protecteur, exprimait en réalité son propre besoin de protection. En somme, c'était la guerre : voilà la véritable explication. Si Eugen Ziegler ne parvenait pas à démontrer qu'il avait une famille à nourrir, il courrait le risque de se voir envoyer au front, ou pis encore. On lui avait trouvé un emploi de monteur dans une usine à Floridsdorf, où on travaillait d'arrache-pied à fabriquer des locomotives pour la Deutsche Reichsbahn. Mais ce travail comportait des conditions : Ziegler était tenu de rapporter la totalité de son salaire à la maison, bulletin de paye à l'appui, en échange de quoi la mère signait un reçu. Si jamais tu t'avises une seule fois de venir saoul au travail ou de ne pas rentrer fissa avec ta paye, je te mets à la porte, aurait menacé le contremaître de l'usine. Et bien qu'Eugen Ziegler ne fût pas un modèle de sobriété en dehors du travail, les autorités avaient les choses en main ; il continua donc de se rendre à Floridsdorf tous les matins, participant ainsi à la construction de plus de mille locomotives de guerre dénommées *Baureihe 52*. À cette époque ils habitaient un appartement moderne avec baignoire et W-C situé dans le IIIe arrondissement. Ça aussi, c'était grâce aux services sociaux. Ferenc logeait toujours à Kaisermühlen, mais il travaillait désormais pour une entreprise de transport à Saint-Pölten qui livrait du charbon à des établissements peu regardants sur les formalités administratives. C'était un travail dangereux nécessitant de rouler de nuit tous feux éteints, avec la menace constante d'un contrôle de police. La mère d'Adrian était folle d'inquiétude pour son frère. Malgré tout, c'était surtout pour l'oncle Florian qu'elle se rongeait les sangs. Tant qu'il vivait avec la famille, il n'avait jamais causé de problème. Bien sûr, il lui arrivait parfois d'avoir l'esprit absent, et sa façon de bredouiller ses phrases d'une voix pâteuse ne facilitait pas la communication. D'un autre côté, il était toujours gentil et, pour peu qu'il eût quelque chose entre les mains (mieux valait s'assurer que ce fût toujours le cas), il faisait preuve d'une diligence peu commune. Parfois le marchand de légumes, Herr Gabel, l'emmenait avec lui quand il allait se fournir à Kagran. Lorsqu'il en revenait, se souviendrait Adrian, oncle Florian portait toujours des gants et un tablier qui lui donnaient l'allure d'un véritable docker. Au printemps, il aidait Ferenc à entretenir les bateaux amarrés dans le port de l'Alte Donau. Il s'asseyait sur un petit tabouret dans la lumière blanche du soleil, tenant délicatement le pinceau du bout des doigts comme s'il peignait sur une précieuse toile de lin. La mère d'Adrian disait toujours qu'oncle Florian avait des mains sensibles et chaleureuses. Après l'expulsion, terminé ! Florian ne trouva plus de travail. Il passa quelque temps dans un foyer pour célibataires à la Brigittenau, mais il ne put jamais s'habituer à vivre parmi des étrangers. Il changea du tout au tout : il devint nerveux et agité, se mit à traîner dans les rues, *faisait le pitre*, comme disait la mère. À l'automne 1937, elle parvint à lui trouver une place à l'hôpital psychiatrique de Gugging. Le soulagement fut de courte durée : l'Anschluß se produisit. En l'espace de quelques semaines la direction de l'hôpital fut remplacée ; Florian atterrit au Steinhof, dans une salle où s'entassaient quarante débiles mentaux – qui assis, qui allongés ou attachés – hurlant dans leurs lits comme un seul homme et entièrement livrés à eux-mêmes. La mère rendait visite à son frère au moins une fois par mois, toujours le dimanche. Adrian la revoit, debout devant le miroir, s'habillant pour l'occasion. Elle revêtait une veste de lainage gris et portait un béret. Autrement, elle prenait rarement soin de son apparence. En rentrant, elle avait toujours le visage ruisselant de larmes. Même un chien était mieux traité, se lamentait-elle, elle voyait Florian littéralement *disparaître* devant ses yeux, un peu plus chaque fois. (Un tel fossé séparait encore leur vie à l'époque – cette dernière année irréelle de liberté – de la folie qui bientôt bouleverserait leur monde qu'il faudrait des années à Adrian pour parvenir à relier les deux pans de son existence : la vie *d'avant* son arrivée au Spiegelgrund et la vie *d'après*. Alors seulement il comprendrait que les allées de gravier qu'il parcourait chaque matin pour se rendre au pavillon scolaire étaient celles que sa mère avait empruntées pour rendre visite à l'oncle Florian. Mais, ce qui était encore plus extraordinaire : plusieurs membres du personnel *la connaissaient déjà* lorsque Adrian fut admis au Spiegelgrund, étant donné qu'ils y avaient presque tous travaillé quand l'institution était un asile psychiatrique. À leurs yeux, sa mère n'était qu'une toquée, comme toutes celles qui s'obstinaient à venir à toute heure du jour s'enquérir d'un mari, d'un frère ou d'un enfant, alors même qu'elles savaient – alors même que tout le monde savait déjà – qu'il ne restait plus un seul patient au Steinhof. Une toquée, voilà aussi comment ils avaient dû la considérer la seule fois où elle était venue voir Adrian. Elle portait la même tenue que lors de ses visites à Florian : jupe, veste de lainage gris, manteau et béret usés ; et on pouvait supposer que, comme naguère, elle s'était plantée devant le miroir, ses yeux anxieux rivés à leur reflet dans la glace, tandis qu'elle appliquait un rouge irisé sur ses lèvres fines et décolorées.) En octobre ou novembre 1940 oncle Florian, ainsi qu'une quarantaine de patients de son unité et des unités voisines, fut conduit jusqu'à Hartheim dans des autobus de la GEKRAT[1] sans que Leonie Ziegler n'en sût rien. Plusieurs semaines passèrent avant qu'elle reçoive une lettre l'informant qu'Herr Florian *Dobrocz* – le nom

1. Gemeinnützige Krankentransporte GmbH : service nazi d'ambulances pour le transport des malades vers les centres d'extermination.

avait été mal orthographié – avait contracté une pneumonie à laquelle il avait succombé malgré tous les efforts déployés pour le guérir. Adrian se souviendrait du jour où la lettre arriva. Toute la famille était à table, dressée avec le plus grand soin comme chaque dimanche soir. Et, comme chaque dimanche soir, le père, désormais sobre et pondéré, partageait le repas familial, serrant les dents devant la mine éplorée de sa femme, endurant sans sourciller ses sempiternelles jérémiades sur Florian et ses mains chaleureuses qui disparaissait chaque fois un peu plus. Ce soir-là, pourtant, les plaintes de Leonie eurent raison de son calme : il se leva brusquement. Verres et assiettes volèrent. Il en avait par-dessus la tête de toutes ces pleurnicheries ! Tournant les talons, il partit en claquant la porte. La mère resta un instant figée avant d'enfouir son visage dans ses mains, les épaules secouées de sanglots. Mais cet épisode a-t-il vraiment déjà eu lieu ? Leonie était de nouveau enceinte après avoir accouché d'Helga en mars 1938, et elle allait donner naissance à Hannelore en février 1940. Quant à Adrian, il fréquentait l'école de la rue Erdbergstraße où, comme à Münnichplatz, on l'avait relégué au dernier rang de la classe avec une étiquette de *demeuré*. Les écoliers, portant désormais l'uniforme et arborant l'insigne des Jeunesses hitlériennes épinglé au revers de leur veste, se retrouvaient tous les soirs lors de ce qu'ils appelaient des *Heimabenden*. À ses camarades qui voulurent savoir pourquoi lui et sa sœur ne participaient pas à ces réunions – après tout, elles étaient obligatoires –, Adrian ne sut que répondre. Par le biais d'un courrier officiel Eugen Ziegler avait appris qu'il était *Wehrunwürdig*, indigne de porter les armes – nouvelle qu'il avait accueillie avec soulagement. Mais voilà, du fait du statut paternel, les enfants se retrouvaient exclus de la

Jeunesse allemande ou de toute organisation liée à la NSDAP, le Parti national-socialiste des travailleurs allemands. Adrian aurait bien voulu porter l'uniforme. Non pas qu'il en fût entiché ou qu'il aimât particulièrement les chants stupides que les autres devaient chanter durant ces Heimabenden, simplement l'uniforme aurait empêché son père de le frapper : tous les enfants arborant l'uniforme des Jeunesses hitlériennes étaient sous la protection personnelle du Führer, de sorte que personne, à part lui, n'avait le droit de les punir. Le Führer était leur protecteur et leur seul ami ; un leitmotiv qu'on leur répéterait à satiété au Spiegelgrund. On l'avait inculqué à Adrian Ziegler avant son arrivée là-bas, et rien de ce qui se produisit ensuite ne put ébranler sa foi.

Fêtes de Noël (et conséquences) En décembre 1940, la famille Ziegler fêta son premier vrai Noël ensemble. Helmut était présent lui aussi, les Haidinger ayant accepté à contrecœur de le « rendre ». Évidemment, les Ziegler fêtaient déjà Noël à l'époque où ils habitaient rue Simmeringer Hauptstraße, avec sapin et tout le tralala, mais c'était quand même différent. Une fois la famille au complet (y compris les sœurs et les oncles) installée autour de la table dressée – au bout de laquelle trônaient le verre et l'assiette vides du père –, le réveillon se transformait en une attente interminable. Au mieux, Eugen débarquait sur les coups de minuit, seul et aviné, ou accompagné de quelques compères qu'il insistait pour inviter à dîner. Quand il rentrait seul, il était toujours hors de lui parce qu'il n'y avait plus rien à manger et que la nappe était *toute poisseuse*. Et il se mettait immédiatement à cogner Leonie, l'accusant d'être une traînée et une bonne à rien même pas capable de nettoyer la table. Mais cette année-là, la famille allait fêter Noël pour de bon. Une semaine avant le réveillon, Adrian et son père s'étaient rendus à Rochusmarkt pour y acheter un vrai sapin. À l'école, leur instituteur, qui ne comptait manifestement pas parmi les nazis les plus convaincus, leur donna comme sujet de rédaction « Mon plus beau Noël » et leur permit même de fabriquer leurs propres crèches. La perspective des réjouissances mit sa sœur Laura dans un tel état d'excitation qu'elle passa une après-midi entière à courir les magasins de Mariahilfer Straße. Tandis qu'une camarade d'école détournait l'attention des vendeuses, boules de verre brillant et guirlandes scintillantes atterrirent par poignées sous son pull. Quand la police arriva, les deux adolescentes étaient assises sur les marches de la gare de l'Ouest, accoutrées comme des princesses et coiffées d'une crinière de cheveux d'ange. Ce n'était pas la première fois que Laura se faisait pincer pour vol à l'étalage. Le plus souvent, il s'était agi de broutilles : crayons, gommes et fournitures scolaires, ou bien chocolats et fruits chapardés sur les étals. Mais voilà, les temps avaient changé ! Les services sanitaires et sociaux, qui autrefois s'étaient montrés accommodants, étaient désormais implacables. Le vagabondage était un acte de délinquance puni par la loi. Le fait que Laura « entraîne ses camarades » était une circonstance aggravante. Quand les services sociaux, deux jours après le Nouvel An, se présentèrent au domicile des Ziegler, ils constatèrent que non seulement Adrian, Helmut et Laura dormaient dans le même lit, mais qu'ils jouaient aussi au papa et à la maman cachés sous une nappe. Étant donné que, par-dessus le marché, les garçons étaient totalement nus, ils suspectèrent immédiatement des « relations incestueuses ». *Les enfants sont sales et sous-alimentés, sans aucune éducation : insoumis, effrontés*, mentionne le rapport qui comporte aussi un long paragraphe sur Adrian Ziegler, décrit comme *un garçon insolent et dépravé, qui coupe sans cesse la parole aux adultes avec des invectives et des mots obscènes.* Je ne me rappelle pas que nous ayons été insolents, remarquerait Adrian longtemps après l'élaboration de ce rapport. En revanche, je me rappelle qu'ils nous ont interrogés un par un pour nous inciter à calomnier nos parents. Moi, par exemple, ils ont essayé de me faire dire que notre mère négligeait sa famille ; je me suis mis à pleurer. Depuis plus de douze ans elle se sacrifiait pour ses enfants sans jamais penser à elle ! Sans jamais recevoir d'aide de quiconque ! Jamais ils ne me feraient dire qu'elle nous négligeait. La famille fut de nouveau séparée. On décréta que Frau Leonie Ziegler (née Dobrosch) avait déjà fort à faire avec ses deux cadettes. Les services sociaux se mirent en quête d'une famille d'accueil qui pourrait préparer Laura à son année de travail obligatoire, la *Pflichtjahr* – l'aînée de la fratrie allait sur ses quinze ans. Helmut fut placé dans un orphelinat de la rue Bastiangasse à Währing. Adrian fut envoyé au Spiegelgrund : cette institution nouvellement créée se présentait comme une clinique spéciale destinée à accueillir des enfants atteints de troubles psychiatriques ou neurologiques graves, doublée d'une maison de correction. Le Spiegelgrund était le dernier échelon, le degré le plus bas, le lieu où atterrissaient les damnés. Adrian ne le savait pas encore. Dans le compte rendu de l'examen médical qu'il subit ce matin de janvier 1941 en arrivant au Spiegelgrund, on trouve clairement dactylographiées toutes les données mesurables :

Taille : 135 cm.
Poids : 34 kg.
Forme du crâne : plate ; légèrement déformée ; de type « tzigane ».
Oreilles : courbées d'aspect sémitique, mais bien ourlées ; près du crâne.
Couleur des cheveux : brun.
Pigmentation de la peau : brune.

Sous la rubrique « Autres caractéristiques », le docteur Gross a ajouté : « *Omoplate droite : légèrement saillante* » ; « *Pieds malodorants* » ; « *Éraflure de 30 cm de longueur sur le tibia gauche* ». Trois clichés accompagnent le compte rendu : deux de profil et un de face. Ils représentent un garçon de onze ans apparemment en bonne santé, la tête légèrement enfoncée dans les épaules, la bouche entrouverte et les yeux écarquillés par l'effroi, à qui on donnerait le bon Dieu sans confession.

II

Le médecin de l’âme n’a pas besoin d’yeux

Je m'appelle Anna Katschenka. J'ai travaillé en tant qu'infirmière pendant vingt-deux ans. Je suis arrivée au Spiegelgrund en 1941. L'établissement était alors sous la direction du docteur Jekelius. Je crois que le docteur Türk y exerçait déjà. Par la suite, c'est le docteur Illing qui a repris la direction. En juillet 1942, je crois. J'ai été membre du parti social-démocrate entre 1923 et 1934, puis membre du Front patriotique. Après les événements, j'ai cessé de m'occuper de politique. Je n'ai jamais fait partie du NSDAP ni d'aucune de ses organisations. En juin 1929, j'ai épousé le licencié en médecine Siegfried Hauslich. Un an après, notre mariage a été dissous pour cause de différences personnelles insurmontables et d'antipathie excessive de caractère. Mon mari était juif. La première fois que j'ai rencontré le docteur Jekelius, je venais d'être congédiée du poste que j'occupais à Lainz et on m'avait recommandée à lui pour soigner mes troubles dépressifs chroniques. Grâce à son traitement efficace, j'ai fini par lui accorder une grande confiance, ce qui m'a poussée à solliciter une place d'infirmière dans son établissement. Quelques jours après avoir pris mes fonctions à la clinique pour enfants, j'ai été convoquée dans son bureau. Invoquant le serment de confidentialité que j'avais prêté, il m'a expliqué qu'en aucun cas je n'étais autorisée à dévoiler d'informations sur les cas particuliers traités à l'institution, ni à poser de questions inutiles. Il supposait que j'avais déjà constaté de mes propres yeux la triste condition des enfants admis à la clinique, dont certains étaient incurables. Il m'a alors indiqué comment on traitait ce genre de cas. Je suis restée très liée avec le docteur Jekelius, même après qu'il a rejoint la Wehrmacht en janvier 1942. Je lui ai rendu visite à plusieurs reprises et lui ai écrit quand il était au front. Jamais nos relations n'ont été de nature amoureuse. Le docteur Jekelius était national-socialiste, pas moi. Personnellement, je ne me suis jamais mêlée de politique.

Doktor Jekelius Il lui inspira confiance dès leur première rencontre. Anna crut d'abord que c'était dû à sa manière de l'observer et de lui parler, avant de comprendre que c'était sa façon d'être tout entière qui avait suscité chez elle ce sentiment. Il se mouvait avec une grâce et une aisance d'animal, une vigilance sans artifice. Des années plus tard, au moment de la chasse aux sorcières qui déchaînerait les passions contre lui, quand même ses plus loyaux collègues et collaborateurs – par peur ou lâcheté – prendraient leurs distances, on le taxerait d'imposture. Balivernes ! Un homme qui possédait une relation aussi intime avec son corps et ses sens était incapable de duperie. On peut mentir en pensée ou en paroles ; le corps, lui, ne ment pas. Plus tard, interrogée par les membres de la commission d'enquête, elle raconterait en détail les premières fois où elle avait cherché réconfort auprès du médecin. C'était en 1939, au terme d'une année mouvementée passée à travailler comme infirmière à l'hospice de Lainz. Dès l'accession au pouvoir des nazis, le directeur de l'hospice, le docteur Herz, également juge à la cour administrative, se suicida ; le professeur Müller, qui dirigeait le service médical où elle travaillait, fut contraint de démissionner. Ensuite, les mutations s'enchaînèrent.

Elle qui n'avait jamais douté de ses compétences sentit peu à peu sa confiance en soi décliner, ce qui se traduisit par des troubles dépressifs récurrents, des maux de tête persistants ainsi que des douleurs d'estomac chroniques. Elle s'était persuadée que ses nouveaux supérieurs avaient des raisons de se montrer insatisfaits de son travail, qu'ils le jugeaient médiocre. La loyauté et la fidélité incarnaient à ses yeux des idéaux importants ; elle avait besoin de se sentir à la hauteur. En réalité, comme elle l'avouerait à Jekelius, elle avait peur. Peur de perdre son emploi pour des raisons politiques ; et peur des conséquences d'une telle perte : ne plus faire partie d'un tout, ne plus exister, ne plus se sentir utile. Sans compter que, depuis la prise de pouvoir du Front patriotique en 1934, son père et son frère avaient été contraints de quitter leur poste. La survie de la famille dépendait donc d'elle, et d'elle seule. Quand, fatiguée d'endurer tous ses ennuis de santé, elle se tourna vers ses supérieurs, le médecin chef Dipold, qui avait succédé au professeur Müller, lui recommanda d'entrer en contact avec le docteur Jekelius. À cette époque Jekelius venait de prendre son poste de médecin chef à la clinique de désintoxication du Steinhof ; il conservait toutefois son cabinet de Martinstraße, à Währing, où il recevait ses patients quelques heures l'après-midi. Elle sonna donc à la porte du jardin avant de traverser la terrasse pavée, ombragée d'un entrelacs d'arbres qui formait une voûte à la manière d'une pergola. Par cette chaude journée d'été, la fenêtre du cabinet restée ouverte laissait entrer le gazouillement des moineaux qui jouaient dans les feuillages, accompagnant de leur bruissement la première longue conversation qu'elle eut avec le docteur. Elle s'était sentie un peu nerveuse à la perspective de le rencontrer. N'allait-il pas éprouver du dédain pour sa patiente quand il découvrirait qu'elle était infirmière ? Pourtant, s'il accorda la moindre importance à ce détail, il n'en laissa rien paraître. Au contraire, il l'interrogea longuement sur les différentes positions qu'elle avait occupées, manifestant son appréciation par un marmonnement inintelligible chaque fois qu'elle prononçait le nom de tel ou tel professeur ou médecin chef qu'il connaissait de réputation ou personnellement. Une fois qu'elle eut énuméré la liste entière, Jekelius déclara avec un sourire que, de tous les médecins qu'elle avait côtoyés, elle en viendrait certainement à le considérer comme le plus étrange. Elle perdit contenance. Pourquoi ? s'étonna-t-elle. À cause de mon dialecte, expliqua-t-il. Toute ma famille vient de Transylvanie. (Il s'exprimait en effet dans un allemand clair et distinct, mâtiné d'un léger accent saxon auquel elle ne prêtait pas particulièrement attention : son esprit était absorbé par la façon dont la voix mélodieuse du médecin s'harmonisait avec la sveltesse de son corps. Mais peut-être ces digressions n'étaient-elles qu'une manœuvre pour l'aider à se détendre ? Possible, car aussitôt il se mit à lui raconter une histoire :)

Lorsqu'il était enfant, à Hermannstadt, l'une de ses tantes préférées souffrait de troubles dépressifs chroniques. Pour cette raison, ses parents avaient interdit à leur fils de lui rendre visite. Le garçon avait coutume de jouer au bord d'un petit ruisseau tout près de leur maison. On l'appelait le cloaque, car il charriait tout un tas d'ordures malodorantes. Chaque fois que le garçon jouait autour du ruisseau, il espérait faire une trouvaille qui l'aiderait à guérir sa tante. Et voilà qu'un jour il tomba sur un petit paquet blanc, qu'il lui apporta. À peine l'eut-il ouvert que sa tante éclata de rire. Le docteur Jekelius posa les yeux sur Anna Katschenka.

Pouvez-vous deviner ce qu'il y avait dans le paquet, Schwester Anna ?

Elle secoua la tête.

Du Lausex.

Qu'est-ce que c'est ?

Un produit pour exterminer la vermine. Dosé correctement, il aurait pu tuer sept mille personnes. Je vois que vous riez, Frau Katschenka ! Exactement comme ma tante. Elle riait tellement qu'elle ne savait plus où se mettre. Le lendemain matin, son médecin a rendu visite à mes parents pour leur dire que ma tante allait beaucoup mieux, et ce grâce à l'intervention judicieuse de leur fils. Erwin, a-t-il déclaré en se tournant vers moi, tu as trouvé ta vocation : devenir médecin ! Et savez-vous ce que j'ai répondu ? Je préférerais encore devenir empereur d'Allemagne !

Ils rirent. Puis ils gardèrent le silence un moment, les yeux tournés vers la fenêtre. Du jardin leur parvenait un bruissement, comme celui d'une fine feuille de papier qu'on froisse et qu'on défroisse délicatement. Certainement les moineaux qui jouaient dans la pergola. Elle les avait complètement oubliés.

Pourquoi me racontez-vous cela ? finit-elle par demander.

Peut-être parce que, parfois, il suffit que quelqu'un claque des doigts devant votre visage – *comme ça !* – pour que soudain le monde vous paraisse complètement différent. Pour m'exprimer autrement, la guérison d'un malade ne dépend pas uniquement de l'action directe que nous avons sur lui. Ce qu'il faut transformer, c'est le contexte, le tout : la façon dont nous appréhendons la maladie. Je serais ravi de vous raconter la suite de mon histoire la prochaine fois.

Le médecin de l'âme n'a pas besoin d'yeux

Vous voulez savoir si j'avais une relation avec le docteur Jekelius ? Je suis fière de vous répondre que c'était le cas. Toutefois, celle-ci n'avait rien de la nature grossière que vous voulez lui prêter. Jamais je n'ai placé une telle confiance en quelqu'un. Lorsque je suis allée le voir pour la première fois, j'étais comme anesthésiée, de corps et d'esprit. Quand je levais la main pour toucher quelque chose, je ne sentais rien. Même pas ma propre main. Et puis il est arrivé. Il a mis sa main sur la mienne. Soudain j'ai recouvré la sensation et j'ai été capable de bouger les doigts. « Le médecin de l'âme n'a pas besoin d'yeux », lui ai-je écrit un jour qu'il avait été blessé au combat et qu'il était privé aussi bien de l'usage de la vue que de celle de ses membres. À présent, ils lui ont tout pris : la vue et l'ouïe, son corps et son honneur. Cependant il y a une chose qu'ils ne pourront jamais lui enlever : ce qu'il a fait pour moi. Il m'a rendu la vie. Cela signifie-t-il que je partageais ses idées dans d'autres domaines – la politique, par exemple ? Bien sûr que non. J'ai toujours su que le docteur Jekelius était national-socialiste. Mais la politique n'a jamais eu d'importance à mes yeux.

La vocation À l'âge de dix ans Anna Katschenka sut qu'elle voulait devenir infirmière. Dix ans : l'âge qu'elle avait quand sa sœur, souffrant d'une hypertrophie cardiaque congénitale, mourut. Sa maladie n'était un secret pour personne ; tout le monde savait que la mort pouvait survenir n'importe quand. La fillette peinait à suivre ses camarades dans leurs jeux, elle s'essoufflait vite et devait souvent s'asseoir pour reprendre sa respiration. Pourtant, lorsque les sœurs jouaient à ce que leur mère appelait des « jeux calmes », elle était tout à fait normale et se montrait même protectrice envers sa cadette. Rien que le jour précédant sa mort, Anna s'était assise à son chevet pour s'amuser avec elle. Les deux petites avaient inventé un jeu : les jambes de la sœur étaient des animaux qu'Anna devait attraper pour lui enfiler ses galoches. Une fois chaussée, la malade s'était levée en nage, la respiration entrecoupée et le visage écarlate. Le lendemain, son lit était vide, le couvre-lit lisse et sans relief sur le sommier plat. Tous les livres et images s'étaient volatilisés des étagères – même la boîte « secrète » contenant les bibelots, les bijoux et les bagues, ainsi que les lettres et le journal de sa sœur. Comme si tout ce qui était lié à elle devait disparaître maintenant qu'elle était morte.

Et il est écrit que « quiconque ne porte pas sa croix et ne me suit pas ne peut être mon disciple ». De même : « quiconque parmi vous ne renonce pas à tous ses biens ne peut être mon disciple ».

Anna gardait un souvenir de l'enterrement qu'elle confia au docteur Jekelius. Elle revenait de l'église en compagnie de sa mère, profondément éprouvée par la mort de sa fille. Elles marchaient en se donnant le bras, accompagnées par le martèlement des cloches qui sonnaient et carillonnaient de leurs lourds battants en laiton. Plus tard, Anna assimilerait sa soudaine vocation à une inspiration divine. Les cloches m'ont montré la voie du devoir, se plaisait-elle à répéter. Seulement, elle savait au fond d'elle-même qu'il n'y avait rien eu là de glorieux. Au contraire, ç'avait été un moment terrible. Durant une seconde, tout s'était obscurci autour de la mère et de la fille. Elles avaient été enveloppées jusqu'à l'asphyxie dans le tintement des cloches.

Comme si, là-haut, Dieu avait recueilli un à un les frêles battements de cœur de sa sœur pour les métamorphoser en une lourde masse métallique : elle tonnait et grondait à en faire trembler la terre et le ciel n'était plus qu'un cœur gigantesque prêt à éclater. Couvrant ses oreilles de ses mains, la mère s'était plaquée contre les façades d'immeubles pour y chercher refuge. Mais les murs éclataient eux aussi et le trottoir s'effondrait sous leurs pieds. Même la main d'Anna, qui depuis cette expérience mystique voulait être une *main tendue* dans la détresse, n'avait pu atteindre la mère. Aucune main ne pouvait plus l'atteindre. À partir de ce jour, la mère ne sortit plus de chez elle. Elle craignait de croiser le regard des autres, disait-elle. Peut-être redoutait-elle surtout les chuchotements qui s'étaient glissés derrière elle sous la voûte de l'église – c'était sa faute, sa très grande faute, elle n'avait pas réussi à sauver sa fille aînée. Peu à peu la maladie de la défunte acquit une sorte d'existence propre : un état de conscience qui dominait son entourage de la même manière qu'une cécité ou une paralysie affecte la vie d'une personne. Et chaque fois que quelqu'un mettait en doute les propos de la mère sur sa fille décédée, la honte et la culpabilité remontaient à la surface. Et la maladie gagnait du terrain. Il incombait désormais à Anna de s'assurer que le chaos et les calamités du monde extérieur ne franchissent pas les portes de la maison ; la mère ne devait entendre parler que de choses agréables susceptibles de lui remonter le moral, tandis que les nouvelles capables de l'anéantir devaient rester sur le seuil. Ainsi Anna restaurait l'ordre et l'harmonie d'un monde auquel la mère avait cessé de croire. « Celui qui jouit d'une bonne santé ne craint pas la lumière » était une maxime qu'elle citait volontiers autrefois – l'une des nombreuses que sa fille avait faites siennes. Parfois, le soir, afin de prouver combien la famille était bien portante, le père ressortait les clichés qu'il conservait de l'époque où il était coureur de longue et moyenne distances : des photos prises lors de compétitions dans des villes de province sur lesquelles on l'apercevait, jeune homme dégingandé, les bras négligemment jetés autour des épaules de ses coéquipiers. *WAT Ottakring*[1] peut-on lire sur les banderoles déployées derrière le groupe de jeunes sportifs. *Wiener Arbeiter Turn- und Sportverein*[2]. Quand il était devenu trop vieux pour la compétition, la fédération lui avait confié le poste de trésorier. Chaque soir après le dîner, il s'asseyait à la table de la cuisine et faisait courir son doigt le long des piles de cotisations payées et non payées. Ou bien il s'installait sur la tribune déserte du stade, un minuteur dans une main et un calepin dans l'autre, pendant que son fils Otto s'entraînait au 110 mètres haies, éclairé tour à tour par les réverbères de la piste.

Sang Du sang s'écoule d'Anna. Chaud, visqueux, sombre. Quand elle glisse la main entre ses jambes, ça lui remplit toute la paume. Il s'agit du flux menstruel, elle n'a besoin de personne pour le comprendre. Ce qu'elle ne sait pas, en revanche, c'est pourquoi il est si abondant. Et toujours accompagné de maux de tête et de nausées, de sorte qu'elle, l'élève appliquée suspendue aux lèvres de ses professeurs, doit à tout moment demander la permission de courir aux toilettes, sous les gloussements moqueurs de ses camarades. Elle n'imagine pas une seconde se confier à sa mère. À son père

1. Ottakring est le XVIe arrondissement de Vienne.
2. Fédération gymnastique et sportive des travailleurs viennois (WAT).

elle explique que ses troubles sont d'origine nerveuse. Finalement, c'est ce graveur timide et inhibé, n'entendant rien aux problèmes féminins, qui accompagne sa fille adolescente chez le médecin – lequel explique que la jeune fille souffre d'anémie et lui prescrit des comprimés. À l'école, on l'a surnommée *le cloporte* à cause de son teint anormalement pâle, enlaidi encore par ses cheveux gras et son acné. Comme elle exècre ce corps qui se développe, ces courbes qui apparaissent, cette pâleur d'insecte, cette partie d'elle-même qui se vautre dans l'inertie ! Elle s'attache à dissimuler son dégoût derrière un sang-froid de façade. Et même si elle est la meilleure élève de sa classe, elle a peu d'amis. Son corps, qu'elle exposait autrefois sans complexe aux rayons du soleil, s'est transformé de manière irrévocable : il ressemble à un continent étranger. C'est ainsi qu'elle le voit. À la manière des affiches scolaires représentant l'Afrique ou l'Amérique du Sud. La peau tel un littoral long et fin. À l'intérieur des terres, les forêts s'étendent à perte de vue, sillonnées par les vaisseaux sanguins. Ils décrivent de fins méandres aux eaux stagnantes ou bien se jettent, rapides et brillants, dans de vastes lacs intérieurs. Ces lacs sont comme des fosses entourées d'un ciel sens dessus dessous, sans ombre ni lumière, frontière d'un monde intérieur n'ayant en réalité aucune limite. Longtemps après, alors que l'anatomie du corps humain n'aurait pour elle plus de secret, elle ne parviendrait pas à se défaire de cette image enfantine. Quand elle souffre de migraine, c'est sur ce continent étranger que les douleurs se propagent, tandis que, la nuit, ses rêves prennent la forme de lacs intérieurs et de ciels sans limites. Contrairement au monde extérieur, s'y déplacer est un jeu d'enfant. Grâce à ses sentiments qu'elle peut dissimuler à sa guise : elle quitte instantanément le bourbier fétide de son découragement et de son dégoût de soi pour se réfugier sur les hauts plateaux, lieu de son salut. Même la douleur, comme elle s'en rend bientôt compte, est une façon de voyager.

Celui qui jouit d'une bonne santé ne craint pas la lumière Devenir infirmière n'est plus une vocation. C'est une nécessité : la seule façon d'apprivoiser le continent étranger tout en le maintenant à distance, en le maîtrisant. Sur les conseils de son père, elle étudie pendant trois ans dans une école d'enseignement ménager, avant de trouver une place de gouvernante dans un hôpital pour enfants de Leopoldstadt, où elle doit se contenter d'un salaire modique. Lorsqu'on vient d'un milieu modeste, il n'est pas aisé de trouver une bonne place pour compléter son apprentissage. Le mois de mai 1924 apporte enfin une ouverture : à Vienne, qui depuis quelques années est un Bundesland dirigé par un gouvernement social-démocrate, l'hôpital de Lainz propose une formation pour infirmières d'une durée de trois ans, sanctionnée par un diplôme. Anna Katschenka passe brillamment l'examen d'admission. Les élèves sont tenues, au cours de leur formation, de participer à un service de volontariat ; si bien que le jour où a lieu à l'hippodrome du Prater le grand tournoi du syndicat des travailleurs autrichiens, on fait appel à la classe d'Anna pour former un poste de premier secours. Mais le matin même elle a de nouveau été en proie au vertige qui accompagne invariablement l'arrivée des menstruations. Dans un effort pour faire redescendre le sang jusqu'au cerveau, elle est restée allongée, les jambes relevées. (Que va-t-elle bien pouvoir faire ? Il s'agit de son baptême du feu. Pour rien au monde elle ne peut le manquer !) Elles sont toutes là, les élèves infirmières : une vingtaine de

Pflegeschülerinnen en uniforme amidonné de frais, conscientes de leur devoir. Sur le champ de courses devant elles, des centaines de jeunes athlètes, hommes et femmes confondus, s'avancent en formations parfaites sous les bannières multicolores des syndicats, tandis que le ciel, profond et bleu comme il peut l'être en été, est parcouru d'une brise légère faisant voleter les fanions au-dessus des gradins. Plus tard, elle se rappellerait le chef d'orchestre, perché sur sa tribune dans un absurde habit à queue de pie et dirigeant les musiciens à grands gestes comiques. Puis, au milieu des rires du public et du piétinement des athlètes : le bêlement sourd des cuivres, le gazouillis des flûtes et le *boum boum* rythmé – et pourtant bizarrement épars – des percussions. Après le défilé d'inauguration, les gymnastes, levant haut leur bannière, font demi-tour pour se diriger vers la sortie. Juste au moment où elle dresse la tête pour voir si son frère se trouve parmi eux, elle est saisie d'un nouveau vertige. Quand elle reprend connaissance, elle est allongée sur le dos dans l'herbe, sous le regard de ses camarades penchées sur elle : des visages si nombreux et si proches qu'ils lui cachent le soleil. Une nuit noire et opaque envahit son champ de vision. Alors, plongée dans cet abîme de honte, elle entend pour la première fois la voix de son futur mari :

Laissez-moi passer, je suis médecin.

Ce jour-là, raconterait-elle plus tard au docteur Jekelius, elle comprit qu'une vocation comme la sienne n'était pas une grâce divine qui vous tombait dessus de façon aussi étrange que soudaine, mais un sacerdoce pour lequel on devait être prêt à sacrifier sa vie.

Il a dit s'appeler Hauslich, expliqua Anna, Siegfried Hauslich, et il avait affirmé être médecin uniquement pour gagner ses faveurs. Par la suite il reconnut sans la moindre vergogne l'avoir observée à distance pendant des mois, attendant l'occasion de se présenter. Ils parcoururent de long en large l'allée centrale du Prater afin qu'elle « prenne l'air ». Durant ce court laps de temps, il parvint non seulement à la noyer sous toutes sortes de conseils médicaux prodigués avec empressement, mais aussi à lui arracher l'adresse de ses parents. Quelques jours plus tard, son père reçut une lettre dans laquelle Herr Hauslich se présentait comme un licencié en médecine nourrissant de grandes ambitions. De plus, précisait le jeune homme, il jouissait de la protection personnelle de Julius Tandler – précision motivée par la confidence imprudente d'Anna qui avait laissé échapper que son père tenait en grande admiration le professeur Tandler, ainsi que son œuvre au conseil municipal sur les questions de santé et de bien-être des travailleurs viennois. Il écrivait aussi que ledit professeur avait versé de sa poche des allocations à ses étudiants, et qu'il n'y avait aucune raison qu'il ne se montrât pas aussi généreux envers Anna. On croit ce qu'on a envie de croire, n'est-ce pas ? Le père ferma les yeux de bonne grâce sur les vantardises et la vanité de Hauslich. Il ferma même les yeux sur le fait qu'il fût juif.

le docteur Jekelius *Hauslich était donc juif ?*

elle *Bien sûr, qu'est-ce que vous croyiez ?*

Alors pourquoi avez-vous accepté de l'épouser, s'il était juif ?

Elle considéra le large visage au front légèrement dégarni, le grand nez aquilin et les yeux clairs et francs sous la ligne bien dessinée des sourcils sombres (bien qu'il semblât plongé dans ses pensées, son regard était tout à fait présent), et elle sut qu'elle ne pouvait pas faire machine arrière maintenant qu'elle lui avait confié tant de choses. Le docteur Jekelius n'ignorait rien des circonstances de la mort de sa sœur, ni de la tentative de la famille pour se relever après avoir échoué à la maintenir en vie ; rien non plus de l'ombre au tableau, de la *honte* qui entachait sa vie : l'homme qu'elle avait eu l'infortune d'épouser et dont elle subissait aujourd'hui encore la malédiction. C'est mon père qui a insisté pour que je l'épouse, expliqua-t-elle. Pour lui, il était important de ne pas s'arrêter aux différences : ce qui compte, c'est la *personnalité*, pas le sang ou la croyance religieuse, avait-il coutume de répéter ; sans se rendre compte que, dans le cas de Hauslich, c'était *justement* sa personnalité qui posait un problème. À ce stade, tout le monde aurait déjà dû se rendre compte que cet homme-là ne ferait jamais rien de sa vie, surtout pas devenir médecin. C'était un charlatan. Qui sait combien de personnes il avait déjà amadouées par ses belles paroles ? À l'époque de leur mariage, Anna avait trouvé un emploi dans le service d'obstétrique du Brigitta-Spital, à Stromstraße. Dès lors, *elle* l'entretint, tandis que *lui* paressait dans sa garçonnière, en attendant de pouvoir s'installer avec sa femme dans l'appartement qu'un oncle fortuné allait – soi-disant – mettre à leur disposition. Une promesse en l'air, évidemment. Un soir, prenant son courage à deux mains, elle lui rendit visite dans sa chambre miteuse et lui annonça que, s'il ne terminait pas immédiatement ses études, ne remboursait pas ses dettes et ne leur trouvait pas un logement décent, elle exigerait l'annulation de leur mariage. Et il éclata en sanglots, cet homme pitoyable ; il se jeta à ses pieds, l'implora – il l'aimait comme un fou depuis leur première rencontre ! Le père d'Anna, qui se laissait rarement émouvoir, entra dans une vive colère en apprenant ce qu'elle avait fait. Mais sa décision était ferme. Il y avait des postes vacants à la clinique des maladies infectieuses du Karolinenspital et elle se porta candidate avec enthousiasme, bien qu'elle sût combien la tâche serait difficile. C'est durant les années passées à s'occuper des enfants malades du Karolinenspital, auprès du professeur Knöpfelmacher, qu'elle acquit toute son expérience. Ses deux premières années à la clinique coïncidèrent avec l'une des pires épidémies de diphtérie que Vienne eût connues. En l'espace d'un mois, pas moins de trente enfants moururent sur les quarante-quatre hospitalisés dans l'unité dont elle était responsable. Pouvez-vous imaginer cela, docteur ? Pouvez-vous imaginer ce que c'est que de tenir dans vos bras un enfant d'à peine quatre ou cinq ans, de voir la vie s'écouler de son petit corps et vous filer entre les doigts sans que vous puissiez rien y faire ? Sans le courage, la volonté et la force de caractère du docteur Knöpfelmacher, je ne l'aurais pas supporté. Puis il y a eu les événements de 1934 qui ont tout mis sens dessus dessous. Le professeur Knöpfelmacher a dû démissionner, ainsi que quantité d'autres médecins. Personnellement, j'ai passé quelques nuits blanches à me ronger les sangs. Les nouveaux dirigeants du Front patriotique avaient réussi à mettre mon père en prison : selon une rumeur il aurait détourné une partie des fonds du WAT, que le Front patriotique soupçonnait d'avoir servi à acheter des armes aux socialistes. Finalement, mon père a été acquitté. Quant à moi, je suis parvenue à me faire muter à Lainz, et les choses auraient peut-être bien tourné si les nazis n'étaient pas arrivés à leur tour. Car eux, ils étaient au courant de toute l'affaire.

le docteur Jekelius *Pardon ? Qui ça ? Quelle affaire ?*

elle *Ils ont dit qu'il leur était impossible d'avoir une employée qui avait été mariée à un Juif.*

le docteur Jekelius *Aha, encore ce Hauslich... !*

Quelque chose dans la façon distraite, presque indifférente, dont il prononça le nom honni la fit subitement sortir de ses gonds.

Comprenez-vous ce que j'ai pu ressentir, docteur ? Toute ma vie j'ai lutté pour être en bonne santé et réussir à m'extraire de l'ombre étouffante de cet homme, et lorsque j'y parviens enfin, après des années de bons et loyaux services, ils me disent que tous mes efforts ont été en pure perte.

Jekelius resta impassible.

Rien de ce que vous avez fait n'a été en pure perte, Frau Katschenka.

Après la fin de la guerre, alors que le Spiegelgrund avait fermé ses portes et que ce qui était arrivé aux enfants de l'institution était de notoriété publique, elle se rappellerait presque mot pour mot la conversation qu'ils eurent ce jour-là – son dernier en tant que patiente du docteur Jekelius. Après avoir fondu en larmes, elle reconnut que c'était son travail, auquel elle s'était dévouée corps et âme, qui lui avait redonné la santé. Sans se départir de son calme, il sortit un mouchoir de sa veste, déplia soigneusement le morceau de tissu et le lui tendit. *Croyez bien que je compatis*, dit-il ; puis : *Vous êtes en première ligne* ; et : *Vous n'avez absolument pas à rougir de quoi que ce soit*. Quelques mois plus tard, elle apprit que le docteur Jekelius avait été nommé médecin chef de la nouvelle clinique pour enfants et adolescents du Steinhof – *Wiener städtische Jugendfürsorgeanstalt, « Am Spiegelgrund »* –, et que les nouveaux services sanitaires de la ville recrutaient du personnel pour y travailler. Après une semaine d'hésitation, elle trouva le courage de se porter candidate. Plus tard, sa démarche serait retenue contre elle : de toute évidence, Anna Katschenka avait déjà compris de qui Jekelius servait les intérêts, ainsi que la nature des agissements auxquels on se livrait au Spiegelgrund ; ce qu'elle nierait fermement. Inlassablement, elle répéterait les paroles qu'elle avait confiées au docteur Jekelius dès leur première rencontre : son unique souhait était de pouvoir à nouveau travailler avec des enfants. Cette fois, cependant, on ne lui renvoya pas son dossier de candidature au motif que ses qualifications étaient « insuffisantes » ou carrément « inappropriées ». On l'invita au contraire à se rendre au service du personnel, où elle eut un long entretien durant lequel, à sa stupéfaction, pas un mot ne fut prononcé au sujet de son précédent mariage, ni des activités politiques illégales de son frère ou de son père. Une semaine plus tard, quand elle reçut le courrier l'informant qu'elle avait obtenu le poste, elle en pleura de joie. Et elle comprit que le docteur Jekelius continuerait de la couvrir de son aile protectrice.

III
Spiegelgrund

Steinhof L'hôpital avait existé dans son esprit bien avant qu'elle l'eût vu de ses propres yeux. Au Steinhof, disait-on. Telle ou telle personne était au Steinhof. On prononçait toujours ces paroles à voix basse en détournant les yeux. Son grand-père y était déjà hospitalisé depuis de longues années quand Anna, vers l'âge de neuf ou dix ans, avait été autorisée à lui rendre visite pour la première fois. Elle se rappellerait les cages d'escalier étroites grouillant d'hommes en pyjama d'hôpital ; les visages frustes, mal rasés, à l'étrange regard clair qui suivait chacun de ses pas. Elle se rappellerait les hurlements épouvantables d'animaux à l'abattoir qu'on entendait à travers les portes ouvertes des salles. Parfois, ils donnaient lieu à des cavalcades frénétiques quand le personnel se précipitait dans les couloirs tels des coureurs de marathon. Une fois sur deux, pourtant, les patients hurlaient dans le vide. Sous ces clameurs effrayantes il existait une autre couche sonore, une voûte constituée de milliers de murmures. Quelque part, tout au fond de cette cathédrale de voix, il y avait son grand-père allongé sur son lit. Papa, tu me reconnais ? demandait chaque fois son père, d'un ton où seul variait le degré d'inquiétude. Non, le grand-père ne les reconnaissait pas. Cependant, il lui arrivait de tendre la main et d'effleurer la tête d'Anna, comme on frôle un objet qu'on convoite mais qu'on n'ose toucher. La mère, qui ne les accompagnait jamais, affirmait que le grand-père *expiait une vie d'ivrogne*, et ne perdait jamais une occasion d'évoquer toutes les privations subies par son mari à cause de son alcoolique de père. Mais pour le père d'Anna ces visites ne représentaient pas un sacrifice. Après avoir pris congé du grand-père, le père et la fille se promenaient un moment dans le parc de l'hôpital, poussant parfois jusqu'à la magnifique église conçue par Otto Wagner, coiffée de sa coupole vert-de-gris et dont le portail était surplombé par quatre anges aux ailes déployées. Dans les souvenirs d'Anna, le parc était toujours rempli de badauds, jeunes et vieux. Parfois des patients en pyjama se mêlaient aux groupes de flâneurs : couples en habits de promenade ou familles entières, les garçons en culottes courtes et les filles portant des nœuds dans les cheveux. Dans le tram du retour, c'était toujours la cohue. Comme si toute la ville était partie en pèlerinage et s'en retournait maintenant à la maison dans la joie et la bonne humeur. Après quelques années, le grand-père fut transféré à Ybbs et Anna cessa de lui rendre visite. Dans la famille, on dirait plus tard qu'il avait eu la chance de mourir à temps. Quant à savoir quelle était la signification exacte de ces paroles, on ne trouverait personne pour le dire.

Avez-vous déjà travaillé avec des idiots, Schwester Anna ? Le Steinhof qu'elle retrouve aujourd'hui n'a que les murs et l'ornement des façades en commun avec l'hôpital qu'elle a connu jadis. Janvier 1941. Un jour gris sans le moindre souffle de vent. Près de l'horloge impériale, devant l'entrée principale, le drapeau nazi qui pend mollement paraît collé au mât. Dans le parc, sous les arbres dénudés, les pavillons flanqués de hauts murs et percés de fenêtres à barreaux ressemblent à des bunkers. Anna Katschenka s'est présentée au secrétariat du pavillon administratif, le 1, où on l'a informée de son lieu d'affectation. Elle aperçoit alors, descendant à pas vifs l'allée centrale pour venir à sa rencontre, l'infirmière en chef, Klara Bertha. Bertha est une grande femme d'âge mûr – d'aucuns diraient une femme élégante – dont la personnalité trahit une autorité naturelle. Quand elle s'adresse aux gens (patients et collègues), elle conserve une certaine distance, attend patiemment, avec un léger agacement, que l'autre finisse sa phrase avant de donner sa réponse. Une réponse nette et précise. Tandis que les deux femmes montent la côte pour rejoindre *leur* pavillon, elle indique avec une clarté toute pédagogique les pavillons qui appartiennent à l'« ancien » Steinhof et ceux qui constituent la nouvelle institution pour enfants et adolescents. On a attribué à ces derniers des numéros impairs, les 3, 5, 7, 9, 11 et 13, explique-t-elle. Nous avons essayé de ne pas mélanger les unités : les enfants de Lustkandlgasse ont été placés dans les pavillons 3, 5 et 9 et ceux de Juchgasse dans le 7 ; les pavillons 15 et 17 sont réservés aux psychopathes des deux sexes, ainsi qu'aux enfants plus jeunes atteints de maladies graves ou de malformations – ceux qui nécessitent des soins particuliers et une surveillance constante. C'est ici qu'on vous a affectée, Schwester Anna. J'ai l'habitude de m'occuper d'enfants gravement malades, fait remarquer Anna Katschenka, qui saisit l'occasion d'évoquer ses années de travail au côté du professeur Knöpfelmacher. Un sourire patient, presque désabusé sur les lèvres, l'infirmière en chef attend que Katschenka ait fini de parler. Puis : En ce qui concerne ces petites vies-là, il n'y a probablement pas beaucoup d'espoir, j'en ai peur. Elles ont atteint la porte d'entrée du pavillon ; celle-ci s'ouvre sur une jeune infirmière, Schwester Hedwig. Derrière elle d'autres membres du personnel surgissent des différentes salles situées le long de l'étroit couloir. Bertha lui présente certaines d'entre elles en prenant soin de préciser leur nom et leur titre : Emilie Kragulj, Hildegard Mayer et Cläre Kleinschmittger. Kragulj et Mayer, auparavant aides-soignantes dans le service psychiatrique du Steinhof, ont dû apprendre à s'occuper d'enfants après le remaniement. Ça ne change pas grand-chose, lance Mayer, une infirmière corpulente qui n'a pas sa langue dans sa poche. Kleinschmittger, explique Bertha, est l'infirmière responsable de l'une des unités de la petite enfance. Le pavillon 15 dispose de trois services de la sorte : un pour les nourrissons, un pour les enfants jusqu'à trois ans et un pour les enfants jusqu'à six ou sept ans. Ces derniers sont suivis par des éducateurs, bien que la plupart n'aient malheureusement pas les capacités d'apprendre quoi que ce soit. En prononçant ces mots, Kleinschmittger adresse à Katschenka un sourire où la méfiance le dispute au désir de se faire bien voir. Peut-être peut-on y déceler une pointe de jalousie – chasse gardée. Ou alors Kleinschmittger ne sait pas ce qu'on attend d'elle : parler ou se taire ? Entre-temps le docteur Gross a rejoint le groupe, déplorant bruyamment que sa conversation téléphonique l'eût retenu à l'étage, et il improvise une sorte de visite guidée dont il prend la tête. Puisque le pavillon dans lequel ils se trouvent, comme la plupart des autres pavillons du secteur, est construit autour d'un escalier central, chaque étage a naturellement été divisé en deux services : un pour les nourrissons, un pour les petits enfants. Le docteur Gross et le docteur Marianne Türk s'en partagent la responsabilité. Anna Katschenka ne rencontrera le docteur Türk que plus tard. Elle aussi vient du Steinhof : une petite femme frêle et plus toute jeune au tempérament introverti, un de ces médecins qui accomplissent leur tâche jour après jour avec une opiniâtreté ne laissant place ni à l'erreur ni à la compassion. Il en va autrement du docteur Gross. Ses paroles sont toujours accompagnées de grands gestes à la fois impatients et machinaux. Il a cette manie propre aux hommes gonflés de leur importance : il saute continuellement d'un sujet à l'autre en changeant chaque fois de ton afin d'instiller l'incertitude chez ses interlocuteurs. Il ne semble pas en être conscient. *Avez-vous déjà travaillé avec des idiots, Schwester Anna ?* lui demande-t-il subitement, sans s'arrêter pour écouter sa réponse ; déjà (comme si la question était totalement hors de propos) il ouvre la porte d'une salle. Bertha, Kleinschmittger et Mayer s'y engouffrent d'un seul mouvement. Les salles ne sont pas grandes. Contre chaque mur sont alignés entre cinq et dix lits, des lavabos et des tables à langer. Les têtes de lit sont en métal laqué blanc ; les lits-cages sont placés contre les murs les moins larges pour en faciliter la surveillance. Dans l'un des lits à barreaux, une petite fille est accroupie, légèrement penchée vers l'avant. Ses mâchoires moulinent telles des meules, tandis que son regard tente vainement de se fixer sur l'un des objets situé dans son champ visuel ; couverture, oreiller, barreaux du lit. Elle les examine minutieusement du bout des doigts comme s'il s'agissait d'une écriture mystérieuse. Partout, pas seulement dans le service des nourrissons, les enfants sont alités. Gross va d'un lit à l'autre, pointant du doigt à droite et à gauche, réduisant les enfants à des pièces de musée. Anna ne saisit que des bribes de ce qu'il dit. *Idiotie, syndrome de Little... Comme vous le voyez, nous conservons les épileptiques dans des cages !* La dernière réplique fait référence à la fillette dans le lit à barreaux. Pour Anna Katschenka, les enfants n'ont pas encore de nom ni de maladie spécifique. Ils ne sont que des corps : certains allongés, appendices déjà usés, prolongements de crânes gigantesques ; d'autres dotés d'une boîte crânienne merveilleusement bien formée et recouverte d'un fin duvet blond, dont les lobes et l'arrière des oreilles sont parcourus en filigrane par des veines bleu foncé. Certains corps sont tellement décharnés par les tumeurs que le squelette semble près de percer la peau : la cage thoracique à travers l'abdomen et la poitrine, les pommettes et le maxillaire à travers les muscles affaiblis du visage. Et partout une cacophonie de cris, hurlements rauques, gargouillements indéfinissables, meuglements – gémissements sourds évoquant un animal en chaleur qu'un petit garçon souffrant d'une fente palatine pousse quand le docteur Gross passe devant lui. *Cheilo-gnatho-palatoschisis. La mère est alcoolique, elle l'a abandonné en voyant sa tête. On ne peut pas la blâmer !* Avec une sollicitude exagérée, le médecin aide le garçon malformé à se lever en tirant sur son bras droit. La fente est si large qu'on aperçoit l'intérieur de la gorge. Quand Gross prend la main du garçon, les gémissements se muent en un gargouillement plaintif, et Anna croise deux yeux bleus et brillants qui s'accrochent aux siens. Le regard pénétrant et intelligent l'effraie plus encore que le cri. La plupart des enfants ne font pas de bruit. Certains sont assis dans leur lit, d'autres allongés, les doigts écartés ou glissés entre leurs lèvres humides, les yeux fermés ou fixant d'un air absent les membres du personnel médical devant eux. Les plaintes et les sanglots qui remplissent la salle du sol au plafond ne paraissent pas venir des malades mais d'autre chose, dont l'origine plonge bien au-delà des murs de l'hôpital : une vague lointaine et sonore qui aurait mis des dizaines de milliers d'années pour arriver jusqu'ici. Et la voilà qui rompt tous les barrages, engloutit la salle entière – les enfants dans leur lit et le cortège en blouse blanche qui se penche sur eux. Bien enfouie sous ce vacarme : une fillette un peu plus âgée, pâle comme une poupée. Elle est allongée sur le dos, son visage absent tourné vers la surface trouble tout là-haut, où la pièce et les voix se rencontrent. À en juger par la forme de son visage, elle a dans les cinq ou six ans. Sa tête, démesurément grosse, offre un contraste saisissant avec son tronc court et ses membres fins et bien formés. Chaque trait, chaque partie du corps sont ciselés avec une précision incroyable. Les minces doigts reposant sur la couverture, dont les ongles brillants ont la forme d'une demi-lune. La tête de poupée avec son teint de porcelaine, son menton pointu et sa petite bouche bien dessinée, dont les lèvres fines ont une expression presque ironique. Les yeux d'un bleu profond bordés de lourdes paupières aristocratiques et surmontés d'un front haut et joliment bombé. La masse de cheveux aux légers reflets roux. La chevelure de la fillette, coiffée en arrière, dévoile ce que la mère d'Anna Katschenka qualifiait de plantation parfaite. Selon elle, pour avoir une plantation de cheveux parfaite, les racines devaient être marquées sans être trop épaisses et tracer sur le front une ligne délicate évoquant un arc de Cupidon légèrement arrondi. (Anna Katschenka avait bien retenu la leçon, puisque cette plantation parfaite lui fait défaut.) *Elle s'appelle Sophie Althofer*, explique Schwester Kleinschmittger, marquant une pause devant le lit et feignant d'ajuster la couverture de la petite. *Sa mère est là presque tous les jours.* Le docteur Gross, qui ne supporte pas que les infirmières discutent entre elles quand elles sont censées l'écouter, se racle ostensiblement la gorge et annonce le diagnostic d'une voix claire et distincte. *Achondroplasie, combinée à une débilité au dernier degré. Même sa mère ne parvient pas à en tirer la moindre parole sensée*, ajoute-t-il avec un sourire à l'intention d'Anna Katschenka, comme pour la défier d'essayer. La visite est terminée. L'infirmière en chef Bertha, percevant immédiatement le changement de ton dans la voix du médecin, se tourne vers les autres. *Schwester Cläre va vous montrer où nous rangeons le matériel*, annonce-t-elle tandis que Cläre Kleinschmittger quitte la salle, Anna Katschenka sur les talons. Les deux femmes longent le couloir pour gagner la salle d'eau, où Schwester Cläre fait l'inventaire des ustensiles et des accessoires, indiquant pour chacun d'entre eux leurs rangements respectifs. Cuvettes, bassines, linges, pansements, serviettes ou draps, une place pour chaque chose et chaque chose à sa place. Quand elles ont terminé, Anna se retrouve seule dans la salle avec la jeune femme venue lui ouvrir un peu plus tôt, Hedwig Blei, qui s'affaire à rincer les bassines. Schwester Hedwig est jeune et robuste, avec un nez parsemé de taches de rousseur et des avant-bras larges et solides. Faisant fi des convenances, elle ne craint pas de s'adresser à une supérieure sans y être invitée. Elle indique un pot de crème pour les mains qu'elle a posé à côté du lavabo. *Les gens de la campagne savent prendre soin d'eux*, affirme-t-elle, expliquant que, dans son enfance, elle utilisait la même crème pour nettoyer les pis irrités des vaches. En réponse à la question d'Anna, elle précise qu'elle vient de Grünbach, à Mühlviertel. La crème peut également être employée pour soigner les gerçures. Un court instant, leurs quatre mains sont alignées sur le rebord du lavabo. La jeune Fraülein Blei ne peut pas se retenir : *Je vois que Schwester Anna n'est pas mariée*. Fort affairée à rincer ses verres et ses bouteilles, elle ne remarque pas qu'Anna Katschenka s'est figée, et elle ajoute aussitôt : *Ce genre de travail est impossible à combiner avec une vie de famille, c'est ce que j'ai toujours pensé. Mieux vaut attendre !* Alors qu'elles se dirigent vers la sortie, les deux femmes passent à nouveau devant la petite Sophie, au visage de poupée délicat et suranné. Sous le galbe aristocratique des paupières, Anna Katschenka a l'impression que l'enfant la suit des yeux, ses petites lèvres gracieuses crispées dans une grimace de dégoût.

Mission d'une infirmière au Spiegelgrund Elle n'aurait pas pu préciser exactement ce qu'elle attendait de sa mission. Ses espoirs avaient davantage reposé sur la personne du docteur Jekelius que sur le poste lui-même. Toutefois, elle était loin d'imaginer qu'elle aurait à s'occuper de patients affligés d'infirmités aussi sévères. Non pas qu'elle manquât d'expérience dans ce domaine (elle avait même travaillé avec des vieillards grabataires qui perdaient la tête !), mais les enfants du Spiegelgrund étaient si difformes et ils avaient les nerfs si fragiles qu'ils étaient hors catégorie. Anna avait appris à soigner les blessures et les maladies courantes, non à tenter de maîtriser des enfants sans aucun contrôle sur leurs membres qui à tout moment pouvaient passer à l'attaque, gesticuler dans tous les sens, feuler, cracher, mordre ; ou des enfants dont la souffrance intérieure était si grande qu'ils hurlaient sans relâche : un seul et long hurlement aigu, sans qu'on sache d'où venait la douleur ni comment la soulager, ni même s'il était possible de la soulager autrement qu'avec de la morphine – dont les doses faramineuses prescrites au Spiegelgrund l'horrifiaient. Le fait qu'elle se sente surveillée en permanence n'arrangeait rien.

La moindre hésitation, la plus petite manifestation de malaise ou de dégoût passaient pour un signe de faiblesse et oblitéraient ses compétences d'infirmière. Schwester Mayer, en particulier, paraissait s'être assigné la mission de surveiller les nouvelles recrues. Bien qu'occupant officiellement une position subalterne, elle n'hésitait pas à manifester son mécontentement par un petit sourire ou un haussement de sourcils ironique, tout en exécutant avec une lenteur étudiée les tâches que Katschenka lui donnait ; peu importe d'ailleurs que son mécontentement fût justifié ou non. Mayer était de la « vieille garde » (selon son expression) : ainsi que beaucoup d'anciennes aides-soignantes du Steinhof, elle traitait les enfants de l'unité comme des objets, attrapant sans ménagement les petites choses hurlantes dans leur lit, avant de les trimballer sous le bras tels des animaux récalcitrants qu'on mène à l'abattoir. Et puis il y avait Cläre Kleinschmittger. Elle était toujours là, en partie dissimulée dans l'embrasure de la porte, jetant vers Anna des regards fureteurs, suivant du coin de l'œil ses moindres faits et gestes. Jamais leurs regards ne se croisaient ; jamais elles n'échangeaient plus de quelques mots. Kleinschmittger était toujours accompagnée d'une ou de plusieurs collègues – Schwester Sikora, Erna Storch ou Emilie Kragulj – et Katschenka les avait plus d'une fois surprises dans le couloir ou dans le coin d'une salle à discuter entre elles à voix basse ; elles s'interrompaient dès qu'elles la voyaient. Un jour, après avoir tourné et retourné la question dans sa tête, elle alla voir l'infirmière en chef durant la pause du déjeuner pour lui demander la permission de s'absenter une demi-heure car elle souhaitait parler au docteur Jekelius. Doktor Jekelius est en mission officielle, répondit laconiquement Schwester Bertha d'un ton qui condamnait l'incroyable arrogance de celle qui avait osé mentionner le nom du médecin. S'il s'agit d'une question pratique, vous pouvez vous adresser à moi, Schwester Anna. Sinon, veuillez vous tourner vers le service du personnel. À ce stade, Anna Katschenka avait déjà compris que le docteur Jekelius était également le bras droit du conseiller municipal, Max Gundel, au tout récent département de la santé publique de la ville. C'était Gundel qui avait permis la fusion en une seule et même clinique des nombreux orphelinats et maisons de redressement de la ville : le Spiegelgrund était son œuvre. La mission de Jekelius était de s'assurer que tous les enfants nécessitant un « traitement spécial » y fussent conduits, ce qui impliquait de fréquents et pénibles voyages. Quand Jekelius s'absentait de la clinique, le docteur Margarethe Hübsch s'occupait des formalités administratives. Dotée d'un visage ascétique et de cheveux blonds noués en un sévère chignon sur la nuque, le docteur Hübsch était une femme entre deux âges, solidement charpentée, qui arborait ostensiblement l'insigne de la Ligue des femmes nationales-socialistes, la NS-Frauenschaft, sur le revers de son tailleur. Elle l'accueillit en faisant le nouveau salut allemand en vigueur, ce que Katschenka n'apprécia que modérément. Certes, elle avait l'habitude de travailler dans un cadre où régnaient l'ordre et la discipline, où les employés savaient ce qu'on attendait d'eux et où chacun restait à sa place, et elle avait toujours apprécié la clarté qui en résultait ; mais le régime militaire qui prédominait dans l'institution la mettait mal à l'aise, comme si l'hôpital s'était mué en caserne. Sans compter la façon particulière dont les supérieurs s'adressaient au personnel. Malgré sa fermeté, le docteur Köpfelmacher avait toujours eu un sourire encourageant pour chacun. Le docteur Hübsch, au contraire, passait d'une rudesse toute formelle à un sarcasme glacial. Katschenka se trouvait dans une grande indécision quand elle aperçut à nouveau dans l’ouverture de la porte le regard insistant de Schwester Kleinschmittger. Attendait-elle patiemment que sa collègue commette un faux pas et s’attire les foudres des médecins ? Anna Katschenka passa des nuits blanches à se torturer l’esprit. Démissionner n’était pas envisageable, d’autant qu’elle ne voulait retourner à Lainz pour rien au monde. Il n’y avait qu’une solution. Un soir, après avoir dîné avec sa mère, elle prétexta une visite à une amie et monta dans le tramway 8, celui qu’elle prenait le matin pour se rendre à son travail. Mais au lieu de descendre à la station habituelle, elle continua jusqu’à Alser Straße, où elle s’arrêta avant de poursuivre d’un pas rapide vers Michelbeuern. Ce n’est qu’une fois devant la large porte en fer de Martinstraße qu’elle se rendit compte de l’extravagance de sa démarche – non pas de s’imposer (bien que cela ne lui ressemblât pas non plus), mais de croire que le docteur aurait le pouvoir d’annuler, ou du moins d’atténuer les effets de la décision qu’il l’avait poussée à prendre pendant ses consultations. Le médecin de l’âme qui n’a pas besoin d’yeux. Sera-t-il en mesure de comprendre que ce travail ne convient pas à son ancienne patiente ? Néanmoins elle ne peut se résoudre à sonner à la porte. Immobile sur le trottoir opposé, elle est incapable du moindre mouvement, ni pour s’approcher de la porte ni pour s’en éloigner. Deux véhicules se croisent devant elle. Quand ils ont disparu, elle entend des bruits de pas résonner sur le pavé. Elle se retourne. C’cst lui. Il fait trop noir pour qu’elle discerne autre chose que son chapeau et son pardessus, pourtant elle reconnaît immédiatement sa démarche souple. Soudain terrifiée à l’idée qu’il ait pu l’apercevoir, elle s’engouffre dans le renfoncement d’un porche tandis que les pas s’éloignent.

Lorsqu'elle ose enfin sortir la tête, il a disparu. Il a certainement tourné au coin de la rue. Consciente de l'impression pathétique qu'elle s'apprête à lui donner, elle se lance à sa poursuite, mais la rue s'étend devant elle, déserte. S'il a emprunté ce chemin, il a été englouti par les ténèbres. Elle entend alors le bruit d'une voiture qui démarre, avant de voir deux phares puissants s'allumer à une cinquantaine de mètres. Doucement, le véhicule glisse hors du garage et s'engage dans la rue. Les phares balayent la silhouette d'une femme debout sur le trottoir. Au moment où la voiture arrive à sa hauteur, elle se penche et dit quelque chose à travers la vitre baissée. Jekelius se trouve au volant. Anna le distingue sans peine. Quant à la femme, elle ne l'a jamais vue. L'inconnue laisse échapper un petit rire affecté et prend place sur le siège du passager. La voiture passe devant Anna sans qu'aucun de ses occupants ne lui prête attention. Elle ne ressent aucune déception, seulement un grand vide. À Alser Straße, elle reprend le tram. Sa mère ne lui pose pas de questions. Elle sait que sa fille n'a pas d'amies, encore moins des amies à qui rendre visite à cette heure tardive.

Mère et fille Quelques jours plus tard, alors qu'elle se trouve au secrétariat dans le pavillon 1, Anna rencontre par hasard Frau Althofer, qui s'enquiert alternativement du docteur Jekelius et (apprenant que celui-ci est en mission officielle) du docteur Hübsch. Frau Althofer et sa fille, la petite atteinte de nanisme, se ressemblent trait pour trait. On retrouve les mêmes cheveux fins aux reflets roux, la même implantation parfaite sur le front. Mais le regard, sous les paupières bombées, est si lourd qu'il n'a pas la force d'atteindre le visage d'Anna Katschenka. *Nous étions convenus de nous voir à dix heures, mais il semble que le docteur*

Hübsch se soit rendue injoignable, déplore Frau Althofer, tandis que son regard glisse derrière Katschenka pour errer sur la rampe d'escalier. L'infirmière affirme qu'elle n'est au courant de rien et suggère que Frau Althofer demande un nouveau rendez-vous auprès du secrétariat. La mère de Sophie s'obstine : le rendez-vous doit avoir lieu comme prévu ! Elle se met soudain à pousser les hauts cris au sujet de sa fille. Le docteur Hübsch lui a personnellement assuré que sa fille guérirait ; qu'est-il advenu de cette promesse ? *Vous gardez ma petite fille prisonnière nuit et jour ! Vous ne lui donnez rien à manger ni à boire. Même un animal est mieux traité !* Anna Katschenka s'aperçoit avec étonnement qu'elle tient dans ses mains les petits poings durs de Frau Althofer. Comment sont-ils arrivés là ? Pendant un court instant cette dernière est si surprise par son geste de colère avorté qu'elle en oublie la cause, et les deux femmes se font face dans l'escalier, leurs visages à quelques centimètres l'un de l'autre. Un peu plus haut une porte claque, puis la silhouette blanche du docteur Gross se penche au-dessus de la rampe :

Le docteur Hübsch est malade aujourd'hui ;
mais si vous le souhaitez, je peux vous recevoir !

Plus tard, le docteur Gross fait son couplet sur le type de femme – et surtout de mère – auquel il apparente Frau Althofer : le type qui n'arrive pas à se décider ; doit-elle leur abandonner sa fille ou la garder ? Comme elle n'a pas la conscience tranquille, elle continue à rôder autour de l'institution telle une âme en peine, se lamentant haut et fort sur les soins déplorables qu'on prodigue à sa petite fille, condamnant le comportement odieux du personnel à l'égard d'elle-même. Ce n'est qu'une mascarade, car Frau Althofer sait qu'elle peut récupérer son enfant à tout instant.

Contre l'avis des médecins, certes, mais quelle importance ? Elle a le droit de son côté ; les mères ont toujours le droit de leur côté. Le problème, c'est que, au fond d'elle-même, elle ne le veut pas. Au fond d'elle-même, Frau Althofer sait que, si elle devait de nouveau serrer contre son sein le corps difforme et rachitique de Sophie, elle serait fort ennuyée. Elle n'a pas le temps de s'en occuper. Il faut qu'elle travaille. Par les temps qui courent, se procurer à manger est un exploit. Et qui s'occupera de la petite Sophie quand elle sera au bureau ? Comme elle l'a plusieurs fois souligné, Frau Althofer occupe le poste important de secrétaire dans un cabinet d'avocats. Quant à la grand-mère, qui par pure bonté d'âme veillait auparavant sur la petite, elle est hospitalisée pour colique hépatique. Le père, lui, a dû rejoindre son régiment. De nos jours, il en va ainsi dans toutes les familles. C'est la guerre, voyez-vous. On doit tous faire des sacrifices. En réalité, ces allées et venues continuelles sont un moyen pour Frau Althofer de refouler sa mauvaise conscience. En récriminant sans relâche, elle se donne l'illusion de faire quelque chose ; bien qu'elle sache – comme nous tous, qui posons un regard lucide sur l'état pitoyable et *repoussant* de cette enfant – combien la maladie a rendu sa fille détestable et indigne. Oui, Frau Althofer le sait, elle est simplement incapable de l'exprimer par des mots, poursuit le docteur Gross. En vérité, elle nous serait tellement reconnaissante si nous pouvions ôter ce *fardeau* de ses épaules qu'elle en serait à court de mots ; et cela vaut pour toutes les autres mères qui nous accusent d'avoir volé leurs enfants.

Decursus morbi Le soir même Sophie est victime d'une forte poussée de fièvre. Anna Katschenka n'est pas en service mais, d'après les notes prises par l'infirmière de jour, la malade est en proie à une agitation intense depuis le début de l'après-midi. *L'enfant se jette dans son lit, pousse des petits cris presque imperceptibles.* Le lendemain matin des gouttelettes de sueur bordent la parfaite implantation de cheveux. Température élevée : 38,5. Au cours des mois et des années à venir, Anna Katschenka, en sa qualité d'infirmière responsable d'unité, mettrait elle-même à jour les dossiers médicaux. Cette fois-ci, cependant, le dossier de Sophie Althofer est rempli par une autre main, à l'écriture plus épaisse que celle de Katschenka, avec de jolies lettres légèrement penchées vers la droite. Le dossier contient également des détails sur les circonstances de sa venue au monde : l'enfant, une fille « longtemps attendue », naît de deux parents en apparence normaux. Enfant unique. À la naissance, on constate que le nourrisson présente des extrémités raccourcies (particulièrement les mains et les pieds) et une protrusion importante du sternum : ce qu'on appelle un « thorax en carène » (*pectus carinatum*). À cause de la déformation du thorax, la cage thoracique est étroite, de sorte que les côtes, bien trop pointues, menacent de provoquer un rétrécissement des autres organes. Différents traitements sont prescrits. L'enfant est d'abord placée dans un berceau spécial pour tenter de redresser ses membres. Sur les conseils de son médecin de famille, Frau Althofer baigne tous les soirs sa fille dans une solution à base d'eaux chlorurées : vigantol, biomalt et huile de foie de morue. Vers trois ans et demi, alors qu'elle souffre d'un rhume, la fillette se plaint de violents maux de tête et tombe malade peu après, en proie à une forte fièvre et à des douleurs musculaires. On suspecte la polio. Après cet épisode, l'enfant qui, jusque-là, avait présenté une évolution mentale tout à fait normale, ne prononce plus un mot et cesse toute forme de communication avec son entourage.

21 janvier 1941 [...] l'enfant est admise au Spiegel-grund car sa mère déclare « n'en plus pouvoir ».

22 janvier
[*Les notes ci-dessous ont été écrites de la main du docteur Gross :*]
[...] Enfant relativement bien nourrie, bon état de santé général :
Eigenreflexe seitengleich in normaler Stärke auslösbar.
Babinski, Rossolimo négatif.
L'enfant est le plus souvent en position de décubitus dorsal, remuant faiblement ses pathétiques moignons. L'enfant est incapable de rester assise sans appui, sa tête tombe en arrière sans qu'elle puisse la retenir.
Est capable de fixer son regard sur des objets immobiles mais ne parvient pas à les attraper.
Absence de réel contact visuel.
L'enfant donne au cours de l'examen une « impression d'idiotie avancée ».

2 février
[*Les notes ci-dessous ont été écrites alternativement de la main du docteur Türk et du docteur Gross, et complétées par l'infirmière de jour responsable :*]
[...] Bien que Sophie ne semble pas souffrir de maux physiques, elle pousse continuellement un gémissement sourd.

(en particulier les jours où sa mère lui a rendu visite)
Sophie est calme et docile, mais elle ne mange pas si on ne la nourrit pas à la cuillère. Elle ne semble pas ressentir la faim dans son sens habituel.
- - -
Perte de poids : 800 g.

8 février
Crises aiguës, presque épileptiques. La fillette est attachée pour éviter qu'elle ne se blesse.
La fillette refuse de s'alimenter.
Luminal.

9 février
Spasmes continus, quoique légère amélioration.
Administration de Luminal en fin de journée, car toujours aussi agitée.

11 février
Convulsions continuelles, quoique à un degré moindre,
L'enfant a encore perdu 800 g.
État de santé général : faible.
Apathie.

À ce stade, Frau Althofer adresse à la direction une lettre dans laquelle elle exige de récupérer son enfant. La raison invoquée : lors de sa dernière visite, elle affirme ne pas avoir eu de contact avec sa fille, fait qu'elle qualifie de « foncièrement nouveau ». Même si Sophie a choisi de ne plus communiquer « comme le font les gens normaux », la mère et la fille ont toujours eu un langage « à elles », qu'elles parlaient « couramment » [entre elles]. Sa fille a toujours été gaie et riait souvent. *Quand, la prenant par la taille, je la levais en l'air, elle riait aux éclats et me chuchotait de sa petite voix « Merci maman ! » Je suis à présent forcée de constater que ma petite fille n'est plus elle-même, et cela me procure une douleur indescriptible. Vous écrivez* [... Frau Althofer se réfère ici à une précédente lettre du docteur Jekelius] *que je ne dois pas me faire d'illusions, que rien au monde ne pourra guérir ma fille, et vous assurez qu'elle reçoit au Spiegelgrund tous les soins et attentions dont un enfant a besoin. Dois-je alors vous être reconnaissante de ce que ma fille ne reconnaît même plus sa mère... ?*

16 février
[...] Fièvre : 39°.
Bronchite présumée, prescription d'expectorant.

Le soir, quand Katschenka s'approche du lit de Sophie, l'enfant semble pour la première fois dormir d'un sommeil paisible ; les traits contractés par les convulsions se sont détendus. Anna Katschenka aimerait poser la main sur ce visage. Mais il y a tant d'enfants. Peu après, elle est appelée au pavillon 17 pour aider à attacher un garçon qui se cogne la tête contre le mur. Dans la salle attenante, un garçon atteint de scarlatine doit être placé en quarantaine. Hildegard Mayer hausse la voix contre une fillette, elle crie et la tape. Elle a vraiment un caractère de cochon, cette Hilde ! Quand Katschenka est de retour au pavillon 15, Sophie a été transférée à l'entresol. La fièvre est remontée. La fillette respire péniblement ; sa cage thoracique difforme expulse par à-coups son souffle saccadé. Son visage grisâtre a l'éclat peu naturel d'une feuille de papier cartonné. Sous ses lourdes paupières qui, jusqu'ici, avaient malgré tout abrité un regard, il n'y a plus rien. Anna Katschenka a l'impression d'être face à un mur : lisse et froid. Le jour même une lettre – *Schlechtmeldung* – est envoyée par la poste :

> Vienne, le 16 février 1941
> À l'attention de Frau Althofer
>
> J'ai le regret de vous annoncer que l'état de santé de votre fille s'est considérablement dégradé. Celui-ci doit désormais être considéré comme alarmant.
>
> Der komm. Direktor
> Dr. Habil E. Jekelius

Le lendemain, les infirmières nettoient le corps de Sophie Althofer. Anna Katschenka tient le cadavre en position verticale tandis qu'une aide-soignante ôte le matelas et le drap d'un geste brusque. Katschenka est surprise par la légèreté du corps, qu'elle porte avec une aisance inattendue : la protubérance du thorax se cale parfaitement dans le pli de son bras gauche. Un cri strident résonne dans le couloir. L'espace d'un instant Katschenka craint de voir surgir Frau Althofer : devra-t-elle être celle qui portera l'enfant décédée à sa mère ? Mais c'est un autre enfant qui crie. L'envoi de la lettre informant la mère de l'état de santé alarmant de sa fille a été retardé à dessein afin de lui parvenir trop tard. D'ailleurs, Frau Althofer ne viendra peut-être pas du tout : les mères montent sur leurs grands chevaux (ce sont les paroles du docteur Gross) tant que leurs enfants sont ici, mais une fois qu'ils sont morts elles écrivent pour nous demander de nous occuper des détails pratiques, elles nous dédommageront des frais, merci beaucoup.

La procédure Quelques jours après la mort de Sophie Althofer, le secrétariat informe Anna que le docteur Jekelius désire la voir. Enfin. Il aura donc fallu attendre qu'un enfant meure pour qu'on lui accorde, en récompense, un entretien avec lui ! L'homme qu'elle découvre dans le bureau n'est pas le médecin badin à la bonhomie discrète qu'elle se rappelle ou croit se rappeler. Assis à sa table de travail il ne prend pas la peine de se lever quand elle entre ; il feuillette ses papiers, écrit de temps à autre sur un bloc-notes ouvert devant lui. Elle reste immobile au milieu de la pièce. Lorsqu'il se tourne finalement vers elle, c'est avec les mêmes mouvements calmes et compassés qu'autrefois, mais son visage, lui, est un mur. Aucune faille n'en permet l'accès. Posant lentement une main sur l'autre, il veut savoir si elle commence à s'habituer aux pratiques et aux procédures de la clinique. Elle répond par l'affirmative – c'est ce qu'il semble attendre d'elle. Anna est saisie d'effroi devant ce visage figé : son expression ne s'est pas modifiée une seconde. Elle a certainement constaté de ses propres yeux, reprend le docteur, dans quel état déplorable sont la plupart des enfants. Elle a dû se rendre compte que beaucoup d'entre eux ne guériront pas, et elle doit à présent être au fait des méthodes utilisées à l'institution dans ce genre de cas. Dans l'esprit d'Anna surgit le souvenir de la petite Sophie bourrée de phénobarbital, de son corps léger comme une plume dans ses bras. Ses yeux se remplissent de larmes. Elle fouille dans la poche de son uniforme à la recherche d'un mouchoir qui ne s'y trouve pas, avant de détourner la tête. Pleurer est indigne d'elle. Si Jekelius a remarqué sa détresse, il n'y accorde aucune attention. Impassible, il se penche vers elle. Je dois vous rappeler le serment de confidentialité que vous avez prêté à votre arrivée ici, Schwester Anna. En aucune façon vous n'êtes autorisée à dévoiler d'informations sur les cas particuliers traités à l'institution ou à poser de questions inutiles. Est-ce clair ? Anna hoche la tête, les yeux secs maintenant. Elle devine que l'attitude rigide de Jekelius tient à la nature de l'information qu'il s'apprête à lui communiquer. Il se redresse et ouvre un tiroir à l'aide d'une clef. Puis il lui tend une fine feuille de papier : un certificat tapé à la machine au bas duquel est apposée une signature. Elle reconnaît l'emblème nazi dans le coin supérieur gauche, mais elle est trop tendue pour enregistrer ce qui est écrit. Cette circulaire, comme vous le voyez, a été signée par le Führer en personne, explique le docteur Jekelius ; d'un point de vue juridique, elle a donc la même validité qu'une loi déjà en vigueur. Il reste silencieux quelques instants afin de lui laisser digérer cette incroyable information. Seulement une sorte d'hébétude empêche Anna de comprendre ce qu'il essaie de lui dire, de saisir le lien entre cette circulaire et les nouvelles lois et consignes. Ses yeux se posent sur le document. Voilà donc à quoi ressemble la signature d'Hitler ? Ce que nous faisons, reprend le docteur Jekelius d'une voix radoucie, comme s'il avait deviné le trouble de ses pensées, nous le faisons exclusivement *dans les cas extrêmes*. Rien de criminel, donc. Ni d'un point de vue moral ni d'un point de vue juridique. Au contraire, il s'agit d'une œuvre charitable, conforme à ce qui a toujours animé la médecine : soulager et éliminer la souffrance. Puis le docteur explique le déroulement de la procédure. Un formulaire est d'abord rempli et envoyé au ministère de l'Intérieur à Berlin, où une commission médicale, créée spécialement à l'échelon national, examine minutieusement chaque cas avant de prendre la décision que nous sommes ensuite tenus d'exécuter. Mais Anna n'écoute plus. Elle se lève et demande poliment au docteur de l'excuser : on a besoin d'elle au pavillon. Il croit certainement que son agitation est due à la révélation qu'il vient de lui faire, aux quelques lignes lapidaires contenues dans la circulaire. Pourtant son trouble ne vient pas de là. Plus tard, au cours de la journée et de la nuit suivantes, comme lors des journées et nuits à venir, elle pensera qu'elle aurait réagi tout à fait différemment si le docteur avait adopté un ton plus confidentiel au lieu de se livrer à cette mise en scène. Non seulement elle aurait compris les mots qu'il aurait prononcés, mais elle les aurait faits siens. Malgré l'horreur que lui aurait inspirée cette nouvelle législation, elle l'aurait acceptée. Par loyauté. Or elle lui paraissait maintenant aussi froide et abstraite que Jekelius lui-même. Sans parler de ces enfants monstrueux pour lesquels il n'existait rien d'autre que cette loi – aucune pitié, aucun amour, aucune vie. Elle resta éveillée toute la nuit, allongée dans son ancienne chambre qu'elle occupait toujours chez ses parents, rue Fendigasse. Bien que le quartier fût d'ordinaire calme et silencieux à la nuit tombée, elle crut entendre des clameurs monter de la rue, des voix fortes et aiguës, bientôt couvertes par d'autres, sèches et stridentes, qui donnaient des ordres. La décision finale n'est pas prise par nous, ici, mais par eux, à Berlin. Nous devons nous y conformer. Aucun d'entre nous ne peut être tenu personnellement pour responsable. Nous avons l'obligation de suivre les lois en vigueur. Nous n'avons aucune raison de nous sentir coupables.

Deux vies À partir de ce moment, elle mène deux vies. Quand elle est avec ses parents, elle parle de sa satisfaction d'avoir trouvé un emploi stable au Steinhof et du remarquable docteur Jekelius qui a su créer un environnement si favorable pour ses employés. Elle évoque aussi les enfants de l'institution, ces pauvres petites vies – l'expression est d'Hilde Mayer –, leurs drôles de petites habitudes, les jeux que le personnel invente pour distraire et amuser les rares d'entre eux qui ont assez d'intelligence pour se laisser divertir. Elle ne détaille jamais les circonstances qui ont conduit les enfants à l'institution ; elle ne mentionne jamais les troubles et les infirmités repoussantes dont ils souffrent. Elle parvient ainsi à donner l'impression qu'il s'agit d'enfants parfaitement normaux, dont certains sont juste un peu plus lents que la moyenne. Le docteur Jekelius a déclaré que l'euthanasie est uniquement envisagée dans les cas extrêmes. Uniquement lorsqu'on peut affirmer avec cent pour cent de certitude que le séjour à l'institution ne mènera qu'à un dressage dicté par le devoir. Uniquement quand le retard mental ou les tares héréditaires et raciales de l'enfant sont telles qu'il n'en résultera qu'une succession sans fin de souffrances et d'humiliations pour toutes les parties concernées. Alors seulement nous choisissons (plutôt que de prolonger le supplice de l'enfant par des moyens artificiels) d'accélérer la mort ; chose que nous réalisons de la façon la plus humaine possible, en accord avec les recommandations. Pour Anna Katschenka, cependant, il était clair qu'on avait notifié au comité de Berlin les cas de quasiment tous les enfants du pavillon 15, et qu'on faisait de même pour tous ceux qui arrivaient quotidiennement à l'institution ; et ce dès leur admission. Bientôt, elle comprit aussi que Berlin avait déjà donné son aval concernant le « traitement » de la plupart des enfants – son application était simplement soumise à un délai. Si Anna Katschenka ne saisissait pas la logique de tout cela, elle savait toutefois que, lors de ses rondes quotidiennes, elle voyait des enfants qui étaient déjà « condamnés », sans qu'elle sache s'ils avaient encore des semaines ou des mois à vivre. Elle trouvait cette pratique étrange et répugnante, ce qui ne l'empêchait pas d'accomplir son travail. Même les enfants jugés inaptes à survivre doivent être lavés et changés à intervalles réguliers. Ils doivent être nourris. Si certains n'arrivent pas à avaler seuls, il faut faire en sorte qu'ils avalent. Il faut les déplacer afin d'éviter les escarres. Il faut leur parler, veiller sur eux et parfois même – ce qu'Anna Katschenka eut l'idée de faire pour une petite fille que rien ni personne ne pouvait consoler – chanter pour eux. Elle s'était mise à fredonner les comptines qu'elle chantait aux enfants de la clinique des maladies infectieuses, quand elle travaillait avec le professeur Knöpfelmacher ; celle du renard qui avait volé l'oie du fermier, par exemple. Tandis qu'elle chantait, les petits poings serrés contre le visage de la fillette s'étaient peu à peu détendus, la bouche enfantine s'était mise lentement à téter sa langue, deux doigts entre les lèvres. Puis la petite s'était endormie. Elle s'était réveillée quelques heures plus tard en proie à de violentes convulsions. On lui avait attaché les mains aux montants du lit pour éviter qu'elle se lacère le visage et, pendant que Schwester Sikora s'efforçait de lui donner le biberon, Anna Katschenka avait téléphoné au docteur Türk. Le médecin était allée droit au but : après avoir regardé dans la gorge de la fillette elle avait ordonné des injections de scopolamine, puisqu'il était évident que l'enfant ne pouvait ni mâcher ni avaler seule. Une semaine plus tard, la fillette avait été transférée à l'entresol, où se trouvaient les enfants les plus gravement malades, ceux (si on préférait utiliser cette métaphore) dont le « traitement » était à un stade tellement avancé qu'ils n'avaient plus que quelques heures à vivre. Face à la haute rangée de fenêtres dont on avait laissé ouverts les vasistas pour éliminer les odeurs de désinfectant et d'excréments, étaient allongés des enfants brûlants de fièvre, emmitouflés telles de petites momies dans d'épaisses couvertures blanches. Certains toussaient en laissant échapper un son rauque et douloureux, comme si on raclait l'intérieur de leur frêle cage thoracique avec une cuillère, mais la plupart étaient immobiles, leurs paupières à demi closes sur leurs yeux vitreux. Les unes après les autres leurs respirations déjà presque imperceptibles cessaient, et ils mouraient. Ne laissant derrière eux que leurs draps maculés. Les doses faramineuses d'alcaloïde qu'on administrait aux plus agités pour les calmer et les endormir endommageaient leurs muqueuses intestinales, si bien que leurs selles devenaient gluantes et ensanglantées. L'odeur âcre des excréments mêlée à celle des médicaments était terriblement forte ; on avait beau aérer et frotter, on ne parvenait pas à se débarrasser de la puanteur. Dehors, les croquemorts attendaient à côté de leurs charrettes couvertes que les corps soient lavés et prêts à être transportés à la morgue. Les draps sales, qui faisaient partie du convoi, étaient ramassés et empilés afin d'être envoyés à la laverie. Voilà, c'était tout. Une activité qui n'aurait rien eu de particulièrement surprenant aux yeux d'un visiteur occasionnel, n'eût été le calme et le silence dans lesquels elle se déroulait. Ici, on ne luttait pas pour sauver des vies. Ici, pas de va-et-vient incessant, comme l'aurait exprimé Schwester Mayer. Les deux médecins chefs allaient et venaient tranquillement. Quand survenait un cas particulièrement intéressant, le corps médical se rassemblait autour d'un lit. Pourtant, si la discussion qui s'ensuivait était animée, elle se faisait presque toujours à voix basse. Le docteur Jekelius ne participait jamais à ce genre de réunions. Souvent, c'était le docteur Gross qui menait le débat, sans jamais se départir de ses manières grandiloquentes. Souvent aussi, c'était lui qui prenait la décision de faire subir à un enfant une encéphalographie ou tout autre examen complémentaire. Les malades qui avaient subi une ponction lombaire – notamment ceux pour qui il avait fallu renouveler l'opération à plusieurs reprises et dont l'examen avait tiré en longueur – étaient souvent très mal en point quand ils revenaient. Pris de nausées après quelques heures ils étaient victimes de vomissements et de crampes d'estomac sévères. On ordonnait à nouveau des injections de scopolamine. Katschenka désapprouvait cette pratique : à quoi bon augmenter à ce point les doses d'analgésiques et de tranquillisants quand les enfants étaient déjà en si piteux état ? Pourtant, elle n'avait aucun droit de formuler pareille critique. Du moins supposait-elle que les radios du crâne pratiquées sur ces enfants se faisaient avec l'accord des familles. Et elle espérait que l'examen servait les intérêts scientifiques plus élevés mentionnés par le docteur Jekelius. Il était malgré tout réconfortant de constater que les injections soulageaient les enfants et les aidaient à dormir, même s'ils étaient par la suite incapables d'ingurgiter quoi que ce soit. En revanche elle supportait mal que cela ait lieu dans ce climat de morosité et de méfiance mutuelle, sans que personne n'en parle clairement. Parfois, alors qu'elle se trouvait devant l'armoire à pharmacie, son ordonnance à la main, elle surprenait Schwester Kleinschmittger en train de l'épier. Essayait-elle de déterminer ce que Katschenka savait des sous-entendus qui planaient sur l'unité ?

Existait-il un seuil de tolérance face à l'accumulation de non-dits ? Non, évidemment pas. Simplement, quel soulagement quand un membre du personnel, comme Schwester Mayer, dont l'outrecuidance et les manières grossières pouvaient avoir un effet libérateur, transformait l'inexprimable en plaisanterie ! *Ne serait-il pas l'heure de donner sa piqûre au petit Fritzl ?* demandait-elle parfois avec une innocence feinte. Ou quand Emilie Kragulj (elle, c'était uniquement par étourderie), soulevant un enfant n'ayant plus que la peau sur les os, lançait : *Le médecin arrive bientôt !* Ce genre de remarques arrachait même un sourire à Schwester Kleinschmittger, dont le regard fureteur se posait invariablement sur Katschenka. Ainsi existait-il, malgré elles, une sorte d'esprit de groupe, sans qu'il y eût aucune complicité entre ses membres. Ce qu'elles n'avaient pas le droit de dire les liait plus encore que leurs éventuels points communs. Et toujours planait l'ombre des secrets. Ce n'était pas une ombre banale, comme celle projetée par un objet : tout ce qu'elle touchait se retournait vers l'intérieur. Katschenka portait cette ombre au-dedans d'elle-même. Elle ne pouvait pas l'expliquer autrement. Un jour qu'elle se trouvait dans le tram, assise au milieu des voyageurs ordinaires, leur cartable coincé sous le bras ou entre les jambes, elle baissa les yeux sur ses mains – propres et soignées. Katschenka accomplissait jour après jour ses tâches sans rechigner. Sa mise était toujours irréprochable et discrète. Pendant ce temps, l'ombre grandissait. Et Katschenka savait que bientôt elle se serait enfoncée si profondément en elle qu'on ne la verrait plus, ni dehors ni dedans. Plus personne ne la remarquerait.

Existence et volonté Un matin de mai, Anna est de nouveau convoquée chez le docteur Jekelius. C'est la première fois qu'ils se parlent depuis le jour où il lui a montré la circulaire ; au soulagement de Katschenka il paraît de meilleure humeur, va jusqu'à déplorer ses nombreuses absences récentes. Quand ce n'est pas Gundel, le conseiller municipal, qui a besoin de lui, c'est un congrès médical qui requiert sa présence. Sans parler de tous ces hôpitaux annexes dirigés par la ville où séjournent des enfants qui devraient en réalité se trouver au Spiegelgrund. Ces dernières semaines, le médecin a effectué un grand nombre de tournées d'inspection dans ce genre d'établissement. C'est justement à ce sujet qu'il l'a priée de venir. Il était initialement prévu que le docteur Hübsch l'accompagne lors d'une prochaine visite à l'hôpital du Bruckhof, à Totzenbach. Mais puisque la présence d'un seul médecin suffit, Schwester Anna accepterait peut-être de la remplacer ? Il s'agit d'un déplacement professionnel. Ils voyageront dans la voiture de fonction du médecin, et les heures supplémentaires seront payées.

Un peu de changement d'air vous fera peut-être du bien, Schwester Anna ?

Ils se mirent en route un lundi de mai, au petit matin. Il avait dû pleuvoir pendant la nuit : elle se rappellerait clairement le chuintement des pneus sur la chaussée déserte. Une fraîcheur parfumée dans l'air, comme toujours après la pluie. Le docteur Jekelius avait proposé de venir la chercher devant sa porte, mais elle avait décliné son offre, préférant que personne ne la vît partir avec le médecin. Elle devrait donc se donner la peine de venir jusque chez lui, avait dit Jekelius avec un petit sourire. Elle connaissait son adresse : Martinstraße. C'est la même voiture – Anna la reconnaît immédiatement – qui s'est arrêtée ce fameux soir pour laisser monter l'inconnue. À la lumière du jour, elle paraît encore plus imposante : une Opel Kapitän cabriolet flambant neuve. Jekelius est au volant, en tenue de sport : knickers, veste en tweed et casquette assortie donnant à son visage un aspect plus anguleux. Cela plaît à Anna et l'effraie tout autant : le médecin lui paraît soudain très différent, comme si elle se retrouvait en compagnie d'un parfait inconnu. La capote abaissée, ils roulent jusqu'à Hernalser Gürtel, où gronde une circulation matinale déjà dense, dépassent la gare de l'Ouest et descendent vers Linzer Straße. Jekelius, parfaitement à l'aise, devise de son emploi du temps surchargé, déplore qu'il lui soit si difficile d'allier son travail auprès de Gundel et ses obligations à la clinique. Anna parvient de moins en moins à le suivre. Le soleil encore bas se reflète dans les fenêtres et l'éblouit. Le vent (le docteur ne paraît pas vouloir rabattre la capote) lui fait monter les larmes aux yeux. Elle se félicite d'avoir relevé ses cheveux et de les avoir cachés sous un foulard. D'après sa mère, seules les prostituées portent les cheveux défaits, parce qu'elles n'osent pas montrer leur visage. (Pourquoi cette pensée soudaine ?) Jekelius discourt sur les progrès qu'il est nécessaire de réaliser en matière de recherche médicale : malgré les efforts accomplis ces dernières décennies, la médecine se cantonne toujours à une conception moyenâgeuse de la maladie. Qu'est-ce que la maladie ? lui demande-t-il. Mais peut-être sa question est-elle purement rhétorique ? Anna se contente de tripoter son foulard, tandis qu'il jette un coup d'œil dans sa direction. La maladie, déclare-t-il, est une chose qui vous frappe *à l'aveuglette*. Voilà ce que pensent la plupart des gens. La main vengeresse de Dieu s'abattant au hasard sur une brebis. Mais non : rien de ce qui touche le corps ne se produit à l'aveuglette. Les recherches en génétique ont clairement démontré qu'il n'existe aucune maladie affectant l'organisme – pas même une banale infection – qui ne comporte une composante héréditaire. *Le mal est présent dans le corps bien avant l'apparition des premiers symptômes.* La médecine doit redéfinir le cadre temporel, explique-t-il. Une anamnèse ne doit pas se limiter à déterminer si tel patient a déjà eu telle manifestation d'une maladie par le passé. Pour être efficace, une anamnèse doit prendre en compte toute l'histoire pathologique du patient, y compris son origine sociale et raciale. Nous devons apprendre à considérer le temps comme une chambre, Schwester Anna, et à être plus pragmatiques dans l'exercice de notre profession. Combien diriez-vous qu'il existe de dimensions, Frau Katschenka ? (Elle est tellement surprise par la soudaineté de la question qu'elle ne comprend pas immédiatement qu'elle lui est adressée. Pourtant, quand elle se tourne vers Jekelius, le médecin fixe la route d'un air impassible, les doigts fermement serrés autour du volant.) La plupart des gens répondraient trois, reprend-il, avant de poursuivre, cette fois-ci sans s'interrompre : les trois dimensions qui caractérisent cette fameuse chambre, et peut-être le temps également. Mais moi, personnellement, je dirais qu'il n'en existe que deux. La première, c'est l'existence. La majorité d'entre nous vit dans cette dimension, où seuls comptent les besoins primaires. Quand une personne qui ne vit que dans cette dimension tombe malade, elle ressent seulement le besoin primaire d'être soignée. Les causes et les conséquences ne l'intéressent nullement. La deuxième dimension, inaccessible pour la plupart, est la volonté. Grâce à elle, on est libre de maîtriser les conditions physiques et matérielles de son existence et de celle des autres. C'est de cette dimension que découlent la loi et le devoir. Tout comme la liberté de se sacrifier pour une cause qu'on juge digne. Ainsi que la capacité à établir des catégories, par tranches d'âge par exemple, plutôt que de ne voir que des vies humaines. Ou à penser en termes de races et de peuples, au lieu de se limiter à la distinction entre individus malades et individus en bonne santé. La médecine circonscrite à l'individu n'a aucun effet : elle se borne à éliminer les symptômes – et ce de façon tout à fait provisoire. Elle opère les yeux fermés. Elle ne sait pas *qui* est la personne présentant ces symptômes, ni même si l'élimination de ces derniers a une quelconque signification, ou effet bénéfique, dans un contexte plus général. Celui qui pratique la médecine à un plus haut niveau, en prenant en considération ces deux dimensions, agit toujours avec une forme d'*intention.* Alors il lui devient possible non seulement de traiter, mais aussi de soigner. Il ne se contente pas d'éliminer les signes extérieurs de la maladie : il va au fond des choses pour anéantir jusqu'à la cause elle-même. Ces paroles peuvent sembler étranges dans la bouche d'un médecin, pourtant c'est ma conviction profonde que toute maladie, même la plus grave, peut être soignée grâce à la seule volonté. Notre Führer est naturellement l'incarnation souveraine de cette volonté, ajoute-t-il – cela dit sans emphase, plutôt par acquit de conscience. Jekelius roule maintenant à vive allure. Anna a l'impression (est-ce ce qu'il souhaite ?) qu'ils ont laissé l'existence derrière eux et se meuvent désormais exclusivement dans la dimension de la volonté. Si la vitesse lui a d'abord procuré un sentiment de bien-être, à présent elle a mal au cœur. En outre elle ne sait pas où elle se trouve, et cela l'effraie. Le paysage autour d'eux est-il vaste et dégagé ? Ou, au contraire, foncent-ils dans un tunnel étroit dont les murs défilent si rapidement qu'ils en deviennent presque invisibles ? Et soudain revient la vieille nausée de sa jeunesse, la foudroyant sur place, exactement comme le jour où elle a rencontré Hauslich sur le champ de courses.

Pourrais-je vous demander de vous arrêter un moment, monsieur le docteur ?

Sans le vouloir elle effleure son bras, recevant en retour un regard froid et sévère. Dans l'ombre jetée par sa casquette en tweed, elle aperçoit la ligne rugueuse, presque menaçante de sa mâchoire. Il ralentit malgré tout et s'arrête peu après devant une bâtisse rustique qui ressemble à une auberge. Après avoir regardé fixement la maison pendant quelques secondes, il déclare : Je dois téléphoner ! avec une hâte soudaine, et descend de la voiture en claquant la portière. Petit à petit le bruit du moteur se tait dans la tête d'Anna et ses nausées se dissipent. Les choses rentrent dans l'ordre et le silence s'installe. Dehors, un soleil de plomb brille dans un ciel sans nuages. Quand elle tend le bras à travers la vitre ouverte, le plaisir qu'elle ressent au moment où son aisselle effleure la tôle brûlante est si fort que c'en est presque douloureux. Avec quelle rapidité ses nausées ont laissé place à cet état de bien-être vertigineux ! Honteuse, elle ferme les yeux. Seul le chant des grillons trouble le silence ; l'air est plein de l'odeur d'herbe, âpre et acide, qui monte du bas-côté de la route. Quand elle rouvre les yeux, elle voit tournoyer les alouettes au-dessus des champs mûrissants. Comme elle se tourne pour guetter le docteur Jekelius, son regard tombe sur la banquette arrière. Derrière le siège du conducteur : des cartons remplis de conserves et de bocaux. La tentation est la plus forte et elle tend le bras pour les toucher. Jambon, asperges, champignons. Des articles de luxe en ces temps de crise. À qui sont-ils destinés, si le but de leur voyage est purement professionnel ? Certainement pas au personnel ou aux patients des hôpitaux qu'ils s'apprêtent à visiter.

Elle se retourne précipitamment en voyant le médecin revenir vers la voiture. Il marche dos au soleil et son corps svelte semble tour à tour se dissoudre et se reformer dans les vagues de chaleur qui montent de l'asphalte. Elle baisse la tête, le cœur battant de honte. Ils nous attendent au Bruckhof, dit-il simplement avant de démarrer.

Le jeune Pelikan et les saints auxiliateurs Contrairement à ce qu'elle avait supposé, l'hôpital n'est pas situé dans le village mais à un kilomètre environ au milieu des champs. Il est flanqué d'une chapelle et jouxté d'une longue construction basse en bois abritant à n'en pas douter des écuries ou des granges et remises. La façade du bâtiment principal, qui compte deux étages, est couronnée d'un magnifique pignon de style baroque et coiffée d'un haut toit pointu, lui-même surmonté d'une tour terminée par un dôme bulbeux. Jekelius gare la voiture devant l'entrée, dans l'ombre étroite jetée par le bâtiment. Après avoir ôté sa casquette, il enfile par-dessus sa veste la blouse blanche soigneusement pliée dans sa mallette médicale. Le directeur de l'établissement, un homme d'âge mûr au teint fleuri, est déjà sorti sur le perron pour les accueillir. Accompagné par deux infirmières en uniforme blanc repassé de frais, il se met en marche avec une solennité affectée, précédant les visiteurs à travers les couloirs. Anna se prend à penser au Steinhof des années 1920, tel qu'il était quand elle rendait visite à son grand-père. On retrouve ici la même atmosphère confinée, comme si l'on n'avait pas aéré depuis des décennies. La vive lumière du soleil, éclairant à travers des fenêtres haut placées les rares patients qui s'aventurent en dehors des salles, a quelque chose de sculptural. Ils pénètrent dans une pièce aux dimensions modestes dont les murs en pierre nus sont percés d'une unique et haute fenêtre qui donne sur la cour intérieure. On a pris soin de poser dans l'embrasure un vase garni de fleurs des champs – une attention somme toute assez touchante. Le personnel de l'hôpital a déjà regroupé les enfants qui doivent être auscultés. On entend leurs voix à travers la porte close : à la fois folâtres et énervées. Anna n'a aucun mal à se les représenter de l'autre côté, en train de se battre pour être le premier dans la file d'attente. Le directeur invite Jekelius et Katschenka à s'asseoir au bureau, placé au milieu de la pièce pour la circonstance. Y sont étalés des classeurs ouverts contenant des registres et des dossiers médicaux. Les deux infirmières sont postées devant la porte, prêtes à les assister si besoin. Le docteur Jekelius feuillette les classeurs d'un air détaché avant de se mettre d'accord avec le directeur pour ne pas appeler les enfants par ordre alphabétique (de toute façon, les registres n'ont pas été tenus dans cet ordre), mais en fonction de l'unité où ils sont hospitalisés. Tout à coup les voix dans le couloir se taisent et un à un (répondant à l'appel de leur nom) garçons et filles pénètrent dans la pièce : tels des petits comédiens convoqués pour une audition, souriant d'un air provocant, effrayé ou flagorneur. Certains d'entre eux, grosses lèvres saillantes et humides, sont de toute évidence débiles profonds ; les autres semblent éprouver des difficultés à tenir en place ou à prononcer plus de quelques phrases d'affilée, voire à articuler plus d'un mot sans se laisser distraire. Pourtant ils n'ont pas peur ; au contraire ils paraissent curieux et intéressés par ce qui se passe autour d'eux. Tandis que Jekelius ausculte la gorge d'un garçon, ce dernier s'empare de la spatule enfoncée dans sa bouche avant de tenter d'attraper le petit marteau que le docteur utilise ensuite pour tester ses réflexes. Le médecin procède calmement, avec cet air réfléchi et concentré qu'Anna a appris à associer à sa personne. L'expression alerte de son visage, par ailleurs fermé et introverti, la fascine. Il s'exprime d'une manière laconique, laissant de temps à autre échapper une dénomination latine, commentant en termes lapidaires l'aspect d'un bras, d'une jambe, d'une cicatrice ou d'une rougeur sur la peau. La plupart des mots qu'il emploie restent pour elle incompréhensibles, ce qui ne l'empêche pas de noter immédiatement tous les autres dans la marge du registre. La pièce se vide peu à peu et, quand il ne reste plus personne derrière la porte, le directeur s'approche du bureau où Anna est assise, visiblement soulagé. Elle parcourt à nouveau la liste des enfants. Tous les noms ont été cochés, à l'exception d'un seul.

Il nous manque un Pelikan, signale-t-elle d'une voix forte. *Karl Pelikan.*

Le docteur Jekelius la regarde, longuement et sans ciller, tandis que le directeur joint les mains devant la poitrine comme s'il priait.

Pourquoi Pelikan n'a-t-il pas été appelé ? s'enquiert Jekelius. Le directeur ferme les yeux. Alors le docteur se tourne vers l'une des infirmières debout près de la porte :

Pelikan se trouve-t-il ici ?

L'infirmière *Bien sûr, Herr Doktor, vous...*

Docteur Jekelius *Veuillez me l'amener immédiatement.*

On amène Pelikan. Un garçon mince et dégingandé de treize ou quatorze ans. Soutenu aux aisselles par deux hommes, il avance d'une démarche étrangement saccadée, traînant les pieds. Au lieu de venir se placer directement au milieu de la pièce il rase les murs, suivi docilement par les deux autres. Tel un roi, pense Anna. Son corps entier semble curieusement déformé, tout comme son visage allongé. S'ils n'expriment aucun mépris, les yeux qui regardent Jekelius de biais, sous le froncement sévère des sourcils, révèlent une profonde méfiance. S'ensuit un moment d'embarras : les deux hommes qui escortent Pelikan ne savent pas s'ils doivent continuer à le soutenir ou bien se retirer. Le docteur Jekelius ne leur donne aucune instruction ; il regarde fixement le visage de l'enfant jusqu'à ce que le directeur, mal à l'aise, se racle la gorge :

Le jeune Pelikan travaille dans nos bureaux, il est...

Le docteur Jekelius agite la main d'un air impatient.

Schwester Anna, veuillez lire ce qui est écrit dans son dossier.

> *Pelikan, Karl* (*Karel*), né en 1927. Dernier d'une famille de quatre enfants. Père : garde forestier. Mère : institutrice. K. se développe d'abord normalement, apprend jeune à lire et à compter. Prend part aux jeux de ses camarades bien qu'il regrette de ne pas parvenir à courir aussi vite qu'eux. Vers l'âge de huit ans, il se plaint de difficultés à lever les bras et à porter des objets lourds.

Levant les yeux, elle croise le regard de Pelikan qui la dévisage, flanqué de son escorte royale. Un regard si pénétrant qu'elle en perd le fil de sa lecture. Le silence se fait. Le docteur Jekelius et le directeur s'engagent alors dans une nouvelle discussion dont le ton, cette fois, est plus neutre :

> LE DIRECTEUR : Pelikan marchait normalement jusqu'à l'âge de dix ans.
>
> LE DOCTEUR JEKELIUS : Vous voyez bien que nous avons affaire à une dystrophie musculaire

au stade avancé. Cela commence généralement par les extrémités des membres. Arrive-t-il à lever les mains ?

LE DIRECTEUR : Il sait lire et écrire, il est...

LE DOCTEUR JEKELIUS : Sait-il parler ?

LE DIRECTEUR : Il parle tout à fait normalement. Comme vous et moi.

LE DOCTEUR JEKELIUS [à Pelikan] : Dis quelque chose... !

KARL PELIKAN [bégayant] : J-j-j...

LE DOCTEUR JEKELIUS : Quel genre de travail fait-il donc ?

LE DIRECTEUR : Il affranchit des lettres, monsieur le docteur.

LE DOCTEUR JEKELIUS : Il affranchit des lettres ?

LE DIRECTEUR : Il a fourni une aide précieuse à notre service administratif en effectuant une multitude de petites tâches.

LE DOCTEUR JEKELIUS : Il va sans dire que cela est totalement hors de propos. Il est évident que ce garçon souffre d'atrophie. Vous comprenez, j'en suis sûr, que cet hôpital n'est pas un endroit adapté pour un infirme. Le jeune Pelikan devrait être transféré dans une institution où il recevra des soins appropriés. Quant aux questions concernant sa future capacité de travail, serait-il possible d'en discuter en privé ?

Les deux médecins quittent la pièce ensemble. Le jeune Pelikan sort à son tour, suivi des deux infirmières. Avant de quitter la pièce elles se tournent vers Anna et font la révérence, comme si elle représentait une sorte d'autorité. Ne sachant que faire, elle regagne la voiture. Jekelius, qui la rejoint bientôt, insiste pour se rendre sans tarder à Totzenbach, où il doit rendre visite à quelqu'un. Au préalable il a quelques appels urgents à passer depuis l'hôpital. Schwester Anna peut déjà se mettre en route ; autrement elle risquerait de trouver le temps long. S'exécutant, elle se dirige vers le village. De l'autre côté de l'hôpital se trouve un cimetière entouré de hauts peupliers qui jettent sur les tombes un entrelacs d'ombres mouvantes. Si certaines des sépultures abritent manifestement des patients, la plupart contiennent les restes de membres du personnel ; toutes des femmes, sans exception. Gravée sur les hautes pierres tombales, une seule et même année de mort : 1918. L'année de la grippe espagnole. Anna pense à la théorie que le docteur Jekelius lui a longuement exposée dans la voiture. Ces infirmières étaient-elles responsables de la maladie qui les a tuées ? Depuis le bosquet qui abrite le cimetière, un étroit sentier descend au milieu des champs. Anna chemine sur la rive d'un ruisseau bordé par de hauts arbres ; il charrie une eau visqueuse tandis que les maisons et les fermes se resserrent. Enfin, elle atteint Totzenbach. Devant elle se dresse un château en ruine entouré de douves envahies par la végétation. Il sert de cantonnement à l'armée : des camions militaires et des véhicules de transport de troupes sont garés partout le long des douves. On est en plein midi. La chaleur l'enveloppe comme dans un four. La sensation de vertige et les contractions familières au niveau de ses tempes annoncent l'arrivée de la migraine. Au bout de dix minutes, ne voyant pas venir Jekelius, elle se dirige lentement vers l'église, à l'extrémité opposée de la rue principale. Elle ne croise presque que des femmes et des enfants – autre signe de la présence silencieuse de la guerre. Un groupe d'écoliers sort en trombe de l'école en face de l'église et dévale bruyamment une allée de poiriers dont les branches ploient sous de grosses grappes de fleurs. Cherchant un coin d'ombre où s'abriter, elle avise l'une des portes de l'église restée ouverte et décide de pénétrer à l'intérieur. L'entrée est ornée d'un bas-relief en pierre composé de trois parties : celle du milieu reproduit des figures allégoriques sculptées. Elle les contemple longuement sans comprendre ce qu'elles représentent. Soudain elle reconnaît deux des quatorze saints auxiliateurs : Christophe portant l'Enfant Jésus et sainte Catherine munie de l'épée. Puis elle les reconnaît tous : sainte Barbe et la tour, saint Blaise tenant les cierges croisés et sainte Marguerite, le dragon à ses pieds. À l'école, elle avait appris le nom des quatorze saints, ainsi que leurs attributs respectifs. Peu importe les maladies ou les difficultés infligées par la vie, on pouvait toujours s'en remettre à l'un d'eux pour trouver une main secourable – comme le jeune Pelikan prenant appui sur ses camarades pour sortir de sa cachette. Il aurait dû exister un saint pour sa mère : il l'aurait prémunie contre ce trou vertigineux dans lequel tout disparaissait inexorablement. Peut-être saint Florian ? Le protecteur des foyers, celui qui les gardait des fléaux et des flammes. Elle s'aperçoit alors que les deux fidèles, un homme et une femme gravés dans le bas-relief et agenouillés de part et d'autre de la frise, ont la tête tranchée. Les vandales ont donc sévi ici aussi. Pourtant, ils ont épargné les saints ; seul le temps a pu polir ainsi leur corps et leur visage. Elle entend alors le bruit d'une voiture au loin et, jetant un coup d'œil au-dehors depuis l'obscurité de la nef, elle voit s'approcher l'imposante Opel Kapitän. Quelques enfants ont grimpé en haut d'un poirier planté tout près de l'église, tandis qu'un autre, un garçonnet, est resté au sol. Il est trop petit pour escalader le tronc tout seul. Les plus grands chahutent pour attirer l'attention de Jekelius mais cessent dès qu'il descend de voiture. Faisant halte au pied de l'arbre, le médecin lève les yeux vers le branchage avant de les poser sur le garçon qui lui tend les bras d'un air interrogateur, les yeux pleins d'espoir. D'une main ferme, Jekelius l'attrape sous les bras et le pose sur une branche à côté de ses camarades qui attendent en retenant leur souffle. Il fait ensuite le tour de la voiture et ouvre la portière sans un mot. Anna s'installe sur le siège du passager. Durant tout le chemin du retour, le médecin garde le silence. Bien qu'il ne fasse aucun commentaire sur les événements de la journée, elle pressent qu'il souhaitait davantage la présence d'un témoin que celle d'une assistante. Un témoin de la fermeté et de la détermination dont il a fait preuve en auscultant les enfants du Bruckhof. De la tendresse paternelle avec laquelle il a soulevé le petit garçon au pied de l'arbre. Elle pense à l'autre femme : celle qui attendait avec impatience dans Martinstraße que Jekelius avance la voiture. Elle se trouve maintenant à sa place. En est-il conscient ? Elle chasse cette pensée si absurde et si déplacée qu'elle n'a pas la force de s'y attarder. Elle se laisse bercer par la lumière du soir et l'agréable chaleur qui règne dans l'habitacle, et elle ne pense plus à rien jusqu'à ce qu'ils atteignent les abords de Vienne.

IV

Les garçons et la Montagne

Le temps calme Ils étaient entre quinze et vingt garçons dans leur dortoir. Peut-être soixante au total dans l'unité. Je ne me souviens plus, dirait Adrian Ziegler. Dans l'ensemble, il affirmerait avoir du mal à se souvenir. C'est ce que diraient aussi les autres. Comme si leur mémoire avait été brouillée, ou que tout ce qui s'y trouvait s'était corrodé. Adrian parviendrait à se remémorer la plupart des garçons lorsqu'il les verrait en photo, mais il serait incapable de se rappeler quand et où il les avait rencontrés. De plus, ce seraient leurs surnoms qui lui reviendraient en mémoire, quand leurs véritables noms seraient souvent tombés dans l'oubli. Il y en avait un qu'on appelait le Cap de Bonne-Espérance, un autre l'Éternel Insatisfait, et puis celui qu'on surnommait le Roi de l'Évasion. Pawel Zavlacky de son vrai nom. Avec l'habileté d'un maître serrurier, il avait enseigné à Adrian comment démonter et crocheter les serrures de l'unité en détaillant les différents outils nécessaires. Les serrures ordinaires – celles des salles de repos ou des dortoirs par exemple – on les crochetait facilement à l'aide d'un petit objet pointu : on pouvait utiliser un éventail d'objets, depuis des clous en acier poli jusqu'à des aiguilles à tricoter, en passant par des couvercles de boîte de conserve aplatis et affilés jusqu'à devenir aussi tranchants que des poinçons. Dans les toilettes et les salles d'eau, au contraire, les loquets des fenêtres étaient fixés aux murs et bloqués avec des barres ; pour en venir à bout, il fallait sortir tout l'arsenal. Seulement voilà, les fenêtres étant aussi munies de barreaux à l'extérieur, il ne suffisait pas de crocheter les serrures pour sortir, il fallait également être mince et souple : un *authentique* roi de l'évasion. Zavlacky se vantait de s'être évadé tant de fois de l'institution qu'il en avait perdu le compte. Adrian n'avait assisté qu'à une seule de ses évasions, et il fut longtemps persuadé que le garçon n'avait pas survécu. Quand il revit Zavlacky un an plus tard, une fois qu'on l'eut appréhendé et emprisonné de nouveau, il se trouva en présence d'un inconnu. C'est ce que le Spiegelgrund faisait aux gens : les altérer jusqu'à la mort. Les enfants qui n'étaient pas parvenus à s'enfuir, ou qui n'avaient pas disparu d'une façon ou d'une autre, finissaient dans les pavillons 15 ou 17. Dans le 15 on détenait les idiots. L'été, quand il faisait chaud, les vasistas au-dessus des fenêtres étaient toujours ouverts, de sorte qu'on les entendait crier et gémir. Dans l'air humide stagnant entre les pavillons ces cris devenaient presque charnels. Il y avait les respirations, aussi, longues, poussives, convulsives, qui précédaient presque toujours les cris. Et puis les gémissements de ceux qui n'avaient plus assez d'air dans les poumons pour crier. Adrian dormait dans le deuxième lit à compter de la porte. Les enfants les plus jeunes dormaient au fond du dortoir, tandis que les autres, comme Zavlacky, l'Éternel Insatisfait et Pototschnik – quand il est arrivé – occupaient les lits près de la porte. Immédiatement à la gauche d'Adrian se trouvait Julius Becker, lui-même à la droite de Jockerl, un enfant qui faisait pipi au lit. Hannes Neubauer dormait dans le lit situé le plus près de la fenêtre. Le cadet d'Adrian d'un ou deux ans, c'était un garçon têtu à la silhouette trapue, doté d'une tête ronde chauve comme une boule de billard – hormis un pâle duvet épars – et entièrement recouverte de taches et de cicatrices. Son visage ne trahissait jamais rien. Il avait les yeux d'un bleu décoloré, presque transparent, et une bouche aux lignes strictes dont les coins étaient toujours remontés en un sourire figé, comme s'il s'amusait de quelque chose visible pour lui seul. Il passait des jours sans prononcer une seule parole, le regard vide. On n'avait pas l'impression qu'il vivait avec les autres, plutôt qu'il promenait sa pâle tête ronde au milieu d'eux. On aurait pu le prendre pour un idiot au dernier degré, si ce n'est qu'il lui arrivait de parler. Tout ce qu'il voyait, il le nommait. Une chaise, disait-il. Une assiette. Parfois les mots sortaient à tort et à travers en longues harangues incompréhensibles où seuls les jurons étaient identifiables – ceux-là on les reconnaissait, bien que certains fussent assez étranges, comme *schiache Hustblumen* ou *g'fäulte Marillen* ou *leck mich du Amerikanische Tuttelaff*. Quelle personne sensée dit des choses pareilles ? Il était comme ça, Hannes. Les mots coulaient tout seuls, les mots coulaient sans qu'il puisse les retenir, et après il s'essuyait la bouche d'un revers de la main, l'air absent, comme on le fait quand on a le nez qui coule ou qu'on veut ôter un filet de bave au coin des lèvres. Son père, un officier de la Wehrmacht, se battait au front. Voilà pourquoi Hannes était là. Pas parce qu'il avait fait quelque bêtise ou qu'il s'était mal conduit : parce qu'il n'avait personne pour s'occuper de lui. En tout cas, c'était ce qu'il prétendait. D'une certaine façon, les parents de Julius Becker étaient des victimes de la guerre, eux aussi, mais, contrairement à Hannes, Becker n'en parlait pas. D'ailleurs, il ne disait rien, à moins d'avoir une raison de réprimander un de ses camarades ou de lui enseigner quelque chose. À en croire l'Éternel Insatisfait, Becker était un *intellectuel*. Et en effet il en avait tout l'air : grand, les épaules étroites, les cheveux épais et crépus, presque comme ceux d'un nègre (mais plus clairs), et des petites lunettes rondes à monture nickelée dont il prenait grand soin et qu'il cherchait toujours à conserver en lieu sûr. Les autres garçons le vénéraient et le haïssaient tout à la fois : parce qu'il n'était pas comme eux. Parce qu'il essayait de les convaincre qu'il existait, *dehors*, un autre monde, plus grand et bien mieux qu'ici. Voilà en tout cas ce qu'il affirmait les rares fois où il ouvrait la bouche : dehors, des *forces bienveillantes* œuvraient à le faire sortir ; son temps ici était compté. Julius, préciserait Adrian, nous laissait entendre qu'il avait des raisons d'espérer, des raisons d'attendre sa libération avec impatience. On en avait mal au cœur de l'entendre parler comme ça. Évidemment, nous aussi on avait des raisons d'espérer, des raisons de vouloir sortir, même si on nous avait inculqué que tout ça c'était de la merde. Que rien ne nous attendait dehors – encore moins des *forces bienveillantes*. Et qu'il ne s'agissait pas de serrer les dents et de persévérer, comme le disait Julius, mais de faire tout le contraire : raser les murs pour ne pas s'attirer les foudres des infirmières, ne pas opposer de résistance, s'effacer complètement en prétendant jouer le jeu. Parce que ce qu'ils voulaient, expliquerait Adrian, ce n'était pas nous rendre meilleurs, malgré tous leurs beaux discours. Non, ce qu'ils voulaient, c'était nous exterminer. Nous rayer de la surface de la terre. Et la seule véritable façon de sortir de là, c'était d'accepter de ne plus être. Et Julius avait peur. La peur était le prix à payer pour oser croire et espérer en un monde extérieur. Il ne s'asseyait jamais franchement : toujours sur le bord du lit ou de la chaise, les jambes étroitement serrées et la tête rentrée dans ses minces épaules. Et sans cesse il cherchait quelqu'un à qui se confier. Ce n'est que bien plus tard qu'Adrian comprendrait tout ce que Julius lui avait raconté. Au sujet de son père, notamment, un homme de loi haut placé dans le gouvernement de Schuschnigg qui s'était opposé à ce qu'on laisse sortir de prison les agitateurs nazis. Après l'Anschluß, il avait été incarcéré. Sa mère, elle aussi arrêtée par les nazis, travaillait maintenant dans l'industrie de l'armement. Dans quelle ville elle se trouvait et ce qu'elle faisait exactement, Julius l'ignorait. Mais il avait, comme il disait, un oncle au pays qui lui le savait. Cet oncle lui faisait parfois des visites au cours desquelles il lui transmettait de courtes lettres ou des messages secrets de la part de sa mère. Il envoyait également des colis qui contenaient de la nourriture et des vêtements chauds, mais aussi du cirage, des pansements et de la pommade cicatrisante. C'était surtout la pommade qui faisait enrager Schwester Mutsch (*Pour qui il nous prend ? Comme si les enfants n'avaient pas tout ce qu'il leur fallait ici !*) de sorte qu'un jour elle décida de mettre un terme à ces gâteries. Le temps calme commençait en début d'après-midi, une fois que les enfants avaient regagné le pavillon 13 après l'école, et s'achevait à l'heure du dîner, lorsqu'ils se mettaient en rangs pour se rendre au réfectoire. Durant le temps calme, on avait le droit de lire un livre, d'écrire ou de faire ses devoirs. Ces activités devaient se dérouler en silence – toute question était bannie – sous le regard perçant de l'infirmière qui surveillait la salle (Schwester Mutsch ou bien Schwester Demeter, à la silhouette osseuse). Sous ce regard tout devenait visible : la moindre inattention ou infraction à la discipline, le moindre acte de désobéissance ou de négligence commis durant la journée. Dans le silence écrasant de la salle, la mauvaise conscience des enfants suintait de tous leurs pores. Car il en va ainsi de la méchanceté chez les enfants (leur avait-on enseigné) : il est impossible de la tuer dans l'œuf et elle finit toujours par être étalée à la vue de tous. Schwester Mutsch attendit donc que les enfants soient rassemblés durant le temps calme pour sortir le dernier colis envoyé à Julius par l'oncle. Devant quinze garçons roulant des yeux effrayés, elle posa le paquet devant elle sur la table.

Voyons voir, dit-elle en levant sa paire de ciseaux.

Des ciseaux, dit Hannes,

puis elle se mit à découper. Quinze paires d'yeux suivent les gestes précis de Schwester Mutsch tandis qu'elle plante les ciseaux dans le carton, tranche l'épaisse ficelle, ouvre le colis et plonge la main dedans. Le paquet est tellement grand que son avant-bras dodu disparaît entièrement à l'intérieur. Elle en sort quelques bocaux de verre remplis d'abricots et de poires confites, en ouvre un. De sa main gauche aux doigts délicatement incurvés elle attrape un morceau de poire gris et sirupeux flottant dans son sirop. Elle le porte à sa bouche en léchant avidement le liquide sucré sur ses doigts. Enfonçant à nouveau la main dans le paquet, elle en sort une boîte de biscuits Manner – les authentiques gaufrettes napolitaines –, qu'elle ouvre distraitement avant d'engouffrer l'un après l'autre les biscuits craquants. Sans se presser. Tous les regards sont maintenant braqués sur Julius. Il est d'abord resté immobile, comme tous les autres, trop épouvanté pour comprendre. Mais quand Schwester Mutsch, après les poires confites et les gaufrettes napolitaines, retire du colis les épaisses chaussettes, les mouchoirs et les lacets de rechange, il se met lentement à trembler.

Des tremblements étranges, qui commencent en haut du corps, au niveau de la tête et des épaules. Il parvient à les maîtriser, à rester presque entièrement immobile, droit comme un *i*, les mains sur la table, selon la règle. En dessous, cependant, le corps ne se laisse pas si facilement dompter : son bassin se balance d'avant en arrière sur sa chaise, ses cuisses frissonnent et ses pieds claquent sur le sol telles des castagnettes. Schwester Mutsch le dévisage.

Tu as besoin d'aller aux cabinets ? demande-t-elle.

Julius ouvre la bouche.

Petite ou grosse commission ?

Julius ouvre à nouveau la bouche, mais Schwester Mutsch n'a pas la patience d'attendre sa réponse. Cherchant en vain un mouchoir pour se nettoyer les mains, elle pose les yeux sur les paires de chaussettes rangées avec soin au fond du paquet. Elle attrape l'une d'elles avec un geste brusque et s'essuie le visage. Puis, munie de son trousseau de clefs et de papier-toilette – dont elle conserve toujours quelques feuilles soigneusement pliées sur son bureau –, elle se dirige vers la porte d'un pas décidé. Insérant la clef dans la serrure, elle ouvre la porte à Julius qui s'approche à contrecœur.

Alors, qu'est-ce que tu attends ? On ne va pas y passer la journée...

et la porte claque derrière eux. De l'autre côté, on entend distinctement la voix de Schwester Mutsch, bien qu'elle soit légèrement assourdie, ainsi que le bruit de la clef dans la serrure au moment où elle ouvre la porte des cabinets. Puis la voici de retour dans la salle, aussi brusquement qu'elle en est sortie. Sans un regard pour les enfants, elle regagne sa table et se remet à fouiller dans le carton. Finalement, ne trouvant plus rien d'intéressant, elle rassemble les restes et porte le tout dans le bureau des infirmières. Peu après, on frappe timidement à la porte, et elle laisse entrer Julius. Quand il retourne s'asseoir, on voit à sa démarche qu'il n'a fait ni la petite ni la grosse commission, et soudain, tout est exactement comme avant – sauf qu'il n'y a plus de paquet sur la table. Il n'y a que Schwester Mutsch, qui continue à le dévisager tandis que, lentement mais sûrement, Julius se remet à trembler. Et Schwester Mutsch :

Tu as encore besoin d'aller aux cabinets ?

Julius secoue la tête (est-ce un signe de dénégation ou les tremblements qui auraient gagné la partie supérieure de son corps, impossible à dire) ; et voilà que l'infirmière se lève : *Contrôle-toi !* Julius ne parvient pas à maîtriser ses tremblements, alors elle le frappe sur le sommet du crâne, faisant tomber les lunettes du garçon. *Personne ne t'a autorisé à te lever !* (Quand, par réflexe, il se précipite pour essayer de les ramasser.) *Assieds-toi !* Elle ramasse les lunettes et retourne à son bureau. Elle tient le précieux objet d'une main ferme, et tous voient qu'il suffirait d'une pression pour briser les fines branches et faire éclater les verres. S'il vous plaît, supplie doucement Julius. *Si tu restes sagement assis, je te les rendrai à la fin du temps calme.* Et Julius reste assis, tremblant de tous ses membres. On a l'impression d'entendre son squelette cliqueter à l'intérieur de lui. Il ne lève plus la main pour demander la permission de se rendre aux toilettes ; d'ailleurs Schwester Mutsch ne le lui propose plus. C'est inutile. Peu après, un ruissellement vient rompre le silence, tandis qu'une flaque se forme autour de la chaise de Julius, qui s'accroche à son pupitre, secoué de spasmes tel un hochet infernal. Schwester Mutsch le considère un instant avec une sorte de satisfaction. *C'est quand on s'y attend le moins que la bête tapie en nous se révèle au grand jour*, lance-t-elle. Et bien qu'elle détourne les yeux dans un geste de dégoût, ses propos s'appliquent à Julius, impossible de s'y méprendre.

Réveil Les journées commençaient toutes de la même façon : à cinq heures et demie tapantes, Frau Rohrbach, leur *Erzieherin*[1], introduisait la clef dans la serrure et pénétrait dans la salle, suivie des infirmières de jour. Frau Rohrbach portait un sifflet autour du cou et maniait une courte canne en métal recouvert de caoutchouc, qu'ils avaient surnommée la tige. Elle s'en servait pour taper sur les montants des lits.

Aufstehen, raus aus den Betten !

Bettnässer vortreten[2] *!*

C'était pire pour les nouveaux venus, qui ne savaient pas encore ce que c'était qu'avoir honte, ou pour ceux qui, encore assez naïfs pour croire qu'il servait à quelque chose de résister, tentaient de s'accrocher à tout ce qu'ils pouvaient : montants de lit, montants de porte, rebords des éviers. Car ils finissaient toujours tôt ou tard par être délogés : les infirmières, aguerries par leur travail en asile psychiatrique, étaient fortes comme des bœufs. Outre les cabines de douche, la salle d'eau abritait une haute et ancienne baignoire en fonte. L'une des extrémités était surmontée d'une pomme de douche qui déversait une eau gelée dans le bain rempli de serviettes mouillées. Une infirmière traînait derrière elle le garçon récalcitrant, tandis qu'une autre montait la garde à l'extrémité de la baignoire. Chaque fois que le fautif tentait de s'extraire de l'enchevêtrement de serviettes qui le retenait prisonnier, l'une d'elles l'agrippait

1. Gardienne.

2. Debout, sortez du lit, et que ça saute ! Ceux qui ont mouillé leurs draps, vous vous avancez !

par un pied, ou parfois par les deux, et maintenait ses jambes en l'air suffisamment longtemps pour que sa tête et ses épaules replongent dans l'eau glacée ; et voilà qu'il s'empêtrait dans les serviettes qui, inexorablement, lui bouchaient les yeux, la bouche, le nez ! On appelait cela l'assommoir. Quand on en avait terminé, on extirpait le garçon de la baignoire et on l'obligeait à rester debout sur le carrelage froid, frissonnant et luisant comme une anguille. À ce stade, il avait le visage tout bleu et tenait à peine sur ses jambes. Jockerl faisait partie des garçons qu'on assommait régulièrement. Adrian, qui dormait dans le lit à côté du sien, n'était pas encore réveillé qu'il sentait déjà l'odeur d'urine, douceâtre et écœurante, monter du lit de son voisin. Elle s'immisçait dans les limbes de son sommeil jusqu'au point le plus profond, l'antre abritant ses plus grandes peurs, juste avant que résonnent les coups assénés par la tige de Frau Rohrbach. Après les coups venaient les hurlements de Jockerl arraché aux draps trempés et traîné jusqu'à la baignoire. Puis le bruit de l'eau qui cinglait l'émail. Ses appels à l'aide désespérés et le gargouillement impuissant quand les serviettes étouffaient ses cris. Mais Jockerl était tenace. Malgré les coups et les gifles qui le propulsaient d'un mur à l'autre telle une poupée de chiffon, il parvenait toujours à se faufiler entre les garçons déjà en train de se brosser les dents devant les éviers. Il se tenait droit comme un piquet et, bien qu'il eût une tête de moins que tous ses camarades, il était presque chaque fois le premier à retourner dans le dortoir pour faire son lit. Debout au fond de la salle, le dos à la fenêtre, Frau Rohrbach frappait dans ses mains en cadence – *un deux trois quatre cinq six* – tandis que Jockerl, qui mettait un point d'honneur à toujours avoir un temps d'avance, se hâtait de terminer. Quand Frau Rohrbach arrivait à *vingt*, il avait déjà mis le drap de dessus, à *cinquante*, la couverture, et à *soixante*, sa brosse à dents était à sa place, dans le verre disposé sur la table de nuit, dans l'angle à droite ; sa serviette de toilette avait été pliée et rangée sur l'étagère du milieu, et ses chaussures et chaussons se trouvaient au pied du meuble, lacets défaits. Julius Becker, au contraire, restait toujours à la traîne quand il s'agissait d'exécuter ce genre de tâches pratiques, ce que Frau Rohrbach n'avait pas manqué de remarquer. Constamment elle venait tourner autour de son lit. Elle ne faisait aucun commentaire : elle se remettait à compter lentement, comme pour lui seul – *un deux trois quatre* –, de plus en plus fort – *six sept huit neuf* –, jusqu'à ce qu'à *dix* elle perde patience. Arrachant draps et couvertures des mains de Julius, elle criait :

Ce n'est pas comme ça

Tu ne sais pas faire

au pauvre garçon qui, l'œil hagard et les lèvres tremblantes, s'en trouvait incapable de faire un geste.

Tu me refais ça depuis le début, et comme il faut cette fois !

Puis elle recommençait, *un deux, trois, quatre*, sa tige à la main. Julius savait ce qui allait arriver : résigné, il n'avait pas ramassé le drap qu'il se jetait aux pieds de Frau Rohrbach en pleurant. D'une main ferme, elle relevait le garçon par le menton et le frappait de son autre main, celle qui tenait la tige – un coup pour chaque tâche qu'il n'avait pas réussi à accomplir.

Un deux trois quatre

Jour après jour, c'était le même rituel, raconterait Adrian. Ceux qui avaient échappé à la punition devaient attendre que les autres aient terminé ou qu'une surveillante vienne leur ouvrir pour les mener en rangs jusqu'au pavillon scolaire. Parfois Julius venait avec nous, parfois il ne venait pas. Quand il ne venait pas, c'est qu'on lui avait infligé toutes sortes de punitions : laver le sol du dortoir, nettoyer les toilettes ou rester debout sans bouger pendant six à huit heures d'affilée. La loyauté parmi les garçons n'existait pas. Ils étaient bien trop occupés à affronter le chaos de leur existence : des petits garçons punis pour des bêtises de leur âge qui se montraient aussi prudents et méfiants que de vieux briscards. Pourtant, des alliances curieuses se formaient parfois. Entre Hannes et Jockerl, par exemple. Pour se rendre au pavillon scolaire, on devait passer devant les cuisines de l'établissement. Elles jouxtaient un bâtiment qui, comme le leur avait raconté une infirmière, abritait la centrale de chauffage, dont les cheminées crachaient une répugnante fumée noire. Un jour qu'il passait devant, Jockerl demanda ce qu'on y brûlait, et Hannes se tourna vers lui :

C'est là qu'on brûle les garçons comme toi, qui font pipi au lit, tu ne savais pas ?

Bien qu'il soit dans leur unité, Jockerl se conduisait à bien des égards à la manière d'un petit enfant. Quand on lui adressait la parole, il plissait le visage d'un air méditatif comme s'il se repassait en esprit les mots qu'il venait d'entendre. L'Éternel Insatisfait lui donna à ce moment-là un coup de coude en disant *Tiens bon camarade, ce n'est pas encore ton tour*, et tous éclatèrent de rire, formant un bloc autour du plus jeune et du plus candide d'entre eux. Alors Jockerl devint tout pâle, aussi pâle qu'il l'était le matin quand on l'extirpait de la baignoire, ou le jour où on lui avait fait un *Wickelkur*. Ça, je ne l'oublierai jamais, dirait Adrian : elles l'ont enroulé dans des serviettes mouillées et elles l'ont forcé à rester dans le couloir glacé jusqu'à ce que les serviettes aient séché. Ça a pris quatorze heures ! Tout ça pour le guérir de son énurésie. C'est ce qu'on voulait nous faire croire, là-bas. Que la raison pour laquelle on nous persécutait se trouvait en nous.

La signature du Führer sur un morceau de carton blanc Sur le mur du couloir devant le foyer était accroché un portrait du Führer. On trouvait pareil portrait dans tous les lieux officiels – le Führer de trois quarts, la mine sévère et le regard au loin –, portant au bas sa signature en fac-similé. Au Spiegelgrund, chaque couloir possédait sa propre reproduction. C'est sous ce fameux portrait qu'on purgeait sa peine : six, huit, quatorze heures debout sans bouger ; et pour peu qu'on soit incapable de se tenir droit comme un *i* sans quitter des yeux le grand chargé de vous surveiller, la punition était prolongée d'autant. Ainsi, le Führer en vint naturellement à faire partie du galimatias qu'Hannes Neubauer avait coutume de murmurer pour lui-même. Un méli-mélo où il était question d'actes héroïques et d'exploits divers, comme la découverte des sources de l'Amazone par Humboldt et sa bataille contre de féroces Indiens. Mais pas seulement : faisaient également partie de son répertoire des informations qu'on pouvait lire dans *Der Stürmer*, dont des exemplaires étaient éparpillés un peu partout. L'hebdomadaire regorgeait d'images de soldats coiffés de casques d'acier et munis de mitrailleuses, le plus souvent représentés de trois quarts à la manière du Führer. Quelle que soit l'histoire narrée par Hannes, le héros avait les traits de son père, qui multipliait les missions secrètes à droite et à gauche. Et ta maman alors ? demanda un jour Adrian (qui, lui, était plus attaché à sa mère). Son père avait mis cette *traînée* à la porte après sa naissance, répondit Hannes. On ne peut pas faire confiance aux femmes, elles sont perfides et cupides, il n'y a que l'argent qui les intéresse. Même les âmes les plus endurcies, tels que Zavlacky ou l'Éternel Insatisfait, écoutèrent, ébahis, la réponse de ce petit bout d'homme à la tête ronde comme une boule de billard, dont les yeux bleus ne cillaient jamais. De bien grands mots pour un mioche comme toi. Et ça concerne aussi Frau Rohrbach ? se risqua à demander Zavlacky avec un sourire ironique. Ce sont des créatures du diable, toutes autant qu'elles sont ! répliqua Hannes sans hésiter. Mais qu'ils ne s'inquiètent pas. Son officier général de père avait envoyé un fidèle messager pour prévenir son fils de se préparer à lever le camp. Plus le temps passait (et plus le père tardait), plus ces préparatifs prenaient des airs d'opération de sauvetage collectif : Hannes se verrait offrir la liberté, mais également tous ses fidèles compagnons, choisis par son père dans le plus grand secret. En attendant, tout le monde devait se tenir prêt à se ranger sous le commandement de Neubauer. L'ordre donnant le signal du départ pouvait tomber n'importe quand, et ils devraient alors se mettre en *lieu sûr*, dans un abri de montagne qu'il aurait aménagé pour eux. Quelle montagne ? lançait Zavlacky d'un air sceptique. Alors quoi, tu es un guerrier ? ripostait Hannes du même air sceptique. Et on devinait à son sourire, à cette bouche aux coins toujours relevés, que le secret était bien gardé. Si cette histoire de sauvetage dont il leur rebattait les oreilles cachait véritablement un plan, il était enfoui au fin fond du crâne rond d'Hannes – le garçon étant bien décidé à ne le dévoiler à personne tant qu'il n'aurait pas trouvé un compagnon qui s'en montrerait digne. Pourtant, même lui, tellement maître de lui, avait parfois du mal à tenir sa langue. Un jour, alors que leur instituteur, Magister Hackl, avait évoqué avec son enthousiasme habituel leurs fiers soldats sacrifiés sur le champ de bataille, Hannes se réfugia tout au fond de l'enclos grillagé, dans la partie qui leur servait de « cour de récréation ». Ayant rassemblé autour de lui ses plus fidèles compagnons, il entreprit de leur montrer ses cicatrices. Ceux qui ne les voyaient pas pour la première fois s'étaient déjà interrogés sur leur origine. De loin, elles ressemblaient à des écorchures ou à des taches de saleté. Mais maintenant qu'ils les examinaient de près, ils se rendaient compte que de telles cicatrices ne pouvaient appartenir qu'à un authentique guerrier. Fier comme un paon, Hannes leur dévoila une profonde entaille au creux de son aisselle, laissée d'après lui par un nodus que les médecins lui auraient retiré. Personne ne savait ce qu'était un nodus, mais il n'empêche ! L'Éternel Insatisfait, qui eut le privilège de glisser son doigt à l'intérieur pour vérifier, assura que le trou était assez grand pour loger un œuf. Le corps entier d'Hannes était truffé de cicatrices qui couraient telles des veines sur sa peau – les tibias, les creux des aisselles, les cuisses. Bien que les marques sur son dos et à l'arrière de son crâne évoquent plutôt les séquelles d'une varicelle, Hannes affirma haut et fort qu'elles avaient été causées par des brûlures, dont il avait été criblé en manquant de tomber en arrière dans un tunnel rempli de goudron bouillant. Le haut de son crâne présentait lui aussi de longues entailles ; quant à son cou, il comportait une callosité sur l'un des côtés qui, toujours d'après lui, provenait d'un tesson de verre. Son père lui-même l'avait extirpé à l'aide d'un couteau de cuisine et muni d'un torchon imbibé d'alcool pour seul anesthésique. C'est qu'il n'y avait pas eu une minute à perdre ! Si on n'avait pas ôté le tesson immédiatement, il aurait pu s'enfoncer et atteindre le cœur.

Hannes : *Il a bien fallu l'enlever, pas le choix ! – si tu as du sang noir qui se répand dans tes veines, tu risques un empoisonnement du sang et tu es fichu !*

Si Adrian s'était penché à cet instant, il aurait pu lui aussi effleurer les étranges arabesques qui marquaient la peau d'Hannes, ou enfoncer l'index dans le trou luisant au creux de son aisselle qui paraissait l'inviter d'un sourire. Mais Hannes se retourna d'un coup sec et commença à reboutonner sa chemise.

Quoique certains ont déjà du sang noir dans les veines, alors ça change rien.

Je ne suis pas juif, fut tout ce qu'Adrian trouva à dire.

Tu es un Tatar, c'est la même chose, répondit l'autre.

Tatar : un sobriquet dont on l'avait déjà affublé par le passé et dont on l'affublait à nouveau, avec une évidence que personne ne remettait en question – comme Zavlacky était surnommé le Roi de l'Évasion ou Jockerl le Souffre-Douleur. Hannes remballa ses cicatrices et tourna les talons avec sa désinvolture habituelle, le dos droit, son regard bleu et innocent ne voyant que les certitudes entretenues dans sa tête. Et cette tête avait un aspect si calme, blond et paisible que même Schwester Mutsch, qui n'avait de geste affectueux pour personne, ne pouvait s'empêcher de la caresser du bout des doigts. Car l'impitoyable mépris que Neubauer témoignait au sexe opposé n'était pas payé de retour. En tout cas, pas par Schwester Mutsch, qui n'hésitait pas à le charger de toutes sortes de petites missions.

Il manque une ration de nourriture Neubauer
file donc aux cuisines pour aller la chercher.

Hannes Neubauer devint ainsi le seul garçon de l'unité à qui on confiait parfois les clefs. Peut-être était-ce pour cette raison-là que l'Éternel Insatisfait avait commencé à lui faire la cour : le garçon jouissait de la confiance du personnel. À une époque, ils étaient comme cul et chemise, ces deux-là, se souviendrait Adrian : le grand Walter Schiebeler (comme s'appelait l'Éternel Insatisfait), avec ses tressautements involontaires et ses grands pieds lourdauds, et Neubauer, stoïque et introverti, la tête pleine d'idées étranges et les lèvres marmonnant leur logorrhée inaudible. Hannes Neubauer avait expliqué à l'Éternel Insatisfait que la nuit, quand tout le monde dormait, le Führer accroché au mur se transformait en pilote de chasse. Une fois que ses cheveux, lissés et peignés avec soin, s'étaient mués en bonnet d'aviateur, apparaissaient sur son nez des lunettes qui lui permettaient de voir aussi bien dans le noir que dans le brouillard. Ainsi, il pouvait exécuter ses raids à n'importe quelle heure du jour et de la nuit ; d'ailleurs, à cet instant – *à cet instant même !* – il piquait droit sur l'hôpital au mépris du danger, et

ratatatatatatatata... !

il s'écrasait dans un feu d'artifice engloutissant un à un les enfants, les médecins, les infirmières, les *Aufseherinnen*[1], les psychologues et tous ceux qui se trouvaient à la ronde ; y compris l'odieuse Frau Rohrbach, qui se consumait tout entière dans un gigantesque brasier.

Cependant, l'Éternel Insatisfait s'intéressait moins au pilote qu'à la signature reproduite en fac-similé au bas du portrait. Elle se subdivisait en deux parties. D'abord le prénom, Adolf, dont le *A* se dressait en pointe vers le ciel, puis le *f*, qui plongeait vers le sol telle la zébrure oblique d'un éclair. Plusieurs centimètres plus loin venait le nom de famille : une arabesque

1. Surveillantes.

sophistiquée qu'on pouvait prendre pour un *H*, avec un peu de bonne volonté, suivie d'un tourbillon de plus en plus compact (et illisible) qui semblait s'enfoncer dans la page à la manière d'un tire-bouchon. Quelle signature épatante ! pensa l'Éternel Insatisfait. Contrairement à la plupart des garçons admis au Spiegelgrund, il ne venait pas d'un orphelinat ordinaire mais d'un établissement de Juchgasse où avaient été transférés un grand nombre d'enfants préalablement placés en garde à vue. L'Éternel Insatisfait était donc un voleur pour de vrai. Peut-être était-ce pour cette raison qu'il n'était jamais satisfait. Il n'y avait pas que sa propre signature qui n'était pas à son goût, mais aussi la nourriture qu'on leur servait (à Juchgasse, on mangeait mieux) et les leçons de Magister Hackl. Chaque fois qu'il exprimait son insatisfaction, il grimaçait et roulait des épaules comme pour se débarrasser d'une sensation désagréable. *Cesse donc de t'agiter ainsi*, lui enjoignait sans cesse Schwester Mutsch. Mais l'Éternel Insatisfait en était incapable. D'ailleurs, l'infirmière était elle aussi un sujet d'insatisfaction : il lui trouvait l'air d'un cochon. Dans un sens, on ne pouvait pas lui donner tort quand on voyait le large visage de Schwester Mutsch, dont les grands yeux luisants, presque translucides, faisaient penser aux billes de verre d'un animal empaillé – des yeux qui vous fixent sans ciller et donnent l'impression de vouloir sortir de leurs orbites : débordant d'indignation. L'Éternel Insatisfait, qui s'était mis en tête d'essayer d'imiter la signature du Führer, avait convaincu Hannes d'entrer dans sa combine. D'après lui, l'institution recevait quotidiennement un grand nombre de lettres concernant les enfants ; manuscrites ou dactylographiées, elles comportaient d'imposantes signatures tarabiscotées ressemblant à celle du Führer. Si les deux garçons parvenaient à produire une telle lettre – de préférence une lettre qui paraissait avoir été signée de la main même d'A. Hitler – ils seraient relâchés immédiatement, ou du moins on leur permettrait de retourner avec leurs parents. Walter Schiebeler était stupide, c'était un fait. Il bégayait et haussait les épaules sans raison et était incapable d'écrire le moindre mot, quand bien même on lui aurait attaché le crayon à la main. Hannes, qui ne l'ignorait pas, ne parvenait pas à déterminer si Schiebeler croyait véritablement à ses projets rocambolesques, comme cette histoire d'imitation de signature, ou s'il tentait simplement de maîtriser la formidable angoisse qui le taraudait. Quoi qu'il en soit l'improbable duo de faussaires – Hannes et l'Éternel Insatisfait – prit forme. Magister Hackl fournissait à ses élèves du papier et des crayons, mais le premier étant rationné il leur demandait d'écrire des deux côtés de la feuille, si bien que les deux garçons ne pouvaient pas s'en servir. Parfois, Schwester Mutsch ou Schwester Demeter distribuaient des feuilles de papier durant le temps calme, mais celles-ci étaient ramassées à la fin des exercices. D'après l'Éternel Insatisfait, écritures et dessins produits par les élèves faisaient ensuite l'objet d'une étude approfondie de la part des psychologues, pour découvrir où siégeait leur âme (*Et où elle siège, l'âme ?* demanda Jockerl, désireux de prendre part à la conversation ; *Les têtes de pioche comme toi n'ont pas d'âme !* répondit l'autre en lui donnant une tape sur la nuque). Il n'empêche, l'Éternel Insatisfait avait réussi à se procurer quelques morceaux de carton déchiré que le duo se partagea avant de se mettre au travail. Pendant le temps calme, sagement penchés sur leurs devoirs, ils affichaient un air studieux, mais dès que Schwester Mutsch tournait le dos, les autres les voyaient échanger leurs feuilles avec la rapidité de l'éclair. Un jour, Julius Becker, qui ne pouvait ignorer leurs manœuvres (il était assis entre eux), laissa échapper un gémissement sonore. Schwester Mutsch se retourna. Comme toujours, c'est sur lui que se posèrent ses billes de verre exorbitées à la dignité outragée.

Willst du noch einmal aufs Klo ?

C'était devenu une sorte de plaisanterie entre eux. Chaque fois que Schwester Mutsch demandait à Julius s'il voulait se rendre aux cabinets, un sourire sarcastique se peignait sur ses lèvres et le malheureux n'osait pas la contredire. Il quittait docilement sa place, escorté par l'infirmière qui, avec un profond soupir, avait pris soin d'arracher quelques feuilles de papier-toilette au rouleau posé sur la table. Les voilà donc partis (on entendait leurs voix dans le couloir), et l'échange de bouts de papier entre les deux faussaires pouvait se poursuivre avec une intensité redoublée. Un jour Schwester Mutsch revint alors que les deux garçons étaient en pleine effervescence. Hannes, qui parlait toujours à tort et à travers, dit la première chose qui lui passait par la tête :

Julius Becker.

Et Mutsch (se figeant sur le pas de la porte) *Que se passe-t-il avec Becker ?*

Le visage d'Hannes se vida de toute expression. L'Éternel Insatisfait vola à son secours

Il est en train de fouiller dans votre bureau !

BEE-EEECKER ! entendit-on résonner dans le couloir ; puis des pas précipités, un bruit sourd ponctué d'un cri. La voici qui revient, traînant Julius derrière elle et fulminant *Je le savais, je le savais, je le savais... !*

Elle ne précisa pas ce qu'elle savait exactement, toujours est-il que Julius ne retourna plus aux toilettes. Le garçon et l'infirmière restaient assis des heures durant, face à face, elle ne le quittant pas des yeux une seconde, lui ne fixant son regard nulle part, ni sur son travail ni autour de lui. Comme s'il n'avait pas de regard. Tous savaient que Julius était fichu. Adrian le savait, Hannes et l'Éternel Insatisfait aussi. Et Jockerl également, par cette intuition étrange qui le caractérisait, grâce à laquelle il était au courant de tout ce qui se tramait dans l'unité. Comme il était gentil, il fit de son mieux pour améliorer le sort de Julius. Quand il avait fini de faire son lit le matin, voyant son camarade planté comme un piquet à côté du sien, draps et édredon à la main, il chuchotait à son oreille : *Laisse-moi t'aider*. Et ses doigts agiles faisaient leur œuvre, bordant l'édredon et retournant la couverture afin que le pli tombe exactement au bon endroit. Le bord replié devait avoir une largeur exacte de cinquante centimètres, afin que le nom – SPIEGELGRUND – apparaissant sur la couverture soit parfaitement lisible depuis l'allée centrale où paradait Frau Rohrbach lors de son inspection quotidienne. Non qu'elle se laissât berner par les manœuvres de Jockerl. Durant un jour ou deux elle ferma les yeux afin d'avoir une meilleure idée de ce qui se tramait derrière son dos et se borna à scander *un deux trois quatre !* Pendant ce temps, les doigts de Jockerl s'activaient sur le lit de Julius avec leur habilité habituelle, tandis que ce dernier restait debout, les bras ballants. Puis Frau Rohrbach passa à l'offensive :

Alors, Becker, vous vous payez des domestiques maintenant !

Elle tenait déjà Julius par l'oreille. De sa main libre elle arracha draps et couverture des mains de Jockerl, avant de défaire le lit du garçon avec les mêmes gestes brusques ; puis elle s'attaqua à tous les lits de la rangée. Peu importe qu'ils fussent faits ou non : aucun d'entre eux ne fut épargné. Édredons, couvertures et matelas volèrent, et bientôt des morceaux de papier pareils à de gros confettis tourbillonnèrent au milieu des draps et des oreillers. Je n'avais jamais vu Frau Rohrbach perdre la face, raconterait bien plus tard Adrian Ziegler ; pourtant, ce matin-là, alors qu'elle levait son visage consterné vers ces bouts de papier et de carton virevoltant autour d'elle, on aurait cru qu'elle s'était changée en statue de sel. Schwester Mutsch dut se baisser pour ramasser un à un les confettis suspects, la main appuyée sur son dos douloureux. Elle comprit immédiatement : elle reconnaissait les restes du colis de Julius qu'elle avait stockés dans le bureau des infirmières, convaincue qu'elle pourrait réutiliser un papier d'une telle qualité, et également la signature, multipliée à l'envi, en long, en large et en travers, sur toute la surface des morceaux de papier. *Adolf Hitler*, le *A* au premier jambage dressé telle une lance vers le haut de la feuille, le *f*, semblable à la zébrure d'un éclair terminée par un crochet lançant des étincelles, puis le tourbillon du nom de famille, qui commençait avec une gigantesque ligne de pêche lancée au loin et s'achevait par un griffonnage en forme de tire-bouchon. Toutes les pièces du puzzle se mirent en place : l'évidente nervosité de Julius pendant le temps calme, son besoin perpétuel d'aller aux toilettes et l'aveu spontané de Walter Schiebeler, qui avait affirmé que ce n'était qu'un prétexte pour aller fouiner dans le bureau. Ayant rassemblé au creux de ses mains jointes tous les confettis qu'elle était parvenue à ramasser, Schwester Mutsch présenta son butin à Frau Rohrbach, tout en lui chuchotant quelques mots à l'oreille. Le regard de celle-ci se posa alternativement sur l'objet du délit et sur Julius Becker, dont elle tenait toujours l'oreille décollée d'une poigne vigoureuse. Si son visage pâlit légèrement, elle n'en perdit pas son sang-froid pour autant.

Traînant un Julius en larmes derrière elle, elle attrapa Jockerl – qui fut emporté avant d'avoir eu le temps de dire ouf. La porte de la salle claqua derrière eux et les autres, sentinelles figées au pied de leurs lits défaits, entendirent Schwester Mutsch demander si elle devait appeler le secrétariat. Ce que Rohrbach répondit, nul ne le sut. Quoi qu'il en soit, le groupe avait dû faire halte devant le portrait du Führer car soudain elle cria d'une voix s'étouffant dans un sanglot :

Vous allez maintenant raconter au directeur ce que vous avez fait !

Ensuite : les premiers coups et les premières gifles. Hurlement de Jockerl. Une clef qui tourne dans une serrure. Une porte qui s'ouvre en grinçant et qui claque bruyamment. Et puis : boum ! boum ! boum ! Ça cogne et ça résonne et ça ne veut pas s'arrêter. Et quand ça s'arrête, il ne reste rien. Rien que le silence.

Decursus Il y a en toi un monde qui grandit en vain. Dans ta poitrine, l'herbe a poussé jusqu'au ciel. Il faut y remédier. Se débarrasser de tout ce qui croît. Ce qui reste doit tenir dans une feuille de papier, une seule feuille, une moitié de feuille, un voile fiévreux, rien du tout. Alors l'infirmière frotte ton front, comme si elle frottait une vitre pour en ôter la buée et voir au travers. Mais de l'autre côté l'obscurité est telle qu'on ne peut rien voir, car si on le pouvait, c'est le genre d'obscurité qui nous engloutirait.

Le garçon et la Montagne Plus tard, Hannes Neubauer leur raconterait l'épisode des ciseaux. Mais d'abord, il leur parla de la Montagne. La Montagne, elle est dans ta tête, mais aussi à l'extérieur de toi. Quand tu es dans la Montagne, ils peuvent te faire ce qu'ils veulent. Te frapper, te donner des coups de pied, essayer de t'étrangler. Mais toi, tu ne t'en aperçois pas puisque tu es dans la Montagne. Là-bas, le temps n'existe pas. La douleur non plus. Mais la Montagne est aussi un endroit dangereux. Comme le temps et la douleur n'existent pas, on ne s'aperçoit pas qu'on s'y trouve. Tous ceux qui s'y réfugient finiront par mourir, c'est fatal. C'est pourquoi il faut être à la fois à l'intérieur et à l'extérieur. Ou alors, tu peux éventuellement t'asseoir juste à l'entrée. Pour illustrer ses propos, Hannes s'assit en tailleur sur son lit et regarda droit devant lui. Ce qu'Hannes ne dit pas, ni alors ni plus tard, c'est qu'à l'âge de quatre ou cinq ans il avait eu une poupée. Elle lui avait été prêtée par une petite voisine, mais pour Hannes c'était comme si elle lui appartenait en propre. Le jour où il dut la rendre, il prit une paire de ciseaux et découpa d'abord les yeux de la poupée, puis les boucles brunes auréolant son visage, qu'il accrocha ensuite sur ses propres cheveux avec de la colle. Désireux de savoir s'il ressemblait à sa mère, il se présenta devant son père paré de sa nouvelle chevelure. Le père devint fou de rage. Il arracha les boucles une à une et les jeta dans un grand cendrier, auquel il mit le feu avant de le retourner sur la tête de son fils à la manière d'un pot de chambre : un pot de chambre enflammé. Ça t'apprendra, lança-t-il en riant. Et depuis ce jour où son cuir chevelu avait pris feu, Hannes avait le crâne couvert de cicatrices. Hormis quelques touffes de fin duvet blanc éparpillées sur sa tête ronde, ses cheveux n'avaient pas repoussé. Peu de temps après l'incident du pot de chambre enflammé, Hannes dut déménager. La guerre avait éclaté et son père, un officier de haut rang de la Wehrmacht, s'était vu confier par le Führer une mission périlleuse et top secrète d'une importance absolument capitale : personne n'avait le droit d'en toucher mot. Hannes emménagea donc chez une dame qu'il ne connaissait pas. Bien qu'elle prétendît être sa tante paternelle, le garçon avait toutes les raisons d'en douter car, contrairement à son père, elle était moche et brune et n'avait rien d'une Aryenne. Pour couronner le tout, elle parlait un allemand étrange où les mots s'agglutinaient les uns aux autres. Es-tu un brave guerrier ? lui demanda-t-elle un jour dans sa curieuse langue compacte. Oui. Bien, approuva-t-elle. Il existe une grande montagne qui abrite tous les valeureux guerriers du pays. Quand ils recevront l'appel, ils sortiront un à un pour défendre la nation et combattre par l'épée et le feu jusqu'à leur dernier souffle. Quand est-ce que je saurai qu'il est temps pour moi de sortir ? Quand ton père viendra te donner le mot de passe, assura la tante, alors tu pourras sortir. Mais en attendant, tu dois te montrer patient. La tante, en revanche, n'était pas patiente. Elle ne cessait de parler au téléphone dans sa langue étrange, jusqu'au jour où elle lui avoua qu'elle n'osait plus le garder chez lui – dans son intérêt ! Ils vinrent le chercher en voiture pour le mener au Spiegelgrund. La Montagne, elle, resta : Hannes se persuada qu'elle existait dans sa tête et qu'il pouvait l'emmener partout où il allait. Il était donc assis à l'entrée de sa Montagne, attendant son père, réfléchissant au mot de passe que ce dernier allait lui donner. Et la Montagne dans sa tête devenait de plus en plus grande, l'obscurité de plus en plus profonde, et tout ce qu'il pouvait faire pour conjurer cette obscurité, c'était de chuchoter des litanies sans fin. Un garçon est entré dans la Montagne, et qu'a-t-il apporté ? Il a apporté une paire de ciseaux. Un garçon est entré dans la Montagne, et qu'a-t-il apporté ? Il a apporté les beaux cheveux bruns de sa mère. Un garçon était assis à l'entrée de la grande Montagne, et près de lui se trouvait son père qui disait *Ça t'apprendra ça t'apprendra ça t'apprendra*

Vie à l'institution Adrian Ziegler séjourna au Spiegelgrund entre janvier 1941 et mai 1944. Trois ans et demi au total, en comptant les trois ou quatre mois où l'institution fut déplacée à Ybbs durant l'automne et l'hiver 1941. Trois ans et demi : quasiment une vie pour une personne si jeune. Pendant ce temps le monde extérieur, où la guerre faisait rage, eut le temps de disparaître et de renaître plusieurs fois. Le Spiegelgrund était mon foyer, je n'en avais pas d'autre, affirmerait parfois Adrian d'un ton solennel. Pour un grand nombre d'enfants dont le séjour se prolongeait indéfiniment, ce qui rendait cette institution unique, ce n'était pas le glissement de son caractère initialement transitoire vers la permanence, ni même son organisation ou son fonctionnement – une sorte de camp d'élimination où régnait la loi du moins faible. Non, c'était que, dans un sens, rien n'existait en dehors du Spiegelgrund. C'était particulièrement criant dans la façon dont on recrutait le personnel. Adrian avait déjà rencontré Schwester Mutsch, par exemple, avant d'être transféré au Spiegelgrund. À l'époque, elle se faisait appeler Frau Mutsch et travaillait à Mödling comme cuisinière. Debout devant de grosses marmites fumantes, elle servait des knödel et des louches de *Rindsgulash*, tandis qu'il attendait son tour dans la longue file de garçons en uniforme trépignant d'impatience. Il l'avait tout de suite reconnue en arrivant au Spiegelgrund. Bien qu'elle aussi l'eût reconnu, aucun mot n'avait été échangé entre eux sur le sujet, ni sur la soudaine promotion de l'ancienne cuisinière au rang de Schwester, et même d'*Erzieherin*. Pourtant, le fait qu'il connaisse son secret et qu'elle ne l'ignore pas paraissait mieux la disposer en sa faveur. Si parfois elle l'appelait son *vilain lèche-bottes*, elle ne le traitait jamais de *Tatar*. Pas Schwester Mutsch. De taille plutôt moyenne, elle était large et trapue. Avec de hautes pommettes qui luisaient comme si elle les enduisait de crème chaque matin. Des lèvres minces toujours pincées en une moue indécise. Des yeux en boules de loto qui lui donnaient constamment l'air offusqué. Un jour, raconterait Adrian, je l'ai observée alors qu'elle me tournait le dos. J'avais l'impression de me trouver en présence d'une étrangère. Ses cheveux défaits étaient épais, noirs et soyeux : le pelage d'un grand animal souple. Elle s'est retournée d'un coup, mais ça n'a pas eu l'air de la déranger que je la voie. On aurait dit qu'elle ne nous croyait pas capables de comprendre ce qu'on voyait, comme si elle pensait que nous étions aveugles. Quand elle avait avalé le contenu du paquet envoyé par l'oncle de Julius, son regard fixe, au-dessus de sa bouche qui mastiquait et déglutissait, était vide et indifférent. Manifestement, elle considérait que c'était son droit d'intercepter les colis des enfants. Un jour, elle confia à Schwester Demeter que le grand problème avec la guerre, c'était le manque d'hommes : personne ne comprenait combien une femme pouvait *souffrir* de cette situation. Quand Julius fut mis au cachot elle s'y rendit à cinq ou six reprises. Une fois, elle en sortit en pleurs, le visage maculé de sang ; Schwester Demeter dut la prendre dans ses bras pour la consoler. Après quoi, Schwester Mutsch fut souffrante durant quelques jours et ne vint pas travailler. À son retour, son regard était toujours aussi fixe, mais l'expression de ses yeux avait changé. On y lisait toute la haine qu'elle vouait à ces enfants à cause de ce qu'ils l'obligeaient à leur faire subir.

Les élus Julius Becker passa cinq jours entiers en cellule d'isolement. *Einzeln geben*, précisait la punition. Durant tout ce temps – et même si personne n'osait en souffler mot –, il fut la mauvaise conscience du pavillon. Le sixième jour au matin, peu après que Julius eut été relâché, le directeur de l'institution, le docteur Jekelius, effectua une visite d'inspection. Si ce n'était pas la première à laquelle assistait Adrian, c'était néanmoins la plus importante jusqu'ici, comme en témoignait l'activité fébrile déployée ce matin-là par la tige de Frau Rohrbach – *Tout le monde aux éviers ! À vos rangs !* Les enfants qui n'avaient pas eu le temps de faire leur lit étaient poussés sans ménagement dans le couloir. Ils devaient former deux rangées bien alignées : les plus jeunes devant et les plus âgés derrière. Jockerl était debout au premier rang ; Becker, l'Éternel Insatisfait et Hannes Neubauer se tenaient côte à côte derrière lui, le dernier impassible. Ils attendirent plus d'une heure sans avoir le droit de bouger le moindre muscle, sous les yeux anxieux de leurs surveillantes qui se précipitaient à la fenêtre à la moindre occasion – mais *où* sont-ils donc ? – quand – *enfin !* – ils arrivèrent. Adrian, qui avait l'habitude des rondes d'inspection, se rappellerait en détail toute la gamme acoustique accompagnant leur venue. C'était comme entendre vibrer les premiers accords discordants d'un orgue gigantesque : ils finissaient par former une tonalité puissante, aussi abstraite et insaisissable qu'elle était terrifiante dans sa capacité à remplir et à s'immiscer dans le moindre recoin de l'espace et de l'esprit. D'abord le bruit des portes s'ouvrant et se refermant avec fracas dans la cage d'escalier. Puis le grincement inoffensif des pas montant ou descendant les marches. Bientôt des voix se détachent du brouhaha : des hommes et des femmes parlant tous en même temps, d'un ton pressant ou marmonnant. Le son devient de plus en plus compact et brusquement les portes s'ouvrent, comme si une digue venait de se rompre. Le groupe en blouses blanches s'avance lentement dans le couloir : en tête, serrant les rangs, les médecins et internes, suivis d'un cortège chuchotant d'infirmières et d'aides-soignantes, à distance respectueuse, en fonction de leur rang et de leur statut. Ce jour-là le docteur Gross avait pris la direction des opérations. Il inclina poliment la tête vers Klara Bertha – l'infirmière en chef lui communiquait une information d'importance. Derrière eux venaient le docteur Hans Krenek, le responsable pédagogique de la maison de redressement (en pratique, son directeur), et une dame d'un certain âge, la psychologue Edeltraud Baar. Elle collectait les dessins et exercices effectués par les enfants durant le temps calme, et on l'avait vue à plusieurs reprises discuter dans le couloir avec Frau Rohrbach après avoir rendu visite à Becker dans sa cellule. Au milieu du cortège, Adrian aperçut aussi le docteur Erwin Jekelius. Il avait un air si juvénile qu'on aurait pu le prendre pour un interne ou un jeune licencié, n'eût été sa démarche précautionneuse et son regard vigilant – un homme toujours sur ses gardes, soucieux de ne jamais perdre le contrôle. Après avoir reçu des mains de Schwester Bertha une chemise remplie de documents, il se tourna vers les garçons debout en rang d'oignons et s'éclaircit la voix. Ce qui suffit à imposer le silence. Même à l'arrière du groupe, où le docteur Gross était en pleine conversation avec Bertha, les conversations s'éteignirent comme si on avait baissé un interrupteur.

Les enfants, dit le docteur Jekelius.
Je souhaiterais commencer par vous rappeler pourquoi vous êtes là.

(Il s'exprimait comme il se mouvait : d'une voix grave, légèrement tendue, presque trop douce.)

Je ne sais pas si vous vous en rendez compte : vous êtes des élus.

Bientôt nous assisterons à l'avènement du Grand Reich allemand. Vous aurez alors la chance de grandir dans la lumière, à la différence de vos parents et grands-parents qui ont été contraints de vivre dans la honte et l'obscurité. Cependant, les enfants, pour s'élever dans la lumière il faut être prêt à payer de sa personne. Cela ne concerne pas uniquement nos braves soldats, qui combattent dans les tranchées et se sacrifient pour vous, mais vous aussi, les élus. Vous devez comprendre que cette distinction s'accompagne de devoirs.

De très graves infractions ont été commises dans cette unité. Le nom de notre Führer a été sali. Les responsables ont été sanctionnés, cependant – et je ne le répéterai pas – nous ne tolérerons plus ce genre de comportements déviants. Nous allons les extirper de votre corps et, croyez-moi, nous y parviendrons, quand bien même nous devrons les anéantir par le feu. Lever haut la bannière allemande et honorer notre Führer en toute occasion n'est pas seulement notre devoir et notre plus grande responsabilité. C'est aussi une façon de prouver que nous sommes les élus. De véritables Aryens, fiers de leur race et de leur peuple, qui considèrent les lois régissant cet établissement comme sa pierre angulaire et qui montrent l'exemple à leurs camarades en les suivant rigoureusement. Bien que n'ayant pas encore l'âge ou la force physique de prendre les armes pour défendre le Reich et le Führer, ces véritables Aryens sont prêts à tous les sacrifices, seul moyen pour eux de prouver leur appartenance et leur profonde loyauté. Quant aux autres – les enfants ! –, les hypocrites et les paresseux parmi vous qui pensent pouvoir s'en tirer à bon compte, sachez que pas un seul d'entre eux ne sera épargné s'il n'a pas d'abord prouvé qu'il en était digne. Pas un seul. Heil Hitler !

Un *HEIL HITLER !* étranglé sortit de la bouche de trente garçons fébriles qui, dans un bel ensemble, levèrent la main pour exécuter le salut allemand. Le docteur Jekelius, lui, s'était détourné, comme si la vue d'un tel enthousiasme lui donnait la nausée. Suivit alors le processus de triage. Les élus allaient être séparés de leurs camarades indignes. Flanqué de Frau Rohrbach, Gross commença par marcher lentement le long de la première rangée, un sourire aux lèvres. Après avoir fait demi-tour il répéta la manœuvre, fixant cette fois son regard inquisiteur sur les enfants du dernier rang. Pendant que Frau Rohrbach énumérait des noms sur une liste, le docteur Gross s'arrêtait pour attraper tantôt un bras, tantôt un menton, écartant d'une simple pression du pouce des lèvres ou des paupières que leurs propriétaires, terrifiés, gardaient obstinément fermées. Il accompagnait parfois ses gestes de quelque parole incompréhensible, que Schwester Bertha notait consciencieusement dans le large classeur. Puis ils arrivèrent à la hauteur de Julius Becker. Il s'écoula certainement peu de temps avant que le docteur Gross prenne la parole, mais pour ceux présents dans le couloir cela parut une éternité. Le silence régnait. Le docteur Gross sourit. *Espérons que cet incident t'aura mis un peu de plomb dans la cervelle, maintenant que tu as eu l'occasion de méditer sur les conséquences de tes actes.* Le ton n'était pas sévère, plutôt amusé. Il sourit à nouveau (de ce sourire complice, presque indulgent, dont il avait gratifié Schwester Bertha un peu plus tôt), adressa même un petit clin d'œil à Julius, comme pour lui signaler que la suite des événements était une affaire entre eux deux. Aucun des enfants alignés ne fut en mesure de voir la réaction de Julius, trop terrifiés qu'ils étaient pour tourner la tête vers lui. En revanche ils virent le docteur Gross fouiller dans la poche de sa blouse blanche pour en sortir un bonbon rond. Il l'ôta de son emballage avec une lenteur délibérée, le leva délicatement entre le pouce et l'index et le fourra dans la bouche de Julius Becker. L'observant (et l'encourageant de son large sourire complice), il s'assura qu'il suçait bien la friandise. Satisfait, il hocha la tête et passa au garçon suivant. Schwester Bertha continuait d'écrire dans son classeur – de plus en plus vite, ayant soudain mille choses à consigner et pas assez de temps pour le faire. Puis l'inspection se termina : plongé dans un silence relatif le cortège se dirigea vers l'extrémité du couloir, où Frau Rohrbach attendait devant la porte ouverte, telle une hôtesse prenant congé de ses invités. Cette fois, c'était vraiment fini. Et pour les enfants toujours au garde-à-vous, le regard rivé à la rangée de fenêtres en face d'eux, on ne pouvait dire ce qui était le pire. L'idée qu'il était impossible de revenir en arrière, que les décisions prises lors de l'inspection se transformeraient bientôt en sentences. Ou la certitude que rien ne changerait jamais, que, quoi qu'ils fassent, ils n'échapperaient jamais à cette inspection. Ou pis encore : que la raison d'être de leur présence au Spiegelgrund était précisément cette inspection, dont le paroxysme, le prix qu'ils recevaient pour avoir été élus, était le bonbon que le docteur Gross enfonçait délicatement dans leur bouche. Et comme ce dernier s'assurait toujours qu'il y reste, le goût doucereux de la friandise se mêlait à celui, écœurant, de ses doigts qui se faufilaient entre leurs lèvres. Bientôt, Adrian rejoindrait lui aussi le groupe d'heureux élus ayant reçu un bonbon du docteur Gross. Tant que les inspections se poursuivaient, personne n'était épargné.

Interrogatoire d'un traître à la mère patrie
À partir de ce jour, Julius fut transformé. Avant cela, il avait été un garçon déterminé et introverti, qui ne se déridait que lors des rares visites du fameux oncle aux paquets bien garnis. À présent, il souriait tout le temps. D'un sourire machinal, vide et sans joie. Sa bouche s'ouvrait sur des gencives grises comme du ciment, aussi grises que ses yeux qui regardaient fixement ses camarades sans les voir. Tout le monde savait qu'il était fichu. Chaque journée accroissait le supplice de le voir encore parmi eux. Un jour que les garçons se mettaient en rangs pour se rendre au pavillon scolaire, l'Éternel Insatisfait se tourna vers Hannes en se tortillant, mal à l'aise : Savait-il quand on viendrait chercher le traître à la mère patrie ? Pour aller où ? répondit Hannes. Et l'Éternel Insatisfait : Au pavillon 15, bien sûr. Debout derrière eux, Julius restait impassible. Le sourire et les yeux qui regardaient sans voir n'exprimaient rien. Magister Hackl savait aussi. Pour quelle autre raison l'instituteur se serait-il mis à cribler Julius de questions, lui qui auparavant ne lui accordait pas un regard ? Les cours étaient dispensés dans le pavillon 13, qui se trouvait à droite du pavillon 15 et en face des cuisines, elles-mêmes situées de l'autre côté du grand axe central reliant l'entrée principale à l'église avec ses anges aux ailes déployées. Le pavillon 13 ressemblait

beaucoup au leur, à la différence près qu'on avait converti deux étages en salles de classe : quatre au total, équipées de patères et d'un revêtement en lino pour mieux garder la chaleur. Si Magister Hackl enseignait aux enfants de tous âges et des deux sexes, il avait une préférence pour les classes de garçons – ils lui procuraient davantage de pouvoir et d'autorité ; même si, dans le fond (comme il se plaisait à le leur rappeler à la moindre occasion), ils n'étaient qu'une bande de vauriens incultes et illettrés. Il portait un monocle, bien qu'il n'eût guère plus de trente ans, et se targuait de posséder un lien de parenté avec Julius von Payer, le grand explorateur de l'Arctique ayant découvert l'archipel François-Joseph en 1873. Ou plutôt, l'archipel de l'empereur François-Joseph, comme il s'obstinait à l'appeler, le groupe d'îles le plus septentrional. Cette terre avait beau être inhospitalière, elle n'en avait pas moins été conquise par des Autrichiens, dotés de la persévérance, la discipline et la force de caractère si caractéristiques de la race germanique. Les leçons de Magister Hackl se terminaient souvent par un long exposé sur la façon dont l'élévation et la force morale se reflétaient dans les actions d'un être humain, et vice versa. Ce genre de discours laissait toujours l'instituteur à bout de forces, comme s'il venait de traverser les mêmes étendues de glace que Payer et ses compagnons : il se retenait d'une main à son bureau en s'essuyant le front à l'aide d'un mouchoir. Puis, avec un geste résigné, il finissait en bombardant la classe de questions, dont Becker est désormais la cible :

Becker, pouvez-vous nous donner la définition d'un homme mauvais ?

La plupart des élèves, pris au dépourvu par cette question, n'ont pas le temps de se retourner sur leur banc. S'il est surpris, Becker n'en laisse rien paraître.

Sans hésiter il ouvre la bouche, à travers laquelle on aperçoit déjà son crâne gris, et déclare calmement, mais non sans conviction :

Un homme mauvais est un exploiteur et un profiteur, dont la malhonnêteté attire la honte et le déshonneur sur toute la race allemande.

Comme Julius, Magister Hackl ne manifeste aucun étonnement. Au contraire, il paraît assez satisfait, apparemment légèrement remis de sa faiblesse passée.

Et comment appelle-t-on ces hommes mauvais, Julius ?

On les appelle des Juifs et des bolcheviques, monsieur l'instituteur.

Et vous-même, lequel des deux êtes-vous ? Juif ou bolchevique ?

Cette fois, la réponse se fait attendre. Pourtant Magister Hackl, qui semble avoir reçu la réplique qu'il attendait, ne relève pas et se tourne vers la classe :

Je peux vous dire qu'il n'est pas juif, sinon il ne serait pas ici. Quant à savoir comment il faut s'y prendre avec les bolcheviques, je vous le dirai demain.

La leçon est terminée. Le sujet est clos. Après le déjeuner, Magister Hackl leur donne une leçon d'arithmétique. Les élèves repartent avec des devoirs qu'ils doivent faire durant le temps calme. Les voilà donc assis dans la salle, droits comme des *i*, les coudes sur la table et le nez dans leurs cahiers. Aujourd'hui, c'est au tour de Schwester Demeter de les surveiller. Tournant vers eux son visage fatigué au nez rougi, elle veille sur son troupeau déconfit. Au bout d'une demi-heure, Julius lève la main. Tu as besoin d'aller aux cabinets ? Comme Schwester Mutsch, Demeter a l'habitude. Petite ou grosse commission ? La grosse, répond Julius, tandis que Schwester Demeter se lève en soupirant, prend les clefs et arrache deux feuilles de papier-toilette. Le garçon lui emboîte le pas.

Des ciseaux, dit Hannes Neubauer.

Personne ne comprend.

Alors l'obscurité se répand et un garçon pénètre dans la Montagne.

Ange gardien Tout là-haut, au sommet du Galitzinberg, veillent les anges gardiens des enfants du Spiegelgrund. Comme eux, ils sont innombrables. Se tenant par les épaules à la manière de joueurs de foot, ils sont si étroitement enlacés que personne ne peut les atteindre ou passer au travers. La mission des anges gardiens est de monter la garde, leur explique Schwester Mutsch, au cas où les Mongols attaqueraient. Et pour illustrer ses propos elle pose deux doigts au coin de ses yeux en boules de loto et tire vers ses tempes, avant de se pencher en avant, découvrant ses dents en une grimace terrifiante. Les Mongols sont comme les bolcheviques. Ils mangent les enfants. C'est pourquoi une veilleuse est toujours allumée dans le dortoir, diffusant une pâle lumière bleutée. Si les Mongols venaient à attaquer, il faut que les infirmières aient le temps de conduire les enfants aux abris, dont les portes doivent toujours rester fermées pour empêcher les Mongols de pénétrer à l'intérieur. Julius Becker ne croit pas à cette histoire d'anges gardiens sur la colline ni à une potentielle invasion mongole. Mais il croit au pouvoir de cette étrange lumière bleutée qui, chaque nuit, soulève les tables de chevet et les lits aux montants laqués blancs et les fait flotter dans le noir, libres et sans attaches. Cette nuit-là aussi, les enfants flottent, planant malgré eux dans leurs songes comme dans de grands cocons blancs. Blotti dans le sien, Julius Becker referme lentement la main autour d'une paire de ciseaux volée dans le bureau des infirmières. Par la suite, cette paire de ciseaux serait au centre de toutes les discussions : comment avait-elle pu atterrir entre les mains du garçon ? Tout objet avec lequel un enfant est susceptible de se blesser doit être conservé dans un placard ou un cagibi dont seule Frau Rohrbach (ou toute autre personne de confiance) possède la clef. Si la clef venait à disparaître ou à tomber entre de mauvaises mains, cela doit être rapporté immédiatement. Personne n'a vu de clef tomber entre de mauvaises mains. Personne n'a signalé l'absence d'une paire de ciseaux. En revanche, Julius Becker a pour habitude de fouiller dans les placards sans permission, on le sait. Il existe plusieurs témoins parmi les enfants. Un matin, on l'a surpris en train d'essayer de cacher sous son lit une série d'exercices d'écriture, certes assez grotesques, effectués sans permission. Pourquoi n'aurait-il pas été capable de voler une paire de ciseaux sans se faire prendre ? Julius porte une autre appréciation sur les ciseaux : ils sont fins, minces et dotés de longues branches pointues. Ils sont chauds, aussi, quand on les tient. En tout cas, les doigts se réchauffent quand la main se referme autour des branches. Ça y est, ils sont à lui, se dit-il peut-être. Ou encore : Maintenant, Schwester Mutsch n'a plus rien pour ouvrir son paquet. Peut-être a-t-il seulement pris les ciseaux pour pouvoir se défendre. Contre les autres enfants. Contre Schwester Mutsch qui s'était penchée vers lui dans sa cellule pour lui jeter : Qu'avait-il donc de si spécial pour croire qu'il avait le droit de se goinfrer de sucreries ? Schwester Mutsch qui, écartant brutalement ses coudes et ses jambes qu'il avait recroquevillés pour tenter de protéger son pauvre petit corps, s'était mise à le frapper, visant les endroits les plus sensibles : poitrine, bas-ventre, reins, gorge, larynx. Jusqu'à ce que, pris au piège d'un gigantesque puits de lumière et de douleur, il ne puisse plus aspirer le moindre filet d'air ni expulser le cri coincé en lui. Si seulement il avait eu quelque chose alors, n'importe quoi, à tenir dans sa main ! Maintenant, il a les ciseaux. Pourtant la douleur est toujours là. Schwester Mutsch aussi est toujours là. Elle se penche vers lui et lui crache à la figure, puis, du pouce, elle étale la salive sur les lèvres et les paupières fermées du garçon. *Espèce d'ordure. Tu n'as aucun droit de vivre. Soit on t'enferme chez les fous, soit le docteur te fait une piqûre, ici et maintenant.* Et voilà que la paire de ciseaux ne se trouve plus dans sa main. Elle flotte dans la lumière bleutée, au milieu des lits et des tables de chevet. Il doit absolument l'atteindre avant que Frau Rohrbach pénètre dans le dortoir et la voie ! À peine cette pensée lui effleure-t-elle l'esprit que Frau Rohrbach se trouve là. Elle cogne sa tige contre les montants de son lit – uniquement le sien, pas celui des autres –, et ça fait *bang, bang, bang !* tandis que tous les enfants se lèvent pour former un cercle autour de lui et reprendre en chœur *BANG BANG BANG BANG !* Julius doit les faire taire, alors il agrippe les ciseaux des deux mains, brandit haut l'instrument et l'enfonce dans sa poitrine. Enfin, le silence se fait. Même la lumière bleutée semble s'être éteinte. Puis elle revient. Et avec elle l'insoutenable douleur. Il serre les dents de toutes ses forces pour empêcher l'épouvantable cri qui gronde en lui de s'échapper par le nez et par la bouche. Il sait qu'il n'a plus d'échappatoire. À cause de la paire de ciseaux. À cause de ce qu'il a fait avec. Cette fois il doit l'enfoncer profondément, de préférence tellement profondément que les branches resteront coincées à l'intérieur. Il doit trouver un moyen d'y parvenir ! Cette pensée envahit son esprit, elle prend toute la place, elle est si dense qu'elle occulte la douleur et la nausée qui déferlent à travers son corps en une vague glacée. Pendant quelques secondes il ne sent plus la main qui tient les ciseaux – et, sans sa main, jamais il n'y parviendra ! Alors il lâche prise. Au prix d'un effort, il parvient à agripper le bord du matelas avant de se retourner. Son corps retombe sur les ciseaux. Cette fois, ça y est, l'instrument s'enfonce profondément, perforant l'abdomen et les intestins, faisant tout exploser à l'intérieur, la souffrance et le reste. Et voilà que tout se répand, tout se déverse ! Tel un noyé qui tente vainement de se cramponner à quelque chose, il mord la couverture pour ne pas tomber, pour échapper à la mer de sang et empêcher le cri, l'intenable cri, de sortir. Mais le cri ne vient pas. Ou peut-être a-t-il déjà crié ? Si fort qu'il n'a rien entendu. Le seul bruit qu'on entend maintenant dans le dortoir, c'est celui du sang qui coule sur le plancher. Il l'entend, lui aussi. L'écoulement se transforme en gouttes – des gouttes rapides, puis de plus en plus espacées. Enfin plus rien. Juste l'éclat bleuté de la veilleuse aux étranges pouvoirs qui pâlit dans la faible lumière de l'aurore. À leur tour les montants laqués blancs pâlissent, reprennent leur forme d'origine sur le plancher, contre le mur, pour redevenir les lits où dorment les enfants. Les lueurs de l'aube précèdent de peu le claquement sourd des sandales en liège dans le couloir où s'affairent les infirmières de jour ; le cliquetis d'une clef qu'on tourne dans la serrure ; le bruit d'une porte à deux battants qu'on ouvre d'un coup brusque, et le son strident du sifflet qui tranche l'air au moment où Frau Rohrbach pénètre dans le dortoir en tapant des mains – *un deux trois quatre !* Tout le monde est réveillé, sauf Julius. Il est recroquevillé dans son lit, moitié sur le dos, moitié sur le ventre, tenant mollement les ciseaux dont les branches, plantées juste sous la poitrine, s'écartent dans un grand cri béant. Il y a du sang partout : dans le lit, sous le lit, sur les draps et sur le plancher. Il y en a même autour des yeux de Julius et de ses lèvres tordues en une grimace figée. N'était son regard à l'expression épouvantée, on pourrait croire qu'il rit au nez de Frau Rohrbach.

V

Touches noires et touches blanches

La femme qui attend Je ne la connaissais pas, déclarerait Hedwig Blei (au sujet d'Anna Katschenka). Elle travaillait comme infirmière dans le pavillon 15 : Jekelius, qui l'avait embauchée, lui avait donné la responsabilité d'une unité. Moi-même, je n'ai que rarement travaillé à l'entresol, Dieu merci ! J'étais affectée au pavillon 17. Bien que travaillant toutes les deux dans la même clinique, nous avions en pratique très peu de contacts l'une avec l'autre. Ce n'est que lorsque Katschenka a commencé à reprendre un certain nombre des responsabilités qui incombaient à Bertha que j'ai appris à la connaître un peu mieux. Et je dois dire que je n'ai pas entièrement partagé l'antipathie des autres à son égard. Elle avait le métier dans le sang. Elle était toujours là où on avait besoin d'elle. Savait toujours ce qu'il fallait faire dans chaque situation. Ne perdait jamais son calme, ne laissait jamais ses émotions prendre le dessus. Était-elle même capable d'une émotion ? Ça je me le demande. On avait l'impression qu'elle glissait lentement sur le sol, et cette façon de marcher, comme une reine, irritait les autres. Laisse-moi donc porter ta traîne, ai-je entendu Hilde Mayer dire un jour derrière son dos. Apparemment elle aurait eu une liaison avec le docteur Jekelius et aurait postulé au Spiegelgrund juste pour travailler sous ses ordres. C'était la rumeur, en tout cas. À peine un an plus tard, quand il a été appelé sous les drapeaux et que l'organisation de l'institution a été entièrement remaniée, il paraît que tout son monde se serait effondré. Je ne suis pas sûre qu'il faille accorder beaucoup de crédit à ce genre de racontars. Les langues allaient bon train : j'avais souvent l'impression que les gens ne vivaient que pour dire du mal des autres, trouver des raisons de les calomnier ou de les dénoncer, pour leur manque de zèle politique par exemple. Ce genre d'attitude prêchée par la propagande nazie créait un climat de méfiance et de jalousie que je n'ai jamais connu ailleurs. Quoi qu'il en soit, si un lien amoureux unissait réellement Katschenka et Jekelius, elle a réagi à son départ avec beaucoup de sang-froid. Je n'ai jamais noté de faille dans la façade qu'elle montrait aux autres. D'un autre côté, j'avais l'impression qu'elle passait son temps à attendre quelque chose. Je ne sais pas quoi exactement. Peut-être que la façade se fissure ? Ou que quelqu'un lui donne *l'ordre* de se fissurer ? Je sais qu'elle était parmi les rares infirmières à être restées auprès des enfants quand Schirach a capitulé et que toute la direction de l'établissement a fui. Pour être honnête, cela ne m'étonne pas. Vous souhaitez que je parle également des autres employés de la clinique ? Avant tout, il faut comprendre que les deux pavillons avaient des fonctions bien différentes. C'était uniquement dans le pavillon 15 que les enfants recevaient leur « traitement ». Le pavillon 17 était une unité d'observation. Jamais il n'a été question que les enfants fassent de longs séjours chez nous. Un ou deux mois maximum, le temps de prendre une décision les concernant. Pourtant beaucoup sont restés très longtemps, d'autres ont fait des allers-retours entre les unités. Felix Keuschnig, par exemple. Il est passé du pavillon 17 au pavillon 15, avant de revenir au pavillon 17. Il était absolument interdit de choyer les enfants, mais certains parmi les plus anciens ont évidemment fini par devenir les favoris de membres du personnel. Même Katschenka avait son chouchou, un gosse arriéré qui s'appelait Pelikan (si je me souviens bien) et qu'elle avait dressé à lui ouvrir la porte dès qu'elle arrivait. C'était assez typique.

Concernant *Emilie Kragulj* – C'était une garce : je n'en dirais pas plus.

Concernant Schwester *Kleinschmittger* – Elle passait son temps à calomnier tout le monde (je crois que je n'ai jamais vu une telle langue de vipère).

Schwester *Bohlenrath* – Je la connaissais à peine (elle travaillait dans une unité avec des enfants en bas âge qui ne quittaient pas le lit).

Hilde Mayer – Laborieuse et efficace, une vraie fourmi. Elle avait acquis une grande expérience en travaillant auparavant comme aide-soignante dans le service psychiatrique du Steinhof. On prétendait qu'elle avait la langue bien pendue. Qu'elle disait tout ce qui lui passait par la tête. Mais elle n'a jamais été hypocrite et sournoise comme Kragulj. D'après certains, elle aurait été nazie, membre du parti. Elle s'en défendait, prétextant un malentendu. Apparemment, elle n'aurait pas eu le choix, ils auraient menacé de la renvoyer. C'est ce qu'ils disent tous. Pourtant, dans le cas de Mayer, cela ne m'étonnerait pas que ce soit vrai. *Erna Storch*, en revanche, était nazie. Elle était mariée à un Sudète et je crois qu'ils ont fui tous les deux après la guerre. Elle avait l'habitude de collecter de l'argent pour l'aide hivernale. Storch a d'abord été affectée au pavillon 15, puis au 17. Il y en avait une aussi qui s'appelait *Frank*, *Marie Frank*, je crois, une gentille fille qui, si je me rappelle bien, a été maltraitée par les Russes. Et Schwester *Sikora*. Elle, elle fait partie de ceux qui ont fui. Pendant un temps elle travaillait au pavillon 17. Cette femme était un colosse et une véritable sadique, si vous voulez mon avis. Elle prenait plaisir à tourmenter les enfants. Elle se mettait dans de telles colères qu'elle pouvait à peine respirer. Pour être honnête, il y avait au Spiegelgrund un tas de gens qui n'étaient venus que pour ça : faire souffrir les autres.

Le joueur de piano Dans le foyer au premier étage se trouve un piano qu'on a pris soin de pousser contre le mur pour ne pas gêner le passage. Felix Keuschnig y passe plusieurs heures par jour. Il se tient tellement droit qu'il en a la nuque toute raide. Ne variant guère son jeu, il frappe les touches d'une main sûre, de toutes ses forces et avec une rapidité incroyable : comme si la musique avait déjà fini de résonner en lui et qu'il devait se hâter d'en exécuter le doigté mécanique et maladroit. Blei écoute, assise ou debout à côté, suggérant parfois un air qu'ils entonnent alors à l'unisson. Rien de compliqué, des comptines ou des chansons enfantines. *Fuchs du hast die Gans gestohlen. Alle Vögel sind schon da*. Souvent, il suffit à Blei de fredonner les paroles pour que Felix reprenne la mélodie avec les accords corrects, joignant sa voix à la sienne – une voix rauque et enrouée, brisée par la mue (en tout cas quand il parle). Il ne manque jamais une note, mais il ne joue qu'avec les noires. Les blanches sont dangereuses. Si on les touche, on se noie. Jouer est donc une tentative constante de se maintenir sur la terre ferme. Felix peut jouer pendant des heures sans s'arrêter. Si on s'avise de l'interrompre ou de l'encourager à faire autre chose, il crie comme un goret, parfois griffe Schwester Hedwig au visage. C'est pourquoi elle se tient à ses côtés, prête à contenir le corps rétif qui tantôt se raidit et se cabre, tantôt se ramollit, lourd comme du plomb. Il s'agit de l'amener par la ruse à retourner dans son univers atone et feutré, si besoin en le forçant doucement. La manœuvre doit se faire rapidement afin de passer inaperçue, sous peine de provoquer les remarques acariâtres de Schwester Sikora ou de Schwester Storch. *En voilà une façon de dorloter les enfants ! Pourquoi passe-t-elle autant de temps avec ce vaurien, celle-là ?* Ces remarques, Schwester Hedwig les entend aussi dans la cuisine et la salle du personnel, dont les portes se ferment précipitamment à son approche. Le dimanche est le jour où la mère de Felix lui rend visite. Le garçon l'attend chaque semaine avec impatience et compte les jours. Aujourd'hui, il reste quatre jours, dit-il, montrant le nombre de doigts équivalent. Mais quand le dimanche arrive enfin, il se renfrogne et s'emporte. Finalement, quand il se retrouve face à sa mère, il est incapable de prononcer le moindre mot. Il se pavane et fait l'idiot, lève les yeux au ciel, grimpe sur les meubles. De temps à autre, il pousse de hauts cris d'animal en rut qui les emplissent tous de honte, surtout la mère. Blei remarque que ses mains sont sans arrêt en train de toucher le corps de son fils, à la fois pour le caresser, le protéger et tenter de le dissimuler aux regards des autres. La mère explique, trouve des excuses. Felix a contracté la polio vers dix-huit mois, dit-elle. Quand il a eu quatre ans environ, on a tous craint une récidive. Pendant des années il était parfaitement normal, il chantait et jouait comme tous les enfants de son âge. C'est quand il a atteint la puberté que les problèmes de discipline ont commencé. Il avait du mal à rester assis, s'est mis à dire des choses qu'il ne pensait pas, n'arrivait pas à se concentrer, s'emportait sans raison. À contrecœur, elle s'est laissé convaincre de placer son fils dans une institution spécialisée, à Biedermannsdorf, qui propose des classes adaptées aux enfants avec des difficultés. Aucune amélioration n'ayant été constatée, il a été transféré à Pressbaum. Il en allait ainsi à l'époque : les enfants présentant un problème, peu importe qu'il s'agît uniquement de troubles de l'apprentissage, devaient être déclarés aux autorités, auxquelles il incombait ensuite de prendre une décision les concernant. À Pressbaum, il a eu une inflammation des gencives qui a mis si longtemps à être soignée que toute sa mâchoire a enflé et qu'il a fallu l'opérer. Les conséquences sur son état psychologique ont été désastreuses. On a donc décidé de le transférer au Spiegelgrund. La mère de Felix n'a aucune raison de critiquer les soins que son fils reçoit à l'institution, s'empresse-t-elle de souligner devant Hedwig Blei ; pourtant, n'aurait-ce pas été mieux si son garçon avait pu rester auprès d'elle ? Ou du moins si on lui avait donné la permission de rentrer à la maison pour quelques jours, à Noël par exemple, ou à Pâques ? Elle avait écrit à la direction de l'institution à ce sujet, mais elle n'avait toujours pas reçu de réponse. Une secrétaire lui avait confié, sous le sceau du secret que, son fils n'ayant pas encore atteint l'âge de quatorze ans, il était vain de chercher à le récupérer. Elle s'était alors tournée vers le Gau-Jugendamt, le service de l'enfance et de la jeunesse, et elle avait même demandé audience auprès du gouverneur du Reich en personne. Nul n'avait donné suite à ses requêtes. Pourquoi Felix ne peut-il pas rentrer à la maison ? Il se sent mieux quand il est avec nous ! Avant d'arriver à Pressbaum, il portait de vraies chaussures, avec une vraie semelle qui lui soutenait le pied quand il marchait. Mais là-bas, ils les lui ont confisquées. Ils ont prétendu que les chaussures étaient réservées aux enfants en bonne santé, et que si Felix ne pouvait pas marcher, il devait rester alité. Il faut pourtant qu'il renforce ses muscles ! Comment pourra-t-il guérir s'il ne peut pas renforcer ses muscles ? Et la mère de Felix se met à pleurer. Elle avait pénétré dans le foyer d'une démarche assurée, elle avait fait le salut allemand, et voilà qu'elle pleure – elle, une femme d'âge mûr – parce qu'elle ne peut pas avoir son fils près d'elle. Il n'est quand même pas complètement idiot, se désole-t-elle entre ses larmes. Il sait compter, lire et écrire. Et a-t-on jamais entendu un enfant chanter et jouer aussi divinement ?

Extrait de dossier médical C'était le docteur Gross qui avait procédé à l'examen médical lors de l'admission de Felix Keuschnig au Spiegelgrund. Après l'avoir mesuré, pesé, soupesé, il était arrivé à la conclusion suivante :

> *Intelligence moyenne. Sait compter et écrire des mots simples (en majuscules). Comportement niais, bébête. Ne répond pas aux questions. Talent relatif pour la musique, qui, considérant ses autres tares, est sans intérêt. Fondamentalement inéducable et inapte au travail. Présente vraisemblablement un état post-encéphalique concomitant d'un abrutissement... La mère de l'enfant est prédisposée aux réactions hystériques.*

Cette dernière observation avait été motivée par l'entêtement de la mère : elle n'avait pas épargné au médecin son laïus sur un éventuel retour à la maison de son fils. Une annotation dans la marge précisait également qu'elle travaillait pour la Wehrmacht (!) – le point d'exclamation souligne la contradiction entre le métier de la mère et son enfant déficient. Gross avait pris des clichés de Felix, trois au total. On y voit le garçon raidir les bras le long du corps dans une attitude de refus catégorique, loucher en dévoilant le blanc des yeux et grimacer de sorte que la mâchoire inférieure semble se déboîter, ce qui lui donne bien entendu un air de profonde idiotie. Felix réagit toujours ainsi face au contact physique, avec tout le monde y compris sa mère, tout au moins les premières minutes. Évidemment, le docteur Gross ne peut pas le savoir.

Il n'est pas méchant Felix fait partie des garçons de l'unité souffrant d'énurésie nocturne. Durant la journée, en revanche, il est propre. Et serein aussi, la plupart du temps. Si on le compare aux autres garçons de l'unité en tout cas. *Felix*, note Schwester Hedwig dans l'un de ses rapports quotidiens, *est un garçon gentil et facile ; s'accommode de tout ou presque ; c'est quand il joue du piano qu'il est le plus heureux.* Blei omet de mentionner que, quand sa mère n'est pas là ou qu'il n'est pas assis à son piano, Felix passe le plus clair de son temps seul. Il ne va pas jouer spontanément avec ses camarades, ne leur adresse pas la parole. Si on lui demande quelque chose, il se met à loucher d'un air idiot (le même qu'il affiche quand il parle à un adulte inconnu). Il est incapable de répondre aux questions les plus simples autrement que par des absurdités ou des sottises, quand il ne se montre pas ouvertement insolent. Lorsqu'on lui sert à manger, il ne remercie pas comme on le lui a appris ; il lance un *Servus Kratzer !* avant d'engouffrer son repas avec une gloutonnerie inouïe. Il ne connaît ni satiété ni modération. On donne des cours de chant dans l'unité, c'est ce qui explique la présence du piano. Pourtant, Blei ne s'y assoit jamais elle-même. Au lieu d'essayer de faire chanter tout un groupe d'enfants arriérés et récalcitrants, ce qui ne manque jamais de produire une incroyable cacophonie, elle se contente de les rassembler autour de Felix, à qui elle laisse la place devant l'instrument. Le garçon ne proteste pas. Une fois qu'elle lui a soufflé à l'oreille quelques-unes de leurs chansons habituelles, il se met à jouer. De son côté, elle mène le chœur, indiquant à quel moment il convient de chanter ou de taper dans les mains, tandis que les petits choristes attendent, mains levées, leurs yeux brillants d'impatience fixés sur elle. Bien à l'abri des touches blanches, Felix enchaîne les accords sans s'arrêter, toujours en *do* dièse majeur. Et une fois qu'il a joué toutes les chansons, il recommence de zéro. C'est sans fin : il est encore en train de marteler le clavier quand les autres enfants se sont lassés depuis longtemps. Alors débute la tâche ardue consistant à attraper les bras insaisissables et contraindre le corps rétif à s'immobiliser. Felix a quasiment atteint sa taille adulte. Pourtant, une fois que tous ses membres sont calmés, il lui arrive souvent de se blottir dans les bras de l'infirmière à la manière d'un petit enfant. Et pour lui montrer qu'il a perdu une bataille mais non la guerre, il presse son front contre le sien comme un bouclier, ses yeux telles deux lances pointues plantés dans ceux d'Hedwig. Mais il y a aussi une certaine tendresse dans la façon dont il l'enveloppe de son haleine chaude et humide. Une fois qu'ils ont passé une dizaine de minutes à se regarder dans le blanc des yeux, elle ose enfin lâcher prise. *Il n'est pas méchant*, écrit-elle dans son rapport.

Un accident Les gens de la campagne savent prendre soin d'eux, avait affirmé Hedwig Blei à Anna Katschenka. Il n'y avait qu'une seule personne dont

Hedwig Blei n'avait pas réussi à prendre soin : son jeune frère. Nicolas et son frère aîné étaient aussi différents que possible. Large d'épaules, réfléchi, déterminé et lucide, Matthias ressemblait à leur père. Nicolas, au contraire, était impulsif, fier et ombrageux ; parfois présomptueux. Hedwig adorait son petit frère, peut-être parce qu'elle l'avait très tôt pris sous son aile (et Dieu sait qu'il en avait besoin). Peut-être aussi voyait-elle dans son tempérament vif et irritable un autre aspect de sa propre personnalité : un aspect qu'elle ne pouvait pas ou ne jugeait pas bon de montrer à cette époque. Après le mois de juillet 1936, quand les corps de volontaires de la garde locale avaient été interdits par l'État, des heurts avaient éclaté à la frontière avec la Tchécoslovaquie. Des nazis, principalement des Sudètes, entraient en Autriche pour distribuer des tracts. Si bon nombre de gens dans la région sympathisaient avec les Chemises brunes, Anton Blei, le père d'Hedwig, n'était pas l'un d'eux. À ses yeux, les nazis n'étaient qu'un ramassis de criminels. Quand Anton Blei voyait les jeunes nationaux-socialistes défiler sous les étendards, il se détournait et crachait par terre. Ils venaient de nuit, allant jusqu'à prendre un raccourci à travers sa propre cour. Ils ne semblaient craindre personne, pas même la police qui ne se donnait pas beaucoup de mal pour les arrêter. D'après Nico, ils faisaient entrer des armes clandestinement. Lui, Matthias ainsi qu'une poignée d'hommes du coin faisaient partie d'un corps de sécurité volontaire à Grünbach, qui organisait des rondes nocturnes. C'était illégal, ils risquaient des sanctions ; mais qui allait les arrêter ? Le terrain alentour était composé de hautes terres accidentées et fortement vallonnées difficiles à surveiller. Pour autant, Nico croyait savoir où les nazis cachaient une partie de leurs armes : dans une carrière abandonnée où l'on avait récemment aperçu plusieurs infiltrés. Cette ancienne carrière de granit, inexploitée depuis longtemps, était envahie par la végétation et quasiment inaccessible à moins de s'y rendre par la route, ce qui augmentait considérablement les risques d'être découvert. Ils décidèrent donc d'essayer d'atteindre leur cible en empruntant un étroit ravin à l'arrière de la carrière. Quatre hommes arc-boutés sur la crête firent descendre Nico, le plus mince et le plus agile d'entre eux, à l'aide d'une longue corde. *Encore un peu encore un peu*, criait Nico d'une voix qui leur parvenait de plus en plus faiblement à mesure qu'il s'enfonçait dans le ravin. Puis la corde se détendit et un silence inquiétant suivit. Au bout d'une demi-heure, Matthias se pencha au bord du ravin et appela son frère. Le groupe entendit soudain une violente explosion. Un nuage de poussière et de fumée noire monta vers eux. Ils durent se jeter sur le côté pour éviter l'éboulement de pierres qui dévala jusqu'au fond du ravin envahi par la fumée. Par la suite, personne ne put expliquer comment l'explosion s'était produite ni comment la dynamite s'était retrouvée dans la carrière. Les quotidiens parlèrent d'un accident « inexplicable ». Quand les secours arrivèrent, Nico était toujours en vie, mais ses deux jambes avaient été arrachées au niveau des genoux ; on dut l'amputer. Durant les quelques semaines qu'il passa à la maison après l'opération, ce n'était plus le même garçon. Il était assis dans son fauteuil roulant près de la fenêtre, l'air absent, et si on lui demandait ce qu'il avait vu dans la carrière, il détournait les yeux sans répondre. Peu après son retour, il eut une forte poussée de fièvre. Les médecins soupçonnèrent une infection ; il fut de nouveau conduit à l'hôpital, mais il avait déjà perdu connaissance en arrivant. Il mourut la nuit suivante. Nico, en sa qualité de cadet, n'avait pas possédé grand-chose que sa sœur pût garder en souvenir : juste ses souliers de cérémonie noirs, ceux de sa première communion, à l'âge de treize ans. Quand elle déménagea à Linz pour ses études de puériculture, elle emporta les souliers avec elle ; elle les avait toujours un an plus tard, lorsqu'elle arriva à Vienne pour prendre son poste dans la nouvelle clinique du Spiegelgrund. Il lui arrivait de les cirer de temps en temps, en enlevant et en remettant soigneusement les lacets. Mais un mort n'aura plus jamais besoin de ses vieux souliers. Avec la disparition de Nico, une partie d'elle s'était éteinte. Debout au bord de la route, elle regarde les jeunes nationaux-socialistes défiler avec l'insolence et l'inexpérience propre à leur âge. À Linz, elle voit l'unité motorisée de la Wehrmacht traverser le pont sous les hourras de la foule et des cadres de la NSDAP, dont les chants et les braillements résonnent jusque tard dans la nuit. Elle sourit aussi, d'un sourire qui éclaire son visage doré parsemé de taches de rousseur. Celui qui ne la connaît pas ne se doute de rien. Elle est ouverte, loquace et aimable : tout le portrait de son frère. Pourtant derrière les taches de rousseur la colère gronde et se dresse tel un mur : sa peau devient soudain aussi blanche que la craie, les plis se durcissent aux coins de ses paupières et ses yeux virent à la glace. Il faut avoir travaillé longtemps avec elle pour en avoir été témoin. Felix aussi l'a remarqué. Quand ce phénomène se produit, la grimace infantile qui déforme son visage disparaît, et il se fige, aux aguets.

Souliers orthopédiques Un matin, Hedwig porte les souliers de Nico à l'atelier de l'orthopédiste. D'abord le docteur Grieck se montre sceptique. Il commence par exiger une ordonnance, puis il invoque mille prétextes – le manque de temps, la taille des souliers (bien trop grands et lourds pour un enfant !). Schwester Blei s'obstine : cela fait des semaines qu'elle tâte les chevilles et la voûte plantaire déformées de Felix, et elle pense savoir exactement ce qu'il lui faut. Finalement le docteur Grieck accepte à contrecœur de faire quelques essais, en ajoutant des semelles dans la chaussure ou en renforçant le talon si nécessaire. Quoi qu'il en soit, le garçon doit être présent, sinon il ne pourra rien faire du tout. Le médecin est un homme bourru aux sourcils gris et broussailleux, dont le crâne, surmonté d'un monticule chauve d'aspect ovoïde, est auréolé de touffes de cheveux rebelles et clairsemées aussi grises que ses sourcils. Assis sur un tabouret au ras du sol, il est en train d'examiner le pied gauche de Felix posé sur son genou. Le garçon, debout à côté, ne parvient pas à détacher les yeux du monticule lisse et brillant sur la tête du médecin. Il donne l'impression de vouloir le toucher, sans pour autant oser tendre la main. Pour une fois, il se présente sous son meilleur jour ; pas de grimace, pas de mouvement de recul pour tenter d'échapper aux mains étrangères qui manipulent ses jambes et ses pieds. Peut-être est-il trop impressionné. L'atelier orthopédique ressemble à une salle de classe, avec son haut plafond et son mur du fond percé d'une longue rangée de fenêtres donnant sur le jardin. C'est un jour ensoleillé mais venteux, où l'ombre oscillante des feuillages balaie tels de longs rideaux les murs blancs et les établis dans la pièce. Des prothèses de bras et de jambes à différents stades de confection y sont rangés, et même une main écartant ses doigts en caoutchouc. Autrefois, Grieck et son équipe n'étaient pas uniquement chargés de glisser des embauchoirs dans les chaussures ou de renforcer les semelles et de rehausser les talons des boiteux. Leur occupation principale consistait à vérifier les béquilles et les déambulateurs des vieillards de l'hôpital. Seulement, depuis l'arrivée des *experts* allemands munis de leurs listes de noms, les salles se sont progressivement vidées de leurs malades et de leurs vieux, et *ce genre de travail a commencé à se faire rare*, commente Grieck d'une voix maussade. À la place, ils se sont mis à fabriquer des prothèses pour les soldats ayant perdu un bras ou une jambe. Debout à côté d'eux, Hedwig Blei observe le médecin d'un air concentré tandis qu'il adapte les anciens souliers de Nico aux pieds de Felix. Elle se tait. À l'arrière du pavillon 17, on a ouvert grand les portes pour permettre aux enfants qui peuvent marcher sans aide de sortir. L'espace est ceint d'une clôture et les infirmières des différentes unités surveillent les garçons à tour de rôle. C'est là que Felix fait ses premiers pas, chaussé de ses nouveaux souliers. Comme beaucoup d'enfants handicapés des suites d'une poliomyélite, il traîne la jambe pour éviter de peser de tout son poids sur ses pieds. Maintenant qu'il doit en plus marcher sans aide, il avance à petits pas saccadés comme s'il se mouvait dans une eau glacée, son attitude entière exprimant la répugnance : une épaule relevée contre le côté du visage, les bras repliés devant la poitrine et les mains pendant mollement dans le vide. Debout à la fenêtre du foyer, Hedwig Blei le voit s'éloigner vers la clôture du fond, le plus loin possible des autres enfants. *Pfffff... !* laisse échapper avec dédain le jeune Pelikan, venu se placer à côté d'elle. Le garçon ne sort jamais sans y être obligé : il préfère rôder dans les couloirs et écouter aux portes, soucieux de garder un œil sur tout ce qui se passe, en particulier sur les enfants. *Regardez donc ce qu'il fait !* lance Schwester Storch qui a rejoint les autres devant la fenêtre. Elle pointe un doigt dans la direction de Felix. Il s'est arrêté et baisse les yeux vers ses chaussures, comme si elles avaient mystérieusement pris racine dans le sol. D'un pas indigné mais décidé Schwester Sikora se rapproche depuis la terrasse et, quand le garçon se retourne (réagissant visiblement aux cris de l'infirmière), tous peuvent voir la tache de la forme du continent africain sur l'entrejambe de son pantalon. Alors que les traits de Felix se tordent dans leur grimace habituelle, la réaction de Sikora ne se fait pas attendre : elle frappe de plein fouet sa vilaine trogne avant de traîner le garçon, les souliers et tout le tralala à travers la cour. La porte se referme derrière eux avec un claquement qui résonne dans toute la maison ; *Quelle idée*, entend-on Schwester Storch maugréer, *donner des nouveaux souliers au gamin... !*

Mères patries Le jour suivant, Hedwig Blei est convoquée chez l'infirmière en chef. Assise à son bureau, Klara Bertha l'accueille avec l'expression de quelqu'un qui vient d'avaler un mets particulièrement peu ragoûtant. C'est Sikora, bien sûr, qui a cafardé. Alors comme ça, vous avez pris l'initiative de fournir des souliers aux idiots ? dit-elle (Bertha). Hedwig : Ce sont ceux de mon frère. Bertha : Il serait peut-être mieux de les lui rendre. Hedwig : Mon frère est mort, il a été tué en essayant de défendre son pays. Schwester Bertha a d'abord l'air consternée. Puis son visage se fait rassurant tandis qu'il reprend lentement son masque de patience et de bienveillance. Les yeux fixés sur Blei, elle semble attendre que l'infirmière précise de quel pays il s'agit et, surtout, ce qu'elle entend par « pays ». Mais Hedwig Blei se tait. Là d'où je viens, nous n'avons pas l'habitude de gaspiller nos affaires. Et d'où venez-vous donc, Schwester Blei, si vous me permettez de poser la question ? La raillerie est de retour. Pourtant sa voix trahit aussi un soulagement fugace. Comme si l'infirmière en chef lui était reconnaissante d'avoir changé de sujet. Elle se met alors à feuilleter ses papiers avec une précipitation feinte. Vous savez vous y prendre avec les enfants, reconnaît-elle. Les témoignages le confirment. Vous allez retourner travailler à l'entresol, vous y ressentirez peut-être moins le besoin d'habiller les enfants selon votre humeur.

Les enfants miraculés Il existe un monde extérieur et un monde intérieur. Dans le monde extérieur règne le plus grand vacarme, dans le monde intérieur, au contraire, tout est calme comme un matin d'hiver, quand la neige vient juste de cesser de tomber. Hedwig Blei se rappelle un tel matin. Elle avait dans les quatre ou cinq ans. Ils venaient de finir leur petit déjeuner lorsqu'ils avaient entendu un brouhaha de voix dans la cour. En sortant ils avaient été accueillis par des voisins et des habitants des environs, venus à Grünbach pour l'occasion, qui les attendaient, serrés les uns contre les autres. Leurs visages rosis par le froid semblaient flotter dans un seul et grand nuage formé par leurs haleines mouvantes. Ils se rendaient chez les Ratschnig, la ferme voisine, où une génisse était sur le point de mettre bas un monstre. Elle se rappelle le mot, monstre. Tout comme elle se rappelle la vision de tous ces gens emmitouflés se frayant un passage à travers l'épaisse couche de neige fraîche, et l'éclat de leurs voix qui paraissaient glisser au-dessus du silence balayé par le vent. À la ferme des Ratschnig régnait une ambiance de marché de Noël. Les hommes faisaicnt un tapage du diable, les chiens aboyaient au bout de leurs laisses. On se bousculait aux portes de l'étable. Nico, dont la petite taille et l'agilité lui avaient permis de se faufiler à l'intérieur, leur avait ensuite décrit comment les hommes avaient sorti le veau (le récit ne précisait pas si l'animal était mort-né) en le tirant à l'aide d'une longue corde, avant de le porter dans la cour arrière où ils l'avaient assommé et tailladé à coups de bêche et de barre de fer, pendant que le fermier criait *Ne touchez pas à la tête... ne touchez pas à la tête...* Au fil des ans, la naissance du monstre devint un étalon sur l'échelle du temps, comme tous les présages ou accidents qui s'étaient produits dans la région. Ceci ou cela avait eu lieu la même année que la naissance du monstre des Ratschnig, pouvait-on dire en parlant d'un événement dont l'importance s'en trouvait de ce fait accrue. Cet épisode s'inscrusta dans la mémoire de Hedwig. Pas seulement à cause du veau, que ses yeux d'enfant ne virent jamais. Mais à cause de tous les détails qui s'étaient gravés dans sa mémoire avec une acuité presque irréelle : le silence qui régnait quand la neige avait cessé de tomber, le ciel d'hiver aux teintes quasiment turquoise dans l'aube claire et les voisins réunis dans la cour, comme s'ils s'apprêtaient à partir à la recherche d'un disparu ou d'un noyé (l'un d'eux tenait même une lanterne bien qu'il fît déjà jour). À cause aussi de la frénésie impatiente de la foule : elle semblait déjà en train de massacrer le veau en pensée. Et l'animal lui-même : qu'avait-il ressenti au moment d'être arraché à la douce chaleur du ventre de sa mère pour atterrir au milieu du tumulte, des hurlements et des bâtons qui frappent, qui cognent et qui maltraitent ? Et puis cette douleur : cette indescriptible douleur ! Il n'y a pas de naissance monstrueuse. Ou, comme sa mère disait : tout être vivant que Dieu fait naître est un miracle. C'est ainsi qu'Hedwig aurait voulu considérer les enfants du pavillon 15. Mais c'était impossible. Aux yeux des responsables de l'unité, ils n'étaient pas des enfants : seulement des *spécimens*, des exemples vivants de défauts physiologiques ou neurologiques, de maladies à différents stades dont la progression valait la peine d'être étudiée. Ni leurs crampes ni leurs constantes souffrances n'étaient réelles. Si on leur donnait des analgésiques, ce n'était pas pour soulager la douleur mais pour les faire taire. Les médecins venaient régulièrement observer leurs spécimens avant de sélectionner celui ou ceux qui seraient supprimés immédiatement et ceux qu'il s'avérerait utile de garder en observation. Quand la décision était prise, ils revenaient pour étudier la mort elle-même. Toujours en groupe. Vous ne pouvez pas être seul quand vous regardez dans les yeux le veau qui vient de naître : un animal ignorant tout de l'infirmité infernale qui le rend non viable. Vous ne pouvez que tuer en groupe : quand on est nombreux, ce n'est plus un être humain qu'on élimine mais une menace qu'on combat. C'est la raison pour laquelle il régnait parmi le personnel des pavillons 15 et 17 cette stricte observance de la hiérarchie : elle ôtait toute responsabilité individuelle. Pas un seul acte n'était accompli par une personne seule. Au contraire, c'était l'organisation elle-même qui répondait des mises à mort. Et jamais une seconde d'inactivité ! Plutôt feindre d'être occupé que de rester bras ballants à ne rien faire. Non pas que nous étions débordés, expliquerait plus tard Hedwig Blei. En réalité, la plupart des enfants dormaient pratiquement nuit et jour à cause des analgésiques. Mais seule l'illusion d'être toujours occupé empêchait notre esprit d'effleurer l'absurde de la situation : le fait qu'on travaillait dans une clinique dont le but n'était pas de guérir les enfants, ou du moins de les soigner, mais au contraire de renoncer à toute forme de traitement afin de les tuer plus facilement. Ainsi on se persuadait qu'on combattait une menace très grave : celle que ces enfants représentaient pour la population dans son ensemble. Évidemment, on ne pouvait pas parler de tout cela. Le silence auquel était réduite l'unité était si compact qu'il ressemblait à une forme de quarantaine. Il n'empêche, on est bien obligés de parler. Alors on colportait des ragots sur ses supérieurs et ses collègues (quand elles avaient le dos tourné). Ça permettait d'avoir quelque chose à dire. Beaucoup d'employés de la clinique, comme Hilde Mayer, par exemple, avaient travaillé au Steinhof avant le remaniement. Un jour, Mayer leur raconta l'arrivée à l'hôpital psychiatrique de ceux qu'on appelait les *experts* (des médecins SS venus d'Allemagne pour la plupart). Menés par le docteur Jekelius (c'était lui qui était chargé de faire la sélection), ils ont sillonné les unités et les salles, avant de donner l'ordre aux infirmières de conduire les patients dans les bus garés devant le bâtiment. Si certains parmi les vieillards ont cru qu'on se bornait à les déplacer comme des vieux meubles encombrants, la plupart d'entre eux, au contraire, ont très bien compris la situation. Pleurant, ils ont tenté de s'agripper à tout ce qui était à portée de leurs mains : montants de lit, montants de porte, rampes d'escalier. Beaucoup de membres du personnel pleuraient eux aussi. Mais peut-être pas pour les raisons qu'on pourrait croire. Il y en avait sans doute un ou deux qui pensaient à leurs propres parents, vieux ou malades, certes. C'était mon cas, admit Mayer. Bien que, Dieu merci, les miens soient encore sains de corps et d'esprit ! La majorité, il faut être honnête, ne pensait qu'à soi. Qu'allait-il advenir de leur emploi maintenant qu'on se débarrassait des malades mentaux et que la clinique allait fermer ? On n'aurait plus besoin d'eux. Pour apaiser tout le monde, Jekelius a tenu un discours assurant qu'il y aurait du travail pour chacun d'entre nous. D'après ce qu'il savait, *leur* travail (le sien et celui de ses collègues) ne faisait que commencer. À ces mots on n'a plus vu une seule mine éplorée, conclut

Mayer. Le souvenir de Jekelius évoquait toujours à Hedwig Blei un dicton de son père : On reconnaît un faisan à son plumage. Tout était faux chez cet homme. Sa voix suave, si douce qu'il fallait se mettre sur la pointe des pieds pour entendre ce qu'il disait ; et ses gestes, ponctuant chacun de ses mots et destinés à ensorceler son auditoire. Comme les autres, Jekelius était rarement seul. Toutefois, il ne s'agissait pas chez lui d'un besoin de se fondre dans le groupe : toujours légèrement en retrait par rapport au reste du cortège, il maintenait constamment une certaine distance avec ses voisins. De sorte que c'était toujours *eux* qui devaient se tourner vers lui, et non l'inverse. Seul un homme qui veut à tout prix être vu se comporte ainsi. Prétentieux et sûr de sa toute-puissance. Hedwig n'avait presque jamais l'occasion de le croiser. On le disait en mission officielle ici et là. Qui plus est il n'avait aucune raison de venir dans leur unité. En pratique, la direction de la clinique était assurée par le docteur Gross et le docteur Türk, chacun responsable d'une unité du pavillon. Les employés du pavillon 15 travaillaient selon un système de rotation, de sorte que Schwester Hedwig était affectée au service de nuit au moins deux fois par semaine. Bien que le règlement prévoie qu'il y ait toujours un médecin de garde, Hedwig Blei n'en voyait qu'exceptionnellement durant ses horaires nocturnes : on devait les appeler uniquement si un enfant se trouvant dans un état grave nécessitait un traitement médical particulier, ou pour signer un certificat de décès. Il pouvait cependant arriver que le docteur Gross, qui comme le docteur Türk disposait d'un logement de fonction dans l'enceinte de l'hôpital, repousse jusqu'au petit matin le moment de « descendre », alléguant qu'il était inutile de faire des allers-retours ; le cas échéant, l'enfant décédé restait où il était. Qui aurait pu trouver à y redire ? D'une manière générale, commenterait Blei, il était frappant de constater l'absence totale d'émotion qui régnait dans l'unité. Particulièrement quand il s'agissait de la mort et de la mise à mort. Pour Blei, il avait été clair dès le début qu'on donnait intentionnellement la mort aux enfants, même si personne n'osait le dire franchement – d'ailleurs ça n'empêchait pas les allusions de fuser constamment. *Ne trouvez-vous pas que les enfants dorment un peu trop ?* avait laissé échapper Schwester Frank alors qu'elle était nouvelle à l'entresol. Et Hilde Mayer de répondre : *Ils se préparent au repos éternel !* Elle était incapable de tenir sa langue. Du reste, ce n'était pas nécessaire d'en parler ouvertement : l'attitude de la direction était suffisamment explicite. On ne se donnait pas la peine de commencer de nouveaux traitements ni de poursuivre ceux déjà commencés ; les salles n'étaient même pas maintenues à une température convenable. Il fallait faire des économies, prétextait-on. Cependant le personnel avait pour consigne de laisser les fenêtres ouvertes en permanence, y compris au beau milieu de l'hiver, et ce malgré la présence de malades souvent en proie à de fortes fièvres. Bien que les enfants eussent rarement passé plus de quelques semaines à l'entresol, Hedwig Blei garderait encore, des années après, des souvenirs précis de plusieurs d'entre eux. Un petit garçon de six ou sept mois, Heinz quelque chose (elle ne se rappelait pas le nom de famille), avec une excroissance de la taille d'un poing, ayant toutes les apparences d'une tumeur, qui boursouflait son dos tel un petit sac tyrolien. Il ne pouvait être allongé que sur le côté, le visage collé au drap. Dans cette position pénible, il respirait comme un animal blessé, sa frêle poitrine se soulevant à la manière d'une branchie de poisson. Dans le lit voisin, une fillette hurlait sans discontinuer comme si on était en train de lui arracher les entrailles. On lui avait administré de la morphine et elle mourut au bout d'une semaine sans que personne n'ait pu établir l'origine de ses souffrances. Beaucoup d'enfants étaient attachés pour éviter qu'ils se blessent ou ingurgitent leurs excréments. Certains d'entre eux étaient restés attachés si longtemps que des plaies purulentes rongeaient leurs poignets. Une fillette de six ou sept ans avait la bouche remplie de cloques qui s'étaient propagées et avaient formé de grosses crevasses. Hedwig Blei avait demandé à Cläre Kleinschmittger de l'acide salicylique pour en badigeonner les lèvres de la petite. Deux jours plus tard, Kleinschmittger était allée trouver Katschenka. Quand cette dernière lui avait demandé qui avait pris le baume, l'infirmière avait accusé Blei. Il était loin le jour de leur première rencontre, quand la jeune femme avait fait remarquer à Katschenka l'absence d'alliance à son doigt dans la salle de désinfection ! L'ordre hiérarchique était désormais fermement établi entre elles. Je n'oublierai jamais sa façon de marcher, se rappellerait Blei, comme si elle glissait sur le sol. Katschenka avait planté son regard dans le mien, et comme son visage était toujours figé on aurait pu croire qu'elle souriait. Elle a mis une éternité à arriver jusqu'à moi. Une fois que j'ai eu fait des aveux, elle s'est contentée d'observer que, dans cette unité, on bannissait toute consommation inutile. De l'eau et du savon auraient suffi, a-t-elle conclu. Et puis terminé ! Pas de réprimande, pas un mot plus haut que l'autre, seulement ce regard qui me dévisageait : avec froideur, comme si je m'étais rendue coupable d'un acte répugnant, presque pervers. Ils furent contraint d'attacher à nouveau la fillette afin qu'elle cesse de se griffer. Bien qu'elle dût souffrir le martyre, le docteur Türk s'était bornée à lui prescrire de la morphine. Lorsque Blei était entrée dans la salle le lendemain, elle avait trouvé la petite complètement immobile sur son lit, ses yeux aux paupières boursouflées fermés, ses cheveux formant des touffes raides collées à son front par la sueur. Personne ne s'était soucié de la coiffer : de toute façon, elle ne serait bientôt plus de ce monde. Pendant les rondes d'inspection, Katschenka marchait toujours légèrement en retrait. C'était son rôle de synthétiser les comptes rendus des infirmières de jour. Deux ou trois phrases chuchotées à l'oreille du médecin en service – inutile d'user sa salive à décrire l'état de santé des uns et des autres. La plupart des commentaires de Katschenka étant d'ailleurs balayés par le médecin avant même qu'elle eût terminé. Par indifférence ; ou parce que le destin des enfants était déjà scellé et qu'il n'y avait rien à ajouter. Parfois, pourtant, Hedwig Blei croyait surprendre une grimace de dégoût sur le visage du docteur Gross. Il disait alors : *Der kommt dran*[1]. Je me souviens de ces mots, dirait Blei. Et aussi du visage gris et impassible de Katschenka, dans l'attente que le docteur lui fasse signe de passer au lit suivant. Moi, je suis persuadée qu'elle comprenait parfaitement le sens de ces mots. Ils lui indiquaient précisément la dose à administrer et le nom de l'enfant qui devait la recevoir pendant la nuit. Elle connaissait son travail sur le bout des doigts. Telle l'horloge de la mort qui hante les murs, elle surveillait les moindres faits et gestes des infirmières sous ses ordres. Même Hilde Mayer, qui aimait à rire de tout et de tout le monde, n'a jamais osé se frotter à Katschenka. Une fois que les enfants étaient morts – à l'époque du docteur Illing, le successeur de Jekelius, il pouvait s'agir de deux, voire trois par nuit –, et qu'on avait établi et signé les actes de décès,

1. C'est son tour.

les corps étaient enveloppés dans des draps et envoyés à la morgue pour y subir une autopsie. On les faisait sortir par la porte de derrière pour éviter toute confrontation inutile. Bien que les parents eussent déjà été informés, Katschenka insistait pour qu'aucun membre de la famille ne fût autorisé à pénétrer dans le pavillon. S'ils voulaient voir leur enfant une dernière fois, il faudrait trouver une autre solution. À plusieurs reprises Blei avait vu des parents fous de douleur en venir aux mains avec des membres du personnel pour essayer de forcer le passage. On appelait alors un gardien et si nécessaire la police. Pourtant, même après ce genre de scènes, on n'entendait jamais la moindre critique s'élever parmi les employés. Il fallait faire marcher la boutique : c'était le plus important. Dans son bureau, derrière la porte fermée, Marie Kölbl tapait les lettres standard qu'on adressait aux familles. Les seuls moments où le *clic clac* de la machine à écrire s'interrompait, c'était quand Schwester Kölbl se levait pour fermer ou ouvrir la fenêtre, ce qui avait seulement pour conséquence d'assourdir ou d'amplifier le bruit ; jamais il ne s'arrêtait complètement.

> *Votre enfant n'aurait probablement jamais été capable de s'asseoir ou de marcher. Votre enfant souffrait de crises de convulsions qu'aucun traitement n'est réellement parvenu à calmer. Votre enfant a succombé à une pneumonie, une maladie qui, chez un enfant normal doté d'un système immunitaire sain, se manifeste uniquement par une grosse toux, mais que le vôtre n'a pas été à même de combattre. Votre enfant s'est endormi paisiblement, il n'a pas souffert. La mort a soulagé votre enfant de ses*

souffrances, que cela soit pour vous une consolation.

Et les enfants miraculés ? À quoi ressemblait le monde pour ceux qui dormaient du sommeil des noyés ? Un soir, raconterait Schwester Blei, alors qu'elle venait de prendre son service et qu'elle se trouvait dans la salle de soins, elle entendit des portes claquer et des voix inconnues résonner dans le couloir. Levant la tête, elle aperçut sur le seuil le docteur Jekelius en civil, portant un pardessus et un chapeau. À ses côtés : un homme et une femme. Des gens du monde, ça se voyait au premier coup d'œil. Comme la femme, indisposée par l'odeur, se couvrait machinalement le visage de la main, Jekelius lui prit le bras dans un geste protecteur : *Voyons, voyons*. Ils avaient bu ; le groupe était auréolé de vapeurs d'alcool. *Où est-il ?* lança l'homme d'un air impatient. Le docteur Gross avait certainement déjà été prévenu car il apparut bientôt avec, sur les lèvres, ce sourire de façade signifiant qu'il agissait dans l'exercice de ses fonctions – en dehors de toute considération personnelle. Jekelius expliqua que le couple (Blei ne saisit jamais son nom) avait décidé de reprendre son fils *gegen Revers*[1] avec l'accord du médecin. Blei ne cesserait jamais de s'étonner du comportement de Jekelius, qui ne cherchait pas à cacher son ébriété. Gross ne sembla pas surpris le moins du monde, ou s'il l'était, il fit mine de rien. Prenant les papiers que lui tendait le directeur, il s'adressa calmement à Schwester Blei – *Veuillez habiller le garçon* – avant de feuilleter les documents. L'enfant ne pesait pas plus qu'une plume entre les mains de l'infirmière. Assommé par la morphine, il ne se réveilla même pas quand elle

1. À ses risques et périls.

souleva son petit corps près de son visage. Son souffle léger exhalait une faible odeur d'ammoniac. Le lit du garçon était toujours vide quand Blei termina son service, au matin, mais si Katschenka s'étonna de cette situation en arrivant, elle n'en laissa rien paraître. L'enfant aurait pu aussi bien mourir durant la nuit. À ses yeux, peut-être était-il déjà mort à l'instant où il avait été admis à la clinique. Quoi qu'il en soit, c'était un lit vide et, un agonisant en remplaçant un autre, il fut bientôt occupé par un nouveau petit malade.

Le noyé Peu avant Noël, Hedwig Blei est de retour au pavillon 17. Pelikan lui ouvre la porte, comme d'habitude. Et comme d'habitude Felix joue du piano dans son coin. Il ne se retourne pas quand elle s'assoit à côté de lui. Il ne se retourne pas non plus quand elle lui caresse la tête et se penche pour chuchoter à son oreille. Il joue encore plus fort, c'est tout : frappant les touches noires avec tant de force que le bruit lui déchire les tympans et que Schwester Sikora crie dans le couloir *MAIS CESSE DONC CE VACARME INFERNAL... !* L'infirmière est sur le point d'entrer dans la salle quand, à la vue de Blei, elle s'arrête sur le seuil. Un sourire hypocrite se forme alors sur son visage plat : *Le petit chouchou de Schwester Blei n'a pas été sage dernièrement.* Et voilà qu'elle énumère la liste des méfaits commis par le garçon en son absence. Renverser sa nourriture, chahuter dans le foyer, dire des gros mots au personnel et frapper les autres enfants au visage. C'est devenu une habitudc. *Cela doit être la méchanceté qui ressort*, conclut Sikora. Il a même passé quelques jours au cachot, ça lui a fait le plus grand bien. *N'est-ce pas, Felix ?* demande-t-elle, feignant de s'adresser au garçon qui se tortille pour échapper au bras d'Hedwig. Elle le suit dans le coin de la pièce où il s'est réfugié et s'installe près de lui. Adossé au mur, non loin d'eux, le jeune Pelikan tend l'oreille : Vous les entendez qui se chamaillent là-haut ? Qui donc ? demande Blei. Les filles. Mais comme Felix se démène toujours pour se libérer, l'infirmière ne peut pas répondre. Ayant réussi à bloquer ses jambes entre les siennes, Hedwig attrape son visage et l'examine sous tous les angles. Une plaie s'étend de la commissure des lèvres jusqu'aux narines et la joue droite est enflée. En outre, le garçon a une haleine fétide. Elle essaie de lui écarter les mâchoires de force pour voir si la gingivite a récidivé. Schwester Sikora s'approche de nouveau. Nous sommes obligés de l'attacher la nuit car il est incapable de maîtriser ses mains et ne cesse de gratter sa plaie, se plaint l'infirmière. Il faudrait peut-être commencer par lui couper les ongles, suggère Schwester Blei, soulevant les doigts sales de Felix afin qu'ils soient visibles dans la lumière. Mais Schwester Sikora ne les voit pas. Son être tout entier est absorbé par la haine sourde et aveugle qu'elle nourrit contre sa collègue.

Suspension de permission Le nombre d'enfants dans l'unité a considérablement augmenté depuis le jour où Schwester Bertha l'a exilée au pavillon 15. D'après Erna Storch, les maisons de redressement approvisionnent continuellement la clinique en cas « désespérés ». Le docteur Krenek pense manifestement que nous sommes mieux placés pour réussir là où elles ont échoué, explique Schwester Erna. Une nouvelle unité a même été créée à l'étage supérieur, destinée à recevoir les filles « inéducables ». Ce sont elles que le jeune Pelikan guette en permanence. Il s'agit majoritairement de filles ayant refusé d'effectuer leur année de travail obligatoire ou qui ont fugué de leur famille d'accueil. Dans l'unité où travaille Hedwig Blei, on manque à ce point de place qu'on est obligé de faire dormir les enfants dans les antichambres et les couloirs – une situation qui les perturbe davantage encore. Un garçon ainsi relégué sur un lit de fortune reste allongé indéfiniment sans bouger, à regarder dans le vide. Bien qu'il soit en pleine possession de ses facultés motrices, il refuse de lever la main pour prendre le verre d'eau que lui tend Hedwig et garde les yeux rivés aux aiguilles de l'horloge murale. Un autre – un garçon petit pour ses neuf ans, au cuir chevelu couvert de plaies causées par la gale (il s'appelle Otto Semmler) – erre telle une âme en peine dans l'unité, à la recherche d'un adulte pour lui tenir la main. S'il ne trouve personne, ou si Sikora ou Storch le frappe ou le repousse avec humeur, il pousse des cris déchirants. Il refuse de rester au lit. Blei ne peut jamais aller nulle part sans Otto ; elle a l'impression d'avoir une main ligotée derrière le dos. Elle aimerait que quelqu'un puisse se charger de Felix, mais qui ? Les infirmières ne sont pas supposées s'occuper individuellement des enfants. Quand, parfois, on autorise le garçon à se mettre au piano dans le foyer, il martèle les touches noires comme s'il enfonçait des clous. Invariablement Schwester Sikora se met à hurler, comme si c'était dans sa propre chair que les clous s'enfonçaient. Un dimanche, Hedwig aperçoit Frau Keuschnig dans le couloir, debout entre les lits avec un air indécis. Elle a déjà rendu visite à Felix car elle tient les souliers noirs dans une main. *Qu'est-ce donc que cela ?* crache-t-elle en soulevant les chaussures par les lacets avec une expression de dégoût sans bornes. *Êtes-vous déjà en train de préparer son enterrement ?* Frau Keuschnig possède un visage long et fin, sillonné de deux longues rides presque verticales entre le nez et la bouche.

Elle ressemble à une femme qui a passé sa vie à se maîtriser. Quand elle pleure, comme c'est le cas maintenant, on a l'impression que ses yeux débordent. Les larmes coulent le long de ses profondes rides : elle ne supporte plus la négligence dont son fils est victime à la clinique – il a perdu dix kilos en six mois ! –, et voilà qu'on a l'audace de lui dire que c'est la faute de Felix s'il ne s'alimente pas ! Pourtant les médecins ont dû remarquer la plaie dont il souffre à la bouche, probablement due à la malnutrition. Elle n'ose même pas en parler à son mari, poursuit-elle, de peur de sa réaction. Inlassablement, elle a écrit au docteur Jekelius pour le supplier d'accorder à Felix une permission pendant les fêtes de Noël, ne serait-ce que de quelques jours. Je ne demande quand même pas la lune ? Voyez combien vous êtes à l'étroit, ici. Et puis chaque fois que Felix reste un peu à la maison, ça lui fait beaucoup de bien. Mais ses lettres sont demeurées sans réponse, et si elle essaie de joindre le directeur au téléphone, on lui répond qu'il est occupé ou en déplacement. Hedwig Blei résiste à l'envie de lui dire que, sans une grosse somme d'argent ou un mari bien placé au parti, elle n'a aucune chance de récupérer son fils. Frau Keuschnig dispose-t-elle de l'un ou de l'autre ? À la place, elle se contente de lui glisser qu'elle essaiera d'intercéder en sa faveur à la prochaine visite de Jekelius. Il s'écoule néanmoins un long moment avant que le médecin se montre au pavillon 17. Pendant ce temps, les rumeurs vont bon train. Plusieurs enfants dont le traitement avait été approuvé par Berlin ont été renvoyés de la clinique du jour au lendemain ou « retirés » dans des circonstances peu claires. On pourrait presque croire que Jekelius dirige sa propre clinique parallèle, commente Schwester Mayer. Et que c'est là qu'il se rend chaque fois qu'il est en déplacement. D'après l'infirmière,

Jekelius a été convoqué par Herr Gundel, le conseiller municipal : ses agissements auraient fini par attirer l'attention de la chancellerie du Reich à Berlin. Mayer est persuadée qu'on « lui verra les talons » avant la fin de l'année. Pourtant quand Jekelius se montre à nouveau dans l'unité, il n'a pas l'air d'un homme brisé ou pourchassé. Ses gestes sont empreints de cette arrogance étudiée qu'il a toujours affichée. Il est accompagné par l'infirmière en chef Bertha, le docteur Gross et la psychologue Edeltraud Baar et, n'eût été son sourire – ce sourire de façade, large et jovial, qu'il adresse à la ronde quand il cherche à mettre une distance entre lui et les autres –, on aurait pu croire que rien n'avait changé. Le personnel médical s'arrête longuement au chevet de Keuschnig. Une fois que le docteur Gross a inspecté l'intérieur de sa bouche, il échange quelques mots avec Jekelius. Mais quand le médecin se tourne vers Blei, ce n'est pas pour lui communiquer le traitement qu'il s'apprête à prescrire à l'adolescent :

On m'a fait comprendre que la mère fourrait son nez partout. À l'avenir, Schwester Hedwig, vous devrez vous montrer ferme avec elle. À partir de maintenant le garçon fait l'objet d'une suspension de permission.

Le docteur Gross affiche un air satisfait, comme si les deux hommes venaient d'accomplir une prouesse.

Si nous cédons face à ces cas exceptionnels, il ne nous reste plus qu'à rendre les armes.

Ce sont les derniers mots qu'Hedwig Blei l'entendra prononcer. De retour de congé, quelques jours après le Nouvel An, elle apprend que le docteur Jekelius a rejoint son régiment et qu'il a été provisoirement remplacé par le docteur Jokl. Pendant ce temps, l'état de santé de Felix s'est fortement dégradé. Sa mâchoire est si enflée qu'il peine à déglutir. Il doit souffrir le martyre car il ne cesse de gémir et, bien qu'il soit attaché, il frotte sans arrêt l'arrière de sa tête et le côté de son visage contre les montants du lit. Elle sait qu'ils vont essayer de le transférer au pavillon 15 dès que possible. Dans cet état-là, il n'en ressortira pas vivant. Un dimanche soir elle joint le pavillon voisin au téléphone pour parler au docteur Türk, de garde cette nuit-là. L'état de santé du garçon a fortement empiré, plaide-t-elle, il est brûlant de fièvre. Elle craint une septicémie. Une demi-heure plus tard, le docteur Türk est sur place. Elle commence par douter de la nécessité d'ausculter le garçon. Est-ce qu'il boit ? À peine, répond Blei. Il ne parvient pas à déglutir. À l'aide d'une spatule et d'une lampe électrique, le médecin inspecte l'intérieur de la bouche. Hedwig Blei fait un compte rendu de l'opération subie par Felix avant d'arriver au Spiegelgrund, reprenant les termes employés par la mère du garçon. Tout est consigné dans son dossier, explique-t-elle. Le docteur Türk jette un coup d'œil rapide sur les documents que lui tend l'infirmière. Peut-être pourrait-il être transféré au pavillon 3 ? Celui-ci comporte une unité destinée à recevoir les enfants de la maison de redressement nécessitant une prise en charge médicale d'urgence. J'en parlerai au docteur Hübsch demain, conclut le docteur Türk. Ce n'est pas à moi d'en décider. Le lendemain, Felix est transféré au pavillon 3, soutenu par deux infirmiers. Blei les suit, tenant entre ses mains les souliers noirs qui sont tout ce que contenait la table de chevet du garçon (hormis ses affaires de toilette). Dans le nouveau pavillon travaille une infirmière du nom de Marie Darnhofer, qui, d'après ce qu'en sait Hedwig, était employée à l'orphelinat de Pressbaum à l'époque où Felix y séjournait. Il la reconnaît immédiatement : pour la première fois depuis des semaines, un sourire se dessine sur son visage boursouflé. Deux jours plus tard, Felix est opéré. Prévenue par Schwester Darnhofer que le garçon s'est réveillé après l'intervention, Hedwig va passer un moment à son chevet. Le côté droit de son visage est serré dans un large bandage. On ne voit que ses yeux et le bout de son nez. Bien qu'il ne puisse pas parler, au moins n'agite-t-il plus la tête comme s'il souffrait. Ils restent assis en silence. Elle pianote sur son bras. *Fuchs du hast die Gans gestohlen* ; *gib wieder her*. Au bout d'un moment, Felix se met à pianoter le même air de son autre main posée sur la couverture.

Les déserteurs La fois suivante, quand Hedwig Blei parvient à se libérer pour rendre visite à Felix, deux soldats sont alités dans la salle. C'est une vision étrange : le petit garçon avec son bandage au milieu des deux hommes dans leurs lits bien trop petits pour eux. Le soldat allongé à la droite de Felix lui tourne le dos et ronfle à en faire trembler les murs. Schwester Marie raconte à Hedwig que plusieurs de ses collègues, invoquant des raisons patriotiques, ont demandé leur mutation pour pouvoir s'occuper des blessés de guerre. En secret, elles espèrent certainement trouver un amoureux. Marie Darnhofer rit. Hedwig Blei s'étonne de la facilité avec laquelle elle discute avec l'infirmière. Ici, aucune trace de l'ambiance hostile qui vicie l'atmosphère du pavillon 17 sous l'influence de Schwester Sikora, l'inlassable commère, et de sa prétentieuse collègue Erna Storch – qui menace de renvoi quiconque refuse de donner de l'argent pour l'aide hivernale. Hedwig Blei trouve parfois un prétexte pour se rendre dans les unités réquisitionnées pour les blessés de guerre. La plupart des patients sont des jeunes gens souffrant de toutes sortes de névroses de guerre, des poules mouillées et des déserteurs aux yeux de la Wehrmacht, bien qu'on puisse se poser des questions sur leur lâcheté : la majorité d'entre eux a le visage couvert de bandages dissimulant brûlures et blessures causées par des éclats divers. Deux patients en chaise roulante ont été amputés des deux jambes. L'un d'eux, un garçon aux traits bien dessinés, lui rappelle son frère. Si Nico n'était pas mort, il aurait peut-être atterri ici lui aussi, les jambes arrachées et le bas-ventre abîmé. À cette pensée, elle est envahie par une franche sensation de malaise. Les deux invalides, qui ont réussi à installer une table dans le couloir, jouent aux cartes avec deux autres patients. À son arrivée, ils s'interrompent tous les quatre et la suivent d'un regard appuyé. Ils ne répondent pas au sourire qu'elle leur adresse et la dévisagent d'un air idiot. Sur le chemin du retour, elle aperçoit Felix marchant seul sur l'étroite pelouse derrière le pavillon, chaussé de ses souliers noirs : un grand pas malaisé, un arrêt, quelques pas sur le côté, un pas en avant. On croirait qu'il se déplace sur un gigantesque échiquier. Entre les cases noires et les cases blanches. Peu après, tandis qu'elle est assise à son chevet, il indique sa bouche pour montrer qu'il a faim. Il s'enquiert ensuite de sa mère. Puis de son piano.

Doktor Illing À l'été 1942, six mois après le départ de Jekelius pour le front, la clinique se dote d'un nouveau chef. Il s'appelle Illing et il est allemand. On fait toute une histoire du fait qu'il soit de *là-bas*, parachuté par Berlin. Ernst Illing est tout le contraire de Jekelius : trapu et large d'épaules, c'est un homme énergique qui se déplace dans les couloirs à grandes enjambées. Afin peut-être d'essayer de compenser sa taille modeste, il a cette manie de tendre le cou quand il parle, la tête à quelques centimètres de son interlocuteur – comme pour s'assurer que celui-ci ne prendra pas la fuite. Il emploie un dialecte haut-saxon prononcé. Son haleine est chargée de l'odeur aigre du tabac brun, qui a jauni le bref sourire – presque un rictus – qu'il adresse mécaniquement à tous ses subalternes au garde-à-vous. Ses manières insistantes et son regard acéré mettent Hedwig Blei mal à l'aise, de même que la rigueur des nouvelles règles qu'il veut instaurer. Dès le premier jour il leur fait part des restrictions qui seront appliquées aux visites : elles ne seront autorisées qu'avec son accord préalable ou celui du médecin qui le remplace. Les heures de visite doivent être employées efficacement, il n'est pas question de ménager les familles ! Le travail que vous effectuez ici fait partie de l'effort de guerre, affirme-t-il de sa voix forte, légèrement perçante. C'est notre devoir de patriotes de veiller à présenter une façade irréprochable. Il insiste également sur la nécessité de tenir les dossiers médicaux à jour : Nous sommes dans une unité médicale. Le moindre détail de l'évolution d'une maladie peut avoir une importance vitale lors d'un futur diagnostique ou du choix final du traitement. Illing semble avoir immédiatement perçu les qualités de Schwester Katschenka. Elle seconde désormais Bertha, l'infirmière en chef, quand d'« autres devoirs » l'appellent. À la différence de Jekelius, qui ne feuilletait que distraitement les dossiers, Illing exige de tout savoir sur chaque enfant. Dans le pavillon 17, un garçon l'intéresse particulièrement. Il s'appelle Jakob Nausedas. Âgé de onze ans, il en paraît six. Sur les clichés pris par Gross : un enfant d'une beauté presque inquiétante, aux cheveux bruns et aux grands yeux marron enfoncés dans leurs orbites, doté d'oreilles bien ourlées dont les conques sont allongées et légèrement plissées. L'enfant, qui ne cesse de s'agiter pendant la nuit, dort dans un lit-cage, mais sans camisole de force. Il passe le plus clair de son temps assis en tailleur sur son matelas, le regard fixé sur le mur devant lui. D'une timidité maladive, il cache sa tête sous une couverture dès que quelqu'un approche. Pourtant, Blei l'a déjà vu debout à plusieurs reprises. Contrairement à nombre d'enfants du pavillon, le garçon n'est pas entravé dans ses mouvements. Alternant courtes et longues enjambées, il sautille tel un petit ange : posant toujours l'avant du pied en premier, comme s'il prenait son élan pour s'envoler. Il garde sans cesse les mains devant son visage ou sa poitrine, dans un geste hésitant qui trahit sa peur d'être frappé. C'est ce geste qu'il esquisse à présent, tandis que le jeune Pelikan, montant comme d'habitude la garde devant la porte, ouvre aux membres du personnel hospitalier. Quand le groupe en blouse blanche pénètre dans la salle, on ne voit plus de Nausedas que le bout de son nez et un œil qui épie sous le bord de la couverture. Il l'avait déjà en arrivant ici, explique Sikora en indiquant la pièce de tissu au docteur Illing, qui a ordonné à Blei d'écarter les barreaux du lit. À côté, le docteur Gross décrit les convulsions et les paralysies qui surviennent surtout la nuit. On constate aussi que la voix de Nausedas se déforme, devenant plus grave pendant les crises. Presque comme s'il était possédé, ajoute Sikora. Le docteur Illing parcourt avec impatience le dossier que lui tend Katschenka.

Kaunas, ce n'est pas en... ?

En Lituanie, précise Katschenka.

Et comment le garçon a-t-il atterri ici ?

C'est un orphelin.

Il est circoncis, indique Gross, tournant la tête avec une indifférence feinte – en ce qui le concerne, l'affaire est close. Mais il ne va pas si vite en besogne, le docteur Illing ! Il se penche au-dessus du matelas et arrache la couverture protectrice des mains du garçon. L'enfant, qui s'est réfugié au fond de son lit et se serre contre les barreaux, laisse échapper un faible halètement. Un petit oiseau blessé qui tremble de tous ses membres, ses bras et ses jambes recroquevillés sous son corps. Avec des mains étonnamment puissantes et habiles, le docteur Illing tâtonne et manipule jusqu'à la confirmation de l'affirmation de Gross. Alors il hoche la tête et sourit, de ce sourire jaune et sans joie. Schwester Blei veut rendre sa couverture au garçon, mais Illing agite impérieusement la main. D'un geste ferme, il attrape le garçon sous les aisselles et le soulève. Sa tête roule dans tous les sens ; tout comme ses pupilles, qui ressemblent à l'œil tremblotant d'un niveau à bulle.

Alors, il ne sait pas se tenir debout le petit Juif ? Il ne sait pas parler ?

Blei secoue mécaniquement la tête. Katschenka baisse les yeux sur le dossier médical, prête à recevoir les ordres.

Doktor Gross, faites en sorte qu'il soit sur pied pour lundi. Si besoin, donnez-lui quelque chose. Mais assurez-vous qu'il se tienne *debout*. Je souhaite le montrer lors de la conférence la semaine prochaine.

Le chant de Nausedas Selon Marie Darnhofer, un homme s'était présenté un jour au secrétariat du pavillon 1 et avait demandé si c'était bien ici qu'on prenait en charge les enfants. L'homme, mal rasé et vêtu d'un pardessus miteux et malodorant, ressemblait à un *vagabond*. Le garçon qui l'accompagnait se tenait à quelques mètres de lui, le visage tourné vers la penderie comme s'il souhaitait disparaître à l'intérieur. L'homme assura ne pas être le père de l'enfant. Tous les deux n'avaient d'ailleurs aucun lien de parenté : il s'en était vu confier la garde, voilà tout. C'était le terme qu'il employa. Confier la garde. Quant aux détails (qui lui avait confié l'enfant ? Dans quelles circonstances ? Pour combien de temps ?) il ne put ou ne voulut rien en dire. Au lieu de répondre aux questions du docteur Gross (c'était encore lui qui était chargé d'évaluer le *status somaticus*), il lui tendit un document froissé sur lequel on pouvait lire le nom du garçon, ainsi que sa date et son lieu de naissance. KAUNAS, était-il écrit en grandes lettres au tracé maladroit, comme si elles avaient été l'œuvre d'un illettré. D'après cet homme, l'enfant était en bonne santé et ne lui avait pas causé de problème au début. Mais depuis peu il avait commencé à se comporter bizarrement pendant la nuit, et il n'osait pas le garder. Ses explications douteuses éveillèrent les soupçons parmi les employés : quelqu'un appela le poste de garde pour exiger du renfort. Voyant le policier monter les escaliers, l'homme perdit son sang-froid et prit la fuite. Le garçon essaya de filer lui aussi, sans succès. Et voilà toute l'histoire. L'auscultation ne révéla rien de plus au docteur Gross que ce qu'on savait déjà : il s'agissait d'un enfant juif qu'on avait caché. Ce qu'on ne réussit pas à découvrir, en revanche, c'est comment le garçon avait atterri à Vienne (si tant est qu'on pût accorder du crédit aux informations figurant sur le papier). On ne parvint pas non plus à apprendre l'identité de la ou des personnes l'ayant caché, ni même à savoir si on avait affaire à des Juifs qui se cachaient eux aussi. On eut beau l'interroger, on n'obtint pas une seule réponse : ni à ces questions ni à aucune autre. Il se contentait de vous regarder de ses grands yeux bruns effrayés, et si on s'approchait de lui sans prévenir ou avec des mouvements un peu brusques il se recroquevillait tel un animal. N'ayant montré aucun signe de faiblesse intellectuelle, il fut placé dans le pavillon 17 en attendant de subir de nouveaux examens. Très vite, tout le monde sut que

Nausedas *braillait* la nuit. La première fois qu'Hedwig Blei l'entendit, elle crut que le bruit provenait d'une fenêtre qui grinçait. Entrouvrant la porte, elle prêta l'oreille au royaume des songes, pénombre indistincte où s'entremêlent les respirations moites et lourdes de sommeil. Les autres enfants dormaient paisiblement – mais était-ce certain ? Elle eut l'impression de voir une ombre – Pelikan, sans doute – glisser le long des murs dans la lumière bleutée de la veilleuse. C'est alors qu'elle l'entendit. Le bourdonnement qui s'élevait du lit-cage de Nausedas. Elle aurait pu croire que le garçon grinçait des dents, mais le bruit rendait un son plus brut. On aurait dit celui d'un clou qu'on retire d'une planche. Le bourdonnement se transforma en modulations du grave à l'aigu évoquant les vibrations d'une scie. Hedwig distingua des paroles au cœur de cette houle acoustique : dures, brutales, insaisissables, elles composaient une chanson dont la mélodie prenait forme peu à peu. Elle finit par s'habituer au chant étrange de Nausedas. Les enfants aussi. Parfois, quand elle était de service de nuit, elle jetait un coup d'œil à travers le judas : même si Nausedas chantait, le sommeil des petits n'en paraissait pas perturbé. Une nuit, pourtant, un vacarme assourdissant retentit. Un boucan qui n'avait rien d'humain. Dans le dortoir, les enfants poussèrent des hurlements. Quand elle pénétra à l'intérieur, le lit de Nausedas était vide et les petits (ceux qui en avaient les facultés physiques) couraient partout, Pelikan en tête, son ombre balayant les murs de haut en bas telle l'aiguille frénétique d'une horloge.

C'est le tonnerre !

C'est le tonnerre !

criait-il. Et en effet ça y ressemblait : le chant s'était mué en un roulement, comme si Nausedas essayait de recracher la houle coincée dans sa gorge. Effrayé, Otto

Semmler lui prit la main et indiqua le coin du dortoir où Nausedas s'était recroquevillé sous sa couverture. Quelqu'un avait dû ouvrir les barreaux de son lit et il avait trouvé refuge tout au fond du dortoir, tandis que sa gorge roulait son tonnerre à un rythme toujours plus effréné. Il était inconcevable qu'un être aussi petit pût faire autant de bruit. Hedwig exigea de savoir qui avait ouvert les barreaux du lit de Nausedas. Bien sûr, sa question resta sans réponse. Il chante parce que sa maman lui manque, expliqua Pelikan, en faction devant la porte avec son zèle habituel, tout en essayant de reprendre son souffle.

Morts vivants On dit qu'une personne est morte quand son âme a quitté son corps. Pourtant, l'âme peut quitter votre corps bien avant que la mort survienne. Vous ressemblez alors à Katschenka, affirmerait Hedwig Blei, décrivant le pâle visage, sous le masque tranquille de sa supérieure qui la regardait avec une expression de profonde bienveillance malgré la critique acerbe qu'elle s'apprêtait à formuler. Katschenka recevait désormais les visiteurs dans le bureau de Bertha. Officiellement, elle ne fut jamais nommée infirmière en chef, ce qui, en pratique, n'avait aucune importance, puisque Schwester Bertha s'absentait parfois pendant plusieurs mois d'affilée. Comme Blei le formulerait, Katschenka était « taillée » pour ce travail : efficace, sensée et d'une loyauté à toute épreuve. À présent, elle veut savoir comment un tel chaos a pu se produire dans une unité placée nuit et jour sous surveillance – d'ailleurs, le responsable a-t-il été appréhendé ? Le responsable ? Katschenka continue à l'observer avec une bienveillance feinte. D'après moi, répond Blei, Nausedas est sorti de son lit tout seul. L'autre ne la contredit pas ; elle feuillette quelques documents avant de reprendre : Le docteur Illing a décidé de lui faire passer une radio du cerveau. Mieux vaut donc que cela soit fait avant. Avant ? Mais Blei n'a pas besoin de poser cette question. Elle n'a pas besoin d'ajouter quoi que ce soit, d'ailleurs. Après tout, ce n'est qu'un petit Juif, n'est-ce pas ?

Encéphalographie Si, à l'époque de Jekelius, on ne « ponctionnait » les enfants qu'en de rares occasions, dès l'arrivée d'Illing cette intervention devint un examen de routine. Presque tous les enfants, y compris les plus gravement atteints, subissaient une ponction lombaire suivie d'une radio du cerveau. Hedwig Blei n'en comprit la véritable raison que plus tard, quand Fräulein Block, employée au secrétariat, lui expliqua que le directeur utilisait les encéphalogrammes des enfants pour ses recherches. Celles-ci, entamées bien avant sa prise de fonction en tant que médecin chef au Spiegelgrund, avaient pour but l'élaboration de méthodes cliniques pour diagnostiquer des maladies neurologiques graves. Le docteur s'intéressait particulièrement à la sclérose tubéreuse de Bourneville. Cette maladie héréditaire – qui se manifeste par la présence de nodosités dans les couches superficielles du cerveau – n'atteint pas seulement cet organe mais aussi de nombreux autres, rendant ainsi les symptômes souvent contradictoires et difficiles à interpréter. Fräulein Block raconta qu'elle passait des heures à écrire aux différents hôpitaux au nom du docteur Illing afin d'obtenir des extraits de dossiers médicaux ou de comptes rendus d'autopsie. Quant au médecin, il possède dans sa clinique deux cas *avérés* de la maladie, qu'il expose fièrement à ses élèves dans la salle de cours à l'étage du pavillon 15. Le premier est un garçon âgé de treize ou quatorze ans, nommé Julian Eggers. Le deuxième est une adolescente de treize ans atteinte d'épilepsie, qu'on garde dans la section des filles alors qu'on aurait déjà dû la transférer à l'entresol. Bien que Berlin ait déjà informé la clinique que l'adolescente doit être « traitée », le docteur Illing s'obstine à la « conserver » afin d'observer l'évolution de la maladie. C'est qu'elle affiche des symptômes quasiment parfaits : son front et les ailes de son nez sont marbrés de petites taches blanches dues à la dépigmentation de la peau. Cela dit, le garçon a lui aussi le visage parsemé de petites plaques calleuses, sans parler des nombreuses crises d'épilepsie dont il a été victime dernièrement, qui comptent également parmi les symptômes. En d'autres termes, nous avons affaire à une vraie bête, explique le docteur Illing à son public composé de jeunes licenciés en médecine, qui l'écoutent dévotement tandis qu'il expose la maladie dont souffre son patient :

D'un point de vue génétique, la sclérose tubéreuse de Bourneville suit un schéma d'une régularité presque effrayante. Il suffit qu'un des deux parents soit porteur, sans qu'aucun symptôme soit visible, pour que la maladie soit transmise à un ou plusieurs enfants. Cependant les symptômes sont sournois, dans le sens où ils peuvent rester latents sur plusieurs générations avant que la maladie se manifeste pleinement. Étant donné qu'elle est susceptible de toucher un grand nombre d'organes – poumons, cœur, reins – et que ses symptômes et son évolution varient de ce fait grandement d'un individu à l'autre, on la confond souvent avec à peu près toutes les autres maladies neurologiques infantiles graves. Si nous n'améliorons pas les méthodes de diagnostic de façon significative, nous serons impuissants face à cet ennemi invisible qui menace de décimer notre race.

Nausedas avait lui aussi servi de modèle au docteur Illing. C'est pourquoi le médecin avait tant insisté pour que le docteur Gross le mette « sur pied ». Le fait qu'on n'ait jamais suspecté la présence d'une sclérose tubéreuse de Bourneville dans le cas du garçon n'a aucune importance : afin de déterminer la fréquence de la maladie et d'éventuelles divergences dans son évolution, il importe d'avoir un groupe de patients le plus large possible. En outre, les enfants étaient systématiquement autopsiés après l'encéphalographie : ainsi on pouvait vérifier les résultats de l'examen clinique. Hedwig Blei ouvre le lit-cage et retire les couvertures qui emmitouflent l'enfant avant de le soulever. Ça ne fait pas mal, le rassure-t-elle. Elle ment, tout en sachant que le garçon ne la comprend pas. Mais peut-être comprend-il malgré tout, tel un animal qui sent que la fin est proche ? Il oppose étrangement peu de résistance, ne se couvre pas le visage de ses mains. Bien qu'elle n'ait pas le droit de les suivre dans la salle d'examen, elle sait par expérience le traitement qu'on réserve aux enfants : les mouvements brusques des infirmières qui les déshabillent, la position douloureuse dans laquelle elles les maintiennent de force, même ceux qui tremblent de fièvre et tiennent à peine debout. Une position qui n'est ni assise, ni même semi-assise, mais horizontale – le corps tendu en avant, le dos courbé et attaché de sorte que les muscles ne sont jamais au repos. S'ensuit alors la ponction lombaire : la longue aiguille qui s'enfonce entre deux vertèbres pour recueillir le liquide cérébro-spinal. La peau des enfants blêmit, bleuit, comme s'ils étouffaient lentement, puis rougit subitement tandis que leurs yeux s'agrandissent d'effroi et que la douleur transperce leur cerveau tels mille couteaux pointus. Déjà les infirmières tiennent la bassine en émail sous le menton de l'enfant qui ne peut toujours pas bouger : le contenu de son estomac jaillit sans qu'il fasse le moindre mouvement. Il essaie de crier, mais ses vomissements l'en empêchent. Dans son corps, tous les organes sont à nu, petites pierres dures qui frottent les unes contre les autres. L'air injecté dans le canal rachidien monte vers le cerveau désormais privé de son enveloppe liquide protectrice. Tout autour la lumière blanchit, comme si quelqu'un avait gommé la réalité du monde. Depuis ce jour-là, Nausedas ne chante plus. Elle lui tend la couverture ; il ne la prend pas. Elle la pose sur sa tête ; il ne la remarque pas. C'est la première fois qu'elle voit un être à ce point sans défense, un oisillon qui vient de naître, dont les yeux tantôt regardent droit devant sans voir, tantôt se ferment doucement, les paupières frémissantes. Le lendemain, il a une forte poussée de fièvre et ne réagit pas quand on le touche. Il est transféré à l'entresol du pavillon 15. Il décède deux jours plus tard. Cause de décès déclarée : pneumonie.

Touches noires et touches blanches Les semaines passent, peut-être un mois. Le souvenir de Nausedas s'est estompé. Sans cesse arrivent de nouveaux enfants dont il faut prendre soin. Un matin, Hedwig Blei aperçoit Felix Keuschnig martelant les touches du piano. Elle s'approche pour le fairc taire, mais à peine a-t-elle atteint l'instrument que du chaos de notes se détachent un rythme et une mélodie vaguement familiers. Elle se fige au milieu de son geste : c'est le chant de Nausedas. Felix continue de marteler, encore et encore, mais la mélodie ne cesse de lui échapper. Et ses mains glissent et dérapent sur les touches blanches comme si le clavier était enduit de savon. Pleine d'une rage qui la surprend elle-même, elle attrape Felix sous les bras et l'arrache à son piano. Mais Felix a l'habitude. Il se dégage d'un mouvement leste et se précipite dans le dortoir, où il se met à frapper à la ronde tous les enfants allongés dans leurs lits. Des gifles en bonne et due forme. Après chacune d'entre elles, il éclate d'un grand rire triomphant : *Ha !* On a l'impression qu'il est en train d'imiter quelqu'un. Elle se lance à sa poursuite mais il s'est déjà remis à frapper : *Ha !* Otto Semmler hurle de douleur, la joue rouge vif. Épouvantés, les enfants prennent leurs jambes à leur cou et essaient de se cacher où ils peuvent, qui sous une chaise qui sous un lit. La course de Felix est saccadée et laborieuse, à présent, on dirait qu'il se fait des croche-pieds à lui-même. Finalement, elle parvient à l'immobiliser dans un coin de la pièce avant d'appeler à l'aide. Ils se trouvent à l'endroit exact où Nausedas s'était réfugié la nuit où son lit avait été ouvert. Felix, dit-elle. Puis elle se met à chanter, lentement. Leur chanson : *Fuchs du hast die Gans gestohlen.* Comme une évidence. Alors il la frappe elle aussi, en plein sur le nez, avec une force surprenante. La douleur lui fait monter les larmes aux yeux ; pendant un moment elle est aveuglée. *Ha !* lance-t-il encore. Et le voici de nouveau sur pied. Naturellement, un tel comportement doit être sanctionné. Felix est une nouvelle fois condamné au cachot, bien qu'une telle punition soit inefficace dans son cas. Il est assis sur le bat-flanc, complètement immobile, le regard dans le vide. S'il a cessé de frapper, il a également cessé de parler. Au lieu de répondre quand on lui adresse la parole, il se tortille en grimaçant. Il passe dix jours ainsi à grimacer. Une fois libre, il demande à voir sa mère. Une requête qu'il reformule inlassablement, sans doute parce qu'elle a laissé passer l'une de ses immanquables visites dominicales. Hedwig Blei tente de le distraire. Elle le pousse à se remettre au piano. Mais il s'échappe sans qu'elle ait réussi à lui faire jouer la moindre note. Elle l'encourage à dessiner. Tandis qu'il griffonne sur le papier, des formes grossières apparaissent, aux grandes bouches pleines de dents pointues. Lors de la ronde d'inspection, elle affirme à Illing que Felix Keuschnig fait de gros progrès. Mais quand ce dernier se tourne vers Katschenka, l'infirmière se contente de secouer la tête. Les enfants pouvant être rangés sous l'appellation *vollständig pflegebedürftig*[1] ou seulement *Arbeitsfähigkeit nicht zu erwarten*[2] – mention qui apparaît désormais dans le dossier de Keuschnig – constituent aux yeux du docteur Illing de précieux matériaux pour ses recherches cliniques. Un matin, elle apprend par Katschenka qu'Illing a prescrit à Keuschnig une ponction lombaire suivie d'une pneumoencéphalographie. Le garçon est emmené aux aurores. Vers quatre heures de l'après-midi, elle va chercher les souliers noirs dans la table de chevet de l'enfant et les dispose à côté des siennes dans le vestiaire du personnel. Une heure plus tard, Felix est de retour. Il est faible, mais toujours conscient. Impossible néanmoins d'établir un contact visuel avec lui. Il a de la fièvre, il se plaint de douleurs à la tête et à la nuque. Quelqu'un essaie de le jeter hors de son lit, dit-il. Il n'y a personne, répond-elle. Peu après il est atteint de vomissements incoercibles qui ne s'arrêtent qu'à la nuit tombée, quand il se met à délirer. Il ne cesse d'agiter les bras comme s'il luttait contre un ennemi invisible. Elle appelle le docteur Türk. Elle ignore si Illing a déjà donné l'ordre d'administrer la dose mortelle ou

1. Entièrement dépendant.
2. Ne sera jamais apte au travail.

si Türk s'est contentée de respecter la posologie habituelle. Felix est livide et ses yeux sont cernés de grands cercles brillants ; malgré tout, il semble dormir d'un sommeil plus paisible, sa respiration est faible, régulière, et il est moins agité. Mais voilà : il est temps pour elle de rentrer. Tout le monde s'en va et personne ne vient, lui confie Pelikan quand elle quitte le foyer. En partant, elle croise Schwester Sikora dans le couloir, en train d'ôter son manteau et son chapeau. Elle accueille Hedwig avec un large sourire. C'est elle qui fait le service de nuit. Deux jours après, lorsque Hedwig revient, Felix a été transféré à l'entresol du pavillon 15. Le lendemain, elle demande à Schwester Katschenka si elle peut de nouveau être affectée là-bas. Celle-ci la regarde derrière son masque de bienveillance stérile : Nous n'avons pas besoin d'infirmière supplémentaire pour le moment. En outre, je crois qu'il est mieux que vous restiez ici, Schwester Hedwig. Malgré tout, Hedwig retourne à l'entresol à la fin de son service. Mais Felix est déjà mort. C'est allé très vite, lui confirme Schwester Mayer. Peut-être est-ce mieux ainsi. On n'aime pas voir les enfants souffrir, n'est-ce pas ? Dans l'allée de gravier devant le pavillon, Hedwig croise Frau Keuschnig. La nuit est tombée et un pâle croissant de lune luit dans le ciel. Peut-être a-t-elle déjà reçu la nouvelle ? Ou alors elle est venue de sa propre initiative, poussée par l'intuition que quelque chose de terrible s'était produit. Qu'avez-vous fait ? demande-t-elle à Schwester Hedwig. À quelque distance de là un groupe de femmes les dévisage, les traits tendus. Cependant aucune d'elles ne réagit. Le visage de Frau Keuschnig, jusque-là dissimulé dans l'obscurité, apparaît soudain dans toute sa blancheur tandis qu'elle s'avance dans la lumière de la lune pour crier :

Qu'avez-vous fait ?

N'avez-vous donc pas honte ?

Deux gardes arrivent en courant depuis le poste d'entrée. Ils empoignent la femme vociférante et la poussent vers la sortie. Une intervention de routine, somme toute, rien de plus. Le groupe de femmes s'est détourné, et certaines parmi elles s'acheminent vers la station de tramway un peu plus bas. Schwester Blei regagne le pavillon 17, où le jeune Pelikan lui ouvre la porte avant de la refermer rapidement, comme s'il craignait de voir un autre enfant disparaître. Dans la salle, les visages muets se tournent vers elle, attendant peut-être qu'elle dise quelque chose. Mais comment faire pour rompre le silence ? D'ailleurs, le silence n'existe plus. Tout ce qui reste, c'est un grand océan blanc. Un océan qui règne seul et sans partage.

VI

Ange gardien

La guerre arriva Mais au sommet du Galitzinberg, aucun ange ne veillait. Seule s'y dressait l'ancienne tour de guet que les nazis, dès leur entrée dans Vienne, avaient nommée *Adolf Hitler Warte* car c'était le plus haut point d'observation de la ville. Du haut de la tour partaient plusieurs câbles radio qui s'enfonçaient dans un bunker de béton situé à dix mètres de profondeur ; des jeunes femmes casquées d'écouteurs y réceptionnaient le compte rendu des mouvements aériens des Alliés, qui étaient ensuite rapportés sur un grand écran accroché au mur derrière elles. Mais tout ça, je ne l'ai compris que plus tard, raconterait Hannes Neubauer. Que cette montagne depuis laquelle les anges gardiens veillaient sur nous était un dispositif de défense. *Gefechtsstand Wien*. Des cavités de béton reliées entre elles par des couloirs si larges qu'on pouvait y circuler en camion. On disait que, quand il a senti la fin de la guerre approcher, Baldur von Schirach est venu se réfugier dans la montagne. Contrairement à nous, il n'avait pas à risquer sa peau pour s'y rendre : il y avait accès directement par un tunnel sécurisé. C'était presque arrogant quand on y pense après coup, conclurait-il. Bien avant que les premières bombes alliées s'abattent sur Vienne, le personnel du Spiegelgrund avait commencé à pratiquer avec les enfants des exercices de protection en cas de bombardement : ils devaient se rassembler sur l'allée gravillonnée à l'extérieur du pavillon et se ranger en *Zweierreihen*, comme à l'école. Dès que Frau Rohrbach donnait un coup de sifflet – le signal du *Laufschritt* – ils se mettaient à courir. En formation serrée, ils rejoignaient au plus vite un bâtiment dont le sous-sol comprenait une pièce ressemblant à un bunker. Là, ils restaient assis les uns contre les autres, genoux serrés contre la poitrine, tandis que Frau Rohrbach se postait à l'entrée en surveillant sa montre. Tout ça n'avait aucun sens, déclarerait Hannes. Qui prendrait le temps de se mettre en rang au beau milieu d'une attaque aérienne ? En plus, personne n'emportait jamais de quoi boire et manger pour survivre pendant les jours, ou même les semaines, qu'on allait devoir passer là-dedans, à ce que je m'imaginais. Et naturellement, quand l'attaque survint, elle provoqua un véritable chaos. C'était en septembre 1944, tôt dans l'après-midi. Adrian Ziegler n'était plus à l'institution à ce moment-là. Hannes, en revanche, s'y trouvait encore. Et Schwester Mutsch aussi. D'après Hannes, elle était dans la salle du personnel, appuyée au chambranle de la porte, quand le coucou retentit à la radio. *Cou-cou, cou-cou* : le signal indiquant le moment de passer à la radio câblée. Au même instant, le téléphone sonna. Schwester Mutsch, en employée disciplinée, décrocha machinalement ; le temps qu'elle parvienne, malgré ses mains tremblantes, à connecter le récepteur radio à la prise du téléphone, la voix étrangement éthérée de *Frau Cou-cou* était déjà très avancée dans son compte rendu des positions ennemies. *Ooost*[1] *!* annonça-t-elle en faisant traîner le *O*.

1. Est !

Normalement, il aurait dû y avoir un temps de latence avant le déclenchement de l'alarme, mais dans le souvenir de Hannes les cris des anges retentirent immédiatement. Soudain toutes les portes du pavillon s'ouvrirent en grand ; dans toutes les salles et tous les couloirs, infirmières et gardes-malades se mirent à courir en hurlant, sans qu'il fût possible de dire s'ils criaient pour regrouper les enfants, pour éviter les collisions ou pour couvrir le bruit infernal de l'alarme. Car elles s'infiltraient partout, les variations démentes de cette sonnerie : à travers le sol, le plafond et les murs, faisant trembler avec fracas les bouteilles et les bassines sur leurs égouttoirs et tinter les fenêtres comme si elles cherchaient à en faire exploser les vitres et les barreaux. (Par la suite, déclarerait Hannes, je me suis plusieurs fois demandé si les Alliés, là-haut dans leur ciel en verre blanc, savaient que la défense aérienne de la ville de Vienne était dirigée depuis le Galitzinberg. Ils devaient sûrement être au courant. Mais savaient-ils que les pavillons hospitaliers bâtis à l'ombre de cette montagne étaient peuplés d'enfants, telles des tirelires remplies de petite ferraille inutilisable ? Ou était-ce précisément pour cette raison que les autorités avaient décidé de placer l'institution ici ? D'abord, ils avaient creusé la montagne pour y installer le centre de défense antiaérienne. Puis ils y avaient mis des boucliers humains : les enfants. Mais dans ce cas-là, pourquoi nous avoir ensuite transférés à nouveau ? Et qu'advenait-il des idiots du pavillon 15, ces nuits où les anges de la montagne hurlaient ? Étaient-ils conduits dans des abris antiaériens ou les abandonnait-on à leur sort ? Après tout, ils étaient destinés à mourir.) C'est ainsi que la guerre arriva chez eux. En réalité, elle avait déjà fait son entrée dans l'enceinte de la clinique quand, un beau jour, d'impressionnants véhicules avec de grandes croix rouges peintes sur les portes arrière apparurent dans les allées. Pendant ses cours, Magister Hackl évoquait d'une voix tremblante ces valeureux blessés devenus des héros en risquant leur vie au front ; maintenant, c'était au tour des enfants du Spiegelgrund de se montrer *dignes* de ces héros. Il sélectionna un peu plus d'une demi-douzaine de ses élèves à qui il donna l'ordre de se mettre en rangs à l'extérieur. Puis il les fit marcher en direction du pavillon 12 où, parfaitement alignés selon l'âge et la taille, ils durent chanter pour les soldats *Infanterie du bist die Krone aller Waffen* ou *Graue Kolonnen*, en levant les jambes comme s'ils étaient en train de défiler et en manipulant une baïonnette imaginaire.

Ruhlos in Flandern müssen wir wandern
Weit von der Heimat entfernt
Graue Soldaten
Im Schrei der Granaten
Haben das Lachen verlernt

Dans la boue des Flandres nous devons marcher
Si loin de notre patrie
Nous, gris soldats
Dans le cri des grenades
Avons appris à nous amuser

Pour tous ces *Kriegszitterer* – ces malades, ces blessés, ces victimes de guerre aux membres amputés, aveuglés par la vive lumière des fusées éclair ou par les tirs des Katiouchas ennemies qui s'abattaient la nuit sans discontinuer – ces enfants martelant le sol en chantant de leurs voix éraillées par la mue, parfois frêles, parfois tonitruantes, ne constituaient peut-être qu'une intarissable source d'angoisse. Un cauchemar revenu les hanter alors qu'ils croyaient s'être réveillés.

Ybbs Pendant plusieurs semaines Schwester Mutsch eut l'air de détenir une information secrète. Bien que ses joues fussent toujours gonflées d'indignation, ses yeux en boules de loto brillaient d'une lueur avisée. En lançant un coup d'œil éloquent, notamment à Zavlacky et à l'Éternel Insatisfait, elle évoqua le *grand nettoyage* imminent et recommanda à Jockerl qui, depuis ce qui était arrivé à Julius Becker, vivait dans un état de peur permanente, de se tenir à carreau s'il désirait les accompagner. Sinon il resterait là avec les idiots. *Les accompagner où ?* demanda Jockerl. Mais Schwester Mutsch n'en dit pas plus ; elle se contenta de les regarder avec des yeux tristes, comme si les plaindre était la seule chose en son pouvoir. Puis un matin de septembre la question trouva sa réponse. Frau Rohrbach entra dans le dortoir avec son sifflet et sa tige, mais au lieu de l'habituelle injonction à se lever et à se rendre immédiatement dans la salle d'eau, elle leur ordonna de s'habiller et de se rassembler dans le couloir. Un grand bus gris était garé devant le pavillon. Où ils allaient, personne ne le leur dit. Ils n'eurent le droit d'emporter aucune affaire, hormis les vêtements et les chaussons qu'on leur avait ordonné de fourrer dans leurs havresacs, avec le petit ballot de pain sec, de margarine et de lard qui leur avait été distribué à leur montée dans le bus. Beaucoup d'entre eux avaient peur. Jockerl se recroquevilla comme un animal dans sa coquille sur l'un des sièges branlants au fond du bus. Hannes Neubauer pensa à la Montagne et à son père ; comment allait-il savoir où était son fils si lui-même ne connaissait pas leur destination ? Le bus parcourut la courte distance qui séparait la clinique de la gare d'Hütteldorf, où on les fit monter dans un train. Adrian et Hannes, le Tatar et le fils d'officier, collèrent leur visage à la vitre et, tout le trajet, lurent à haute voix le nom des différentes gares, Adrian pour s'amuser, Hannes pour les mémoriser. Tullnerbach-Pressbaum. Neulengbach. Böheimkirchen. Saint-Pölten. Melk. On les fit descendre à la gare de Ybbs-Kemmelbach et se mettre en rangs sur le quai, où Magister Hackl et son assistante, Frau Bremer, les comptèrent avant de les faire marcher au pas au son du sifflet. Ils parcoururent ainsi au moins deux kilomètres en silence. Après une heure de route ils arrivèrent à Ybbs : un hôpital composé de plusieurs bâtiments bas crépis de jaune regroupés au bord du fleuve tel un fort. On accédait aux pavillons par de hautes portes voûtées et couronnées de pierre qui débouchaient sur de vastes cours intérieures. On les conduisit dans l'une de ces cours, où on leur ordonna d'attendre en face d'une sorte de réserve dont émanaient des cris. Certains des plus courageux, Zavlacky et l'Éternel Insatisfait en tête, s'approchèrent : la réserve était en réalité une sorte d'enclos dont la porte avait été remplacée par une grande grille de fer qui condamnait également toutes les fenêtres situées à hauteur d'homme. De l'autre côté des barreaux, dans l'obscurité, ils aperçurent des centaines de visages d'hommes. Des visages blafards, la plupart vieux et exténués. Plusieurs de ces hommes étaient recroquevillés sur le sol et paraissaient dormir. D'autres restaient debout dans la pénombre, le front et les lèvres appuyés contre la grillc, le regard vide. Ils portaient de vieilles blouses d'hôpital bleu-gris, les mêmes que celles des malades mentaux du Steinhof, plus sales et plus abîmées. Une forte odeur se dégageait d'eux : une aigre odeur de moisi ou de vieux compost mêlée d'âcres relents d'urine – ils avaient dû faire leurs besoins directement par terre. L'accès à la réserve était empêché par une énorme chaîne à laquelle était accroché un panneau : *Überschreiten der Kette streng verboten*[1]. Jockerl, qui était suffisamment petit pour pouvoir passer dessous, s'avança vers la grille et y glissa un morceau de pain qu'il avait mis de côté. Une main tremblante s'en saisit. En une seconde l'homme fut assailli par deux autres patients qui cherchèrent à attraper le quignon serré dans son poing. D'autres s'en mêlèrent et bientôt une bagarre éclata, les hommes poussant des cris désespérés et ruant en tous sens dans la plus grande confusion. Tout à coup un garde armé apparut et repoussa les enfants de la crosse de son fusil. Magister Hackl et Frau Bremer arrivèrent, paniqués : les enfants avaient vu quelque chose qu'ils n'auraient pas dû voir. On leur fit traverser la cour à la hâte et entrer dans la cage d'escalier la plus proche. À l'étage les attendait un immense dortoir, au moins trois fois plus grand que ceux du Spiegelgrund, ses deux rangées de lits déjà faits alignés contre les murs. Ils passèrent la nuit à écouter les hurlements en provenance de la cour. Soudain, silence total. Le lendemain matin, lorsqu'ils sortirent après le petit déjeuner, la chaîne qui barrait l'entrée de la réserve avait disparu et la grille avait été retirée.

Ils les ont emmenés à Hartheim. C'est mieux pour eux.

Frau Bremer venait de parler. En détournant le regard et en serrant très fort les lèvres.

Quand leur surveillant prit sa pause de midi, quelques garçons, Zavlacky en tête, parvinrent à se faufiler à l'intérieur de la réserve vide. Jamais on n'aurait pu croire que des centaines d'hommes s'étaient

1. Interdit de franchir la chaîne.

trouvés là s'il n'était resté sur le sol des morceaux d'étoffe et quelques objets étranges : crucifix en bois, doses de tabac, petites pièces de monnaie en cuivre et jouets de fortune que même un enfant n'aurait pas eu l'idée de fabriquer. Hannes Neubauer trouva par exemple une poupée en bobines sur lesquelles des fils figuraient des yeux, un nez et une bouche. La réserve était éclairée par quatre fenêtres. Dans la lumière grise et granuleuse qui filtrait à travers les vitres sales, on voyait très clairement que quelqu'un avait gravé son nom dans le verre. Le début d'un nom inscrit avec des lettres anguleuses, épaisses et tombantes, suivi d'une date :

A... losa... 19 IX 1941

En tout cas, pas question de m'attarder ici, j'ai pas envie de me faire trucider ! déclara l'Éternel Insatisfait. Le lendemain matin il avait disparu. Tout comme Zavlacky et un garçon du nom de Peter Schaubach. Ils avaient dû s'enfuir pendant la nuit, sans être vus ou arrêtés. Car même pour le personnel du Steinhof ces grandes cages d'escalier et ces nombreuses allées voûtées étaient difficiles à surveiller. La journée et la nuit suivantes, les enfants restèrent enfermés dans leur dortoir à écouter les aboiements des chiens et les éclats de voix enrouées des soldats de la Wehrmacht appelés pour retrouver les fugitifs. Mais jamais ils ne mirent la main dessus. En tout cas, pas du temps de leur séjour à Ybbs. Les jours d'après, les enfants ne parlèrent que de l'évasion et des fugitifs. Des malades mentaux de la réserve et de leur sort. Des idiots du pavillon 15. Allaient-ils être transférés ici ou resteraient-ils au Steinhof ? Certains étaient persuadés que le Spiegelgrund allait devenir un véritable abattoir – c'était ce que Schwester Mutsch avait voulu dire quand elle avait parlé de *grand nettoyage*. Ou qu'on les avait emmenés ici parce que Jekelius, Gross et les autres médecins ne voulaient pas que les enfants en bonne santé soient témoins de l'extermination des autres. Ou bien, au contraire, que s'ils n'avaient pas été massacrés, c'est parce que le personnel de la clinique était débordé avec les autres. Mais les jours passèrent et rien ne se produisit. L'automne arriva. Une brume froide et humide s'éleva du fleuve qui déferlait au pied des murs de l'hôpital. En haut de la cage d'escalier menant à leur dortoir, une fenêtre permettait de voir le fleuve dans toute sa largeur. Gris, puissant, gonflé de pluie, il serpentait entre des pentes constamment plongées dans le brouillard. On avait l'impression qu'il accélérait au loin, trop impatient pour attendre les masses d'eau ralenties par les berges. On percevait en permanence, étouffé par la pierre et les portails clos, le grondement des eaux qui, lentement, inlassablement, creusaient leur lit. Quand le courant s'affaiblissait, Adrian croyait entendre les battements d'ailes silencieux des oiseaux au-dessus de la surface brillante et lisse. Il s'imaginait en animal sauvage pataugeant au bord de l'eau. En cerf, par exemple. Un cerf qui haussait sa couronne de bois dans la brume épaisse et blanche des rives.

Pourtant, tout continuait comme à l'accoutumée. Frau Rohrbach les réveillait toujours avec le même sifflet et la même tige de fer, Schwester Mutsch et Schwester Demeter montaient toujours la garde pendant le temps calme, Frau Bremer et Magister Hackl leur apprenaient toujours à écrire, à compter, et à louer le Führer et les victoires répétées de l'armée allemande sur tous les fronts. Parfois le docteur Gross leur rendait visite. Une fois pour examiner un enfant qui avait souffert de crampes d'estomac pendant la nuit. Le jour du réveillon de Noël, le docteur Krenek vint leur tenir un discours. Comme toujours il les exhorta, eux, ses enfants, à la privation et au sacrifice. Puis il les fit mettre en rangs pour la distribution des cadeaux. Un sac en papier contenant quelques gâteaux secs et une pomme. Rien d'autre. Pas de beau sapin, pas de chanson. Ce Noël morne renforça le sentiment qu'ils n'étaient là que pour survivre ; à l'hiver peut-être. Puis, un matin de janvier (Adrian se souviendrait de la fine couche de neige poudreuse dans la cour), le bus réapparut ; dans le bruit de son moteur cahotant les enfants reçurent l'ordre d'empaqueter de nouveau leur brosse à dents et leurs chaussons. Cette fois, le bus les conduisit directement à Vienne. Magister Hackl le confirma en parcourant l'étroite allée centrale du véhicule : ils retournaient au Steinhof.

La griffe du diable En tout, ils avaient passé cent quarante-huit jours, presque cinq mois, à Ybbs. Et le cent quarante-neuvième jour ils étaient retournés au Spiegelgrund – comme si de rien n'était. À l'intérieur du pavillon 9, tout était intact : les piles de livres et de dessins dans le foyer, les petits morceaux de savon crasseux incrustés dans le tuyau d'évacuation des douches. Sous les lits, une mince couche de poussière s'était déposée sur le sol. Même les idiots du pavillon d'en face étaient encore là. Leurs cris et gémissements résonnaient dans l'air clair et métallique de l'hiver. Pourquoi les avoir transférés si rien n'avait changé ? Quelqu'un le savait-il ? Au cours des semaines qui suivirent leur retour, on organisa des promenades et excursions auxquelles participèrent des garçons issus des différentes unités de soins. Au sein de chaque groupe, un chef était chargé de veiller à ce que ses camarades se présentent en rangs devant l'entrée du pavillon, conformément au règlement. Le chef se voyait également confier une balle ou une boule de jeu de quilles. Ne sachant qu'en faire il la portait comme un fardeau, une mauvaise conscience. Souvent, c'était Frau Rohrbach qui organisait ces sorties, mais d'autres *Erzieher* les accompagnaient. Frau Krämer, par exemple. Elle revêtait toujours un pantalon de laine à hauteur des genoux avec une veste de tailleur serrée dont l'un des revers arborait l'écusson de la NS-Frauenschaft : un bouclier noir dont la croix gammée ressemblait à une petite goutte de sang écarlate. La plupart du temps, les enfants suivaient l'enceinte du Steinhof et grimpaient au sommet du mont Wilhelminenberg jusqu'à Kreuzeichnenwiese ; là, ils s'arrêtaient pour sortir de leur sac la nourriture qu'ils avaient apportée. Mais si le temps pressait, ce qui était souvent le cas, ils se redirigeaient vers la clinique dès l'ancienne caserne de pompiers passée. Chaque fois, ils longeaient l'extérieur des murs d'enceinte, ce qui constituait le véritable but de ces excursions : leur rappeler à quel point ces murs étaient hauts, renforcer leur présence dans leur tête afin qu'ils leur paraissent encore plus infranchissables. Dans le souvenir d'Adrian, le ciel de ces journées de mars était toujours bas, chargé d'une masse de nuages sombres enveloppés dans une brume grisâtre. Celle-ci enflait au fur et à mesure de leur randonnée, jusqu'à l'obscurité totale. Dans les jardins ouvriers de Rosental, l'air hivernal était toujours empreint d'une vive odeur de fumée de bois. Le tintement creux des bacs et des bassines se mêlait aux aboiements de chiens et aux éclats de voix de gens qui s'interpellaient. Tout cela donnait à Adrian un sentiment étrange : celui d'être charrié par un courant violent dans une mauvaise direction. Pendant ces excursions, Schwester Mutsch était comme transformée : chaussée d'énormes brodequins, elle foulait le sol avec un entrain surjoué et parlait (elle si taciturne) de manière presque ininterrompue. Elle expliqua que le mur d'enceinte était plus ancien encore que les fortifications de la vieille ville et qu'il était si long qu'il pouvait facilement contenir la cathédrale, le Hofburg et *tout le tralala* ; et quand elle prononça *tout le tralala*, elle sourit très légèrement, mais d'un sourire franc et pas seulement en pinçant les lèvres. Le plus souvent, c'était à Hannes Neubauer que revenait l'honneur de marcher à côté de Schwester Mutsch, et c'était donc à lui qu'elle adressait ses épanchements. Hannes était l'enfant de l'unité qu'elle trouvait le moins haïssable. Peut-être en raison de sa tête ronde en apparence inoffensive et de ses lèvres naturellement souriantes. Ou parce qu'il ne répondait jamais quand on lui parlait et se contentait de marmonner dans son coin. Mais ce jour-là, par un heureux hasard, ce fut Adrian qui se retrouva au côté de Schwester Mutsch. Pour elle, ça ne changeait pas grand-chose (c'était moins la personne qui l'accompagnait que la marche elle-même qui libérait chez elle ces torrents de paroles), pourtant Adrian se sentait fier. S'il en avait eu le courage, il aurait tendu la main pour prendre celle de Schwester Mutsch : pour prolonger un peu ce rare et étrange climat d'ouverture qui caractérisait cette journée particulière – les traces de pas instantanément figées par le gel, le souffle de leurs respirations conjointes, le bruit du vent à travers les branches nues. Afin d'avoir suffisamment de pierres pour ériger ce mur, poursuivit Schwester Mutsch, il a fallu creuser si loin dans la carrière qu'on ne voyait plus le ciel. Mais comme c'était insuffisant, on a dû creuser plus loin encore. Et au fond, on s'est retrouvé nez à nez avec la griffe du Diable. *La griffe du Diable ?* Les enfants rassemblés autour d'elle arrondirent la bouche en un grand O. Les yeux ronds de Schwester Mutsch étaient d'une telle clarté qu'ils paraissaient transparents. La griffe du Diable, continua-t-elle, ressemblait à une racine d'arbre noire et courbe. Sauf qu'il était absolument *impossible* de la déloger ! Ceux qui ont tenté de la soulever ou de la déplacer ont été pris de fièvre avant de se pétrifier. On a essayé de la faire exploser à la dynamite, mais avant qu'on ait eu le temps d'installer le détonateur, le sol s'est mis à trembler violemment. *Ce que vous racontez n'est qu'un ramassis de bêtises, Schwester Mutsch*, l'interrompit Frau Rohrbach. Cependant elle n'avait pas l'air aussi furieuse que d'habitude. Schwester Mutsch semblait joyeuse, elle aussi, bien que d'une joie teintée d'inquiétude : elle était parvenue à capter l'attention des enfants par une simple histoire alors que, quand elle faisait preuve d'autorité, elle échouait. En d'autres termes, sa victoire était discutable ; néanmoins, c'en était une.

La charrette verte Chaque jour, on les assommait de discours sur l'importance et la valeur du travail. On leur répétait qu'il fallait toujours se rendre utile et ne pas ménager sa peine. Les enfants furent divisés en deux équipes : l'une, constituée des plus âgés, devait aller chercher les cartons de nourriture apportés chaque après-midi par les petits tramways rouges de la clinique ; l'autre, composée des plus jeunes – *les rebuts* –, était chargée de mettre la table selon un calendrier de répartition des tâches scrupuleusement tenu par Schwester Demeter. Faire partie de l'équipe du couvert était un privilège. D'une voix rauque, Demeter criait le nom des élus : *Blaschek ! Hauser ! Neubauer !* Un peu plus loin, Schwester Mutsch cochait sur une liste le nom d'un enfant pour chaque plateau. Comme il arrivait toujours de nouveaux enfants, cela créait de la confusion : soit il y avait une portion en trop, soit il en manquait une. Mutsch se retourna et saisit fermement le bras d'Adrian quand il passa devant elle avec ses couverts et son verre :

Ziegler, rends-toi vite fait à la cuisine, il manque une portion.

Généralement, c'était vers Hannes qu'elle se tournait pour ce genre de requête. Le gentil Hannes avec sa tête ronde, ses yeux innocents et son sourire timide. Cette fois, pourtant, ce fut le *Tatar*. Adrian se souviendrait toute sa vie de ce moment : Schwester Mutsch, la main sur son épaule, sa tête dominant la sienne, ses yeux en boules de loto, ses lèvres pincées et distendues. Pourquoi lui avait-elle fait cet honneur ? Était-ce parce qu'ils s'étaient si bien entendus lors de la randonnée ? Voulait-elle tester la confiance qui s'était installée entre eux ? Ou bien pressentait-elle déjà ce qui était sur le point de se passer ? Elle lui tendit les clefs en lui expliquant très précisément où aller, quelle porte ouvrir et à quelle clef correspondait chaque serrure. Le trousseau paraissait léger comme une plume dans la main de Schwester Mutsch mais pesait infiniment lourd dans celle du jeune garçon. Les enfants envoyés en cuisine devaient passer par une porte de service à l'arrière du bâtiment, ensuite ils montaient un escalier de béton et, de là, traversaient un couloir étroit. Au bout ils arrivaient à un passe-plat dont le comptoir de métal glaçait les bras quand on s'appuyait dessus. De l'autre côté, dans les vapeurs de cuisson et les âcres odeurs des produits ménagers, des femmes s'agitaient, chargées de plateaux couverts d'assiettes et de verres. Il fallait hurler de toutes ses forces pour se faire entendre dans le vacarme ; après plusieurs tentatives, une silhouette blanche finissait par s'approcher à contrecœur du passe-plat en essuyant son front trempé de sueur. Elle demandait d'une voix bourrue *Qu'est-ce que tu fais là, toi*, sans jamais écouter la réponse. Adrian glissa à la cuisinière le billet sur lequel était inscrite la commande de Schwester Mutsch. Elle tourna et retourna le papier, soupira et disparut, avant de revenir avec un plateau. Cette fierté que l'on ressentait *quand on portait le plateau*. Cette fois, il n'y avait pas une mais deux assiettes. Une grande et une petite, couvertes chacune d'une cloche. Dehors, il avait commencé à pleuvoir légèrement. Adrian approcha le plateau de son visage pour sentir ce que les cloches renfermaient. Il reconnut l'amer arôme de jus de viande et de légumes trop cuits de la grande assiette. L'autre ne sentait rien. Peut-être s'agissait-il d'un biscuit ou d'un gâteau à la crème ? Depuis qu'il était arrivé au Spiegelgrund, il n'avait jamais eu droit à un dessert ou une sucrerie. On racontait que certains enfants en avaient reçu. Un garçon qui refusait d'ouvrir les yeux (il n'avait fait qu'un court séjour dans leur dortoir) avait eu droit à un petit morceau de tarte aux pommes avec de la crème. En tout cas, c'était ce qu'avait dit Peter Blaschek ; il prétendait avoir vu Schwester Demeter, avec son visage long et étroit, assise sur le bord du lit de l'enfant et tentant de lui faire avaler une cuillerée de crème. Adrian avait-il en main l'une de ces gâteries ? Et si c'était le cas, à qui était-elle destinée ? Bien plus tard, lorsqu'Adrian tenterait de se rappeler ce qui s'était réellement produit cette après-midi, il se retrouverait pétrifié par l'idée qu'*il n'y avait peut-être jamais eu de seconde assiette ni de seconde cloche*. Qu'il s'était simplement imaginé tout cela. Ou encore : que sa mémoire avait placé la seconde assiette et la seconde cloche sur le plateau alors que ce jour-là, comme d'habitude, il n'y avait eu qu'une seule assiette sous une seule cloche. Mais si cette seconde cloche n'avait jamais existé, pourquoi avait-il le souvenir d'avoir longtemps tourné en rond sous la pluie à la recherche d'un endroit où déposer le plateau à l'abri ? Et pourquoi ses jambes eurent-elles un soudain accès de faiblesse ? Il ne faisait pourtant rien de mal : il se contentait de porter un plateau. Le chemin qu'il prit au retour était étrange, lui aussi. Normalement, en partant des cuisines, il fallait suivre le sentier qui passait derrière le pavillon 13, celui qu'ils empruntaient tous les jours pour se rendre à l'école. Au lieu de cela il traversa l'allée centrale et continua tout droit devant le pavillon 13 en direction du pavillon 15. Là, il vit la charrette verte stationnée devant lui, au bord de la route. Juste devant les marches qui menaient à l'arrière du pavillon. Comme si elle l'attendait, avec son épaisse capote verte, ses deux grandes roues et son brancard. La poignée était posée au sol, l'homme qui tirait la charrette urinait contre le mur du pavillon. Il portait l'uniforme de la clinique : un pantalon gris trop court et une veste assortie. Adrian resta un instant figé, le plateau entre les mains. Devant lui : cette mystérieuse charrette verte. Si proche que ceux qui regardaient par la fenêtre depuis l'intérieur du pavillon (s'il y avait quelqu'un à l'intérieur) devaient avoir l'impression qu'il se trouvait juste à côté. Et voilà qu'une voix s'éleva en lui, hurlant aussi fort que le vent dans les feuillages : *Non, ne l'ouvre pas*. Par la suite il en serait certain : quand la voix s'écria *ne l'ouvre pas*, elle voulait parler de la cloche de la seconde assiette. Pourtant il déposa le plateau par terre et se dirigea vers l'étrange charrette. Elle aussi était sous cloche, fermée par une capote qui s'ouvrait à l'aide d'une poignée. L'homme en blouse d'hôpital lui tournait toujours le dos, absorbé par son activité. Au-dessus de lui, les fenêtres du pavillon étaient luisantes de pluie. Adrian vit les arbres de l'allée se refléter dans leurs vitres : il avait pris l'agitation de leur feuillage pour des mouvements à l'intérieur du pavillon. En réalité, il n'y avait personne derrière ces fenêtres. Même sur la bâche verte et convexe de la charrette, rien ne se réfléchissait à part les gouttes de pluie : elles s'accrochaient à sa surface avant se déliter en de minces filets qui s'écoulèrent sur ses doigts quand il actionna la poignée. La capote fut étonnamment facile à ouvrir – comme si une force invisible l'avait aidé à la soulever. À l'intérieur gisaient trois corps d'enfants dans une position incongrue. Jetés là sans qu'on se soucie de la façon dont ils atterriraient. Ils étaient nus, la peau jaunâtre. Leur visage n'en était plus un : la bouche, véritable trou noir, dévoilait sous les lèvres éclatées deux rangées de dents jaunies comme celles d'un cheval. En tout cas pour le garçon du dessus. Son corps raidi formait un pont au-dessus des autres. D'eux, Adrian ne voyait qu'une colonne vertébrale légèrement voûtée et un bout d'omoplate prolongé par un bras qui reposait sur le corps voisin ; pour le protéger ou le consoler peut-être. D'où venaient ces enfants morts ? Du pavillon 15 ? Il leva les yeux vers les fenêtres aux vitres striées de pluie. Il eut l'impression de se trouver lui-même derrière l'une de ces vitres. Il se regardait, la poignée de la capote à la main, en train d'observer ces trois enfants morts qui prenaient l'eau. Autour de lui, derrière la fenêtre, des enfants s'attroupaient, mer de corps chauds et suants qui se bousculaient pour voir ce qui se passait dehors. Comment pouvait-il être à la fois lui-même et un autre ? À l'intérieur et à l'extérieur du pavillon ? Où était le vrai lui ? Et comment être sûr que c'était bien lui qu'il voyait ? Il referma la capote avec précaution, reprit le plateau au sol et, sans se retourner, poursuivit son chemin en direction de son pavillon. Hormis le bruit du vent plongeant ses mains trempées de pluie dans les feuillages et le crissement du gravier mouillé sous ses pieds, tout était silencieux. On n'entendait même pas les idiots du pavillon 15. Arrivé devant la porte, il se saisit du trousseau confié par Schwester Mutsch, chercha la bonne clef et l'inséra dans la serrure. De l'autre côté, le couloir poussiéreux était envahi d'ombres. Il passa devant l'office et pénétra enfin dans le foyer où tous les enfants étaient attablés. Mais ils n'avaient plus de plateau devant eux. Ils étaient en plein temps calme, les mains posées paume contre table. Au fond de la pièce, Schwester Mutsch regarda l'heure et demanda *Où étais-tu passé pendant tout ce temps ?* Malgré tout elle lui sourit franchement, du sourire qu'elle lui avait adressé pendant leur promenade. Elle lui sourit *comme si de rien n'était* alors que les autres avaient fini de manger depuis longtemps – ils attendaient qu'il subisse sa punition. Et soudain, c'en fut trop : il sentit ses bras et ses jambes s'allonger et s'alourdir ; le plateau glissa de ses mains et s'écrasa au sol avec les cloches dans un assourdissant fracas qui anéantit tout.

Prisonnier dans l'arbre Il est dans la cellule où avait été enfermé Julius Becker avant lui. Un lit fixé au mur, une couverture mais sans matelas, un évier encastré et une bassine où faire ses besoins. La fenêtre est trop haute et condamnée par une grille, si bien qu'il est très difficile de voir à l'extérieur. S'il s'appuie d'un pied sur le rebord du lit, se tourne vers le mur et s'accroche de la main gauche à la grille, il aperçoit un bout de l'allée gravillonnée au-dessus de lui et les arbres qui la bordent. Il voit des jambes, aussi ; certaines immobiles, enracinées dans le sol, d'autres se traînant avec peine, comme si elles portaient ou tiraient quelque chose de lourd. Il entend de nouveau le lent crissement des grandes roues de la charrette. Majestueusement, le véhicule vert traverse son champ de vision, et l'odeur des cadavres s'engouffre à travers l'étroite bouche d'aération, inondant la pièce telle une vague. Et voilà que les employés en blouse de travail fuient en grimpant dans les arbres. Adrian se jette sur l'évier pour vomir. Ensuite, quand il veut boire au robinet, le filet d'eau est si fin qu'il atteint à peine ses lèvres. Soudain le cliquetis d'une clef ; la porte de la cellule s'ouvre et Schwester Mutsch apparaît.

Essuie-toi la bouche. Tu as de la visite.

Entrent alors le docteur Krenek, Frau Rohrbach et, derrière elle, Frau Edeltraud Baar, la psychologue. Elle tient un classeur fermé contre sa poitrine. Tous les quatre s'adossent au mur, comme si, sans eux, il allait tomber.

> DOKTOR KRENEK : Nous avons cru comprendre que tu n'apprécies pas la nourriture que nous vous servons ici.
>
> FRAU ROHRBACH : Il l'a fait exprès. Il a jeté son plateau dès qu'il est entré.
>
> DOKTOR BAAR : Tu penses peut-être que la nourriture n'est pas assez bonne pour toi.
>
> SCHWESTER MUTSCH : Il fait toujours cela. Il est gentil, il se fait bien voir, et quand on finit par lui donner un peu plus de responsabilités, il gâche tout. Pas seulement pour lui-même, mais aussi pour les autres enfants.

Adrian a besoin de s'asseoir. Il cherche le bord du lit à tâtons dans son dos. Mais à peine a-t-il commencé à plier les jambes que Schwester Mutsch le force à rester debout :

Lève-toi, tu ne vois pas qu'on te parle !

La cellule se met à vaciller autour de lui. Il aurait aimé avoir lui aussi un arbre auquel grimper pour se cacher. Mais il n'y a pas d'arbre ici. Juste le docteur Krenek qui se déploie devant lui tel un géant, le visage enflé de colère.

À partir de maintenant, interdiction de sortir d'ici ! Et tu seras privé de nourriture !

Interdiction de sortir d'ici tant que nous n'aurons pas extirpé la paresse de ton corps et que tu n'auras pas appris à obéir et à apprécier la nourriture qu'on te donne.

Ils repartent. Soulagé, Adrian se laisse retomber sur le lit. Après quelques minutes, il grimpe de nouveau à la fenêtre. La charrette aux cadavres n'est plus là. Mais les gens sont toujours dans les arbres. Les jambes ramassées contre la poitrine, la tête entre les genoux et le regard rivé au sol – de grands oiseaux en train de couver leur progéniture. Il y en a plein les arbres. De nouveau le cliquetis de la serrure : Schwester Mutsch entre. Elle dépose sur le lit une assiette contenant deux fines tranches de pain et le regarde comme si elle attendait quelque chose de lui. Des excuses, sûrement. Ça, il en est incapable. Pourtant, il doit dire quelque chose. Alors il dit que les idiots de l'hôpital ont grimpé aux arbres et se sont réfugiés dans les branches. Elle l'observe de ses yeux écarquillés. *Quoi ?* Il répète : *Les idiots ont grimpé dans les arbres.* Il voit bien qu'elle ne le croit pas. Mais elle doute : au lieu de se tourner vers elle il continue de se tordre la nuque pour regarder par la fenêtre. Elle s'avance, curieuse. *Où ?* Il pointe l'index : *Là-bas.* Elle est trois fois plus grande que lui et elle peine à se contorsionner pour voir dehors. Elle lève une jambe, Adrian la hisse par la cuisse et parvient ainsi à placer son corps massif et tout de blanc vêtu dans la bonne position – un pied maintenant l'équilibre sur le bord du lit, la main gauche accrochée à la fenêtre et le visage tout contre le mur. *Où ?* répète-t-elle encore et encore ; *Là*, répond-il en essayant d'insérer son index entre le visage de l'infirmière et la grille ; *là, là, là*. S'il sourit à cet instant, c'est parce qu'il a peur. Il sait exactement ce qui va se passer et il ne peut rien faire pour l'empêcher. Soudain les rôles sont inversés : c'est lui qui se retrouve coincé contre le mur tandis qu'elle s'appuie sur lui de tout son poids. *Espèce de petite ordure !* crache-t-elle. Et une fois qu'elle commence à le frapper, elle ne peut plus s'arrêter. Les coups pleuvent sur tout son corps, et même si, recroquevillé au sol, il essaie de se protéger le ventre et l'entrejambe, la nuque et la tête, chacun des coups trouve son chemin jusqu'à lui. Ce châtiment est disproportionné, mais quelle importance ? Il a trahi sa confiance et celle de tous les autres. Et pour cela, il n'est pas de châtiment assez sévère.

Abri Dehors, l'air est devenu plus chaud et plus humide. Par l'étroit soupirail entrouvert pénètrent les sons d'étranges oiseaux qui s'envolent en claquant des ailes, des voitures qui démarrent en trombe dans la rue de l'autre côté du mur et, par-dessus, derrière ou à l'intérieur : les pleurs incessants des enfants du pavillon 15, parfois interrompus par un cri strident ou un long hurlement, comme si quelqu'un luttait pour sa survie. La cellule baigne aussi dans cette lumière angélique et trompeuse, plus puissante encore à cause de son exiguïté. Adrian est fatigué mais la faim l'empêche de dormir. Sa conscience flotte au-dessus de son corps à demi assoupi avec la légèreté et la délicatesse d'une plume. Des visages sortent du mur comme une crème d'un tube que l'on presse. Un jour, Hannes Neubauer a dit que les enfants morts étaient conduits dans la Montagne. Essaient-ils maintenant de s'en échapper et de venir dans les cellules des vivants ? Saisi d'angoisse, il tend les mains pour chasser les visages morts. Tout à coup, il se rend compte que les murs sont loin et que le lit trône au milieu de la cellule. Au plafond, les trois chaînes de la suspension forment une sorte de nœud juste au-dessus de sa tête, puis elles plongent dans un trou ouvert sous le lit. Un trou noir et béant telle l'entrée d'un siphon. Il y a donc un étage en dessous ? Adrian était persuadé que sa cellule était enterrée si profondément dans cette prison dégoûtante que l'on ne pouvait pas aller plus bas. Que la seule possibilité d'en sortir était de remonter le temps et de défaire tout ce qui avait été fait. Mais qui est capable d'une telle chose ? Pourtant, ce trou, on peut s'y glisser si l'on arrive à se faire suffisamment petit. Et au moment où cette pensée le traverse, le trou s'agrandit sous lui. Suspendu au-dessus du vide, il s'appuie des deux bras contre les parois pour ne pas glisser. Puis ses pieds finissent par trouver un point d'appui : des marches hautes mais stables apparaissent et grandissent. C'est le même type d'escalier que celui qui mène aux abris antiaériens. Il le descend jusqu'à la dernière marche, où l'escalier se transforme en un passage si exigu qu'il peut à peine l'emprunter tête baissée. Il se trouve au cœur de la Montagne. Même si la lumière angélique ne parvient plus à l'éclairer, il sent que la cavité ne cesse de s'élargir autour de lui. Le bruit de ses pas crée un écho au sein d'un écho plus fort, et quand, à chaque expiration, l'air quitte ses poumons, c'est comme si un millier de personnes respiraient à l'unisson. Il les voit alors : les enfants de son unité. Ils sont assis sur des bancs étroits, les genoux serrés contre la poitrine, exactement comme Frau Rohrbach le leur a ordonné. Tout au bout du banc, Julius Becker a des ciseaux plantés dans le ventre. Son sourire est maculé de sang noir coagulé. Il se pousse un peu sur le banc et fait signe à Adrian de venir s'asseoir à côté de lui. De là où ils sont, ils entendent clairement l'eau qui s'écoule sans interruption sous leurs pieds. Pas comme à Ybbs, où ils ne percevaient du fleuve qu'un vague murmure de l'autre côté des épais murs de pierre. Ici, l'eau est tellement proche qu'Adrian sent son souffle froid sur son visage. Becker désigne un trou apparu sur le sol de pierre, entre les deux rangées de bancs. La trappe qui recouvre habituellement le trou, une trappe de bois à ferrures noires, est ouverte ; dessous, l'eau déferle à une telle allure qu'elle paraît immobile. Les garçons s'approchent du trou à tour de rôle. Le premier à se lever est celui qui est assis à l'extrémité gauche de la rangée de bancs. Il s'assied à côté de la trappe et plonge les deux jambes dans la cavité ; alors l'enfant assis à l'extrémité droite de la rangée se lève et vient s'accroupir derrière lui qui se laisse glisser dans l'eau. Pendant une courte seconde, la tête du premier enfant est encore visible au-dessus de la surface. Puis l'eau s'empare de son corps pour l'attirer dans ses profondeurs. D'un geste presque doux, le deuxième garçon pose sa main sur la tête du premier et appuie ; il la maintient sous la surface jusqu'à ce que le corps tout entier disparaisse, emporté par les flots. Ensuite il plonge à son tour dans le trou. Un troisième garçon, venu de l'extrémité gauche de la rangée, s'est déjà positionné à côté de la trappe pour pousser sa tête sous l'eau. Et ainsi de suite. Les deux rangées de bancs se vident peu à peu. *Il n'y a qu'une seule issue*, lui explique Julius Becker. Vient le tour d'Adrian. Debout au-dessus du trou, il regarde la tête de Jockerl s'enfoncer sous les eaux. Le garçon doit lutter pour résister à la puissance du courant, pourtant il parvient à lever vers Adrian des yeux à la fois terrifiés et résolument suppliants. *Fais-le fais-le fais-le... !*

murmure la Montagne avec la voix de Julius Becker. Mais Adrian n'arrive pas à lever la main, lourde comme le plomb. Tout à coup, une porte s'ouvre derrière lui, un bras se tend et la tête de Jockerl disparaît sous les eaux noires et tourbillonnantes. Il se relève et crie, mais aucun son ne sort : ses poumons se sont vidés de leur air. La silhouette sombre de Schwester Mutsch se détache maintenant dans la lumière bleutée des anges. C'est encore le milieu de la nuit ; à peine devine-t-on un soupçon de lumière du jour derrière la fenêtre. Dans l'obscurité, Mutsch se penche au-dessus du lit. Il pense d'abord qu'elle est venue appuyer sur *sa* tête pour l'immerger. Mais elle lui tend une assiette contenant deux tranches de pain noir et sec. *Mange ça et après tu pourras sortir*, dit-elle.

Pototschnik En septembre 1942, un nouveau garçon arrive dans leur unité. Il s'appelle Karl Pototschnik et, selon son dossier médical, il incarne tout ce qu'il peut y avoir de pire et de plus destructeur chez un enfant. Il est paresseux et indolent, fuyant et égoïste, faux et sournois, malhonnête et « mauvais camarade » ; il ne respecte rien ni personne, crie et préfère se faire gronder plutôt qu'obéir. Pototschnik a l'âge d'Adrian et d'Hannes, mais son corps informe et son flegme le font paraître bien plus âgé. On a l'impression que son corps pend à ses épaules comme un manteau à un crochet et qu'au-dessus, tel un chou-fleur, on a posé une tête aux cheveux blonds denses et crépus, au front large, aux joues si charnues que les yeux sont réduits à deux fentes. Contrairement à ce qu'on pourrait penser au premier abord, Pototschnik est capable d'adopter n'importe quelle expression en un temps record. Si un membre du personnel s'approche et lève la main pour le frapper, son visage pâlit de terreur. Quand Schwester

Mutsch tire sur ses longs bras, son corps se recroqueville comme celui d'une huître, et dès que quelqu'un le critique, ses lèvres, s'étirant comme un élastique, fondent et tremblent, puis ses yeux versent de grosses larmes. Ses mimiques exagérées (sont-elles simulées ou réelles ?) irritent le personnel. Il est évident que Pototschnik ne peut pas être maté par les moyens habituels. Un jour, le docteur Krenek tenta de lui inculquer les bonnes manières. On parlerait longtemps de cet événement. Krenek ne se donna même pas la peine de prendre Pototschnik à part : dès son entrée dans le foyer il laissa exploser sa colère contre cette misérable vermine. Pototschnik, quant à lui, ne parut pas faire grand cas de la rossée qu'il reçut. Certes, il cria et se mit en boule pour se protéger des coups de ceinture, comme en témoignent les longues traces de sang sur ses mains et ses bras, mais après quinze minutes de coups cinglants qui les fit valser d'un bout à l'autre de la pièce, Pototschnik au sol et le médecin debout, c'est Krenek qui finit haletant et les épaules pendantes, peinant à lever encore le bras sur le petit nouveau aux lèvres rouges et aux yeux brillants de défi.

Pototschnik est invulnérable, dira-t-on après cette scène.

Or celui qui est invulnérable détient le pouvoir.

Mais le pouvoir n'est pas seulement une question d'endurance et de force : seul celui qui considère comme naturel l'assujettissement des autres et juste sa toute-puissance détient le vrai pouvoir.

Quand Pototschnik vous avait catalogué, on devait se comporter comme il l'attendait. Adrian étant à jamais le *Tatar*, il devait se comporter en Tatar : tant qu'il lui léchait les bottes, tout se passait bien. Selon la même logique, Jockerl, qui était petit et vif, devait être au service de Pototschnik : tant qu'il pliait les mouchoirs et les draps de Pototschnik, lui nouait ses lacets et lui rendait service, tout allait bien. Mais un jour Jockerl se rebiffa. Il était dans l'une de ces périodes où il baissait la tête et pensait que le monde entier lui voulait du mal. Pototschnik l'attrapa et le serra fort entre ses cuisses. Puis il croisa les deux bras autour de son cou et se mit à le tordre à grands mouvements rotatifs, comme s'il tournait la manivelle d'un moulin. Soudain son corps puissant fut parcouru de spasmes, des petites bulles de salive apparurent aux coins de ses lèvres et un rugissement s'échappa de son nez et de sa bouche :

— Rah-ah-ah-ahhhh... !

Hannes Neubauer fut le premier à prendre conscience du danger. Il courut avertir Schwester Mutsch. Mais elle échoua elle aussi à libérer Jockerl de l'étreinte étouffante de Pototschnik. Il fallut en plus deux gardes-malades, appelés d'urgence au téléphone par Frau Rohrbach qui, le dos tourné et dissimulant le combiné de sa main, avait murmuré *Il est en train de le tuer, de le tuer... !* pour que l'étreinte mortelle fût interrompue, Pototschnik plaqué au sol et Jockerl sauvé de l'étranglement. Il avait perdu connaissance et on dut le ranimer avec de l'oxygène. Depuis ce jour-là, Hannes Neubauer devint l'Ennemi Juré de Pototschnik, selon la même logique qui avait fait d'Adrian le Tatar et de Jockerl l'Éternelle Bonne Poire. Hannes et Pototschnik dormaient dans le même dortoir, à deux lits d'écart. Ils se retrouvaient souvent en rangs l'un à côté de l'autre pour marcher jusqu'à l'école ou dans la file d'attente pour la soupe du soir. De temps en temps, Pototschnik tentait de le provoquer. *Pourquoi tu as atterri ici, si ton père est officier, hein ? Sous-merde !* Ou *Un véritable officier allemand ne mettrait pas son fils à l'asile !* Mais Hannes ne cédait jamais à la provocation ; il se contentait de marmonner pour lui-même. Ainsi Pototschnik, avec ses grosses mains, ses grosses cuisses et ses fausses larmes, fit son entrée dans le galimatias de Hannes – un charabia qui prendrait tout son sens le jour où son père viendrait libérer les prisonniers de la Montagne.

Heures de visite Un élément départagea Pototschnik et Neubauer dans leur lutte de pouvoir : Pototschnik recevait régulièrement de la visite, tandis que Neubauer, jamais. Les visiteurs de Pototschnik étaient souvent nombreux et bruyants – on entendait des éclats de rire dans les couloirs, des portes claquant au moment de la séparation. C'était en tout cas l'impression qu'en avaient les autres enfants, restés silencieusement assis dans le foyer en attendant *leur* tour, comme disait Schwester Mutsch. Aucun autre événement récurrent du pavillon n'était régi par autant de règles et de rituels que les heures de visite : tous les enfants étaient contraints d'aller se laver à la salle d'eau puis de récurer le sol du couloir, où de longs bancs étaient installés pour les parents et les enfants convoqués. Après le déjeuner, ils étaient enfermés dans le foyer tandis que le personnel montait la garde à l'extérieur. Dès que les visiteurs arrivaient, les employés du pavillon se métamorphosaient. Ils échangeaient noms et titres d'un ton affecté et parfois les enfants entendaient les infirmières rire et s'amuser. À l'intérieur du foyer, l'excitation rendait l'atmosphère moite et piquante. *Chhhut !* murmuraient les garçons, l'oreille collée à la porte pour tenter de comprendre ce que disaient les voix flûtées des infirmières et les barytons des visiteurs. Puis la porte s'entrouvrait, et dans l'interstice avec son montant apparaissait le visage de Schwester Mutsch ou de Schwester Demeter, souriant comme si elles étaient heureuses – oui, il pouvait même y avoir une sorte d'exaltation dans la voix de Schwester Mutsch quand elle annonçait le nom de l'enfant qui aurait la joie d'accueillir ses visiteurs. Et c'était toujours le nom de Pototschnik qui était annoncé en premier :

Pototschnik, Rusch, Wild
vous avez de la visii-iiite !

Pototschnik se levait alors et quittait la pièce ; suivi de Rusch et de Wild. Le dos des garçons était raide de tension impatiente. Chaque fois que la porte se refermait derrière eux, Adrian songeait qu'il refuserait d'avoir une attitude aussi lâche et docile si jamais il était appelé. Mais pourquoi espérer une chose qui ne se produirait jamais ? Et si, contre toute attente, cela devait arriver, qu'est-ce que cela pourrait apporter de bon ? C'était ce que se répétaient les garçons dont l'*heure* n'était pas encore venue. Peut-être même Hannes Neubauer. Ou non : peut-être pensait-il que son *heure* viendrait un jour ou l'autre, mais pas ici, plutôt dans un autre espace, un autre temps. Pourtant, l'incroyable, l'impensable se produisit ! Un jour, la porte s'ouvrit, Schwester Mutsch passa la tête dans l'entrebâillement, sourit et annonça :

Zie-eegler... ! Visi-iite !

Adrian n'en crut pas ses oreilles, et visiblement Schwester Mutsch non plus : quand, sur des jambes tremblantes, il se baissa pour passer sous le bras de l'infirmière, elle le considéra avec une telle méfiance qu'il s'imagina que le visiteur était un agent venu le conduire au bagne. Mais c'était sa mère ! Elle se tenait dans un coin tout au bout du couloir, contre le mur, vêtue de son vieux manteau sans col. Elle avait mis du rouge à lèvres : sa bouche ressembla à une fleur vermeille quand elle s'ouvrit pour sourire. Sauf que ce n'était pas à lui qu'elle souriait ; c'était à Frau

Rohrbach qui passait à côté, les bras croulant sous le poids des dossiers serrés contre sa poitrine. Frau Rohrbach sourit également, d'un air signifiant que ce sourire était une charge supplémentaire. Et : *Merci, ça va, ça, ne vous dérangez pas*, dit-elle à la mère d'Adrian qui s'était naturellement précipitée vers elle pour lui ouvrir la porte. D'un geste élégant Frau Rohrbach avait déjà libéré l'un de ses bras, pris sa clef, ouvert et refermé la porte. La mère d'Adrian, pleine de bonne volonté, se retrouva les bras ballants et la mine pathétique. C'était la première fois depuis quatre ans que la mère et son fils se retrouvaient dans une même pièce. Pourtant la mère le regardait à peine, ou alors elle refusait de reconnaître ce qu'elle voyait. Elle semblait considérer son manteau et son rouge à lèvres comme une sorte de déguisement qui risquait d'être percé à jour, sauf si son fils et elle échangeaient le plus de mots possibles. Elle commença donc immédiatement à lui parler du père : Il s'est remis à lever le coude avec un de ses collègues et a été renvoyé de l'usine de construction ferroviaire. Il va sûrement devoir rejoindre l'armée, puisqu'il n'y a plus aucun débouché dans l'industrie de guerre. Laura, elle, est entre de bonnes mains. En revanche, elle n'a aucune nouvelle d'Helmut, censé avoir été conduit au Spiegelgrund. Et Doktor Krenek qui prétend n'avoir aucun document sur un enfant de ce nom ! D'ailleurs, Adrian a-t-il vu ou entendu parler de son frère ? Tout à coup, une vague chaude et massive ravage Frau Dobrosch : tout son visage éclate soudain en sanglots. Littéralement. Comme éclate une pierre ou un morceau de glace : de l'intérieur. Derrière son visage en ruine et la cascade qui s'en déverse, la mère reste paralysée d'impuissance. Elle ne cherche même pas à se cacher derrière ses mains. Au plus profond d'Adrian, il se passe une chose qu'il n'aurait jamais crue possible. Il a honte de sa mère. Une fureur s'élève en lui, muette et impuissante. Comment lui dire désormais ce qu'il aurait vraiment voulu lui dire ? Comment s'y prendre pour lui annoncer qu'on tue des enfants dans cette clinique ? Que les médecins sélectionnent ceux qui doivent mourir en leur enfonçant un bonbon dans la bouche ? Que les *élus* sont ensuite conduits au pavillon 15, où ils reçoivent une injection ou une dose de poison dans leur nourriture, et qu'une fois morts on les jette dans des charrettes ? Des charrettes avec des roues gigantesques et une capote verte tirées par des patients du Steinhof en gris qui ne savent peut-être rien de leur épouvantable chargement. Comment dire tout cela à un visage accablé de tristesse qui pleure un enfant disparu sans laisser de trace ? Adrian se sent impuissant. Et plus encore quand elle s'avance vers lui bras ouverts. L'étreinte n'est que spasmes et sanglots ; c'est *la mère* qui cherche consolation auprès de *lui*, non l'inverse. Son manteau dégage une âcre odeur de crasse et d'humidité. Elle finit par sentir à quel point l'enfant se raidit de plus en plus. Alors elle se met à pleurer davantage. À ce moment-là Schwester Mutsch arrive *enfin*. La mine inquiète et gênée, elle pose une main protectrice sur la nuque du garçon puis le reconduit d'un geste ferme dans le foyer. Une violente bagarre vient d'y éclater. Depuis l'entrebâillement de la porte, Schwester Mutsch hurle *Maintenant, ça suffit ce boucan ! Il y a encore des visiteurs dans l'établissement !* À l'intérieur, une fois la porte refermée, Pototschnik se place au centre de la pièce, le poing levé en signe de triomphe. Il baisse lentement le bras et ouvre les doigts un à un, révélant une douille et

Je la veux je la veux je la veux

scandent-ils tous. Hannes Neubauer se tient un peu à l'écart. Ce jour-là non plus, il n'a pas reçu de visite.

Il aimerait beaucoup avoir cette douille et Pototschnik le sait. C'est une vraie cartouche Mauser, se vante-t-il. D'un vrai pistolet mitrailleur. Il s'avance, la douille posée sur sa paume ouverte comme sur un plateau. Il la prend, en dirige la pointe vers le visage de Hannes.

Tu sais pourquoi ta mère vient jamais te voir, Hannes

Parce que c'est une traînée Hannes, une traînée traînée traînée

UNE TRAÎNÉE ! TRAÎNÉE ! TRAÎNÉE ! crient tous les enfants. Adrian crie plus fort que les autres. Son visage est rouge d'excitation tant il est heureux de pouvoir prononcer un tel mot. Soudain Pototschnik donne la douille à Jockerl

Tiens, prends-la

(et tournant le dos à Hannes)

moi j'en veux pas.

Une arme secrète L'automne touche à sa fin, et pour remplacer temporairement Schwester Demeter, qui souffre d'une blessure à la cheville, on a recruté Frau Lauritz. Elle est plus âgée que Mutsch et Demeter ; son visage semble constitué de morceaux de tissu qui auraient été cousus ensemble : tandis qu'une partie sourit, l'autre se crispe. Elle est mince, vigoureuse et très portée sur les activités extérieures ; ils ont donc pour ordre de se tenir en permanence prêts à partir en randonnée, le havresac déjà fait, avec au moins une tenue de rechange sèche. Si le temps est tellement mauvais qu'ils ne peuvent pas mettre le nez dehors, ils restent dans le foyer et s'adonnent à ce qu'elle et Frau Krämer appellent l'entretien des affaires personnelles : brosser ses chaussures, retirer puis remettre ses lacets – et répéter l'opération encore et encore, jusqu'à ce que Frau Krämer estime qu'ils y ont consacré suffisamment de temps et de peine. Adrian Ziegler n'a rien contre ces nouvelles activités : au fond de son havresac il a conservé la douille que Pototschnik a donnée à Jockerl et qu'il a volée. Personne n'est au courant. Pas même Jockerl. Et encore moins Pototschnik. Jockerl est sûrement persuadé que la douille se trouve encore avec les bricoles qu'il a dissimulées derrière le tiroir de sa table de chevet. Jockerl ne sort jamais complètement le tiroir du meuble : il a trop peur de révéler l'existence de son petit trésor. Au pavillon 9, personne n'a le droit de posséder un trésor. Tous se rappellent ce qui est arrivé à Rudolf Ortner. À son arrivée à l'unité, il a étalé sa collection de coquillages sur une table du foyer : des coques de moules joliment rayées à l'extérieur et d'un blanc légèrement bleuté, délicatement nacré, à l'intérieur. Dès la fin du spectacle, Schwester Mutsch a fait tomber toutes les coquilles et les a piétinées. On les entendait exploser sous ses pieds. *Dans cette unité, il est interdit de conserver des effets personnels*. Adrian Ziegler imaginait le sourire froid qui illuminerait le visage de l'infirmière si elle découvrait que Pototschnik avait des munitions bien réelles. Était-ce pour cela qu'il avait donné la douille à Jockerl ? Car si Pototschnik est avide de pouvoir, il est prudent, voire lâche, et il ne court jamais de risques inutiles. Mais c'était compter sans Ziegler ; tout le monde sait qu'un Tatar ne résiste pas à ce qui brille. Donc, une nuit, ce Tatar s'était glissé hors de son lit et avait discrètement ouvert le tiroir de la table de chevet de Jockerl. Il s'était emparé de la douille et avait ensuite passé des heures à la retourner en tout sens. Il faut toujours être très prudent quand on veille en pleine nuit : le personnel de garde vient parfois regarder par la lucarne de la porte et la lumière de la veilleuse est traîtresse. On a l'impression qu'il fait noir, mais ce n'est pas vrai. C'est pourquoi

Adrian forme une boule avec sa couverture pour faire croire qu'il dort dans son lit, puis il s'assied sur le sol, à l'abri des montants – là, il est bien caché. Il passe ainsi plusieurs nuits d'affilée à polir la pointe de la douille à l'aide du talon de sa chaussure. En soi, cette douille n'a aucune valeur. Mais le fait de la *posséder* lui procure un sentiment d'espace et de liberté. Le sentiment d'être maître de sa vie – celui qui anime Hannes quand il monte la garde à l'entrée de la Montagne. En cet instant, ils peuvent tous les deux affirmer : je sais où *vous* vous trouvez, mais vous ignorez totalement où *je* me trouve et ce que *je* fais. Parfois, Adrian remet l'arme secrète en place dans son tiroir, et d'autres fois, par défi, il dort avec la douille serrée dans son poing, même quand Frau Rohrbach vient les réveiller avec sa tige. Un jour, la douille toujours serrée dans la main, il dit glorieusement à Jockerl :

C'est la dernière nuit que tu me vois ici,
crois-moi sous-merde

(tout le monde appelait Jockerl sous-merde)

et le regard terrifié de Jockerl glisse du poing d'Adrian à son visage épuisé par les nuits blanches. Il ne comprend pas quelle est cette arme secrète qu'il cache dans sa main. Il ne comprend rien, rien du tout.

Ainsi passent les jours, la lumière apparaît de plus en plus tard le matin et s'en va de plus en plus tôt le soir. Le matin, les flaques sont encore pleines de la pluie tombée sur les graviers. Un vent puissant souffle à travers les arbres du parc de l'hôpital, charriant une âcre odeur de poussière humide en provenance de l'ancienne carrière. Les enfants du pavillon se sont mis en rangs pour partir en excursion. Ils grelottent de froid, le havresac sur les épaules, dos au vent. Cette fois, Adrian Ziegler a emporté son arme ; il l'a placée tout au fond de son sac, tel un secret, un trésor caché.

Ou tout simplement quelque chose qui le différencie des autres et lui donne une couleur dans tout ce gris. Ce matin-là, Adrian n'a pas l'impression de marcher ni même d'avancer, il a l'impression de s'élever. Tous s'élèvent vers des cieux qui peu à peu s'éclaircissent et s'illuminent au fur et à mesure de l'ascension du soleil au-dessus du Galitzinberg, une épingle de verre tranchant. Au niveau de l'ancienne caserne de pompiers, un châtaignier repose contre le mur d'enceinte de l'établissement. Ses feuilles brillent d'un beau jaune-brun sous le soleil : un arbre de théâtre qui, quand le vent s'engouffre dans sa couronne, sème des petites châtaignes qui tombent en claquant furieusement sur le sol et sur les enfants. Soudain l'un d'eux hurle qu'on lui a jeté une châtaigne à la tête. Avant que Frau Lauritz ait le temps de réagir, les enfants s'égaillent. D'ordinaire jamais ils n'auraient osé opérer une atteinte aussi flagrante aux règles ! Mais Frau Lauritz est nouvelle, elle n'est pas familière des lois strictes intronisées par Schwester Demeter et Schwester Mutsch. Alors personne n'obéit à ses coups de sifflet – *trit trit trit !* À elle de remettre de l'ordre dans ce groupe qui court partout à la recherche de châtaignes ! Jockerl est, bien sûr, le premier à percevoir l'imminence du danger. Il se rue vers Frau Lauritz et dans un geste sacrificiel il lui tire le bras :

C'était moi Frau Lauritz c'était moi... !

Mais Frau Lauritz ne se laisse pas facilement berner. Elle a vu le coupable « de ses propres yeux ». Et avant que Pototschnik ait le temps de filer, elle saisit sa tête de chou-fleur par l'oreille et la tourne jusqu'à ce que le corps entier pende et se balance au bout de ses doigts.

Tout cela aurait pu n'être qu'une simple brimade ; une de ces scènes qui se déroulent une dizaine de fois par jour dans les dortoirs et derrière les portes closes des foyers. Mais tandis que Frau Lauritz réprimande Pototschnik qui hurle comme un damné, une vieille dame s'approche, un cabas à la main. Lorsqu'elle les voit, elle pose son sac par terre et court vers eux en agitant les bras :

Arrêtez ! vous avez perdu la tête
lâchez ce pauvre enfant sans défense... !

Interloquée, Frau Lauritz lève les yeux, tenant toujours entre son pouce et son index l'oreille du jeune Pototschnik au visage déformé par la douleur. Qui est cette inconnue qui a le culot de remettre en cause son autorité ? Mais l'autre ne se laisse pas impressionner. Son époux connaît personnellement le directeur de l'hôpital. Madame le bourreau d'enfants n'a qu'à donner son nom et son grade, et son époux veillera à ce que les sanctions adéquates soient appliquées ! Des gens commencent à se rassembler autour de la scène. Du coin de l'œil, Adrian voit même deux enfants s'approcher, probablement des frères. Le plus jeune pousse une bicyclette tandis que le plus âgé marche à côté de lui d'un pas légèrement hésitant. Frau Lauritz a dû se rendre compte du danger, car elle rougit, se rengorge comme un oiseau et déclare :

Je traite mes enfants comme mon Führer le désire et me l'ordonne !

Plus tard, Adrian se demanderait ce qui se serait passé s'il en avait profité pour prendre la poudre d'escampette. Il avait déjà tout ce dont il aurait eu besoin : des vêtements secs dans son havresac, du thé chaud dans son thermos et la portion de nourriture qu'on leur avait distribuée le matin et à laquelle il n'avait pas encore touché. Et la douille, son arme secrète. Mais aurait-il eu le temps de s'échapper ? Le chemin était droit et bordé de terrains clôturés de grands murs ou de hautes grilles ; à cause du poids de son chargement,

Frau Lauritz ou Frau Krämer l'aurait vite rattrapé. Frau Lauritz était folle de rage ! Écarlate, elle ordonna au groupe de se reformer et ils reprirent leur randonnée à un rythme éreintant. Celui qui était le plus furieux, pourtant, c'était Pototschnick. Dès que Frau Lauritz eut le dos tourné, il se jeta sur Jockerl et lui murmura, d'une voix suffisamment élevée pour que tous puissent entendre, y compris ceux qui étaient loin devant *Quand on sera de retour je vais te défoncer la gueule sale sous-merde.* Frau Lauritz lui asséna des coups de bâton jusqu'à ce que son corps se recroqueville et retrouve sa place dans la file.

Le châtiment de Jockerl La rumeur de l'événement avait dû les précéder, car à leur retour à la clinique le docteur Krenek les attendait devant la porte du pavillon 9. Sans leur laisser le temps de retirer leurs vêtements d'extérieur, il leur ordonna de se mettre au garde-à-vous, *Habt-Acht*, à côté de leurs places respectives dans le foyer. Ensuite il prononça un sermon leur rappelant que, dès qu'ils sortaient de l'enceinte de l'établissement, ils étaient tenus de respecter la plus stricte discipline et ne devaient en aucun cas adresser la parole à des inconnus. Pourtant, personne n'avait parlé à des inconnus, ce jour-là. C'était à leur *Erzieher*, Frau Lauritz, que l'inconnue s'était adressée. Mais le docteur Krenek ne tenait pas compte de ce genre de détail et personne ne chercha à le reprendre. Debout à côté de lui, Frau Rohrbach, un classeur ouvert dans les mains, se mit à lire chacun des noms à haute voix ; à l'énoncé de son nom, chaque garçon devait s'avancer jusqu'au bureau pour y vider ses poches. De temps en temps, à la plus grande satisfaction de Krenek, apparaissaient une ou deux inoffensives châtaignes, une jolie pierre ou une capsule. Bientôt vint le tour de Jockerl.

Au moment où il se pencha pour montrer ses poches vides, Pototschnik hurla de sa voix suraiguë :

Rends la douille que t'as volée !

Jockerl resta les pieds collés au sol sans bouger d'un poil, jusqu'à ce que le docteur Krenek, irrité, le frappe d'un coup dans le dos. À partir de là, on vit distinctement trembler les jambes de Jockerl. Avait-il déjà vérifié sa cachette secrète dans sa table de chevet ? Savait-il que la douille ne s'y trouvait plus ? Avait-il une idée de qui pouvait l'avoir volée ? Frau Rohrbach appela le nom suivant et Jockerl regagna sa place. Pototschnik lui lança un coup d'œil assassin. Jockerl ne dit rien : il regarda simplement droit devant lui. Puis vint le moment que tout le monde attendait : un glouglou se fit entendre, qui se transforma en jet ténu, puis l'odeur douceâtre d'urine tiède se répandit dans la pièce telle une couverture chaude. Frau Lauritz fixa Jockerl des yeux ; d'une jambe, il tenta de dissimuler la tache sombre sur son pantalon. Le docteur Krenek avait lui aussi vu ce qu'il y avait à voir – mais il garda les mains dans le dos et fit semblant de regarder par la fenêtre, peut-être pour épargner à ses pauvres employées de nouvelles humiliations. Frau Lauritz, en revanche, parcourut à la hâte la rangée de garçons hilares, saisit Jockerl par la manche et le tira vers la sortie. On entendit les portes s'ouvrir et claquer, puis le son familier de l'eau frappant l'émail dur et froid de la baignoire. Jockerl allait subir un *traitement de choc*. Ses cris résonnèrent entre les murs carrelés de la salle d'eau. D'une étrange manière : comme s'ils avaient été capturés dans une boîte de métal. Puis tout redevint silencieux : on venait de poser un couvercle sur cette boîte. Pendant un temps plus rien ne se passa, sauf du côté du docteur Krenek qui, mains dans le dos et yeux tournés vers la fenêtre, se racla brièvement la gorge avant de s'en aller. Frau Lauritz revint ; quelque chose avait fait craquer les coutures qui liaient les différentes parties de son visage entre elles. En silence, elle traversa la pièce et reprit sa place près du bureau, les yeux rivés droit devant elle. N'ayant reçu aucun contrordre, tous les enfants restèrent immobiles. Dehors, la nuit avait commencé à tomber et dans la salle on y voyait à peine. Adrian ne pensait qu'à son havresac et à la manière dont il allait se débarrasser de la douille. Il finit par prendre son courage à deux mains et demanda s'il pouvait aller aux toilettes. Perdue dans ses pensées, Frau Lauritz sursauta. Puis, voulant sans doute éviter une autre situation embarrassante, elle déverrouilla la porte et le laissa aller aux toilettes sans l'accompagner ; elle lui enjoignit simplement de toquer pour entrer lorsqu'il aurait terminé. Adrian se retrouva dans le couloir vide. Il y faisait tellement sombre que seule sortait de l'ombre l'horloge suspendue au plafond, avec son cadran nu, aveugle, sans aiguille. Le goutte-à-goutte de l'évier rythmait la marche d'Adrian. Son regard tomba sur Jockerl, enserré dans les serviettes trempées dans lesquelles Frau Lauritz et les autres infirmières l'avaient enveloppé. Son corps paraissait à la fois frêle et tendu. De ses petites jambes à son long cou d'oiseau, il était tout entier parcouru de longs spasmes. En même temps, il avait l'air congelé sur place. Son visage, lourde pierre accrochée en haut de son corps dégingandé, n'avait plus cette expression chagrinée qu'il affichait avant. Il ressemblait à celui d'un vieil homme : des rides profondes autour de la bouche et des narines, des yeux vides derrière des paupières à demi closes. Adrian crut que Jockerl était mort sans que son corps se soit effondré, mais derrière ce regard inanimé se cachait *autre chose* – calcul, ruse, haine. Plus aucun bruit ne provenait du foyer. Adrian avança lentement vers les havresacs qu'ils avaient déposés dans un coin, trouva le sien et en sortit la douille. Ensuite, suivant une idée qu'il regretterait pendant toute son existence, il s'approcha du vieillard tremblotant et il porta la douille à quelques centimètres de ses yeux vides chargés d'un regard froid, voire hautain.

Regarde, sous-merde !

Tu vois ce que je t'ai piqué ?

Si tu ouvres ta gueule, je te promets que je te crève les yeux avec !

En disant cela, il appuya la pointe aiguisée de la douille juste à côté de l'œil gauche de Jockerl. Jockerl ne réagit pas ; il ne cligna même pas des paupières. L'expression de son visage cadavérique restait figée ; seuls des tremblements animaient son corps par vagues fugaces. Ne sachant plus que faire, Adrian poursuivit son chemin dans le couloir en direction de la salle d'eau – une rangée de cabines de douche en face d'une rangée d'éviers et, derrière, un espace cloisonné pour les toilettes et les urinoirs. Aucune des portes des cabines n'avait de verrou. La vitre du bas d'une des fenêtres était en verre opale. Tout en haut, deux vasistas aéraient la pièce, si étroits que même un nourrisson n'aurait pas pu passer. Le fuyard devait donc se rabattre sur la vitre de verre opale et tenter d'en forcer les crochets. Zavlacky lui avait montré comment faire. Les deux poignées étaient soudées à leur crochet par une sorte de sceau de métal qu'on pouvait briser avec un outil tranchant suffisamment acéré. C'était pour cela qu'Adrian avait aiguisé l'extrémité de la douille : pour qu'elle devienne aussi coupante qu'une lame. Il essaya mais n'obtint qu'une toute petite entaille sur la surface lisse du métal. Soudain il entendit des pas dans le couloir et la voix de Frau Lauritz : *Ziegler !* Il se cacha dans l'une des cabines de toilette, s'accroupit sur le siège, dos au mur, et pria silencieusement pour que Lauritz n'ouvre pas cette porte-là. Si Jockerl avait voulu le balancer, il l'aurait fait depuis longtemps. Mais Jockerl n'était pas comme les autres enfants du pavillon ; il n'agissait jamais par égoïsme, il ignorait où était son intérêt et l'idée de la vengeance lui était étrangère. Adrian eut honte. Frau Lauritz était maintenant à l'intérieur de la salle d'eau, sa voix résonnait sur le carrelage des murs : *Zie-eegler !* Tout à coup, il entendit la sonnerie du téléphone du bureau des infirmières et Frau Lauritz disparut dans une averse de claquements de talons. Il redoubla d'efforts à la fenêtre. Enfin le sceau de métal céda ! Le loquet bougea et la vitre de verre opale s'entrouvrit ! Il se jeta sur le second, qui fut plus facile à briser. Et voilà, il n'a plus qu'à grimper sur le bord de l'évier pour être dehors. Il atterrit dans l'herbe humide et boueuse, se réceptionne sur les genoux et les coudes, puis s'élance dans l'allée. S'il avait su que cela serait aussi facile, il aurait emporté son havresac – toujours dans le couloir. Et comme Frau Lauritz était allée répondre au téléphone, personne d'autre que Jockerl ne l'aurait vu le récupérer. À ce moment-là, il comprend que Jockerl sera puni (encore !) lorsqu'on se rendra compte qu'Adrian s'est échappé. La honte l'étouffe. Il se revoit brandir la douille volée devant l'œil inerte de Jockerl, *Regarde, sous-merde*. Tout à coup il ne court plus aussi vite. Lors de leur excursion, ils avaient longé le mur d'enceinte tant de fois qu'il sait exactement où trouver le grand châtaignier. Vu depuis l'intérieur du parc, l'arbre ne lui paraît plus aussi immense et fier, mais il sait qu'il peut compter sur la solidité de ses branches. Il se cramponne au tronc, recouvert d'une mousse qui le rend glissant. Se hisse sur la première branche, à environ deux hauteurs d'homme. De là, il a une vue dégagée sur tout le complexe : l'imposant Steinhof et les parois polies de la serre qui baignent dans une lueur d'encre bleu ciel à l'orée du bois, masse presque noire dans l'obscurité nocturne. De l'autre côté, dans le centre de recherche anatomique dont il croit reconnaître les lourds murs de pierre, il devine la lumière tamisée d'une lampe. Il grimpe encore, sans savoir à quel niveau exactement se trouve le mur d'enceinte sous ses pieds. Il teste la solidité des branches ; la plus épaisse est la seule qui a poussé vers le haut et non vers le bas. Il s'y aventure jusqu'au point où cela devient trop dangereux. Les feuilles trempées de rosée lui fouettent le visage, les branches plient et vacillent sous son poids, les châtaignes tombent en crépitant sur le pavé de la rue en contrebas. Sûrement, il doit être au-dessus du mur ? À cet instant, il distingue un vif éclat qui se déplace de haut en bas : la lumière d'une lampe torche ? Juste en dessous de lui, il perçoit un bruit étouffé – on dirait le frottement du papier de verre sur du bois lisse. Et s'ils l'avaient déjà rattrapé ? Son cœur bat la chamade. Doit-il rester caché dans l'arbre ou sauter ? La branche prend la décision à sa place : elle plie sous son poids et il glisse tel un liquide versé d'une carafe. Sans aucune possibilité de se rattraper correctement, il heurte le bord du trottoir de l'épaule et de la hanche. Il entend alors un crissement de freins ; un corps étranger lui roule dessus, puis la bicyclette s'écrase sur eux et il reçoit le guidon dans le ventre.

À quelques centimètres de son visage, une paire d'yeux effrayés le considère un instant et une voix dit :

Ah, c'est toi !

Il s'agit de l'enfant qui s'était arrêté avec son grand frère pour assister à la dispute entre Frau Lauritz et la dame au cabas. Quand ils avaient repris leur marche, les deux garçons étaient repassés plusieurs fois devant eux à vélo, et chaque fois ils les avaient regardés en ricanant. C'est ce sourire narquois qu'Adrian reconnaît, ainsi que le béret enfoncé sur les yeux du garçon.

Tu viens de là-dedans, hein ?

Il prononce les mots « là-dedans » d'un ton admiratif.

Je t'ai vu plusieurs fois !

Adrian ne sait pas quoi répondre. Le sourire du garçon s'élargit :

En tout cas, tu vas pas aller très loin habillé comme ça !

Adrian regarde sa culotte courte et ses sandales sales. Pendant ce temps, l'enfant tire sur la roue avant coincée sous le corps d'Adrian. C'est un vélo solide avec un cadre puissant et des pneus larges. Il n'a pas de phare, mais une lampe est accrochée à l'une des manches du cycliste. Dans son faisceau le garçon fait signe à Adrian de s'asseoir sur le guidon. La sonnette sous la fesse et les jambes écartées, Adrian se laisse transporter le long de la rue Flötzersteig par son jeune bienfaiteur assis derrière lui, qui tantôt siffle, tantôt halète. Dans l'obscurité il reconnaît les jardins ouvriers et l'imposante façade du Wilhelminenspital. Ils descendent maintenant la longue pente qui mène à Ottakring ; en raison du black-out, la ville lui apparaît au fond de la vallée d'abord comme une masse indistincte de toits et de cheminées, puis, très vite, les façades surgissent de la pénombre et s'élèvent autour d'eux. Les rues s'ouvrent, des voitures passent, et des gens aussi, sur les trottoirs, des personnes en chair et en os, et non des prisonniers à moitié morts. Alors en lui la joie éclate. Il est libre.

VII

Le Führer en sang

En cavale Fuir est une chose ; être en cavale perpétuelle en est une autre. Tandis qu'Adrian était à la clinique, à affûter son arme secrète, il n'avait eu qu'une seule pensée en tête : retrouver sa mère. Mais il est forcé de constater qu'il n'a pas la moindre idée de l'endroit où elle vit ni de comment s'y rendre. Déjà, il peut essayer de se diriger vers le IIe arrondissement. Il doit bien y avoir quelqu'un, dans leur ancien immeuble de la Simmeringer Hauptstraße, qui a gardé le contact avec elle et sait où elle habite. Et s'il tentait d'aller chez l'oncle Ferenc ? Quoique si, par chance, l'oncle Ferenc n'a pas été enrôlé dans l'armée (ce qui est sûrement le cas), il n'est pas certain qu'il puisse l'aider ni qu'il en ait envie. L'inquiétude et l'indécision le ralentissent. Après avoir erré dans le quartier autour de Lerchenfelder Gürtel, il retourne peu avant minuit à la gare d'Ottakring, où il se met en quête d'un abri décent pour la nuit. Mais voilà, la plupart des portes d'entrée des maisons sont verrouillées : de nouvelles règles stipulent que les propriétaires doivent veiller personnellement à ce qu'aucun « élément étranger » ne pénètre dans leur immeuble. À la radio, on les met en garde contre les espions bolcheviques. Il se rappelle avoir entendu Schwester Mutsch en parler. Ils sont pareils à des mouches, avait-elle prévenu. Ils suivent leur cible partout. Adrian réussit finalement à s'introduire dans un bâtiment en ruine de la rue Roseggergasse et à s'installer dans le haut grenier, séparé de la cage d'escalier par une porte en bois munie d'une grille de fer rouillée. Il trouve quelques vieilles bâches dans lesquelles il s'enveloppe, mais elles le protègent à peine du froid qui émane de la pierre. Alors il se recroqueville sur le sol irrégulier et souffle sur sa peau pour ne pas s'engourdir, et il s'endort ainsi, les genoux serrés contre la poitrine pour se faire le plus petit possible. Le lendemain matin, la faim le fait sortir de sa cachette. Il doit trouver de la nourriture même si, en plein jour, tout le monde comprendra d'où il vient et quel genre de garçon il est. Les gens se retournent sur son passage, lorgnent sur ses pieds nus chaussés de sandales boueuses, et parfois il les entend chuchoter :

c'est l'un de ces enfants-là...

Il se cache derrière des tramways cahotants, passe d'un trottoir à l'autre. Au coin des rues Ottakringer et Neulerchenfelderstraße, il parvient à voler deux pommes à un stand de marché puis à s'enfuir en traversant la rue à toute vitesse, les fruits cachés sous sa chemise. Devant la grande brasserie, l'entrée réservée aux véhicules est bloquée par une barrière. Il attend que le vigile soit occupé à héler une connaissance sur le trottoir d'en face pour se glisser sous la barrière et s'introduire dans la cour. Dans un coin de l'usine, deux chevaux attelés à de grandes charrettes mangent du foin à même les sacs en toile de jute et crottent directement par terre. Au foin et au crottin se mêle l'odeur étouffante du malt ; cela lui rappelle toutes ces fois où il avait porté à recharger les batteries d'Haidinger. Régulièrement, des camions passent devant lui et tournent dans la cour, la benne pleine de bouteilles vides qui s'entrechoquent. Il lui vient alors une idée : il doit bien y avoir dans le coin un endroit où toutes ces bouteilles sont entreposées ; s'il pouvait mettre la main sur quelques-unes, il pourrait essayer d'en récupérer la consigne. Personne ne trouverait cela bizarre : des tas de jeunes garçons aident à déconsigner les bouteilles. Et s'il retournait chez sa mère avec de l'argent, elle écrirait peut-être à l'hôpital pour leur dire qu'elle désirait le garder auprès d'elle. Quand il parvient à se faufiler à l'intérieur même de la brasserie, il se fige devant l'énorme machine crachant d'interminables rangées de bouteilles brunes qui glissent sur un long tapis roulant avant d'être soulevées par de puissants bras de métal armés de griffes qui les retournent puis les reposent. De part et d'autre du tapis, des ouvriers s'affairent et crient pour se faire entendre, mais le vacarme des machines est tel qu'ils pourraient aussi bien s'agiter derrière un épais mur de verre. Soudain, Adrian sursaute : une main vient de se poser sur son épaule. Il se retourne. L'homme derrière lui porte une blouse de contremaître grise, sa tête, pareille à une lanterne, pend en haut de son corps. Qu'est-ce que tu fais là ? dit son visage. L'homme aurait pu mimer ses mots : Adrian n'entend rien. J'attends ma mère, tente-t-il de lui signifier. Mais sa phrase est avalée par le tohu-bohu de la gigantesque machine, qui agrippe par le goulot une demi douzaine de bouteilles. Dans ce cas, tu l'attendras dehors. La pression sur l'épaule d'Adrian se relâche et la main se déplace sur son dos pour lc pousser en avant. Ouf, le contremaître croit à son histoire : une fois qu'ils ont quitté l'usine après avoir traversé le local d'empaquetage et le garage, il a perdu tout intérêt pour l'intrus. Il le pousse hors du bâtiment et referme la porte. Dans la cour, Adrian se dirige vers l'endroit où il a aperçu les chevaux un peu plus tôt. Ils ne sont plus là ; ne restent que leurs déjections sur le sol et quelques brins de paille. Il s'accroupit et regarde l'obscurité avaler progressivement les façades qui l'entourent ; à présent seul le dernier étage réfléchit encore un peu de la lumière du soleil. Adrian a le sentiment que les fenêtres éteintes, juste en dessous, l'observent en secret. Bientôt le toit est lui aussi gagné par l'ombre et Adrian reste assis là comme au fond d'un puits. Où qu'il tourne la tête, il n'y a que des murs. Devant : les hautes façades des bâtiments qui cernent la cour de l'usine. Derrière : les maisons de la place du marché où toutes les lampes sont éteintes. Comme à Ybbs, les bâtisses semblent ne pas avoir de partie extérieure : tout n'est qu'un entrelacs de cours reliées entre elles par des passages et des venelles. Une sorte de prison, mais dehors. La pénombre a atteint le toit de la brasserie et, répondant au signal, tous les ouvriers sortent dans la cour par groupes de cinq ou de six. La plupart sont des hommes, mais il y a également quelques femmes. Il aurait aimé que l'une d'elles soit sa mère, qu'elle le reconnaisse et qu'elle l'appelle ; il n'aurait plus eu qu'à courir vers elle. Certaines femmes marchent en poussant leur vélo, la petite lampe déjà fixée au manteau. Une fois le portail d'entrée passé, elles enfourchent leur selle et font un dernier signe à leurs collègues avant de disparaître dans le réseau étoilé de rues noires. Il n'y a plus un seul éclairage, juste ce vague reflet vert pâle en suspension dans l'air. Sous ce plafond céleste sombre et glauque, Adrian regagne discrètement l'immeuble de la rue Roseggergasse et monte jusqu'au grenier. Il s'était préparé à ne pas trouver le sommeil à cause de la faim et du froid, pourtant il s'assoupit presque immédiatement. Dans ses rêves, sa mère lui apparaît. Une mère différente de celle qu'il a quand il est éveillé. Celle-ci a du rouge à lèvres et porte la robe de Frau Haidinger, rouge elle aussi. Je croyais que tu m'aiderais, dit-elle en se penchant sur lui. Il est terrifié, car il sait que ce n'est pas elle. Et lorsque son visage touche le sien, son sourire écarlate s'ouvre sur une immense rangée de dents. Sa main sèche et osseuse s'approche de celle dans laquelle Adrian serre la douille ; elle tente d'en déplier les doigts de force, un à un, en vain. Alors elle porte le poing du garçon à sa bouche et le mord de ses dents acérées. Il hurle et se redresse d'un coup, le cœur battant. Autour de lui, dans l'obscurité, quelque chose brille, quelque chose de blanc et volatile, qu'il finit par identifier comme étant la condensation de son propre souffle. Il porte la main à ses lèvres pour lécher le sang qui coule entre ses doigts : il a dû serrer le poing si fort que la pointe de la douille lui a perforé la peau. Il est frigorifié, les frissons partent de ses pieds glacés et remontent jusqu'à ses dents qui claquent de manière incontrôlable. Se rouler en boule n'y change rien. Il tente d'émettre des sons, des soupirs ou des gémissements pour cesser de trembler, puis il se laisse rouler désespérément sur le sol jusqu'à ce qu'il se cogne au mur. Il entend alors une voix d'homme, tout proche de lui :

Quelqu'un est monté là-haut je te dis.

Soudain la porte de bois tourne sur ses gonds. Au-dessus d'elle, la lumière d'une lampe torche se scinde en une multitude de losanges. Il est incapable de déterminer à quelle distance du faisceau il se trouve et il ignore si quelqu'un l'a entendu ou non ; tout ce qu'il sait, c'est qu'il a réussi à se blottir contre le mur. Il se fait aussi compact que possible, bras et jambes bien serrés, et attend. Au-delà du faisceau de lumière, un autre homme crie quelque chose d'une voix si grave qu'elle se confond avec le bruit du métal grinçant sur le sol de pierre. Le concierge, ou quelle que soit la personne qui tient la lampe, répond d'une voix puissante qu'il doit *d'abord fermer la porte à clef*. Adrian entend le cliquetis d'une chaîne et le claquement d'un verrou, puis le bruit d'une porte qu'on tire. Le faisceau de la lampe glisse sur le plafond, presque vivant, avant de s'évanouir dans l'obscurité. Et l'écho des pas s'éloigne dans la cage d'escalier. Adrian reste couché, le visage contre le mur, devenu ce pour quoi il a tenté de se faire passer : un objet inanimé dont quelqu'un se serait débarrassé. À ce moment-là, il se rend compte que l'intérieur de ses cuisses est trempé d'un liquide glacial. Il s'est fait pipi dessus. Exactement comme Jockerl : il ne vaut pas mieux. Ils avaient trouvé un oiseau, l'oncle Ferenc et lui, lors d'un de ces étés où ils gardaient les bêtes dans la zone d'inondation près de Hubertusdamm. L'oiseau gisait au sol, enfoncé dans l'herbe sale comme si quelqu'un l'avait écrasé, battant désespérément de sa seule aile intacte. Quand Adrian l'avait recueilli sous sa chemise, il avait senti son petit cœur d'oiseau palpiter contre la paume de sa main. Le soleil était si bas au-dessus du fleuve que la lumière était presque blanche. Blanche comme en cet instant où il y repense. Dans leur appartement de Simmeringer Hauptstraße, ils entreposaient le bois de chauffage dans l'espace entre le poêle et le mur couvert de suie. Sur les conseils de Ferenc, ils y avaient déposé l'oiseau. Adrian s'était installé là aussi, pour veiller sur lui. Il ignorait de quelle espèce il s'agissait : il était tacheté de gris et avait un long bec de la même couleur, tandis que, sous son aile brisée, son duvet était blanc. Jamais dans sa vie il n'avait éprouvé si intensément le désir de retourner quelque part qu'à cet endroit précis, dans cet espace caché entre le poêle et le mur noirci. L'endroit était toujours chaud après que sa mère avait fait un feu, et il pouvait rester là pendant des heures sans que personne le voie. Il avait doucement ouvert la main qui protégeait l'oiseau tremblant, tandis que son frère dormait à ses pieds, les cheveux collés sur le front par la sueur, et que sa mère se préparait à partir au travail. Bientôt, il n'avait plus entendu que le claquement de ses talons dans l'escalier puis celui de la porte d'entrée, suivi du son plus doux de ses pas pressés dans la cour. Lentement, le tramway 71 était passé, ses roues grinçant sur les rails. Quand il ouvre les yeux, l'aube a déjà soustrait les hauts chevrons de poutres à l'obscurité, et quand il se défait de sa propre étreinte, des lames de froid lui transpercent le corps. Il souffle sur ses doigts et le dos de ses mains puis, lorsqu'il peut les mouvoir à nouveau, il se traîne jusqu'à la porte en bois pour constater ce qu'il sait déjà : il est enfermé dans le grenier. Le cadenas a même été renforcé par une chaîne enroulée autour des barreaux de la grille. Il appuie les deux mains sur la planche de la partie supérieure ; elle bouge légèrement dans ses charnières, mais pas au-delà d'un centimètre. En glissant les doigts entre les barreaux il parvient à toucher le cadenas. Il ne lui reste qu'une seule possibilité : dégonder la porte, dont les planches sont si vieilles qu'elles finiront bien par céder. Il écrase fort la douille entre son pouce et son index, la passe à travers la grille et commence à gratter le bois avec la pointe. Très vite, ses doigts se mettent à saigner. Une crampe l'oblige ensuite à se masser la main et à la réchauffer entre ses cuisses avant de pouvoir reprendre son labeur. Pendant ce temps, la lumière passa d'un pan du toit à l'autre ; il entendit plusieurs fois, en sourdine, la porte d'entrée s'ouvrir et se refermer, des gens entrer, sortir et s'appeler dans la cage d'escalier. Reconnaissant la voix du propriétaire, il se plaqua de nouveau contre le mur. Puis l'obscurité revint ; à ce stade il avait bien entamé le bois, le gond se mit à bouger et, après deux heures d'efforts supplémentaires, il se désolidarisa, le cadenas tomba et la porte s'entrouvrit. Pas assez cependant : elle était toujours retenue par la chaîne. Mais comme elle avait été placée assez bas, il put aisément créer une ouverture entre la porte et le chambranle dans le coin supérieur, et de là, en grimpant à la grille, il parvint à glisser d'abord un bras, puis son corps tout entier. Affaibli par le froid et la faim, il fut incapable de se mettre debout dans la cage d'escalier qui s'ouvrait sous ses pieds. Il descendit les marches une à une en rampant à reculons, la main sur la rampe. Les murs blanchis à la chaux vacillèrent dans l'obscurité. Autour de lui : des portes d'appartement closes. Aucun bruit, aucune voix. La faible lumière qui l'avait guidé dans le grenier n'atteignait pas le rez-de-chaussée. Il dut avancer à tâtons jusqu'à la porte d'entrée qui, par chance, n'était pas verrouillée. Dehors, il se retrouva dans un monde rempli d'ombres. Le ciel n'était plus qu'une lueur de plomb. Adrian se plaqua contre les murs, de peur que le trottoir ne s'ouvre sous ses pieds s'il s'aventurait trop loin. De temps en temps, il entendait le frottement silencieux d'un pneu sur le pavé, suivi du souffle saccadé d'un cycliste passant à côté de lui, et chaque fois il lui fallait un certain temps pour apercevoir la lumière mouvante de la lampe accrochée au manteau du cycliste. Il tenta de récupérer des pièces de monnaie oubliées dans des téléphones publics, mais les coupelles étaient toujours vides. De toute façon, on ne pouvait plus rien acheter sans ticket. Et où pourrait-il trouver des tickets, lui qui n'avait même pas d'adresse fixe ? Et même s'il avait possédé des coupons et de l'argent, personne ne lui donnerait de la nourriture en échange : en voyant ses vêtements, ils auraient tous compris qu'il ne venait pas d'une famille convenable.

Peu à peu, le ciel s'éclaircit et les façades des bâtiments émergèrent de l'obscurité, dévoilant les croix sévères de leurs fenêtres serrées. Il était allongé en chien de fusil dans une cabine de téléphone quand un policer le trouva. Dehors, des gens attendaient, le visage blême, mais personne ne le roua de coups. Au contraire, un homme se baissa pour déposer une couverture sur ses épaules. Il portait un brassard et une lampe frontale. Il posa la main sur son bras et le pria, d'une voix douce et bienveillante, d'attendre là. Quelques instants plus tard une ambulance arriva et deux brancardiers l'allongèrent sur une civière, qu'ils poussèrent à l'intérieur du véhicule. En voyant la vitre de verre opale de l'ambulance s'éclairer sous le soleil, Adrian crut qu'ils étaient en train de remonter vers la colline. Mais lorsque la voiture s'arrêta, ce fut l'entrée du Wilhelminenspital qui se dressa devant lui. Il put ainsi passer le reste de la journée dans une véritable chambre d'hôpital. Une infirmière lui apporta un verre de lait chaud et lui demanda s'il avait faim. Plus tard, un médecin vint l'ausculter, un vrai médecin, et quand Adrian lui raconta son histoire et ce qu'il avait fait, il se tourna vers l'infirmière :

il va rester ici aujourd'hui
nous appellerons l'établissement demain matin.

Puis il fut conduit dans une grande pièce remplie d'enfants alités. Allongé dans un lit dont les draps sentaient bon la fraîcheur, il sombra dans le sommeil. Le lendemain matin, on le ramena en voiture au Spiegelgrund.

Le Bunker Dans sa naïveté, il s'était imaginé que la seule chose qu'il risquait en tentant de s'évader, c'était d'être ramené à la clinique et de devoir s'expliquer devant Mutsch, Rohrbach ou un autre de ses tortionnaires. En fait, ils l'envoyèrent au bloc cellulaire situé dans le pavillon 11. Après sa douche, il fut conduit au sous-sol, un enchevêtrement de couloirs étroits au plafond traversé par d'épais tuyaux de fer émettant d'incessants bruits de rot et de gargouillement. L'un des couloirs se terminait par une large porte métallique protégée par de lourds loquets ; les infirmiers l'ouvrirent avant de pousser Adrian à l'intérieur de la pièce. Celle-ci, grande, aussi basse de plafond que le couloir, était éclairée par une seule ampoule nue fixée au mur. C'était le Bunker. Sur l'un des bancs posés contre les murs étaient assis le Roi de l'Évasion Zavlacky, Peter Schaubach (un autre des fugitifs de Ybbs) et bien sûr l'Éternel Insatisfait, la tête baissée comme s'il avait honte. Aucun ne parut surpris de le voir débarquer parmi eux. Le seul qui ouvrit la bouche fut l'Éternel Insatisfait. Il traita Adrian de sombre idiot, ajoutant qu'il fallait être complètement fou pour s'échapper au milieu de la nuit, sans nourriture, ni eau, ni vêtements chauds. Il n'ajouta rien de plus sur le sujet. Une fois qu'on avait atterri aussi loin dans les profondeurs du Bunker, comme Adrian le dirait plus tard, on était obligé de s'occuper de soi-même, *jeder der duchbrennt muß sich um sich selbst kümmern*. Pourtant, séjourner dans le Bunker vous attirait un certain respect : plus personne ne faisait le malin avec vous. Le soir vint. Deux aides-soignants – ou étaient-ils devenus des gardiens ? – descendirent l'escalier en portant une marmite de soupe. Tous les autres disposaient déjà de leur propre gamelle ; Adrian, lui, dut se contenter des deux quignons de pain sec distribués avec la soupe. Aucun des autres enfants ne lui proposa de partager avec lui. Une heure après avoir déposé la marmite dans la pièce, les gardiens vinrent les chercher pour les reconduire à leur cellule, située au rez-de-chaussée. Celle d'Adrian ressemblait exactement à celle qu'il avait occupée dans son « ancien » pavillon. L'unique différence était qu'au lieu d'une seule couchette, elle en présentait deux, également fixées au mur. Lorsqu'il se rendit compte que la seconde allait rester vide, il comprit que sa peine était loin d'être terminée et il resta éveillé toute la nuit à tenter d'imaginer de quelle manière ils allaient le « châtier ». Au petit matin, il entendit les gardiens passer devant sa porte et ouvrir le dortoir où les autres enfants étaient enfermés. Puis il les entendit se lever, il entendit les vessies pleines se vider dans les cuvettes des toilettes et l'eau couler dans les éviers. Personne ne vint ouvrir sa cellule. Il n'entendit le cliquetis de son verrou qu'en fin de matinée. Et voilà le docteur Gross accompagné de deux infirmières. D'anciennes aides-soignantes psychiatriques, cela se voyait : elles étaient aussi costaudes que Schwester Mutsch et présentaient le même visage aplati, le même air niais. Adrian s'attendait à ce que le médecin dise quelque chose, au moins qu'il le salue ou fasse un signe de connivence. Mais le docteur Gross se comporta comme s'il ne l'avait jamais vu de sa vie ; il ne lui adressa même pas la parole. La plus âgée des deux infirmières lui demanda de s'allonger sur l'un des lits. Comme il était trop déstabilisé pour obéir sur-le-champ, elles lui saisirent les bras et les lui attachèrent derrière la nuque en serrant très fort. La douleur fut terrible. Mais le pire fut l'humiliation : ils le traitèrent en animal. Gross s'assit sur le bord du lit et appuya sur sa poitrine ; de l'autre main il tenait deux seringues d'une dizaine de centimètres terminées par une courte aiguille. Adrian se tordit en tout sens pour essayer de lui échapper, mais les infirmières avaient le bras rapide : elles coincèrent ses jambes agitées dans un étau. Le docteur Gross procéda alors aux injections.

Une dans chaque cuisse. Adrian sentit une légère douleur dans le muscle, une infirmière pressa un tampon ouaté sur la piqûre. Et c'était fini. Qu'est-ce que vous faites ? demanda-t-il naïvement. Sans répondre, le médecin se leva et quitta la pièce, suivi des deux infirmières. Adrian resta allongé, vaguement nauséeux. Il fut prit d'un léger vertige quand il se leva pour marcher vers la porte entrouverte. Plus loin dans le couloir, il vit l'un des aides-soignants le suivre des yeux, une expression tendue sur le visage. N'ayant pas d'autre endroit où aller, il se dirigea vers l'escalier qui menait au sous-sol. Du coin de l'œil, il vit l'aide-soignant entrer dans sa cellule et en ressortir avec ses vêtements soigneusement pliés sur le bras. Suivi par le gardien, il descendit l'escalier et parcourut les couloirs dont les tuyaux au plafond émettaient toujours ces étranges glouglous. Au bout, la porte métallique était ouverte, comme si le Bunker lui souhaitait la bienvenue. À l'intérieur, une vingtaine d'enfants tournèrent le regard vers lui. Je n'ai presque rien senti, déclara-t-il d'un ton désinvolte. Et pour les convaincre il effectua quelques pas de danse. La douleur lui déchira les jambes jusqu'au bassin. La souffrance était telle que ses poumons se vidèrent d'un coup de leur oxygène. Il s'écroula à plat ventre, les jambes paralysées par une crampe. Pendant un court instant, il se vit comme les autres enfants devaient le voir : la bouche grande ouverte et le regard fixe, face contre terre, rampant tel un insecte écrasé. Jamais il n'avait eu aussi mal. Est-ce qu'on lui avait vissé les jambes au sol à l'aide d'écrous rouillés ? Autour de lui, les enfants le regardaient se débattre avec des yeux vides : ils étaient tous passés par là. L'aide-soignant, resté sur le seuil, déposa en silence les vêtements d'Adrian par terre avant de verrouiller derrière lui.

Comme s'il avait eu son compte et qu'il ne supportait plus ce spectacle.

Les châtiés Avec le temps, il finirait par bien connaître les traitements utilisés par le docteur Gross et les autres médecins de la clinique pour étouffer toute résistance. L'injection de soufre, le traitement qu'il avait reçu, était considéré par les garçons comme le pire d'entre eux. Pendant deux semaines, il fut incapable de prendre appui sur ses jambes. Même quand il était allongé sur le dos, la crampe restait là, fixée à ses cuisses, et pas seulement : elle se répandait dans ses hanches et dans le creux de ses reins, l'empêchant de se tourner sur le côté. Le moindre mouvement provoquait en lui une douleur si intense qu'elle lui arrachait des larmes. Dans son impuissance, il hurlait de désespoir et donnait des coups de poing contre le mur. Mais personne ne vint jamais. Plusieurs jours durant il se battit contre la douleur comme on lutte contre un animal. Dormir lui était impossible ; au mieux, il glissait dans un état de demi-sommeil. Finalement la souffrance se calma ; ou plutôt elle se cantonna à ses jambes, sombre et sourde. Il ne pouvait toujours pas se mettre debout. Chaque fois qu'il tentait de se redresser, ses jambes de caoutchouc cédaient sous son poids. Zavlacky et l'Éternel Insatisfait lui apportaient à manger à tour de rôle. Il faut que tu manges, disait Zavlacky avec la sagesse désabusée de celui qui connaît la vie. Adrian était frappé de voir combien les deux adolescents avaient grandi depuis qu'il les avait vus pour la dernière fois. L'Éternel Insatisfait avait pris des épaules et Zavlacky, encore plus élancé qu'avant, arborait une pomme d'Adam d'adulte. Dès qu'il haussait sa nouvelle voix, il était clair qu'il était le chef du groupe. Surtout quand, debout les mains sur les hanches, il lançait *Est-ce que vous avez bien compris ce que j'essaie de vous dire ?* ou *Quelqu'un a des questions ?* Après avoir passé une semaine dans sa cellule, Adrian fut autorisé à s'installer dans le dortoir avec les autres châtiés. Son voisin de lit était un garçon très grand, dégingandé, au regard étrangement errant et au sourire chevalin. C'était la Petite Frappe. À l'égal de Jockerl, la Petite Frappe avait une démarche fuyante et saccadée, comme s'il craignait de recevoir des coups à tout moment. Adrian tenta de l'interroger, mais si les deux adolescents étaient seuls dans la pièce, l'autre ne répondait jamais. Il parlait uniquement quand il se trouvait au milieu d'un groupe, d'une manière forcée, par longues bribes décousues. Jamais pour exprimer quelque chose en particulier, plutôt pour détourner l'attention – les mots érigeant autour de lui un mur protecteur derrière lequel se cacher. Et quand il parlait, c'était toujours en souriant : d'un sourire bizarre, les lèvres retroussées. *Pitié, ne me tape pas* imploraient ses yeux. La Petite Frappe était celui qui veillait à ce qu'Adrian se lève le matin ; il l'aidait à se laver et à s'habiller quand il était incapable de se déplacer ou de tenir debout. C'était également grâce à lui qu'Adrian arrivait à se traîner jusqu'au Bunker. Et le soir, une fois que les gardiens rouvraient la grande porte métallique pour les libérer, c'était sur son épaule qu'Adrian s'appuyait pour monter l'escalier raide menant au dortoir. C'est étrange de voir à quel point nous étions livrés à nous-mêmes, constaterait-il plus tard en se remémorant cette période. Comme si les enfants qui avaient essayé de s'échapper constituaient une catégorie à part. Nous n'étions plus de simples enfants en centre de redressement, mais nous n'étions pas non plus des prisonniers. Je ne sais pas vraiment ce que nous étions. Ceux qui s'occupaient d'eux étaient des aides-soignants qui se comportaient davantage comme des gardiens, même s'ils s'obstinaient à se faire appeler *Erzieher*. Adrian se rappellerait surtout deux d'entre eux. L'un se nommait Kohler ; celui qui l'avait suivi avec ses vêtements le jour où il avait reçu l'injection de soufre. L'autre Sebastian. Ils travaillaient dans la même équipe et on les appelait Kohler & Sebastian, en un seul mot. Kohler & Sebastian décidaient des différentes corvées qu'on imposait aux enfants : récurer l'escalier, par exemple, ou nettoyer les cuisines et le dortoir. Faire les lits, aussi. Chacun faisait le sien, puis Kohler ou Sebastian arrachait draps et couvertures, et il fallait tout recommencer. Cela pouvait durer des heures. Si l'un des enfants protestait, ils l'obligeaient à rester debout devant son lit défait, comme au pilori, tandis que les autres, ceux qui obéissaient au doigt et à l'œil, étaient libérés de la corvée de lit. Il arrivait aussi qu'ils reçoivent l'ordre de se diviser en plusieurs équipes. Les uns travaillaient au Bunker tandis que les autres s'attelaient à des missions plus aisées, comme creuser des fosses ou scier et empiler du bois. Le plus souvent, c'était Zavlacky qui décidait de la composition des groupes ; quand il était chargé de la répartition des tâches, tout se déroulait généralement sans la moindre anicroche. Une fois seulement, Adrian s'en souviendrait plus tard, l'un des *Erzieher* (il ne s'agissait ni de Kohler ni de Sebastian) était descendu dans le Bunker pour les incendier sous prétexte qu'ils n'avaient pas nettoyé et rangé des outils dans la réserve. Zavlacky s'était alors avancé pour leur faire un rempart de son corps, puis il avait spontanément accompagné l'*Erzieher* pour constater les faits par lui-même. Quand il était revenu une heure après, il s'était comporté comme si de rien n'était, et personne ne fut sanctionné. Ce qui aurait été impensable dans l'ancien pavillon d'Adrian :

là-bas, la justice ne consistait pas à déterminer qui avait enfreint quelle règle, mais à maintenir une discipline abstraite qui ne se préoccupait ni du délit ni du coupable. L'important était que des châtiments soient appliqués régulièrement. Pourquoi le maintien de cet ordre n'était-il pas aussi important dans le Bunker, Adrian ne le comprendrait jamais. Peut-être considéraient-ils que le fait d'être là constituait une punition suffisante.

Le pavillon des femmes Un matin du début décembre Adrian fut enrôlé dans l'une de ces équipes de travail. Juste à côté du jardin de la clinique se trouvait une zone que les enfants avaient eu pour mission d'irriguer quelque temps plus tôt. En raison des chutes de neige et des gelées précoces, ils avaient dû s'interrompre. On n'était plus qu'à quelques semaines de Noël, et si on voulait finir le travail avant l'arrivée des grands froids, il fallait mettre à contribution tous ceux qui en étaient capables. Pour Adrian, c'était plutôt un soulagement : il ne supportait plus l'odeur âcre de sueur et d'urine croupie que promenait en permanence la Petite Frappe dans le Bunker ou le dortoir. Après avoir parcouru deux cents mètres en rangs serrés, il fut stupéfait de constater qu'ici aussi, au-dessus des pavillons hospitaliers dissimulés derrière le mur d'enceinte, la lumière et le ciel n'avaient pas de limites. Ils travaillèrent trois heures d'affilée jusqu'au déjeuner, où ils mangèrent leurs maigres rations. Le nouveau terrain s'étendait sur une zone oblongue coincée au croisement de deux allées. De l'autre côté de cette zone, caché derrière une rangée de hauts arbres, se dressait le pavillon 23, surnommé le pavillon des femmes. De ce qu'Adrian en vit, il était similaire à leur pavillon, en plus allongé. N'eût été la fumée qui s'échappait d'une cheminée, on aurait pu croire que le bâtiment était désert. Les enfants étaient assis depuis une vingtaine de minutes, leur pelle sur les genoux, quand ils virent deux gardiennes apparaître à l'entrée. Leurs voix martiales résonnèrent dans le ciel blanc de givre. Sortirent alors une vingtaine de jeunes femmes vêtues de ce qui ressemblait à des uniformes de prisonniers. Elles se mirent en *Habt-Acht* puis, obéissant aux ordres hurlés par les gardiennes, elles firent demi-tour et marchèrent au pas dans leur direction. Les garçons avaient les yeux rivés sur elles. Elles avançaient en rangs, deux par deux ; la moitié de la colonne venait de les dépasser quand l'une d'elles se retourna vers eux et retira son bonnet d'un geste brusque, révélant un crâne entièrement chauve. Deux autres femmes l'imitèrent et levèrent le bras d'un air triomphant. Leur responsable souffla furieusement dans son sifflet et remonta l'allée, distribuant des gifles à la ronde. Les enfants continuaient de les dévisager, fascinés.

Zavlacky *Des gonzesses pareilles vaut mieux pas s'y frotter.*

Adrian *Où est-ce qu'elles peuvent bien aller comme ça ?*

Zavlacky *Elles ont de la chance si elles finissent pas dans un camp de travail.*

Adrian *Comment ça un camp de travail ?*

mais Zavlacky n'écoutait plus. Il sourit à une image formée dans son esprit, puis il cracha dans l'herbe entre ses cuisses écartées. L'Éternel Insatisfait intervint :

C'est là qu'on enferme les dévergondées.

On les fouette tant que ça leur passe l'envie de se débaucher

bien évidemment, tout le groupe éclata de rire, de sorte qu'il fut impossible d'en apprendre davantage. Cependant, lorsqu'ils retournèrent au Bunker plus tard dans l'après-midi, Zavlacky vint s'asseoir à côté d'Adrian et lui dit qu'il ne devait pas se faire d'illusions : le Bunker n'était qu'une étape de transition comme les autres, un jour ils seraient tous convoqués devant la commission. Adrian ignorait ce qu'était la commission. La commission, dit Zavlacky, elle détermine si t'es suffisamment sain d'esprit pour aller en camp de travail ou si tu dois être envoyé chez les idiots. Comme Adrian le regardait d'un air ébahi (l'Éternel Insatisfait : *Quoi tu croyais que c'était ça la punition, rester assis dans un bunker chauffé toute la journée*), Zavlacky ajouta qu'il connaissait plusieurs garçons qui avaient été envoyés dans des camps de travail après être passés par le Bunker, mais qu'on n'y était pas traité de la même façon que les communistes et les Juifs. Et comme Adrian restait encore figé, les yeux ronds (l'Éternel Insatisfait : *Quoi tu préfères finir avec les idiots*) : Il n'y avait pas d'autre choix ? Zavlacky dit : Tu peux toujours tenter le coup devant la commission, essaye d'avoir l'air suffisamment fainéant pour échapper au camp de travail et suffisamment intelligent pour ne pas atterrir chez les idiots. Ce n'est pas évident mais certains y arrivent, affirma-t-il en regardant la Petite Frappe, qui, assis sur un banc à deux rangées de là, approuva avec force et sourit d'un air obséquieux, comme si Zavlacky lui avait ôté les mots de la bouche.

Un paquet Dès lors Adrian attendit d'être convoqué devant la commission, pourtant rien de tel ne se produisit. En revanche, il reçut un paquet, deux jours avant Noël. Sa mère y avait inscrit son nom en lettres majuscules et, pour être certaine d'éviter toute confusion, elle avait même téléphoné à son ancien pavillon. Elle ignorait donc tout de sa tentative d'évasion, de l'endroit où il avait été conduit ensuite et de celui où il risquait d'être envoyé après. Le colis contenait quelques gâteaux secs (qu'Adrian partagea avec Zavlacky et la Petite Frappe), une paire de chaussettes tricotées et un pull fait de la même laine grise et grossière. Il ne se rappelait pas avoir déjà vu sa mère tricoter : elle n'aurait jamais eu les moyens d'acheter de la laine ; d'ailleurs, avec quatre gosses à la maison, comment aurait-elle trouvé le temps ? De toute façon, elle avait d'autres chats à fouetter. Alors, où avait-elle trouvé la laine ? Ou peut-être que le pull n'avait pas été tricoté pour lui ? Il l'essaya, et lorsqu'il vit ses avant-bras nus dépasser des manches trop courtes, la boule qui s'était déjà formée dans sa gorge se mit à enfler ; même la Petite Frappe détourna le regard. Le pull avait dû être fait pour Helmut. Sa mère croyait-elle sincèrement qu'il n'avait pas pris un centimètre pendant tout ce temps ?

Noël L'année précédente, ils étaient à Ybbs, et le seul souvenir qu'Adrian avait de la fête de Noël là-bas, c'étaient les pommes fripées qu'on leur avait distribuées et le grondement du fleuve qui dévalait son lit de l'autre côté du mur de pierre. Celui-ci avait été si intense qu'il avait couvert tous les autres bruits. Cette année, l'hiver fut aussi glacial. Les garçons du Bunker passèrent le matin du réveillon à récurer leur partie du pavillon. L'éducateur Kohler ouvrit les portes des cellules et organisa deux chaînes de travail : la première était chargée d'aller chercher des seaux et des bassines remplis d'eau savonneuse dans la cuisine, où elle était chauffée dans de grandes marmites ; la seconde s'occupait de jeter des seaux d'eau claire pour rincer le sol. En l'espace de quelques heures, toute l'unité se transforma en une mer écumante de savon, et le pavillon n'étant jamais chauffé correctement, le sol devint très vite glissant, en particulier devant la porte qu'Herr Kohler avait ouverte. Évidemment, ce qui devait arriver arriva : l'un des garçons qui récurait le plancher, un petit maigrichon du nom de Felix Rausch, dérapa sur le sol trempé et un seau d'eau brûlante se renversa sur lui. Hurlant de douleur, il fut immédiatement transporté à l'infirmerie. En conséquence, ils arrivèrent en retard à la fête de Noël organisée par la direction de l'établissement et à laquelle toutes les unités étaient sommées de prendre part. Entre eux, les enfants l'appelaient *Weihnachtsfest*, mais en réalité tout ce qui faisait référence à Noël était proscrit. Même les termes contenant ce mot pourtant si chaleureux et si doux à l'oreille, comme *Weihnachtsfeier* ou *Weihnachtslieder*, ne pouvaient pas être prononcés. Vous l'appellerez simplement la fête de la lumière, ordonna Kohler. Mais de la lumière ils ne virent pas un rayon. Devant le pavillon 3, l'ensemble du groupe des châtiés attendait, les pieds dans la neige, qu'on termine de soigner les brûlures de Felix. Quand le garçon finit par apparaître, soutenu par Herr Kohler, il était impressionnant à voir : un pansement lui recouvrait la tête, ne laissant entrevoir que le bout du nez et une oreille. Enfin au complet, le groupe put se mettre en marche sur la neige qui craquait sous leurs pas. D'immenses drapeaux rouges à croix gammée avaient été accrochés aux fenêtres du second étage du théâtre de la clinique. L'entrée était gardée par une garde d'honneur composée de membres de la *Hitlerjugend* ; de leurs grandes torches émanaient d'âcres relents d'essence et de fumée. L'intérieur du théâtre était tout aussi sombre – et silencieux : un silence béant, presque de mort. Adrian se mit sur la pointe des pieds pour tenter d'apercevoir, parmi les enfants qu'on menait à l'intérieur, quelques garçons de son ancien pavillon, mais il ne vit qu'une mer de dos inertes et courbés par la crainte de recevoir des coups. L'ensemble du personnel soignant était debout sur une estrade installée sur la scène, le visage tourné vers le public. Sur la gauche il reconnut Mutsch et Demeter, soigneusement apprêtées dans leurs uniformes amidonnés. Au fond, entre les deux grandes croix gammées déployées, se dressait un pupitre encadré du personnel administratif, notamment les comptables et les secrétaires. Et derrière ce pupitre, le docteur Krenek en personne, tenant ses fiches à la main, était en train de parler. Il s'exprimait d'une voix puissante et claire, pourtant ses mots ne parvenaient pas réellement à quitter ses lèvres. Ils y restaient suspendus telles de grosses bulles que d'autres bulles poussaient pour sortir. *Unser über alles geliebter Führer*[1] était l'une de ces bulles, *der Endsieg*[2] et *der ewige Tag eines grossdeutschen Reiches*[3] en étaient d'autres ; dans les suivantes, de braves soldats affrontaient la neige et le froid au nom de la patrie. Tandis que son discours se déversait telle une cascade d'écume, il ne cessait de porter une main sur le sommet de sa tête, comme si quelque chose s'était accroché dans ses cheveux. Adrian allait se pencher pour en faire la remarque à l'Éternel Insatisfait quand ce dernier dit :

IL Y A UN OISEAU LÀ-HAUT EN TRAIN DE LUI CHIER DESSUS.

S'il le dit à voix basse, il articula chaque syllabe, provoquant une vague de rires étouffés dans toute la rangée. Évidemment, au même moment, le docteur Krenek porta de nouveau la main à sa tête, et Zavlacky ajouta :

1. Notre Führer adoré.
2. La victoire finale.
3. L'avènement éternel d'un grand Reich allemand.

C'EST PEUT-ÊTRE LE FÜHRER QUI CHIE POUR MARQUER LE COUP.

Toujours en chuchotant, d'une voix presque inaudible, et pourtant, impossible de ne pas l'entendre ! Cette fois, les enfants ne purent se contenir : ils furent gagnés par un fou rire irrépressible au point que ceux qui étaient assis sur le banc durent se pencher en avant pour tenter de l'étouffer entre leurs genoux. Adrian eut tout juste le temps de voir le visage effrayé du médecin se tourner vers eux. Pas plus. Car, heureusement pour le docteur Kohler, juste avant que l'hilarité se propage telle une onde aux autres rangées, elle fut couverte par le vacarme provoqué au moment où tout le monde se leva et cria à l'unisson :

HEIL HITLER... !

Le docteur Krenek venait lui-même de cracher ces mots dans une nouvelle bulle, et il se tenait désormais raide comme un piquet, le bras droit tendu dans le salut allemand. Autour de lui, sur l'estrade et sur la scène, tous l'imitèrent : les médecins et les infirmières en blouse blanche, ainsi que les membres du personnel administratif habillés pour l'occasion. Dans la salle, les patients modèles vêtus de leur uniforme gris les singèrent à leur tour, puis tout le monde cria d'une voix rauque *Heil Hitler !* Tout le monde, sauf l'Éternel Insatisfait qui clama *Grüss Gott*. Mais entre-temps Kohler avait réussi à mettre le groupe en mouvement. Comme ils étaient parmi les derniers arrivés, ils furent parmi les premiers à sortir, et avant qu'on eût le temps d'entonner l'hymne dans le théâtre, les garçons reçurent l'ordre de se mettre en *Zweierreiher* pour se rediriger vers leur pavillon. À les voir ainsi courant et haletant dans l'obscurité et le froid qui piquait les yeux, on aurait cru un groupe de prisonniers. Arrivés à leur pavillon, ils n'eurent même pas le droit de se rendre au

Bunker : il fallut se déshabiller et se mettre au lit sur-le-champ. Adrian, l'affreux pull en laine coincé entre les jambes, s'endormit en se demandant si la débauche pouvait s'exprimer dans des actes a priori innocents, tels que retirer son bonnet pour dévoiler son crâne rasé. Le lendemain matin, lorsqu'il arriva dans le Bunker, ni l'Éternel Insatisfait ni Zavlacky n'étaient là. Adrian interrogea les autres, mais personne n'était au courant de rien. Quand il s'adressa à la Petite Frappe, celui-ci se borna à découvrir ses dents jaunies avant de se mettre à parler à tort et à travers. Felix Rausch, le garçon qui avait reçu un seau d'eau bouillante sur le visage, était également absent. Quant à l'endroit où on l'avait emmené, nul ne le savait.

Devant la commission Quatre jours après le Nouvel An, le lundi 4 janvier 1943, Adrian fut finalement convoqué devant la commission. L'entretien eut lieu au pavillon 1. C'était dans ce même pavillon qu'un autre jour de janvier, deux ans plus tôt, le docteur Gross avait pris les mesures de toutes les infirmités dont le garçon avait l'audace de souffrir. Adrian dut se mettre en *Habt-Acht* au milieu de la pièce, devant des tables disposées en demi-cercle autour de lui et derrière lesquelles siégeaient une demi-douzaine de personnes. Au centre, le directeur de l'établissement, le docteur Krenek, présidait l'interrogatoire. À sa droite et à sa gauche, assis derrière des piles de documents, des hommes et femmes affichaient une mine fermée et résolue. Adrian ne reconnut aucun d'entre eux. Il supposa qu'il s'agissait d'« experts » pédagogues des services sociaux appelés pour assister à l'entretien. Il reconnut toutefois la psychologue, Edeltraud Baar, ainsi que l'instituteur du pavillon scolaire, Hackl. Le portrait du Führer était accroché au mur au-dessus du professeur. Sans même lever les yeux de sa feuille, l'un des experts (le secrétaire ? Il notait tout ce qui se disait) lui demanda de communiquer son nom et sa date de naissance. Et comme il ne parlait pas assez fort, Adrian dut répéter plusieurs fois. Quand ils furent enfin satisfaits, le docteur Krenek ouvrit un classeur et se mit à lire, d'une voix qui trahissait son indignation, une sorte de procès-verbal officiel, une compilation de différents rapports le concernant.

Krenek [*lit*] : Adrian Z. présente un caractère dégénéré et obséquieux, dont l'origine se trouve dans une enfance malsaine au sein d'un foyer insalubre et d'une famille encline à la dépravation. Père alcoolique, mère coquette et frivole aux capacités intellectuelles limitées. [*tourne la page*]
Erbbiologisch ist die Sippe sehr minderwertig. Du côté de son père, on observe une longue tradition d'alcoolisme et d'oisiveté, et du côté de la mère, faiblesse d'esprit et idiotie. L'un des frères de la mère a pendant un temps été interné au Steinhof.
Très vite, Adrian a appris à faire de la servilité une règle de vie. D'une nature décérébrée, il se montre néanmoins plein de ruse et d'idées dès qu'il flaire un intérêt personnel. Le reste du temps, c'est un enfant indolent et indiscipliné.
Un infirmier nous a signalé qu'il a parfois tant de difficultés de concentration qu'il semble à peine conscient de son environnement, si bien qu'il faut même le stimuler *physiquement* pour lui rappeler où il se trouve. Plusieurs rapports indépendants entre eux confirment ces observations : « ... *[A. Z.] possède une vivacité d'esprit*

qui tient davantage du réflexe que de l'intelligence. Il est adroit, "rusé", et agit dans ses relations avec ses "compagnons" comme s'il était d'une nature dirigeante mais finit toujours très vite par se soumettre aux autres. »

À l'école, lorsqu'on lui a demandé de produire un texte où il devait imaginer sa carrière future, il a écrit qu'il désirait suivre une formation de serveur, simplement parce que son père connaissait quelqu'un qui pouvait le prendre en apprentissage. En d'autres termes, le schéma dégénératif se reproduit même dans les souhaits du jeune garçon. Travailler signifie *faire semblant* de faire plaisir, servir signifie *voler*, etc.

[...]

Voici la longue liste des difficultés disciplinaires rencontrées avec Adrian Z. :

Le 22 mars de l'an passé, il lui a été demandé de se rendre à la cuisine de la clinique afin d'y chercher une portion supplémentaire de nourriture. Il s'est alors caché pendant plusieurs heures dans un lieu inconnu avant de réapparaître avec l'objet de sa mission. Lorsqu'on lui a demandé d'expliquer son absence, il a répondu en jetant le plateau au sol dans un accès de colère. Pour le punir, nous l'avons isolé des autres enfants pendant quelque temps, mais au lieu de mettre ce temps à profit pour méditer sur l'incorrection de ses actes, il a enfermé son infirmière dans sa cellule en prétendant vouloir lui montrer quelque chose avant de la « rouer de coups ».

[...]

Ainsi se dessine un type de personnalité bien défini. En apparence, Adrian Z. peut être sage et doux – même si limité –, mais derrière cette surface calme se cache un caractère rusé et manipulateur digne d'un criminel sans scrupules.

Cette tendance a été confirmée par sa tentative d'évasion du 22 octobre de l'an dernier, pourtant une période de calme relatif. Les notes dans son dossier indiquent

6/10 : « ... A. Z. calme et discipliné, a remarquablement bien effectué son travail... »

14/10 : « ... A. Z. travaille avec application, propose spontanément de faire la vaisselle... »

16/10 : « ... A. Z. répond poliment et se montre intéressé... »

Cela signifie que, pendant toute cette période, il a secrètement prémédité son évasion avant de mettre méthodiquement ses plans à exécution. Ainsi, le 22 octobre, A. Z. demande la permission de se rendre aux toilettes, où il force la fenêtre à l'aide d'un outil ou d'un instrument qu'il a dû garder en sa possession dans ce but bien précis. Il est ensuite retrouvé dans un état critique et conduit au Wilheminenspital, où il reste en observation toute la nuit. Malgré la maladresse de la tentative et l'échec qui s'est ensuivi, il est évident que celle-ci a été planifiée longtemps à l'avance et qu'il a été aidé dans son entreprise par une ou plusieurs personnes.

[...]

EXPERT I [*cesse d'écrire*] : Herr Doktor Krenek, je crois que ce jeune homme n'est pas tout à fait avec nous. Regardez-le, il rit.

KRENEK [*à Adrian, agacé*] : Qu'est-ce que tu regardes ?

ADRIAN Z. : Rien... Je regardais notre Führer.

KRENEK : Regarde-moi et écoute-moi. Et réponds quand on te parle.

ADRIAN Z. [*regarde droit devant lui*]

EXPERT I : Je vous assure qu'il riait.

KRENEK : Est-ce que tu comprends pourquoi tu es là, au moins ?

ADRIAN Z. : [...]

KRENEK : Commence par nous dire qui t'a aidé à t'échapper, pour que les choses soient claires.

ADRIAN Z. : [...]

EXPERT II [*parcourt ses documents*] : Je pense qu'il est grand temps d'aller chercher le mal à la racine. Trois ans en école primaire. À Münnichplatz, si je ne m'abuse ; et déjà là, il se comporte en parfait vaurien. Pas une matière où il a la moyenne ! Et malgré tous les avertissements, il refuse de prendre part aux *Heimabende*.

ADRIAN Z. : Je ne pouvais pas aller aux *Heimabende*, je m'occupais de mon frère.

EXPERT II : Il ment. Il n'est pas allé aux *Heimabende* parce que son père biologique a été jugé inapte au service militaire car appartenant à une race inférieure.

ADRIAN Z. : C'était avant, c'était quand j'étais chez les Haidinger.

KRENEK : Attends qu'on t'adresse la parole avant de parler !

EXPERT II : Ce garçon peut-il nous dire une seule chose qu'il ait apprise à l'école ?

EXPERT I : Qu'est-ce qu'un triangle rectangle ?

ADRIAN Z. : [...]

EXPERT I : Nomme l'un des trois fleuves les plus longs d'Europe.

ADRIAN Z. : [...]

EXPERT I : La date de naissance du Führer ?

ADRIAN Z. : [...]

EXPERT II : Il ne sait pas. C'est un idiot.

KRENEK : Quelle est cette histoire avec ton frère ?

ADRIAN Z. : Je ne pouvais pas aller aux *Heimabende* parce que j'étais obligé de m'occuper de mon frère. Et puis personne ne voulait de moi.

EXPERT I : À juste raison.

ADRIAN Z. : Frau Haidinger a toujours préféré Helmut. Quand elle achetait ou faisait raccourcir des habits, c'était toujours pour lui. C'était mon frère qui devait aller à ces réunions. Il était blond et moi pas. Du coup Frau Haidinger préférait que je reste caché.

EXPERT I : Il est du devoir de tous d'assister aux *Heimabende*.

KRENEK : Peut-on revenir à l'ordre de cette réunion ? [*adresse un regard sévère aux experts qui chuchotent entre eux, certains tentent de dissimuler leur sourire derrière leurs mains*]

ADRIAN Z. : Il n'y a aucune raison de tuer Helmut. Papa disait toujours que maman avait dû l'avoir avec quelqu'un d'autre parce qu'il... [*se met à pleurer*]

EXPERT II [*s'avance vers Adrian Z. et le frappe violemment au visage*] : Tu parleras quand on t'aura demandé de parler, c'est compris ? Et cesse de faire semblant de pleurnicher.

KRENEK [*d'une voix étonnamment douce et gentille*] : Où comptais-tu aller en t'enfuyant d'ici, Adrian ?

ADRIAN Z. [*marmonne quelque chose d'inaudible*]

EXPERT II : Réponds quand on t'adresse la parole !

KRENEK : Chez toi ? Mais tu n'as plus de chez-toi.

Tu avais une famille d'adoption, mais tu n'as pas voulu rester avec elle non plus. Alors où avais-tu l'intention d'aller ?

ADRIAN Z. [*inaudible*]

EXPERT I : La personne que tu appelles ta mère est une tzigane dépravée, fainéante et de race inférieure. Elle n'a pas la moindre idée de la responsabilité et de la force de caractère qu'il faut pour élever un enfant aujourd'hui.

KRENEK [*se penche en avant, tend les deux mains en montrant la paume*] : Regarde mes mains, Ziegler ! Elles sont grandes, blanches et elles sont toujours propres. Même quand elles frappent, elles sont propres. Car quand elles frappent, c'est pour rendre la justice. J'aimerais que toi aussi, tu aies des mains comme celles-ci. Mais au lieu de montrer de quoi tu es capable, tu choisis de les cacher derrière ton dos. Tu les dissimules, tu détournes l'attention, on ne sait pas ce que tu fabriques. Il y a plein d'endroits où les garçons comme toi peuvent apprendre à faire quelque chose de leurs mains. On peut t'envoyer au *Jugendschutzlager*, où tu travailleras douze heures par jour...

ADRIAN Z. [*toujours à moitié inaudible*] : Je ne veux pas... aller dans un camp.

KRENEK : Alors c'est à toi de me montrer tes mains et de me dire : j'ai fait quelque chose de mal, mais je vais m'améliorer.

Celui qui n'a rien à cacher n'a rien à craindre, Adrian.
Dis-nous qui t'a aidé à t'évader.

ADRIAN Z. : Personne ne m'a aidé.

KRENEK : Tu t'obstines. Tu me résistes uniquement par défi. Dans ce cas, ce sera le camp.

ADRIAN Z. : Je l'ai fait tout seul.

KRENEK : Si tu avais pris le temps de te racheter et de contribuer à construire un environnement social sain, on n'aurait pas eu besoin de te faire venir ici. Y as-tu déjà pensé ? Non, au lieu de cela, tu préfères faire de ta propre perversité une vertu.

ADRIAN Z. : Je ne veux pas aller dans un camp, je veux juste...

KRENEK : Et nous, nous voulons juste te guérir.

ADRIAN Z. [*pleure*] : Me guérir de quoi ? De *quoi* vous voulez me guérir ?

Herr Guido Ainsi fut-il renvoyé à Mödling, comme à l'époque où sa famille d'adoption l'avait rejeté. Mais cette fois-ci, pas de père qui sort par magie du débarras pour le sauver. Il n'y avait que Herr Guido. Et Herr Guido expliqua à Adrian que Mödling était une chose que l'on méritait, une chose qui grandissait dans la tête de ses détenus, et que si on voulait sortir de là, il fallait s'en débarrasser. C'était la seule issue. Son nom de famille était Peters. Le personnel de l'établissement était presque exclusivement masculin et tout y était régi avec une rigueur militaire. Leurs vêtements devaient être impeccables et ils avaient même du temps alloué à leur entretien. Quand on se rendait quelque part, que ce soit au réfectoire ou à la salle de gymnastique, il fallait toujours se mettre en rangs puis marcher au pas. Quand ils récuraient le sol ou les toilettes, des corvées qu'ils effectuaient en équipe selon un roulement, c'était toujours sous l'œil sévère et les admonestations des surveillants ; gare à ceux qui n'allaient pas assez vite, ils étaient systématiquement roués de coups. Guido Peters faisait partie des plus acharnés. Quand il inspectait les rangs, il hurlait *En avant marche !* ou *Tenez-vous droits !* en distribuant des gifles. Mais quand les enfants prenaient soin de leurs affaires ou s'apprêtaient à se coucher, il lui arrivait de venir leur tapoter gentiment l'épaule ou de faire une plaisanterie pour montrer qu'au fond il ne fallait pas prendre ses aboiements trop au sérieux. Il marchait d'un pas incroyablement leste et léger, si bien qu'on ne l'entendait jamais venir. Un jour, il expliqua à Adrian que cela faisait vingt ans qu'il travaillait avec des jeunes et qu'il pouvait lire dans leurs pensées. Par exemple, je sais exactement ce que tu es en train de te dire, affirma-t-il. Guido, qui devait avoir dans les quarante ou cinquante ans, avait un visage rond à la peau lisse comme du latex qui le faisait paraître plus jeune qu'il ne l'était. Tu te dis que tu veux partir d'ici. Adrian resta figé, le regard fixé sur lui, trop impressionné pour bouger. Mais Guido le rassura : Ne t'inquiète pas, je vais t'aider. Il ajouta : Ceux qui travaillent ici croient que pour vous faire obéir, il faut vous faire peur. Mais moi, je sais ce dont les enfants ont besoin. Ils ont besoin de quelqu'un en qui ils peuvent avoir confiance. Je vais te nommer *Gruppenführer*[1]. Il faut juste que tu montres d'abord que tu sais te tenir à carreau. C'était la première fois qu'un adulte se comportait ainsi avec Adrian. Non seulement il lui parlait d'égal à égal, mais il s'adressait à lui comme s'il existait entre eux un véritable lien de confiance. Que ce soit pendant les leçons de sport, au

1. Chef de groupe.

réfectoire ou quand ils traversaient la cour en formation pour rejoindre les dortoirs, Guido ne le quittait pas des yeux. Si son visage de latex ne trahissait rien, il pouvait soudain se précipiter vers lui en hurlant *Bouge-toi un peu sale fainéant !* pour lui asséner une grosse claque sur la nuque. Cependant, Adrian savait désormais que même si Guido le frappait, le geste n'avait rien de personnel. S'il le frappait, c'était uniquement pour éviter que les autres soupçonnent un traitement de faveur. La confiance qui les liait restait intacte. Parfois, quand Guido était de garde la nuit, il lui arrivait de rentrer dans le dortoir même après l'extinction des lumières. Adrian n'entendait jamais ses pas silencieux mais il entendait clairement sa voix tandis qu'il allait de lit en lit pour chuchoter des confidences à l'oreille des garçons. Chaque fois, Adrian pensait Venez me voir, Herr Guido, venez me voir. Et un soir Guido vint le voir, avec une ration de pain supplémentaire. Il lui dit Je sais à quoi tu penses la nuit dans ton lit. Tu penses aux filles. Tous les garçons pensent aux filles. Des jeunes filles avec des seins bien fermes et des chattes mouillées. Je me trompe ? demanda-t-il en glissant la main sous le drap pour effleurer le sexe d'Adrian. Allongé sur le dos, Adrian n'osa pas bouger. Je sais à quoi pensent les garçons, répéta Guido en caressant d'une main traîtresse le pénis terrifié d'Adrian de la base au sommet du gland, jusqu'à ce qu'il s'érige malgré lui. J'ai raison, n'est-ce pas ? Il se pencha et, sans lâcher le sexe d'Adrian, il approcha ses lèvres chaudes et humides de son oreille : Ne crains rien, malgré ta mauvaise conduite, je t'aiderai à sortir d'ici. Guido tient toujours ses promesses. Adrian se tordit, mal à l'aise, car son pénis était désormais si dur qu'il lui faisait mal sous les doigts insistants de Guido. Ce dernier se mit à rire. Je vais faire de toi un

Gruppenführer, dit-il en retirant sa main. Dans l'unité plusieurs garçons étaient déjà dans les petits papiers de Guido. Notamment un qui s'appelait Roman, un adolescent blond aux yeux bleus, à la nuque et aux épaules larges et puissantes. Il se tenait toujours très droit et quand les garçons chantaient, sa voix, vibrante et profonde, résonnait au-dessus des autres. Il était chaque fois le premier à répondre aux questions posées par leur professeur. Roman avait immédiatement repéré en Adrian l'élément étranger : un jeune Tatar qui avait intégré la grande communauté de Mödling sans avoir rien fait pour le mériter et qui devait donc en être chassé d'une manière ou d'une autre. Cela commença de façon presque imperceptible : un coup dans le dos juste au moment où les garçons allaient se mettre en rangs pour partir, les draps arrachés alors qu'Adrian venait de terminer de faire son lit, une chaussure introuvable quand les garçons avaient reçu l'ordre de se rassembler dans la cour. Le pire se produisait le matin, lorsqu'ils se rendaient à la salle d'eau et qu'une douzaine de jambes venaient se glisser entre les siennes pour le faire choir sur le carrelage trempé. Un jour, ils réussirent leur coup ; à peine Adrian, fou furieux, s'était-il jeté sur le premier garçon qui se trouvait derrière lui que Roman l'entraîna à terre. Aussitôt, le groupe d'enfants d'ordinaire impassibles se scinda en deux camps bien distincts de part et d'autre des adversaires qui s'empoignaient sur le carrelage. L'un des camps scandait le nom dc Roman, et l'autre (dans l'hilarité générale) celui qui était de fait devenu le sien :

Le Tatar ! le Tatar ! le Tatar !

Aucun des gardiens n'intervint. Pas même Guido, dont Adrian aperçut le visage de latex derrière, ou plutôt au milieu de la foule d'enfants excités qui hurlaient autour de lui. Guido attendit que deux autres gardiens viennent le séparer du corps suant et affolé de Roman pour s'approcher de lui avec une serviette et un morceau de savon. Autour d'eux, les jets des douches claquaient sur le carrelage mouillé tels des coups de fouet. Les cris puissants et stridents des cinquante garçons résonnaient dans la salle, l'écho de leurs voix rebondissant sur les flaques au sol. Guido dévisagea Adrian comme s'il le découvrait pour la première fois. Que va-t-il se passer, à ton avis ? demanda-t-il. Puis il secoua la tête. Tu crois que les Tatars ou les demi-Juifs comme toi atterrissent ici par hasard ? Tu sais ce qu'on fait aux Juifs, de nos jours ? (Apparemment ses questions n'attendaient pas de réponse.) Les Juifs, on en fait du savon, cracha-t-il en tendant à Adrian le pain de savon verdâtre qu'on utilisait dans l'établissement. Il en faut au moins deux cent cinquante pour un morceau comme ça. Adrian le prit et se lava. Je ne suis pas juif, se défendit-il. Guido l'examina de haut en bas en tapotant sa tête chauve du bout du doigt. Je vais t'aider à sortir d'ici, dit-il. Son visage de latex se fendit en un large sourire. Tu verras, tu sortiras en un seul morceau.

Une nature dégénérée Dès lors, Guido lui rendit visite la nuit. Adrian restait éveillé à l'attendre. La plupart du temps, c'était Guido qui le caressait, mais parfois il insistait pour que le garçon le caresse à son tour. Adrian s'exécutait sans protester, pour en finir et pouvoir enfin dormir. Dans la lueur bleutée qui régnait la nuit dans le dortoir, les lits ressemblaient à des navires se dirigeant tous ensemble vers un même horizon gris et lointain. Il s'imagina à la proue d'un de ces grands vaisseaux glissant sur le Danube, que l'oncle Ferenc rêvait de commander un jour. L'embarcation voguait à contre-courant, mais comme il faisait noir dehors on ne distinguait pas le paysage dont les masses s'étendaient sur les rives. Plus le navire avançait, plus les eaux frappaient violemment sa coque ; à la fin, les flots étaient si agités que le bateau semblait dévaler le fleuve au lieu de le remonter. Il fut soudain réveillé par la sensation d'avoir la tête prise dans un étau, mais ce n'était que Guido dont il sentit le souffle chaud contre son visage tandis que ses mains se glissaient sous le drap. Il reçut l'ordre de *rester tranquille* et de tenir la tête du surveillant pendant qu'il mordillait ses tétons et suçait avidement son pénis comme s'il s'agissait d'un pis. Il voulait repousser la tête de Guido loin de lui, l'écarter de son sexe, mais Guido, d'un geste implacable, enfonça un doigt dans son anus. Et quand Adrian voulut crier, il couvrit sa bouche de son autre main en le sommant de se taire. Le lendemain matin, tout se passa comme si rien n'était arrivé. Avec sa sévérité habituelle, Guido distribua savons et serviettes aux garçons à l'entrée du vestiaire, et lors du rassemblement il adressa à peine un regard à Adrian. Le garçon comprit que telle était la volonté de Guido : il fallait à chaque instant prouver qu'on méritait ses faveurs. Adrian s'efforça de regarder ailleurs, de faire comme s'il ne le connaissait pas. Ce jeu de faux-semblants se poursuivit pendant deux ou trois jours ; visiblement, Guido adorait ce jeu, car quand il revenait la nuit il couvrait Adrian de largesses sous forme de tranches de pain accompagnées de portions de margarine. Il lui apportait également des pommes et des friandises. Bien sûr, ces présents avaient un prix : Adrian dut continuer sans broncher à lécher et sucer tout ce que Guido lui mettait dans la bouche pendant que son corps faisait l'objet d'étranges palpations. Certaines nuits, Guido restait si longtemps que les heures passaient les unes après les autres. Même quand il ne venait pas, Adrian restait dans son lit à attendre, les yeux grands ouverts. Pendant la journée, le banc de l'école se transformait en un long chaland qui fendait les eaux d'un large canal, et il s'endormait ainsi sur le pont supérieur, réchauffé par le moteur et bercé par le tangage. Il était tellement habitué à ce qu'on dispose en permanence de son corps qu'il ne remarqua pas que son professeur le secouait pour le réveiller. Debout à côté de lui, des hommes et femmes en blouse blanche arboraient une mine sévère. Des médecins et des psychologues. Ils l'accompagnèrent dans le dortoir où, après une méticuleuse inspection de son lit, son butin fut découvert : une taie d'oreiller remplie de croûtons de pain et d'emballages de margarine. Adrian révéla tout de suite de qui il tenait ce trésor. Étrangement, l'aveu ne fut suivi d'aucune punition. La délégation de blouses blanches échangea seulement quelques regards furtifs avant de se retirer. Cette nuit-là et les suivantes, Adrian retrouva un sommeil presque normal – point de Guido en vue. Voilà pourtant que deux jours après, les ennuis reprirent. En plein cours, une secrétaire débarqua dans la salle pour ordonner à Adrian de se rendre dans les bureaux de la direction. Ce directeur-ci ne s'appelait pas Heckermann et il n'avait pas le bec ni les grandes épaules d'oiseau du précédent ; en revanche, Adrian reconnut au mur la croix gammée et le portrait du Führer, qui s'y trouvaient déjà quand le directeur de l'époque avait ouvert le débarras magique derrière son bureau. Seulement le sauvetage miraculeux ne se reproduirait pas ce jour-là. Adrian le comprit dès qu'il franchit le seuil et découvrit Guido Peters debout devant la table du directeur. Ce Guido Peters était différent de celui qu'Adrian connaissait. La partie de son visage qui d'habitude souriait tel un rayon de soleil avait disparu et il se tenait comme si on lui avait planté un clou dans le dos. Ses yeux étaient réduits à deux fentes et ses lèvres si pincées que la salive jaillissait de sa bouche tandis que, l'index tremblant d'indignation, il énumérait tous les agissements *pervers* par lesquels Adrian avait tenté de le débaucher. Guido n'était pas le seul à avoir été victime de ses infamies. Dans les douches, ce dépravé avait également essayé d'entraîner d'autres enfants dans des actes sodomites, et les morceaux de pain cachés dans la taie d'oreiller étaient le prix de son silence. Lorsque Guido eut fini de parler, le directeur se tourna vers Adrian et lui demanda d'une voix sévère si tout cela était vrai. Adrian n'osa pas regarder Guido. Alors il regarda la moquette et secoua la tête, sachant d'avance que personne ne le croirait. Le directeur pria Guido de quitter la pièce, et dès qu'ils entendirent la porte se fermer derrière lui, il demanda à Adrian d'aller s'asseoir dans la salle voisine où se trouvait la secrétaire. Là, Adrian vit plusieurs spécialistes pénétrer tour à tour dans le bureau du directeur, jusqu'à être au moins quatre ou cinq réunis dans la pièce. De vifs éclats de voix s'en échappèrent. *Soit il est vraiment perturbé, soit c'est réellement sa nature*, s'insurgea l'un d'eux. *Sinon, comment aurait-il pu supporter ça aussi longtemps ?*

Le Fürher en sang Il fut rappelé dans le bureau. Le Führer le regardait droit dans les yeux, contrairement au directeur. C'est pourquoi, tout au long de son discours, Adrian préféra regarder le portrait de son Führer. Sur le visage du Guide, des plaies s'ouvrirent les unes après les autres. D'abord une toute petite en haut de la joue, juste en dessous de l'œil gauche, ensuite une autre un peu plus bas, à proximité de la pommette, puis encore une autre, près du menton. Aussitôt, elles se mirent à saigner. Sa première réaction fut de penser que Hannes Neubauer avait eu raison en disant que le Führer était en réalité un pilote de guerre déguisé. Puis il songea que c'était pour lui (Adrian) que le Führer saignait. Il continua de le dévisager pour voir si son expression allait changer. Mais non. Comment aurait-elle pu changer ? Plaies ou pas, le visage sévère du Fürher restait immuable. Une seule chose s'était modifiée : le sang s'était mis aussi à couler sur les murs blancs de l'établissement. Et de l'autre côté de ces murs l'attendait déjà la voiture qui allait le ramener au Spiegelgrund, cette fois-ci au pavillon 17, unité *Bu* ; l'unité regroupant les *Bildungsunfähige*, les inéducables.

VIII

De la monstruosité

Les fugitives Après, il se répandrait que c'étaient deux folles en fuite qui avaient fait tomber le docteur Jekelius. Anna Katschenka savait qu'il n'en était rien. La chute de Jekelius avait été entamée bien avant cela, et l'histoire des deux fugitives du pavillon 17 avait simplement confirmé ce que certaines personnes murmuraient depuis longtemps : il avait perdu le contrôle de l'établissement, le conseiller municipal Gundel n'avait plus confiance en lui et considérait qu'il n'avait plus l'envergure pour le poste. Anna Katschenka était certaine que cela aussi était faux, mais que valaient les convictions intimes d'une simple infirmière ? Plus tard, lors du procès, elle dirait que Jekelius avait été victime d'un complot, voilà tout. Quant aux deux fugueuses, l'une s'appelait Gertrude Klein, l'autre Marie Tomek. En décembre 1941, elles avaient respectivement dix-huit et quinze ans, et déjà une réputation de fautrices de troubles impénitentes. Quelques mois avant lcur première tentative d'évasion, elles avaient forcé la porte d'une réserve et volé un flacon de Lysol pur dans l'intention de se suicider ensemble. Au final, Marie fut la seule à ingurgiter le produit, Gertrude s'étant contentée de l'encourager. *Allez, bois, Marie. Bois tout !* Ç'avait toujours été comme ça entre elles. Gertrude était la meneuse aux idées saugrenues, Marie celle qui cédait et suivait. Si Schwester Erna n'avait pas découvert le corps inanimé de Marie Tomek dans le couloir et appelé un médecin à temps, on n'aurait pas pu la sauver. Elle fut transportée d'urgence au pavillon 3, où elle subit un lavage d'estomac. Les deux rebelles furent ensuite placées dans la même chambre d'isolement. Grossière erreur : à peine l'infirmière eut-elle refermé la porte de la cellule que des cris horribles s'en échappèrent. Quand elle la rouvrit, elle découvrit Gertrude à califourchon sur Marie qu'elle fouettait comme un cheval avec des serviettes mouillées. *C'est de ta faute, grosse pute !* Juste après cet incident, les deux filles firent leur première tentative d'évasion. Gertrude était parvenue à voler les clefs du pavillon dans un bureau et, la nuit suivante, elles s'enfuirent en passant devant la guérite sans se faire voir. Elles ne furent retrouvées que plusieurs jours plus tard, à l'arrêt du tramway de Brunnenmarkt, affamées et transies. Que Klein soit l'instigatrice de l'évasion ne faisait aucun doute. Après deux semaines en cellule d'isolement, elle fut donc convoquée chez le docteur Jekelius. Cette fois-ci seule, sans Marie. Elle fait face au directeur. Comme chaque fois qu'elle est prise en défaut, Gertrude joue la jeune fille vaincue et soumise, mais son regard plein de haine erre de manière suspecte sur le sol. Le docteur Jekelius reste calme, à aucun moment il ne hausse la voix ni ne montre des signes d'énervement. Quand il demande à Gertrude Klein si, au vu des conséquences, elle ne regrette pas sa pathétique et vaine tentative d'évasion, elle réitère ses accusations : Jekelius est un *médecin-assassin* qui cherche à l'empoisonner, comme il cherche à empoisonner toutes les autres filles, et qui empêche à dessein ses parents de venir lui rendre visite afin que personne ne découvre ce qui ce passe *réellement* ici.

Même chose avec les parents des autres filles de l'unité. L'idée est de les garder enfermées dans ce trou à rats jusqu'à ce qu'elles deviennent folles à en crever ou que le *médecin-assassin* et sa bande les tuent en empoisonnant leur nourriture. Quoi qu'il en soit, elles sont toutes condamnées à mourir. À ces attaques, le médecin répond que cet établissement ne propose pas un emprisonnement mais la possibilité de vivre dans un lieu de calme et de tranquillité, loin de toute perturbation extérieure, afin qu'elle puisse elle-même décider du genre de vie qu'elle souhaite mener. Soit elle apprend à se soumettre et laisse ses camarades tranquilles, soit elle continue à semer le trouble, à se montrer arrogante et à tourmenter les autres. La décision lui appartient. Pour prouver sa bonne volonté et la convaincre que son seul objectif est sa réussite et son bien-être, il va lui donner une dernière chance : il reste quatre semaines avant Noël ; si d'ici là elle se tient à carreau, il fera en sorte qu'elle puisse faire son service l'année suivante. Si, au contraire, elle continue de jouer les insoumises, il veillera à ce qu'elle soit conduite dans un camp de travail, où les conditions, comme le sait Fraulein Klein, ne sont pas particulièrement clémentes pour les jeunes femmes. Le choix lui appartient entièrement. Gertrude Klein hoche la tête sous son masque docile, mais au fond elle n'a aucune intention de s'améliorer. Deux semaines à peine après cette conversation, elle essaie de nouveau de fuguer ; cette fois-ci, comme le dira l'une des infirmières, *la guerre est déclarée*. Hormis Marie Tomek, quatre autres filles prennent part à la tentative d'évasion : Edith Holtemeyer (quinze ans), Friedrike Roth (seize ans), Margarete Schaffer (quatorze ans) et Stefanie Wolfing (seize ans). Tandis que Schaffer et Wolfing cassent la fenêtre du dortoir, les quatre autres se cachent pour pouvoir, dès l'ouverture des portes, se jeter sur le personnel qui voudrait se précipiter à l'intérieur. Erna Storch est de garde cette nuit-là, mais Schwester Erhart ayant entendu un bruit de verre brisé sur le pavé est montée en quatrième vitesse. C'est sans doute parce qu'elle est arrivée en renfort que les deux infirmières s'en sortent sans blessures graves. Quand Schwester Erhart entre dans la pièce, Margarete Schaffer est déjà en train de serrer le cou d'Erna Storch, pourtant ce n'est pas elle que voit l'infirmière en premier mais Gertrude Klein : les traits déformés par la folie, la jeune fille bondit de sa cachette derrière un lit en brandissant un tesson de verre d'une main ensanglantée. Au dernier moment, Erhart parvient à lui arracher l'arme, puis les infirmières s'y mettent à deux pour maîtriser Margarete ; enfin Erna Storch lui immobilise les bras dans le dos (une prise connue sous le nom de manœuvre Steinhof), tandis qu'Erhart agrippe l'ourlet de la chemise de nuit de Stefanie Wolfing et la fait tomber. Les quatre autres, en revanche, y compris Gertrude Klein, visiblement en pleine crise de démence, ont filé. Lors de son témoignage, Erna Storch dirait que, le même jour, on lui avait volé une montre, une petite boîte à couture en métal ainsi que quarante marks dans son sac à main. Plus tôt dans la journée, l'une des filles a dû s'introduire dans le vestiaire où les membres du personnel rangent leurs vêtements et leurs affaires. Les filles ont également dérobé la clef permettant d'ouvrir le portail d'entrée de la clinique, mais impossible de savoir exactement comment ni à qui. Dehors, dans les allées, s'élève une clameur sauvage et furieuse, et de nouveau retentit un bruit de verre brisé. Infirmières et responsables sont pendus au téléphone, l'information circule d'un pavillon à l'autre : une attaque en règle est en train de se dérouler ! Des hordes d'adolescents – rien de moins – se sont rassemblées dans l'obscurité et jettent des pierres contre les fenêtres ! Les hordes en question ne sont en réalité que les quatre fugitives du pavillon 17 qui, menées par une Gertrude Klein couverte de sang, ont atteint l'entrée principale. Le gardien, sorti à la hâte de sa guérite pour les intercepter, est frappé à la tête avec une pelle que Friedrike Roth a trouvée près de la cabane à outils. Mais en tentant de propager la rébellion aux autres pavillons, les jeunes filles ont perdu beaucoup de temps : le pavillon 17 ayant très vite appelé la police, toutes les routes sont barrées avant qu'elles aient le temps de traverser Hütteldorfer Straße. Arrêtées, elles sont conduites au poste pour interrogatoire et contrôle d'identité, avant d'être renvoyées au Spiegelgrund. Le docteur Jekelius, qui les attend de pied ferme depuis que le médecin de garde l'a informé de l'incident, les reçoit malgré l'heure matinale. Le docteur Helene Jokl est également présente, ainsi que deux aides-soignants prêts à immobiliser les jeunes filles si jamais elles renouvelaient leur tentative. Face à eux, les quatre fugitives forment une ligne sale et en mauvais état. Gertrude Klein a repris son masque docile, mais son regard erre sur les montants de la porte et les pieds de table. Sa main droite est bandée et les plaies de son visage ont enflé, ce qui lui donne l'air grotesque. Elle ressemble davantage à un animal blessé qu'à un être humain. Jekelius parle le premier. Je t'ai accordé ma confiance, déplore-t-il. Tu l'as trahie. Gertrude Klein ne l'écoute pas ; elle fait un pas en avant et le désigne du menton en hurlant :

Assassin !

Pendant quelques secondes, chacun retient son souffle, épouvanté par l'accusation. Puis Klein éclate d'un rire hystérique. Elle se plie en deux, se tortille, tombe sur les genoux et supplie le médecin, les mains jointes, *pitié, pitié* ; Jekelius n'a pas le temps de réagir, l'hilarité gagne les trois autres. Parmi les médecins, personne ne pipe mot. Jekelius finit par ordonner aux aides-soignants de se saisir de Gertrude Klein, qui entre-temps a retrouvé son air soumis. Il demande ensuite au docteur Jokl de lui passer une paire de ciseaux. Gertrude tente de se défaire de l'emprise des gardes, mais déjà Jekelius a empoigné une mèche de cheveux dans sa nuque et commence à couper. Klein pousse des cris épouvantables, si bien que les trois autres filles se mettent à pleurer. Jekelius lâche les ciseaux, pris d'un soudain dégoût, et ordonne à Jokl de poursuivre le travail. Il ne doit plus leur rester un cheveu sur le crâne, dit-il. Et il s'en va. C'est la dernière vision qu'elles ont de lui : le dos de sa blouse blanche qui, lentement et dignement, disparaît au fond du couloir. Gertrude Klein, désormais chauve, hurle comme si elle voulait faire exploser les murs et s'effondrer sur lui le bâtiment tout entier.

De la monstruosité À Noël, cette année-là, les employés bénéficièrent d'une augmentation de salaire. En fonction de leur grade, ils furent payés entre cent et deux cents Reichsmarks de plus ; Anna Katschenka en reçut cent cinquante. Au cours d'une brève cérémonie, Jekelius expliqua que l'argent ne constituait pas seulement une compensation pour leur travail difficile, voire éprouvant ; il exprimait également la reconnaissance du Reich envers l'investissement et le sens du devoir des employés de la clinique, qui exécutaient un travail d'une *importance capitale*. Vous combattez en première ligne, les félicita-t-il. Grâce à vous, nous pouvons lutter contre les individus malsains et non viables afin d'offrir aux individus sains un nouvel espace vital. Inutile de préciser qu'avec cette gratification la direction s'assurait leur loyauté et leur silence. C'était clair pour tout le monde. Pour Anna Katschenka, il était impensable de parler de son travail à l'extérieur. Sa mère n'aurait jamais supporté de l'entendre et son père n'aurait pas compris. Vingt ans après avoir obtenu son diplôme d'infirmière, Anna Katschenka vivait encore dans l'appartement familial de la rue Fendigasse, où elle dormait toujours dans son ancienne chambre d'enfant. Sa mère ne sortait jamais. C'était elle et son père qui se chargeaient de faire les courses. Tous les deux, ils avaient passé un accord tacite visant à protéger la mère à tout prix : jamais ils ne lui divulguaient la moindre nouvelle qui pourrait la choquer ou la déprimer ; en particulier depuis qu'Otto, le frère, avait été enrôlé dans la grande manœuvre d'offensive vers l'Est. Étant dans le génie, il n'avait pas beaucoup l'occasion d'assister aux combats, avait-il écrit dans l'une de ses rares lettres ; en revanche, l'unité se déplaçait sans cesse, souvent à bord d'un véhicule tout-terrain mais parfois aussi à pied. Les seules voies possibles étaient des routes forestières. Un jour, avait écrit Otto, ils avaient dû marcher trente kilomètres avec tout leur barda sur le dos. Depuis le départ du fils, le père passait beaucoup de temps à côté de la radio. Toujours allumée, à bas volume afin de ne pas déranger la mère, la radio était placée dans le salon, juste à côté d'un fauteuil, mais il ne s'y asseyait jamais : il préférait rester debout, signifiant ainsi qu'il n'était pas le moins du monde intéressé par les nouvelles, qu'il était simplement passé devant le poste par hasard. Il pouvait rester des heures devant l'appareil, sans cesser de sourire – un sourire gêné qui lui donnait un air à la fois soucieux et déterminé. Ils ne parlaient jamais du fils, ni de la guerre, ni de tout ce qui pouvait affecter la mère de manière négative. Dans le salon, la radio allumée rendait compte des progressions allemandes. Un matin du mois de décembre 1941, il fut annoncé que les avant-postes allemands avaient atteint une position éloignée d'une trentaine de kilomètres seulement de Moscou. Au cours du même mois de décembre, la température extérieure en Russie continentale ne grimpa pas une seule fois au-dessus de moins trente. Anna Katschenka imagina son frère se frayer inlassablement un chemin à travers les masses enneigées du territoire russe, tel un nageur luttant contre les flots avant de disparaître ou de se dissoudre dans la glace. Il arrivait cependant que la neige fonde, que tous les non-dits – imposés par les autres ou par eux-mêmes – remontent à la surface. Quand cela se produisait, Anna se réveillait au cœur de la nuit en proie à une grande agitation morale. Tous ces enfants malformés ou grandis trop vite se bousculaient dans sa tête avec leurs membres monstrueux et leurs grands yeux désespérés. Elle les entendait marmonner dans leur délire fiévreux et chantonner des litanies déchirantes pareilles à une supplique. Comme ils étaient en elle, elle ne pouvait pas détourner le regard ni se cacher le visage dans ses mains. Elle était sans défense face à ces enfants difformes et inoffensifs qui poussaient, grattaient et la dévoraient de l'intérieur. Et elle savait qu'à la moindre tentative de se libérer ils pousseraient et gratteraient davantage, rendant la douleur insupportable. Ainsi tout se confondait, les enfants monstrueux et les affreux ravages de la guerre. Elle portait tout cela en elle telle une faute qu'elle ne pouvait pas réparer et dont elle ne pouvait pas non plus se délester ; et rien ne changerait jamais, puisque rien ne devait changer. Dans ces moments-là, elle ressentait la même chose que dans son adolescence, quand le sang s'écoulait d'elle : l'impression d'une chute qui la plongeait dans une sorte d'état d'apesanteur. Sa chute n'avait plus de poids. *Elle* était devenue sa propre chute. Ainsi s'écoulaient les jours – les semaines, les mois et les années – dans cette chute en suspension. Elle ne ressentait pas davantage le temps : dépourvu de volume et de direction, il n'avait plus d'impact sur elle.

Tombées des nues Devant l'armoire à linge, Schwester Kleinschmittger fait semblant de plier et de ranger gants de toilette et serviettes. Apparemment, nous allons devoir nous débrouiller sans votre docteur pendant quelque temps, dit-elle, les traits crispés pour empêcher un sourire ironique de se former sur ses lèvres. Anna Katschenka ne répond pas, elle médite sur l'emploi par Schwester Kleinschmittger du terme *votre*. *Votre* docteur Jekelius. Il a été contraint de rejoindre l'armée, dit-elle. Oui, nous sommes tous tombés des nues en apprenant la nouvelle, confirme Kleinschmittger. La décision que prend Katschenka à cet instant est instinctive : veiller à ne pas dévoiler ses sentiments est aussi une manière de ne pas le trahir. Personne ne saura combien son départ la bouleverse. Pourtant, à partir de ce moment précis, un grand trou noir s'ouvre en elle. Peut-être, se dirait-elle plus tard, était-ce l'une des raisons qui lui avaient permis d'encaisser la nouvelle sans sourciller : le sentiment de n'avoir désormais plus rien à faire dans cet hôpital, un sentiment dangereux qu'il lui fallait combattre à tout prix. Il s'écoulerait également plusieurs jours avant qu'elle connaisse les conditions exactes de son départ, en dehors du fait que Jekelius avait bien été appelé sous les drapeaux. Elle n'apprendrait l'incident des quatre fugitives que plusieurs semaines plus tard, grâce à Edna Block, alors secrétaire dactylographe à la chancellerie : la mère de l'une des jeunes filles rasées sur ordre de Jekelius avait déposé une plainte contre lui et contre le docteur Jokl pour infraction au droit d'user de châtiments corporels. Selon Block, de nombreux membres du personnel, notamment le docteur Krenek, avaient exigé qu'une procédure soit lancée à l'encontre de Jekelius afin de décider une fois pour toutes des principes à appliquer dans cet établissement. Que va-t-on faire d'elles, maintenant ? Qui voudrait embaucher des filles qui n'ont plus un cheveu sur la tête ? demanda Edna Block. On ne peut même plus les marier. Ni leur trouver un emploi de domestiques. C'est bien de cela qu'il s'agit, n'est-ce pas ? Peu importe leur comportement ou leur faute du moment qu'elles sont capables d'accomplir leur année de travail obligatoire en sortant d'ici. Fraulein Block tapait sur sa machine à écrire avec des mouvements énergiques et précis, mais derrière ses cils épais ses yeux étaient emplis de larmes. Anna Katschenka se rappela que le docteur Jekelius, lors de leur escapade d'une journée, lui avait confié que Fraulein Block était un véritable bastion de sécurité. Fraulein Edna remuerait ciel et terre pour moi, avait-il dit, et Katschenka avait senti la jalousie la frapper de son aile noire. Elle savait que Fraulein Block s'occupait d'envoyer les formulaires au comité de Berlin pour le compte de Jekelius et des autres médecins, et qu'elle préparait et classait les dossiers à leur retour. Peut-être était-ce d'ailleurs à ces formulaires qu'elle pensait au moment où, glissant une nouvelle feuille de papier dans sa machine à écrire, elle murmura au-dessus de son cylindre, sur un ton confidentiel : Il y a peut-être des choses plus importantes à signaler qu'une poignée de filles à qui on a rasé le crâne, non ? N'êtes-vous pas aussi de cet avis, Schwester Anna ? Et le docteur Jekelius qui n'est pas là pour se défendre !

Au champ d'honneur Contre un revers ou une défaite personnelle, on peut toujours se défendre. Mais comment se protéger de la diffamation ? Des mots malveillants qui s'incrustent sous la peau, telle une plaie invisible qui continue de saigner longtemps encore après le coup ? Une plaie dont il est impossible de parler car admettre que l'on saigne, c'est admettre que l'on a été blessée. (*Votre* docteur, Schwester Katschenka !) Au cours des mois qui suivent le départ du docteur Jekelius, Katschenka expérimente jour après jour la fragilité de son autorité. Maintenant, Schwester Kleinschmittger détourne impatiemment le regard dès qu'elle lui demande quelque chose et Hilde Mayer passe son chemin avec une indifférence manifeste, la bouche fendue en un large sourire satisfait. Par ce sourire, Mayer signifie qu'elle possède un savoir plus grand, un savoir dont la nature même lui interdit de parler. Pourtant, *si* cela devait arriver, ses mots seraient tels qu'ils réduiraient immédiatement et à jamais des carrières à néant. Bien que personne ne sache rien avec certitude, les rumeurs vont bon train dans les couloirs et les salles de désinfection. On ne parle que de Jekelius. Cet automne déjà, sa façon de diriger le service aurait suscité le mécontentement *en haut lieu*. On lui aurait même demandé de rendre sa voiture de fonction tandis que ses demandes de défraiement étaient étudiées à la loupe. Anna Katschenka se sent honteuse. *Peut-être n'était-il pas l'homme que nous pensions*, assène soudain Hilde Mayer de son air suffisant, et la question s'adresse clairement à Katschenka : *Un imposteur, tout simplement ?* Dans le pavillon 17, le jeune Pelikan se traîne et trébuche sur ses jambes déformées et tordues vers l'intérieur. Il s'amuse à frotter son visage contre la vitre. Dehors, deux internes en pantalon gris tirent avec peine un chariot de linge sale sur une allée bordée de congères glacées. Anna imagine son frère Otto nageant le crawl jusqu'à Moscou au-dessus des paysages enneigés. Ils ne savent pas quelle chance ils ont d'avoir trouvé un asile dans le chaos et d'avoir pu se dérober à leur devoir de soldat, se dit-elle en observant les deux pauvres gars. À côté d'elle, le jeune Pelikan a le visage à ce point collé à la vitre que ses traits s'impriment dans la buée ; d'un geste furieux elle saisit le bras du garçon et le ramène dans le foyer. Pelikan gémit, résiste et tente de l'enlacer de son autre bras, qu'elle rejette comme s'il s'agissait d'un objet inanimé.

Cesse donc de t'agripper ainsi à moi tout le temps.

Les notes de musique s'interrompent dès qu'elle pénètre dans la pièce et le garçon au piano, Felix Keuschnig, se retourne pour la regarder, bouche bée. Installée à son côté, Schwester Hedwig la regarde aussi, de ses grands yeux clairs qui percent à jour la honte qu'elle essaie de dissimuler, tandis qu'elle pense :

Si vous m'entendez Herr Doktor, pitié pitié pitié revenez.

C'est déjà le mois de février et Anna Katschenka coupe par la Gürtel afin d'attraper le tramway 6 à la gare de l'Ouest. La secrétaire Edna Block est assise dans la dernière voiture. Quand elle voit Anna Katschenka monter, elle lève son sac à main pour se cacher derrière, mais comme il n'y a pas de place libre, Anna Katschenka n'a pas d'autre choix que de s'asseoir à côté d'elle. Derrière son sac, Block pleure. Autour d'elle les passagers, gênés, regardent droit devant eux ou à travers la vitre.

Vous ne devez pas être au courant, Schwester Katschenka, je viens à peine de l'apprendre :

Herr Jekelius a été blessé au champ d'honneur, il se trouve dans un hôpital de campagne, paralysé
il ne pourra peut-être plus jamais se mouvoir.

Soudain les deux vitres se confondent, celle du tramway et celle du foyer du pavillon 17. Anna est près de la fenêtre avec le jeune Pelikan, les yeux tournés vers les deux internes de la blanchisserie qui tirent les grands sacs de linge devant le tramway de l'hôpital arrêté face à l'entrée du pavillon. Ils glissent sur le verglas et tombent à la renverse, lâchant les sacs dans leur chute. Ils s'ouvrent et répandent leur contenu sur le sol. Elle voit le vent gonfler les draps et emporter les pyjamas tachés de sang jusque dans l'arbre voisin, et pendant quelques instants toute la clinique est ensevelie sous le linge sale. Ils devraient être contents, ces ratés, pense-t-elle, d'être toujours en vie, de pouvoir encore tenir sur leurs pauvres jambes, de voir les fruits de leurs erreurs emportés par le vent. À la station suivante, ne supportant plus les pleurs de Frau Block, elle se lève et descend.

Lettre

Herr Doktor Erwin Jekelius
Reservekriegslazarett Lemberg,
Universitätsklinik, Block II,
Zimmer 4

Vienne, 23 mars 1942

Herr Doktor,

Si vous trouvez inconvenant que l'une de vos anciennes subordonnées prenne la liberté de vous écrire, je vous prie humblement de détruire immédiatement cette lettre. Je désire seulement vous souhaiter un prompt rétablissement, Frau Block, votre fidèle secrétaire, m'ayant annoncé que vous avez été blessé au combat. C'est également elle qui m'a communiqué votre adresse et m'a indiqué que vous l'aviez tenue régulièrement informée de votre état. J'imagine que même un homme aussi fort de corps et d'esprit que vous peut se sentir seul ainsi loin de sa famille et de ses amis, c'est pourquoi je désire, par ces quelques lignes, vous signifier à quel point nous sommes nombreux à vous adresser nos pensées les plus sincères. Comme vous le savez déjà sûrement, il s'est produit à la clinique plusieurs événements dont je ne discuterai pas ici. Je voulais seulement vous dire que je me suis souvent entretenue avec vous en pensée à propos de la manière dont les choses étaient gérées au sein de l'établissement. Et malgré tout ce qui se dit, j'aimerais, Herr Doktor, que vous restiez assuré de ma loyauté. Vous m'avez redonné foi en la vie à un moment où je n'aurais jamais cru possible de la retrouver. Et la transmission de cette foi, comme vous l'avez si souvent répété, est peut-être le plus beau cadeau qu'une personne puisse faire à une autre.

En cela, je vous suis éternellement reconnaissante et à jamais liée.

Heil Hitler !

Schwester Anna Katschenka

Elle n'avait pas espéré recevoir de réponse et fut saisie d'effroi lorsque celle-ci arriva. Tout d'abord, elle ne voulut pas croire que le courrier fût de lui, car si son nom était bien inscrit en tant qu'expéditeur en lettres majuscules, elle ne reconnaissait pas son écriture. Elle crut alors qu'il était mort et qu'on l'en informait. Tétanisée par l'angoisse, elle dut lire plusieurs lignes avant de reconnaître, derrière cette écriture étrangère, sa voix reconnaissable entre toutes.

Chère Schwester Katschenka,

Votre aimable lettre m'est parvenue cette après-midi. Souffrant depuis plusieurs semaines de paralysie totale suite à une blessure de guerre, je me trouve actuellement dans l'incapacité d'écrire. Cependant, j'ai pu avoir recours à une « main d'emprunt », une bonne âme qui, contre une compensation raisonnable, a accepté d'écrire sous ma dictée. Je me rappelle vous avoir un jour confié que j'étais né de confession évangélique, et celle-ci place la foi au centre de tout. Selon saint Paul, ma main, mon pied, mes pensées et les trésors de mon âme n'existent pas tant que je ne suis pas convaincu que le Tout-Puissant veille en permanence sur eux. La perte des sensations de son corps et de son âme met la foi à rude épreuve, mais cette lettre que je vous adresse prouve que ma foi a traversé cette épreuve sans dommage. Car même sans main et sans instrument, je suis malgré tout capable de vous écrire ! Voilà comment la volonté se montre, encore une fois et comme toujours, plus puissante que les forces qui tentent de l'anéantir. De la même manière que la guerre met continuellement à l'épreuve notre force et notre persévérance à tous. Nous affrontons quotidiennement de nouveaux défis, mais ce n'est que de cette façon que nous acquérons une âme chaque jour plus solide, ainsi qu'une volonté d'acier.

Tout comme saint Paul comprenant un jour que sa mission était d'aider les gens en les convertissant, j'ai compris que ma mission de médecin était d'endurcir et d'améliorer la race aryenne jusqu'à ce qu'elle atteigne son dessein final. Et aujourd'hui comme hier, il s'agit pour moi de tenir bon, de traverser toutes les épreuves, afin de poursuivre ma mission avec fermeté et persévérance.

Votre lettre m'a conforté dans la certitude que mon travail n'a pas été vain. Bientôt, je serai capable de me lever à nouveau, et je viendrai alors vous récompenser pour votre loyauté et toute la peine que vous vous donnez, Frau Katschenka. Avec ces mots, vous m'avez, plus que jamais, prouvé que vous étiez digne de la confiance que je vous ai accordée.

Heil Hitler !
Dr E. Jekelius

Une autre vie Ainsi débuta une période étrange. Anna avait l'impression de vivre deux vies, une à la clinique avec les monstrueux enfants et une autre avec lui. Elle menait la première en plein jour et sous le regard d'autrui, malgré la honte : elle n'avait jamais été du genre à chercher des prétextes pour échapper à son travail et à ses responsabilités, pas même pour une courte conversation téléphonique personnelle ou le temps d'aller fumer une cigarette avec les autres à l'arrière du bâtiment. Elle n'éprouvait que du mépris pour ceux qui, comme elle le formulait, avaient besoin de « faire une pause » ; comme si leur endurance, tant physique que psychologique, cette qualité même qui les avait amenés à faire ce métier, n'était qu'un masque plaqué sur leur visage qu'ils étaient incapables de porter trop longtemps. Voilà ce qu'elle lui racontait quand, après sa journée de labeur à la clinique, elle s'adressait à lui, assise dans le tram qui la ramenait chez elle. Curieusement, elle le retrouvait dans son appartement de la rue Fendigasse, où il lui prêtait une oreille attentive. Quand elle faisait la vaisselle après le dîner, elle lui parlait de ses collègues ; d'Hilde Mayer et son sourire. Plus tard, lorsqu'elle aidait sa mère au repassage, par exemple, il l'écoutait, assis à la petite table de cuisine près de la fenêtre où son père avait l'habitude de lire son journal ou de regarder la pluie s'abattre sur le jardin. Ce retour soudain de Jekelius dans son existence l'effrayait autant qu'il l'étonnait. Comme si chaque chose, chaque événement avait dorénavant une résonnance particulière qu'elle se sentait obligée de lui décrire. Souvent la conversation portait sur le contenu de ses lettres, puis elle déviait sur autre chose. Anna ne cessait de recevoir de nouveaux courriers, adressés rue Fendigasse ; ils étaient rédigés de sa main, et bien que son écriture restait selon elle assez instable, il lui assurait que son état de santé s'améliorait de jour en jour. La paralysie dont il avait souffert appartenait au passé, écrivait-il. Il pouvait désormais se redresser dans son lit et même manger seul. Elle était assise à son chevet, elle voyait la longue salle d'hôpital, sa rangée de fenêtres, son étroitesse qui rendait la circulation difficile aux infirmières qui poussaient leur chariot. Un jour du début avril il lui annonça qu'il allait être envoyé en convalescence au Schloss Leesdorf à Baden, à côté de Vienne. La Wehrmacht venait de réquisitionner le lieu pour en faire un hôpital militaire. Voulait-elle venir lui rendre visite là-bas ? Il n'y resterait pas longtemps : il recevrait bientôt une nouvelle affectation. L'invitation la déconcerta. Ces échanges intimes épistolaires allaient-ils supporter la lumière crue de la réalité ? Tous ces mots prononcés, ces fils de conversation qu'elle avait continué à dérouler alors qu'ils restaient éveillés dans leur lit. Lui dans son dortoir d'hôpital à Lemberg, parmi les soldats blessés hurlant de douleur ou marmonnant de longues phrases incohérentes sous l'effet de la fièvre ; elle dans sa chambre de la rue Fendigasse, dans le lit qu'elle avait occupé quand elle était étudiante, à cette époque où le sang s'était mis à s'écouler de son corps et où la seule chose à laquelle elle avait pu s'accrocher était sa volonté irrépressible de se lever. Et désormais, il s'agissait encore de se lever et de garder le cap à chacun de ses pas. Un samedi matin, elle prit le tramway jusqu'à Baden. Il était assis dans une chaise longue, sur la terrasse du jardin, un plaid sur les genoux. Elle arriva par-derrière, accompagnée d'une infirmière, mais il avait dû la repérer plus tôt, car avant que celle-ci ait eu le temps de prononcer son nom il se tourna vers elle et demanda : *Schwester Gertrude, voudriez-vous avoir la gentillesse de nous apporter une chaise supplémentaire ?* Rien de plus. Elle resta debout devant lui comme elle s'y était résolue. Juste en face de lui, pour être devant ses yeux. Il la regarda intensément pendant un long moment, la tête légèrement penchée, comme entraînée par son propre poids, sans que ses traits trahissent ce qu'il voyait. Puis il tourna les yeux en direction des deux murets de pierre qui ornaient l'escalier menant au jardin. De la position qu'elle occupait, tout au bord de la terrasse, le jardin lui apparaissait tel un océan de vagues vertes au-dessus duquel les oiseaux plongeaient ou s'envolaient en émettant des piaillements étouffés. Plus loin, le vent se saisit violemment des branches d'un mur de pins si haut et si compact qu'il barrait la vue sur la route. Une infirmière lui apporta une chaise. Elle la remercia et s'assit. L'administration vient tout juste de s'installer dans ses locaux, expliqua-t-il avec un geste d'excuse en montrant deux camions garés au pied de la terrasse d'où des hommes déchargeaient des lits de camp. Elle remarqua que, même quand il se tournait sur le côté, son bras droit restait immobile sur l'accoudoir. Du reste, il n'avait pas vraiment changé. Sa grosse tête paraissait plus lourde ; ou du moins elle semblait exiger de lui davantage d'efforts pour rester droite sur ses épaules. Sa voix était telle qu'elle avait toujours été : douce et suave, avec cette rondeur singulière. Il lui raconta que, plus tôt pendant la guerre, Leesdorf avait servi de maison de redressement pour jeunes filles. Il l'avait visité au cours de l'un de ses déplacements. Ce genre d'établissement est désormais devenu inutile, dit-il. Son bras sur l'accoudoir était toujours inerte. Elle voulut lui poser des questions sur sa paralysie, savoir quelle blessure en avait été la cause, s'il ressentait des douleurs : tout ce qui aurait pu supprimer la distance qui s'était insérée entre eux, accentuée par sa manière de prononcer les termes « maison de redressement ». Mais il était évident qu'il avait longuement préparé son discours, qu'il était important pour lui de le dire, et précisément de cette manière. Ils sont en train de faire mon procès en mon absence, ajouta-t-il. Comme s'ils n'avaient pas besoin que j'y assiste, ou plutôt pour faire comprendre qu'ils peuvent intenter un procès à n'importe qui ; l'essentiel, c'est que le procès ait lieu. En disant cela, il se tourne vers elle (le bras droit toujours immobile) avec une expression signifiant qu'il attend d'elle une réaction. Il y a dans la forme de sa bouche quelque chose de sévère – d'autres diraient amer – qu'elle n'avait encore jamais remarqué. Elle baisse les yeux et regarde ses propres mains posées sur ses genoux. Doktor Krenek, commence-t-elle. Doktor Krenek a comploté derrière mon dos pendant des années ! l'interrompt-il. C'est un parvenu. Rien de ce qu'il peut dire ou faire ne témoigne d'une quelconque force ou originalité. Il se contente de répéter ce qu'on lui demande de dire. J'ignore si vous avez déjà vécu cela, Schwester Anna, poursuit-il – et pour la première fois elle retrouve le ton de confidence de leur excursion –, si vous vous êtes déjà laissé submerger par un sentiment si fort que votre âme et vos pensées ne suffisent pas à l'appréhender. Ce sentiment, je vais l'appeler par son vrai nom, dit-il. Je vais l'appeler l'amour. Il la dévisage de ses yeux sombres. Elle prend peur. De quoi parle-t-il ? Qui (ou quel) est l'objet de cet amour ? Le temps d'un frisson elle imagine qu'il s'agit d'elle. Pourtant c'est impossible, d'ailleurs son regard n'est pas fixé sur elle mais quelque part loin derrière, et sa bouche a retrouvé son aspect rigide et froid. Ils ne savent rien, personne ne sait rien, reprend-il. Et elle sent qu'elle doit faire quelque chose : quitter cette position figée ou simplement expirer ou déglutir. Elle effectue un mouvement involontaire de la main ; au même moment le bras droit paralysé sur l'accoudoir se lève et sa main la saisit. Son regard, ce regard doux et pénétrant, est de nouveau fixé sur elle. Il sourit.

Vous devez absolument continuer de m'écrire, Frau Katschenka.

Promettez-le ; vos lettres ont été mon plus grand soutien.

Dans le tramway du retour, elle regarde, sous le choc, les champs nus qui tour à tour s'approchent et s'éloignent, les gares qui passent et vacillent, les barrières abaissées derrière lesquelles attendent des véhicules isolés ou quelques hommes ou femmes à vélo, les mains calmement posées sur le guidon. Elle n'est plus que regard, et elle ose à peine bouger de peur que la lumière qu'elle porte dans le crâne s'éteigne ou soit éclipsée. Mais par quoi ? Telle une ombre soudaine traversant le tramway cahotant, l'impression lui vient d'avoir été utilisée. Il y avait un dessein caché dans les paroles du docteur Jekelius, y compris dans son incompréhensible discours sur l'amour. À qui, sinon à elle, ces mots étaient-ils destinés ? Ou alors était-ce un langage codé pour parler de tout autre chose : une vocation supérieure ? À moins que ses mots aient été adressés à la terre, à cette terre au-dessus de laquelle les hirondelles plongent sans jamais douter de la capacité de leurs ailes à les porter. Elle se tient ainsi sans bouger jusqu'à Traiskirchen, où un groupe de voyageurs monte et le contrôleur parcourt la voiture pour vérifier les titres de transport.

Les enfants sains et les autres En juin 1942, elle annonce par courrier au docteur Jekelius qu'on lui a trouvé un remplaçant et qu'il vient d'arriver à la clinique : un médecin allemand du nom d'Illing. Peut-être Doktor Jekelius le connaît-il, du moins de réputation ? On prétend qu'il est compétent. Illing est venu avec toute sa famille, écrit-elle. Personne ne sait combien ils sont à avoir emménagé dans l'appartement de fonction de Baumgartnerhöhe, pas même Hildc Mayer, mais apparemment ils ont une gouvernante. En effet, ils ne sont pas installés depuis vingt-quatre heures qu'on aperçoit déjà toute la troupe arpenter les jardins de la clinique : la gouvernante en tête, une jeune femme blonde portant un uniforme bleu au col amidonné et un tablier soigneusement noué. Elle tient le plus jeune enfant contre sa poitrine, et derrière les autres suivent à la queue leu leu. Ils semblent n'avoir pas plus de trois ans d'écart : une fille de trois ans, une autre de quatre puis un garçon de six ou sept ans. Ils portent des outils de jardinage, des pioches, des pelles, des seaux. Dans les pavillons, chacun interrompt son travail et tous ceux qui le peuvent collent leur visage aux fenêtres. Les enfants d'Illing passeront toute cette belle et longue après-midi sur le talus au pied du pavillon 15, à travailler vaillamment sous la direction de la gouvernante, labourant la terre sur une grande surface où, plus tard, ils sèmeront des pommes de terre et planteront des choux afin de réduire les dépenses en ces temps d'économie et de rationnement. Peu à peu le personnel prend l'habitude de s'arrêter un moment devant ce modèle de labeur et d'utilité. Les infirmières se battent pour s'attirer les faveurs de ces enfants de médecin qui travaillent si dur ; elles les bourrent de friandises et tentent de gagner leur confiance, profitant sans vergogne des moments où la gouvernante, une jeune Allemande charmante, a le dos tourné. Et depuis le pavillon 17, dont le foyer donne directement sur le jardin, tous observent, bouche bée, les activités de ces petits prodiges avec un intérêt sans fin. Regarde, les enfants du docteur sont en train de jouer dehors, dit Schwester Blei en portant à la fenêtre le jeune Otto Semmler dont le menton est plein de bave. À côté d'Otto, Pelikan a formé avec quatre doigts un cadre contre la vitre, où il appuie d'abord ses lèvres puis tout son visage, comme s'il essayait par la pensée de soulever ces jeunes enfants en parfaite santé et de les transporter depuis le jardin où ils s'affairent jusque dans le foyer, afin de les enfermer dans les méandres de son cerveau. Anna Katschenka aurait pu écrire à Jekelius une ligne ou deux à propos de Pelikan, aussi. Car elle ne peut s'empêcher de le lier à leur petite « escapade » à tous deux. Ce qui explique sûrement pourquoi elle supporte malgré tout l'enfant. Car au plus profond d'elle-même, elle déteste l'ardeur excessive avec laquelle il court ouvrir la porte du foyer chaque fois qu'elle lui rend visite, elle déteste cette bouche moite qu'il ne peut s'empêcher d'appuyer sur tout et n'importe quoi, son haleine obscène d'animal en rut. Elle déteste l'appétit goinfre avec lequel il engloutit la moindre nourriture à portée de sa main, elle déteste ses petits doigts crochus et poisseux qu'elle doit constamment repousser mais qui persistent à vouloir s'accrocher à elle. Pourtant, elle ne peut s'empêcher de le considérer avec une certaine compassion ; comme une création de Dieu *presque* aboutie. Il se comporte comme si tout ce qu'il désirait si ardemment se trouvait hors de sa portée, sans qu'il cesse pour autant de s'en approcher, mains tendues et bras ouverts embrassant le monde entier. Mais tout ce qu'il produit, outre ses quelques pas gauches et ses gestes maladroits, ce sont ces mots vides de sens, ce *Katsch Katsch Katsch* qu'il répète à l'envi pour la saluer quand Schwester Blei l'assoit sur son fauteuil roulant afin de le conduire à l'auditorium. C'est également l'une des nouveautés instaurées par Illing : chaque semaine, il donne aux étudiants en médecine et aux élèves infirmières des cours sur les défaillances physiologiques ou neurologiques et les différentes malformations humaines, dont il énumère les causes biologiques et héréditaires. À chaque conférencc il montre un nouvel enfant en exemple. Vient le tour de Pelikan de se tenir debout, nu et droit, exhibé dans toute sa fragilité sur l'estrade que le docteur Illing a fait installer au milieu de la salle. Mission que le garçon exécute avec le même enthousiasme rayonnant que d'habitude, malgré la douleur évidente que la raideur de la position lui provoque. Il sourit au docteur Illing, qui pourtant ne cesse de lui asséner des coups de règle dans le dos et de lui hurler *Redresse-toi*, ainsi qu'aux jeunes élèves qui se tortillent d'embarras sur leur banc, faisant mine d'écouter la voix docte et sèche du médecin. Toujours cette bonne volonté, toujours ce sourire presque obséquieux qui, dès que l'heure de cours touche à sa fin, se transforme en une grimace de douleur aux plis si profonds que son visage d'enfant à la bouche et aux yeux en ventouse finit par ressembler à un masque mortuaire tout en os et pommettes. À la fin de la conférence, Anna Katschenka, qui prétend être venue à l'auditorium pour une autre raison, n'a qu'une seule envie : rhabiller l'enfant et le reconduire au foyer le plus vite possible. Mais Hilde Mayer, également présente, bien sûr, ne peut s'empêcher d'émettre un commentaire :

On dirait que Schwester Anna s'est trouvé un petit protégé

elle qui est habituellement si froide.

Sauf que cette dernière phrase n'est pas prononcée. Même Schwester Mayer n'aurait pas le toupet de dire une chose aussi insolente. Il est néanmoins facile de deviner les pensées qui se forment derrière son visage envieux, son regard blanc et dur, insondable et inquisiteur. En effet, les jugements vont certainement bon train dès que Katschenka a le dos tourné. Car que pourraient-elles se raconter d'autre pendant leur temps libre, ces Storch, Sikora, Blei et autres infirmières du pavillon 17, si elles ne passaient leur temps à affirmer leur supériorité en pointant du doigt les défauts des autres ?

Intrusion Un matin, en arrivant à son travail, elle trouve un homme en train de l'attendre devant l'entrée du pavillon 1. Il est relativement jeune, vingt-cinq ans maximum, et négligemment vêtu d'une veste grise usée et d'un pantalon trop large. Il tient son chapeau à la main, bras tendu, calotte tournée vers le bas, comme un mendiant. *Schwester Katschenka !* appelle-t-il au moment où elle passe devant lui. Quand elle lui demande ce qu'il veut, il lui dit qu'il attend une réponse. Une réponse à quel propos ? À propos de ce qui est arrivé à mon fils, répond-il. Comme si le simple fait qu'elle se soit arrêtée pour l'interroger impliquait une sorte d'aveu, il déplie de ses doigts tremblants de nervosité une liasse de papiers qu'il essaie de lui donner. Elle refuse de prendre ces documents, refuse d'être mêlée à cela. Elle ouvre la porte du pavillon ; il la suit d'un pas maladroit.

Schwester Katschenka ? répète-t-il.

Elle monte l'escalier qui mène aux bureaux de l'administration. Comment connaît-il son nom ? Il la suit dans le couloir. Autour d'eux, le cliquetis des machines à écrire s'interrompt, bureau après bureau, et la seule chose que l'on entend encore sont les appels embarrassants de l'homme qui s'obstine. Les employées affluent dans le couloir et, bientôt, l'homme est entièrement cerné de murmures indignés.

Une réponse ? crache Schwester Bertha. *Mais vous ne comprenez donc rien monsieur : si c'est vrai que vous avez un fils, alors il est mort !*

L'homme finit par s'en aller. Quelques heures plus tard, elle l'aperçoit parmi le groupe de mères qui attend quotidiennement autour de l'arrêt de tramway, de l'autre côté de la rue. Ce sont les entêtées, celles qui ne laissent pas un seul jour passer sans tenter d'apporter de la nourriture ou des vêtements à leur enfant ou de s'enquérir de la demande de recours qu'elles ont envoyée à la clinique. La plupart respectent l'interdiction d'entrer dans l'enceinte de l'établissement, mais

Anna Katschenka reste sur ses gardes. Et avec raison : deux jours plus tard, tandis qu'elle est en visite au pavillon 17, Pelikan tire soudain sur son tablier. Quand elle se retourne, elle voit l'homme. Il n'est qu'à deux mètres d'elle. C'est bien lui : il porte la même veste élimée et le même pantalon taché de boue sèche. Il a l'air en bonne santé, pourquoi n'est-il pas au front ? Anna n'a pas le temps de réfléchir davantage : il se jette sur elle. Tous les enfants de l'unité hurlent à l'unisson. En un rien de temps elle est au sol, coincée sous le corps lourd et implacable, les mains de l'homme serrées autour de sa gorge. Et bientôt les lèvres humides de Pelikan se collent à son visage. Elle tente de repousser l'enfant, en vain ; il souffle contre son oreille son habituel *Katsch Katsch Katsch* jusqu'à ce qu'elle rassemble suffisamment de forces pour repousser non seulement l'enfant apeuré mais aussi le corps monstrueux qui lui écrase la poitrine et la gorge. L'intrus a déjà été maîtrisé par deux gardes qui lui ont plaqué les bras dans le dos. La tête qui pend alors au-dessus de celle d'Anna est grande comme celle d'un cheval dont les lèvres tombent, révélant ses dents. *Vous n'avez donc aucun cœur ?* Ce n'est que bien plus tard qu'elle se rendrait compte que cet homme ne lui avait pas dit qui il était ni de quel enfant il était le père. Et personne n'avait pris la peine de lui poser la question.

Une lettre

Cher Herr Doktor,

J'aimerais vous raconter un rêve que j'ai fait. Dans ce rêve, je me trouvais dans une pièce étroite, dont les murs étaient si rapprochés et le plafond si bas qu'il était impossible de se tenir droit. Il y avait à peine assez de place pour un corps humain. J'ai tenté de me raisonner : la douleur que j'éprouvais dans le dos et les épaules était due au fait de travailler penchée toute la journée. Dans le tramway encore, j'avais été obligée de me tenir de travers, coincée entre tous ces inconnus tandis que la voiture tanguait d'un côté puis d'un autre. Mais dans mon sommeil mon corps était resté bloqué dans cette position tordue et m'avait rendue infirme. Ce même jour, Schwester Sikora était allée trouver le docteur Illing pour m'accuser d'avoir commis une faute professionnelle. Un inconnu s'était illégalement introduit dans le pavillon, mais dans mon rêve, c'était moi qu'ils avaient enfermée. Dans ma cellule, la douleur faisait craqueler mon corps de l'intérieur comme le crépi d'un mur trop sec, et je souffrais affreusement. Je me rappelle vous avoir confié que celui qui se faisait appeler mon mari, Herr Hauslich, le faux médecin, m'avait un jour reproché d'être sèche à l'intérieur et de ne pas m'ouvrir suffisamment. Dans mon rêve, je vous demandais de m'aider et, tout à coup, votre main est apparue dans ma cellule. Seulement votre main. Je la tiens sur mes genoux. J'arrive à la soulever, je la porte à mon visage pour l'embrasser et je la mouille de mes larmes, puis je la serre contre mon cœur. Ensuite, comme je ne parviens plus à la faire bouger, je commence à avoir peur, terriblement peur, et lorsque je me réveille, j'ai l'impression qu'il vous est arrivé quelque chose, et que cette main, d'une certaine manière, en est le signe annonciateur.

Dites-moi, cher Doktor, pensez-vous qu'il existe un remède pour moi ?

Le grand silence En septembre 1942, son frère revient à la maison pour une permission. Elle et son père l'accueillent à la gare du Sud. Le frère a changé depuis la dernière fois qu'elle l'a vue. Ses épaules de nageur forment toujours la même voûte puissante sous le tissu tendu de son uniforme, mais le reste tombe pesamment ou forme des plis involontaires. Son visage, auparavant dur et déterminé, est à présent fuyant. Lorsqu'elle se penche pour l'étreindre, ses joues sont encore échauffées par les plaisanteries grossières des soldats dont il a partagé la voiture et qui se dispersent maintenant dans le hall de la gare en le saluant de loin. Otto répond en agitant le bras à son tour. Plus tard, à la table familiale, c'est un grand inconnu qui mâche distraitement la nourriture que sa mère lui fait ingurgiter. Anna regarde ses mains se déplacer de son assiette à sa bouche, et elle sait, avec une certitude à la fois imprécise et absolue, que ces mains ont tué et qu'il a décidé de le cacher en feignant de les ignorer. Il a décidé de ne plus reconnaître ses mains ; de même, il a décidé de ne pas reconnaître les mots qui pourraient narrer ce qu'il a fait. Il ne sait même pas ce que ces mots signifient. Alors, de façon presque imperceptible, s'installe en eux le grand silence. Jour après jour et *massivement* : sur tous les fronts. Cela rappelle à Anna cette habitude prise par Erna Storch à l'unité d'éteindre la radio dès que le présentateur se lance dans des dithyrambes sur les forces allemandes, leurs retraites tactiques et la grande offensive finale prétendument en cours (mais personne n'est dupe). Et les pertes : tous les morts qu'on laisse sur place, tous les blessés qu'on rapatrie en des quantités plus importantes que ce que l'on imagine. Malgré tout, il est impossible de rester silencieux à leur propos : certains des pavillons de la partie occidentale de la clinique, les numéros pairs, ont été réquisitionnés par l'armée pour servir d'hôpital de campagne. Y affluent de nombreux malades et blessés graves, conduits ici par camions militaires à la faveur de la nuit. L'odeur âcre du carburant est encore en suspension dans l'air quand, dans la fraîcheur de l'aube, Katschenka et quelques autres infirmières du service de pédiatrie sont appelées pour aider à leur prise en charge. À l'intérieur des pavillons règne une agitation sans pareil. Quelqu'un a occulté les hautes fenêtres, soit pour protéger les patients, soit pour en masquer la vue. Mais ces écrans n'empêchent pas le son de passer. Le bruit des blessés : ceux qui délirent à cause de la fièvre, ceux qui hurlent de douleur et d'impuissance, comme s'ils se trouvaient à l'intérieur de la plaie gigantesque ouverte en eux et qu'ils ne parvenaient pas à crier suffisamment fort pour que les aveugles puissent enfin voir. C'est presque un soulagement de retourner au pavillon 15. Les enfants : ils sont plus petits et faciles à traiter. Le docteur Illing répète toujours qu'il faut les considérer comme des sortes d'abcès vivants et que le « traitement » prescrit par Berlin n'est qu'une simple mesure hygiénique, un processus de désinfection naturelle. Néanmoins, elle a beau essayer, elle n'arrive pas à considérer les enfants de cette manière. Pour elle, ils sont victimes de cette guerre effroyable au même titre que les autres. Tout comme la guerre a détruit les bras, les jambes et le visage des jeunes soldats, elle a détruit les nerfs, accolé les tissus et paralysé les membres de ces enfants. La monstruosité est identique, c'est la même guerre insensée qui est à l'origine de tout. Si seulement elle cessait, alors tout reviendrait à la normale ! Son frère retrouverait son visage d'antan, les barreaux de la cage dans laquelle elle doit rester accroupie jour après jour sauteraient, elle pourrait de nouveau redresser le dos et se tenir droite. Mais rien ne cesse, et les enfants continuent d'affluer. Les entêtées aussi continuent d'affluer. Elle les voit attendre de l'autre côté de la rue lorsqu'elle descend du tramway le matin, chaque fois plus nombreuses. N'ayant visiblement rien d'autre à faire que d'attiser leur haine et leur jalousie, elles passent leur journée à apostropher les passants.

Un matin, une voiture. Un jeune garçon aux étranges yeux globuleux et au regard terrifié. Il est accompagné d'un seul garde. Une fois l'enfant confié aux services compétents, elle voit le garde désœuvré fumer et discuter avec les mères entêtées.

C'est donc là que les enfants viennent recevoir leur injection ?

Ma femme connaît quelqu'un dont l'enfant a été tué de cette manière.

C'est juste après la pause déjeuner. Elle et Schwester Kleinschmittger passent devant le groupe à ce moment-là. Les deux infirmières se figent, puis Katschenka fait demi-tour et se dirige vers le garde, qui pâlit à vue d'œil et fait tomber sa cigarette.

Comment osez-vous dire une chose pareille ? C'est une clinique convenable, ici.

Katschenka demande à être reçue dans le bureau du docteur Illing, qui prend note de l'incident. Il lui demande de décrire le garde le plus précisément possible ; se souvient-elle de son nom ? Et l'enfant qu'il accompagnait, comment s'appelle-t-il ? À quoi ressemble-t-il ? Une fois qu'il a terminé de noter le témoignage de Katschenka, le médecin lui sourit pour la première fois, dévoilant des dents tachées de tabac.

Vous êtes vigilante, Schwester Anna, c'est bien.

Déchiffrer les signes Au début du mois d'octobre, elle reçoit une lettre de Jekelius dans laquelle il lui annonce qu'il va de nouveau être transféré. Il ne précise pas où, elle imagine que la censure le lui interdit, et elle suppose qu'il est renvoyé sur le front de l'Est. L'idée qu'il a une nouvelle fois été avalé par l'hiver russe est si tenace que ce n'est que plusieurs mois plus tard, quand il lui écrit qu'il perçoit désormais sa solde en *lires italiennes*, qu'elle se rend compte de son erreur. Elle entreprend aussitôt de relire toutes les lettres qu'il lui a envoyées et qui s'avèrent remplies d'indices lui permettant de deviner où il se trouve et ce qu'il fait. Comment avait-elle pu être distraite au point de ne pas les remarquer plus tôt ? Dans l'une d'elles il parle d'une *colonne de mulets* qu'il croise avec son unité en gravissant la petite route de montagne. Il évoque le son creux de leurs fers sur le dur pavé d'un pont. Rencontre-t-on souvent des mulets en Russie ? Et où les ponts sont-ils revêtus de pavés ? En Italie ou dans les Balkans. Pas en Russie, en tout cas. Il parle également du silence qui règne en haut de la montagne : un silence si profond que l'on entend les sifflements mélancoliques du moindre oiseau résonner depuis le sommet ensoleillé à l'ouest jusqu'au fond de la sombre vallée arborée – *sans être atténués par aucune autre voix, ni humaine ni animale*. Ces détails ont échappé à la censure militaire, qui d'habitude ne laisse rien passer. Ces lettres sont écrites sur le même papier pâle et ligné que celui utilisé par le passé, y compris pour cette missive rédigée par une *main d'emprunt* ; sans doute provient-il d'un carnet de notes que le docteur Jekelius transporte dans son sac partout où il est envoyé. Cette pensée lui plaît. Dans la lettre que, de ce moment, elle nomma sa lettre *apennine*, il dit que ses années à la clinique continuent d'être importantes pour lui mais qu'elles disparaissent peu à peu en arrière-plan.

> J'ai l'impression d'avoir vécu plusieurs existences au cours de ma vie, mais aussi le sentiment que les autres – les précédentes – deviennent de plus en plus irrégulières, qu'elles se fissurent et s'effondrent. Peut-être que tout ce qui est vieux doit se fissurer et s'effondrer pour que se révèle à nous la vie à laquelle nous sommes *véritablement* destinés.

Quelques lignes plus bas, il ajoute que ces derniers temps il a eu l'occasion de reprendre son ancienne activité et que réexercer *son bon vieux métier d'artisan* lui a procuré une grande satisfaction. Tout d'abord, elle ne saisit pas pourquoi il emploie le terme artisan. Puis soudain elle comprend, et refuse d'y penser davantage. Elle se concentre donc sur le *nous* de la phrase précédente. C'est aussi *en son nom à elle* qu'il insiste sur la nécessité de considérer les événements d'un regard plus aiguisé. (N'est-ce pas ce qu'il a voulu signifier avec sa métaphore de l'oiseau, dont le chant est distinctement perceptible jusque dans les profondeurs de l'obscure vallée ?) Elle passait ainsi de longues heures à déchiffrer les signes et à réfléchir aux messages cachés, si bien qu'elle n'exécutait plus ses tâches à la clinique qu'en somnambule. Et dans le monde parallèle où elle était seule avec elle-même, rien ne changeait non plus. Alors que le docteur Illing faisait exterminer les enfants au rythme où l'on extermine les rats (selon les mots d'Hilde Mayer), ceux-ci continuaient d'arriver à la clinique à une cadence toujours plus effrénée. Ils semblaient mis au monde par la terre elle-même ;

ou plutôt enfantés par la guerre. Le pouvoir de la perversion est infini. Dans l'unité des nourrissons, dirigée par le docteur Gross, il y a un garçon de trois mois et demi, baptisé Franzl par les infirmières (il n'a visiblement pas de nom) et dont Anna Katschenka ne sait pas grand-chose, hormis que sa mère l'a amené là juste après sa naissance, probablement parce qu'elle ne supportait pas sa vue. Franzl présente une tête anormalement triangulaire, rétrécie à l'avant telle celle d'un renard, ainsi qu'une grave syndactylie à chacun de ses membres. Un enfant amphibien. Distraitement, Illing palpe sa tête triangulaire et ses doigts accolés, puis il demande à l'infirmière de programmer une pneumoencéphalographie et de préparer l'enfant au plus vite pour un examen anatomique. Dans le lit voisin se trouve une fillette de trois ans du nom de Marta Koller. Marta souffre d'une craniosynostose si importante que toute la partie supérieure de son crâne s'avance au-dessus de son visage, un peu à l'égal d'une crête de coq ; contrastant avec l'aspect monstrueux de son front, ses yeux bruns parfaitement formés, presque beaux, suivent avec un intérêt inquiet chacun des mouvements des doigts du docteur Illing. Alors qu'il approche la main de sa joue, elle éclate soudain d'un petit rire étouffé, comme si elle détenait un secret, et ce rire parvient même à dérider les commissures des lèvres de Schwester Bertha, pourtant d'ordinaire si renfrognée. Au pavillon 17, dans le foyer de l'unité des inéducables, un adolescent de quatorze ans du nom de Felix Keuschnig joue d'un piano désaccordé. Deux ou trois mélodies qui reviennent en boucle. Chaque fois que Katschenka est de service au pavillon 17, elle voit ces enfants difformes, trop grands ou trop petits, courir laborieusement au son des notes de piano, pousser des cris stridents et se heurter aux murs ou les uns aux autres ; la mélodie semble être la seule chose qui les maintient debout, eux et le monde, et quand elle cessera ils tomberont et mourront. Mais au cœur de la musique, le monde rapetisse. Note après note, il se fait plus étroit. C'est la guerre qui le rétrécit. Même son espace intime, pourtant façonné dans la sécurité quotidienne, rapetisse de plus en plus. Un jour, lors d'une permission, le frère d'Anna avait accompagné son père à un match de football. Le Rapid contre le Florisdorfer AC. C'était la première fois depuis plusieurs années que le père sortait en soirée et la joie se lisait sur son visage. C'est pourtant à partir de ce soir-là que son père commencerait lui aussi à s'effacer de la famille, se rendrait-elle compte plus tard. Il revint tête nue, sans son fils, dans un état de grande confusion. Quand on l'interrogea sur le déroulement du match, l'absence d'Otto et la perte de son chapeau, il fut incapable de répondre quoi que ce soit. S'ils ne retrouvèrent jamais le couvre-chef, Anna découvrit en revanche son frère dans un bar de la Wiedener Hauptstraße, parlant à une assemblée de garçons encore trop jeunes pour rejoindre l'armée. Dès qu'il la vit fendre le groupe, il interrompit son récit. Il était tellement saoul qu'il pouvait à peine marcher, et derrière l'ivresse son visage était nu et dur, comme si son crâne était sur le point d'exploser sous sa peau. *Tu ne sais pas ce que c'est*, lui dit le crâne nu. Ce furent les seules paroles significatives qu'elle se rappellerait l'avoir entendu prononcer durant sa permission. Par patriotisme, ou peut-être pour les punir, on ordonne aux enfants de chanter pour les soldats admis à l'unité transformée en hôpital de campagne. Elle assiste à l'un de ces « concerts » au pavillon 12, où une troupe d'enfants dégingandés aux visages niais interprètent des hymnes patriotiques d'une voix enrouée par la mue. Dans son discours, Krenek le parvenu fait l'éloge du courage, de la détermination et du sens du sacrifice de ces soldats qui pourtant sont, comme chacun le sait, des cas « psychiatriques » : ils ont refusé de servir de chair à canon et de mourir en première ligne, ou alors ils ont été si choqués par les attaques d'obus qu'ils n'arrivent plus à prononcer un mot ou à apaiser le tremblement de leurs mains. Anna Katschenka, d'un naturel calme et pratique, croit très fort en la loyauté et au dur labeur. En revanche, elle n'a jamais pu supporter l'hypocrisie et l'affectation. Elle observe tour à tour ces enfants gauches et grossiers qui tentent de chanter, ces épaves de soldats allongées dans leur lit ainsi que les infirmières et aides-soignantes qui se pressent autour d'eux en feignant d'apprécier le spectacle, alors qu'elles se font un sang d'encre à cause de la pénurie alimentaire. La nuit même elle administre au garçon amphibien la dernière dose de scopolamine prescrite par le docteur Illing. Deux heures plus tard, quand elle jette à nouveau un coup d'œil dans sa chambre, l'enfant a commencé à haleter. Ses lèvres se gonflent brièvement, rougissent puis pâlissent de plus en plus ; ses paupières s'ouvrent lentement, se referment. Il est mort. Elle note l'heure du décès : 03 h 55. C'est une nuit étouffante de juin, toutes les fenêtres sont ouvertes sur le bourdonnement des insectes, et à la radio on parle des raids aériens lancés par l'ennemi sur la Sicile et la péninsule italienne. Puis elle diffuse des marches militaires comme lors d'une veillée funèbre. Anna retient sa respiration et, pour la première fois depuis longtemps, prie ce Dieu qui s'est détourné d'eux tous : Épargnez-nous.

Victoire de l'âme saine sur le corps malade *Ce n'est pas lui, ce n'est pas votre docteur ?* dit Hilde Mayer un matin en dépliant le journal *Neues Wiener*

Tagblatt sur le bureau et en pointant le doigt sur le bandeau d'annonces à droite de la une.

Ce n'est pas lui, Doktor Jekelius ?

Dans la rubrique « Conférences », Anna lit :

Urania, ab 7 Uhr
Vortrag von Dr. Med. Hab. Erwin Jekelius :
« Sieg der gesunden Seele über den kranken Körper ! »

Étrangement, Anna Katschenka est davantage affectée par le retour de Jekelius à Vienne qu'elle ne l'a été par son départ au front. D'une certaine manière, le pacte secret et tacite qui les liait a été rompu. Au début, elle ne comprend pas ce qu'il fait là, même si, en toute logique, il y a pléthore de raisons possibles à sa présence en ville. Il est peut-être en permission, ou rappelé à Vienne pour une consultation. Ou bien il s'agit d'une affaire familiale. Quelles que soient les raisons pour lesquelles il ne l'a pas prévenue de son retour, elle doit les respecter. À moins que cette annonce dans le *Neues Wiener Tagblatt* soit sa manière à lui de l'en informer. Elle sait que cette idée est stupide, pourtant elle ne parvient pas à s'en défaire. C'est pourquoi, après avoir d'abord décidé de ne pas assister à la conférence, elle finit par s'y rendre. Au vu de son titre, elle s'était attendue à un public réservé et sophistiqué, principalement des vieux collègues et des profanes cultivés ; au lieu de cela l'assemblée qui se presse et se bouscule à l'intérieur de la salle est bruyante et agitée. Elle se compose surtout de femmes d'une quarantaine d'années accrochées aux bras de leurs époux raides et rougeauds qui tentent de dissimuler leur embarras à grand renfort de gestes maladroits et de rires gras. Parmi ces hommes qui se saluent à coups de tapes dans le dos, elle reconnaît quelques visages du Steinhof : le docteur Hans

Bertha accompagné d'un jeune collègue qui jettent autour d'eux des regards blasés. Ils ont dû trouver une place à l'opposé de la sienne car elle ne les aperçoit que brièvement avant que les portes se ferment. À contre-cœur, l'assemblée se calme avant de se tourner vers le pupitre. Il se produit alors une chose des plus étranges : celui qui monte sur l'estrade *n'est pas le docteur Jekelius*. Sa première pensée est que le médecin a dû reproduire ce qu'il avait fait pendant sa période de paralysie à l'hôpital de Lemberg, quand il avait eu recours à une main d'emprunt pour écrire : il a envoyé un conférencier d'emprunt à sa place. L'homme ressemble parfaitement à Jekelius, les traits du visage sont identiques et le corps a la même forme, néanmoins il se meut différemment, de façon gauche et saccadée, et il rit sans discontinuer – du moins Anna en a l'impression – pendant qu'il raconte une sorte d'histoire drôle. N'en comprenant pas un mot, elle rate la chute. C'est aussi le cas du reste du public ; quelques rires épars résonnent mais la plupart des spectateurs se tortillent d'embarras sur leur siège. Puis l'homme demande, d'un ton peut-être un peu moins affecté : *Quelles sont les qualités d'un bon médecin de l'âme ?* Et répond lui-même :

> *Un bon psychiatre se distingue avant tout par sa capacité à entrer dans la vie des autres. Par exemple, Goethe dit qu'il doit toujours être capable d'exécuter lui-même les actes effroyables qu'il attribue à ses personnages. En d'autres termes, Goethe aurait pu devenir un « criminel passionnel » s'il n'avait pas eu la possibilité de se défouler dans ses écrits. Tout comme j'aurais pu commettre les crimes les plus horribles et les actes de violence les plus fous si je n'avais pas été médecin. Pour entrer*

dans l'existence des autres, il faut avoir une certaine expérience de la vie. Il faut, avant tout, avoir vécu au moins trois situations de bouleversement émotionnel. Un grand amour, une profonde souffrance et une maladie grave. Personnellement, je viens tout juste de vivre un grand amour et la profonde souffrance qui en a résulté. Quant à la maladie grave, je l'ai endurée il y a peu, pendant la guerre. C'est pourquoi je pense pouvoir dire que l'homme qui se trouve aujourd'hui devant vous est parfaitement bien armé pour vous parler du sujet qui nous réunit tous ici ce matin.

Le public, qui s'est enfin tu, a les yeux rivés au conférencier sur l'estrade : d'une manière personnelle assez inattendue, voire gênante, il décrit la paralysie dont il a été frappé alors qu'il combattait en Russie. Il a été privé de l'usage de ses membres et de ses deux yeux.

J'ai vécu dans une angoissante obscurité : en territoire ennemi, et sans jamais savoir si ceux qui s'occupaient de mon corps inerte voulaient m'aider ou précipiter ma chute. Étant donné mon état, je me suis fait lire mon courrier, essentiellement des vœux de bon rétablissement de trois femmes qui, toutes, avaient appris d'une manière ou d'une autre que j'avais été blessé au combat. La première lettre m'a été écrite par une femme très pieuse qui m'adressait ses plus ferventes prières. La seconde était d'une femme non croyante. Elle y avait joint quelques images bigarrées en espérant qu'elles m'aident à recouvrer la vue. Mais la lettre qui m'a fait la plus forte impression est celle de la troisième personne. Elle ne contenait que ses bons vœux accompagnés de ces quelques mots : vous êtes un médecin de l'âme, Herr Doktor. Et un médecin de l'âme n'a pas besoin d'yeux.

Anna relève la tête. Ce sont ses propres mots, ceux qu'elle lui a adressés. Tout à coup, elle reconnaît le *véritable* Jekelius derrière ce masque inconnu. Debout sur la scène, il la fixe de ses yeux clairs. Parmi les centaines de personnes présentes dans cette salle comble, il l'a tout de suite repérée. Incapable de soutenir son regard, elle baisse les yeux vers ses mains, qu'elle serre très fort. *Et ces mots m'ont redonné de la force*, poursuit-il après une pause qui lui a paru durer une éternité. Puis il raconte comment il a appris, de la bouche de l'un des médecins qui s'occupaient de lui à l'hôpital de Lemberg, que son unité avait accueilli un autre soldat, bien plus jeune que lui, paralysé des épaules jusqu'aux pieds. Il a alors demandé à être conduit sur un brancard dans la chambre où reposait le jeune homme.

Lorsqu'on a posé mon brancard près du lit de ce patient, j'ai tourné la tête vers son visage, et j'ai rassemblé toutes mes forces pour l'hypnotiser. Quand il s'est endormi, j'ai demandé au médecin et à l'infirmière restés près de nous de soulever son corps et d'essayer de le mettre sur ses pieds, et tandis qu'il pendait là, inerte entre eux deux, je lui ai donné l'ordre de se mettre à marcher. Le soldat endormi s'est alors exécuté, à pas certes hésitants, et toujours soutenu par le médecin, mais il a marché.

Une rumeur agitée se propage dans la salle. *Charlatan !* crie quelqu'un. *Escroc !* Katschenka se retourne. Dans les derniers rangs, un homme âgé se lève en agitant les bras, mais il est retenu par la personne assise à côté de lui. Deux rangées de sièges plus loin, le professeur Bertha cache son visage dans ses mains. Sur l'estrade, le docteur Jekelius joint les doigts devant lui, les traits figés dans une expression de peur feinte, puis il parcourt l'auditoire du regard, d'un bout à l'autre de la salle, comme pour le passer en revue. *Une âme*, déclame-t-il. *Qu'est-ce qu'une âme ?*

> *L'âme peut se définir comme la somme de nos sentiments, de nos pensées et de notre volonté. L'âme peut même se définir comme étant à mi-chemin entre la pulsion et l'acte. Mais posez-vous la question : l'âme cesse-t-elle d'exister dès que le corps se trouve paralysé, qu'il est temporairement mis hors tension et impuissant ?*

Le silence s'abat de nouveau sur l'assemblée. Le docteur Jekelius sourit. De toutes ses dents, tel un marchand ou un voleur. Et d'un air de satisfait, comme s'il savait qu'il avait gagné l'attention du public :

> *Vous vous demandez, avec une méfiance tout à fait légitime ou peut-être tout simplement avec indignation, comment il est possible qu'un être paralysé, incapable de voir ou de parler, puisse, par la seule force de sa volonté, tirer une autre personne de sa paralysie et la faire marcher comme si de rien n'était ?*
> *Vous vous demandez : la médecine peut-elle faire des miracles ?*

Vous qui doutez de ce que je viens de raconter, considérez ceci :
Un médecin, même le plus doué, ne peut se guérir lui-même, mais l'art médical n'a jamais eu pour but l'autotraitement. Le terme le plus important du lexique d'un médecin n'est pas le mot diagnostic, ni même le mot traitement, c'est le mot vous. *C'est avec ce mot seul que le malade est considéré, et qu'une âme alors plus forte chasse le mal qu'elle ne parvenait pas à atteindre, qu'elle n'osait même pas toucher. De la même manière, une âme saine est toujours plus forte que le plus malade des corps. Peut-être le patient que j'ai guéri à l'hôpital de campagne souffrait-il d'un trauma d'ordre psychique, ce qui est très courant chez les blessés de guerre. Un seul mot a suffi à le libérer de ses propres chaînes. Dans d'autres cas, comme le mien, il faudra peut-être établir un diagnostic différent et mettre en place un autre traitement. Mais voyez vous-même : je suis là, debout devant vous, et je vois de nouveau, je marche et je parle. Dans notre ignorance, et dans notre peur, nous avons appris à considérer comme une maladie ce qui, au Moyen Âge, était accepté comme un état naturel. Comme quelque chose d'incurable, un état qui ne pouvait être changé. Mais tant que l'âme est plus forte, il existe toujours un remède pour les affections physiques. Tout dépend de la méthode que l'on utilise et de la manière dont on considère les patients.*

Il se tourne vers la partie du public où elle est assise et signifie par un léger hochement de tête que la conférence est terminée. Au fond de la salle, les auditeurs se précipitent vers la sortie, mais devant l'estrade se presse un autre groupe, au moins aussi important. Des bras se lèvent pour toucher la main du conférencier, tandis que d'innombrables questions enthousiastes fusent. Anna Katschenka reste debout au milieu de la mer de sièges vides. Doit-elle quitter la salle et se fondre dans la foule de calomniateurs ? Ou bien rester là jusqu'à ce que les admirateurs transis aient fini de s'accrocher à Jekelius puis espérer qu'il la regarde et lui adresse un vrai sourire, non un sourire de représentation ? Cependant, elle se rend compte qu'elle a déjà pris sa décision. Cette décision, il la connaît également : une demi-heure plus tard, il la rejoint dans le foyer de l'institut, le visage de nouveau sévère et résolu. *Schwester Anna ?* s'étonne-t-il d'un ton de surprise feinte. *Êtes-vous également venue pour me vilipender ?*

Aveugles Parfois, au cours des années qui suivront, elle ne parviendrait plus à se remémorer une image nette de lui. Comme s'il s'était rendu invisible à ses yeux, ou plutôt comme s'il avait disparu dans une zone ou une sphère de l'existence à laquelle elle n'avait plus accès. Elle passerait de nombreuses nuits éveillée à chercher à tâtons, telle une aveugle, le souvenir de son visage sans que ses doigts ne puissent esquisser un seul de ses traits. Ses paroles aussi, même les plus distinctes, s'étaient envolées. Fais-moi au moins entendre ta voix, murmurerait-elle dans l'obscurité, mais la voix qui s'adressait à elle se confondait avec la voix séductrice de la salle de conférences à l'Urania. Ce soir-là, il lui avait demandé où elle habitait. Quand elle avait énoncé le nom de sa rue, qu'il aurait dû connaître pour y avoir adressé des lettres pendant près d'un an, il lui avait proposé de faire un bout de chemin ensemble.

Or, quand ils se mettent en route, il ne se dirige pas vers chez elle, il prend la direction opposée : il descend sur le quai du canal enjambé par les ponts Schwedenbrücke et Marienbrücke. Elle le suit sans protester ; comme il se tait, elle entreprend de lui donner des nouvelles de la clinique. Elle lui raconte comment, d'une « main de fer », Illing impose sa manière de voir. Elle lui dit aussi que les enfants subissent des ponctions lombaires régulières, même quand il n'y a aucune suspicion de maladie. Alors Jekelius renifle : La clinique est-elle en train de se transformer en centre de recherche ? Elle ne répond pas. Mais Jekelius poursuit, presque pour lui-même :

Jamais notre peuple n'a été investi d'une mission aussi vaste que celle-ci, mais comme d'habitude ces médecins carriéristes se montrent davantage préoccupés par leur statut matériel et les sordides privilèges académiques. Enfin, tout cela n'a que peu d'intérêt. Je n'aurais jamais cru que vous y attachiez autant d'importance.

Elle porte la main à sa poitrine. Elle ne saisit pas ce que signifie « attacher de l'importance » : elle n'avait fait que lui raconter. Mais dans sa tête, le médecin est ailleurs :

Ils m'avaient promis un poste de médecin chef à condition que je quitte la clinique. Au lieu de cela, ils ont continué à me poursuivre. Plusieurs fois, ils ont daigné venir assister à mes humbles conférences. Incognito, bien sûr. Ils s'assoient toujours au fond et refusent de se manifester. Ils se sentent en sécurité tant que je suis au front – ils espèrent, au plus profond d'eux-mêmes, se débarrasser de moi – pourtant ils surveillent chacun de mes mouvements. Parce qu'ils ont peur, évidemment. Peur que je les trahisse.

Il jette un coup d'œil de côté et quand il voit qu'elle ne comprend toujours pas, il ajoute :

Vous devez connaître cette histoire, Schwester Anna ?

Cette histoire ?

L'histoire du grand amour de ma vie, répond-il. *Nous devions nous fiancer. Mais il nous en a empêchés.*

Il ?

Le Führer, bien sûr.

Elle pense alors : il a perdu la raison. Cette pensée se formule en elle de manière claire et logique ; sa blessure de guerre (il n'a toujours pas précisé de quel type de blessure il s'agissait) a visiblement mis à mal sa capacité de raisonnement. Lui ne remarque rien et poursuit, insouciant :

Un seul mot de sa part aurait pu me sauver. J'ai écrit à sa chancellerie pour le prier de me recevoir en audience afin que nous ayons la possibilité d'éclaircir tout cela. Je n'ai jamais reçu de réponse. Malgré tout ce que j'ai fait pour lui. Ou peut-être est-ce justement à cause de cela ? Vous savez quoi, Frau Katschenka ? Je crois que lui aussi a peur de moi. Nous, les médecins, avons pouvoir de vie et de mort ; j'ai entendu dire que lui aussi – oui, lui, normalement si infaillible – a un proche qui a séjourné à l'hôpital. Peut-être avait-il peur de ce qu'il nous a ordonné de faire, des conséquences...

La première fois qu'elle l'avait vu, à son cabinet de Martinstraßc, et qu'elle lui avait raconté son mariage avec le faux médecin, Hauslich l'ignoble Juif, il lui avait affirmé que son comportement était typique. Vous ne cessez de rechercher ce qui vous fait souffrir, avait-il analysé. Pour cette raison, vous êtes convaincue que seule une souffrance plus grande encore peut vous guérir de votre souffrance actuelle. Il y a une profonde plaie en vous, néanmoins vous ne la voyez pas. C'étaient ses propres mots. Après leur déambulation nocturne, elle passerait des nuits à songer qu'il avait eu raison, que son diagnostic était le bon. Seulement cette plaie intérieure, c'était lui. Ce qu'elle avait cru reconnaître en lui était la raison pour laquelle elle se jetait parfois à terre, dans l'espoir que le sol, lui, la recueillerait. C'était aussi pourquoi, depuis ce soir à l'Urania, les traits du médecin se dérobaient chaque fois qu'elle tentait de les retrouver. Dès lors, il ne fut plus cette terre ferme à laquelle elle s'accrochait auparavant. Elle lui dit qu'elle doit y aller, qu'elle le regrette beaucoup mais qu'il est impératif qu'elle parte sur-le-champ. Il ne la retient pas, il se contente de lui présenter des adieux très brefs, sans lui tendre la main. Puis il prend la rue à droite au niveau de l'immeuble de la Gestapo à Morzinplatz. En le regardant s'éloigner, elle remarque qu'il boite légèrement de la jambe droite. Elle se demande alors si c'est à cause de sa blessure ou parce qu'il sait qu'elle le suit des yeux.

IX

Gulliver

Otto le Pot de Colle et le général Pelikan Adrian se réveille car on vient de lui voler sa main. Heureusement, le voleur n'est pas allé très loin : il est assis au bord du lit, l'objet du délit sur les genoux, et regarde l'ancien propriétaire d'un air content. Le voleur se prénomme Otto, mais dans l'unité on le surnomme le Pot de Colle. Il a cinq ou six ans, et c'est un idiot. Tous les enfants de l'unité sont des idiots. Ils ont de grosses têtes, ce qui peut paraître étrange pour des idiots. En plus, celle d'Otto est un peu de guingois, ce qui lui donne toujours l'air faux-jeton, et son sourire est à la fois implorant et coupable, comme s'il savait qu'il volait et en avait honte tout en étant satisfait de son butin. Adrian tente de reprendre sa main ; Otto la serre plus fort et commence à la frotter de ses deux pouces, comme pour apaiser un animal. Otto sourit de toutes ses dents et Adrian n'a pas le cœur de retirer sa main ; il le laisse la caresser, malgré son malaise grandissant. Adrian ne se fait aucune illusion sur le lieu dans lequel il a atterri. Zavlacky, l'Éternel Insatisfait et tous les enfants du pavillon 9 l'appelaient l'*autre* pavillon, là où on emmène ceux pour qui il n'y a plus d'« espoir ». Ce pavillon abrite un dortoir et un foyer, exactement comme dans l'ancienne unité. Ou plutôt :

il y a plusieurs dortoirs. Dans l'un d'eux sont placés les idiots incapables de marcher seuls. Ceux-là n'ont pas besoin de foyer. Selon les règles instaurées par les infirmières, il est interdit de parler dans les dortoirs. Les idiots sont également censés garder le silence dans le foyer, mais c'est rarement le cas. Il y a un piano dans un coin de la pièce. Un garçon prénommé Felix y est assis presque tout le temps. Soit il joue, soit il harcèle les infirmières pour pouvoir jouer. Un autre garçon du nom de Pelikan fait le tour de la pièce en frôlant les murs pour écouter et espionner. Dès que des pas retentissent dans le couloir, il se traîne péniblement jusqu'à la porte, fait semblant de l'ouvrir et s'incline comme s'il était un domestique, quelle que soit la personne qui entre. L'unité se compose de deux sections, ou plutôt de deux groupes : les filles, les garçons. La section des garçons, qui rassemble ceux qui savent marcher et ceux qui ne le peuvent pas, est au rez-de-chaussée. La section des filles est à l'étage supérieur. Où que l'on se trouve dans la section – dans le dortoir ou dans le foyer – on entend les filles crier, pleurer, cogner sur le sol ou les murs. Souvent il ne s'agit que d'un écho fantomatique de leurs cris, de leurs pleurs et de leurs coups, mais parfois le bruit est plus mystérieux et terrifiant. Pendant un instant, il ressemble à un sifflement muet et monotone : de l'air qui s'engouffre à travers une pièce ouverte aux quatre vents. D'autres fois, il ressemble à un grincement ou à un frottement. Pelikan, qui est un spécialiste des sons, colle son oreille au mur et déclare d'une voix assurée qu'elles sont en train dc construire une piste de ski. Ou peut-être une patinoire. Adrian a découvert que Pelikan réussit à parler distinctement s'il se tient droit comme un général : alors il sort de sa bouche une véritable tirade de mots longs et compliqués. Mais quand il se fait réprimander par l'infirmière ou marche à contretemps à cause de la jambe raide qu'il traîne derrière lui, il perd la parole. Ses traits se brouillent et son regard se vide ; il ressemble à un myope qui aurait perdu ses lunettes. La première fois qu'il avait vu le visage de Pelikan s'effacer ainsi jusqu'à disparaître, Adrian avait pris peur. Mais le Pelikan général, celui qui se vêt d'un uniforme de mots, ce Pelikan-là veut être gentil. Il veut aider. Faire plaisir. En traînant sa jambe raide, il prend Adrian par la main et vient se placer contre le mur ; là, il redresse le dos et délivre un rapport complet sur les événements qui se déroulent là-haut. Pour Pelikan, il n'existe pas de concept tels qu'ici et là-bas, maintenant et avant, intérieur et extérieur ; seul existe ce qu'il a dans la tête au moment où il parle. Il explique à Adrian que les filles de l'étage sont en train de décorer un arbre de Noël. Pelikan est obsédé par les sapins de Noël. Est-ce que tu en en as déjà eu un ? lui a-t-il demandé dès leur première rencontre. Oui, Adrian se rappelait très bien le jour où il avait accompagné son père pour l'acheter. Eugen Ziegler devait d'abord passer voir un ami avec qui il faisait des affaires. Les verres de schnaps s'étaient enchaînés et il avait fini saoul, à tituber de bar en bar. Après ça, plus question de sapin : tout l'argent avait filé. Adrian secoue la tête. Il n'aime pas cette obsession de Pelikan pour les arbres de Noël. Le sapin est juste là, annonce Pelikan quand ils arrivent au coin de la pièce où se trouve le piano. Maintenant il est parti, déplore-t-il d'un air soudain triste. Mais il reviendra vite, ajoute-t-il, son visage s'illuminant de nouveau. La puissance de l'imagination de Pelikan est telle que pendant un instant Adrian croit voir le sapin de Noël, grand, majestueux et généreusement paré des nombreux mots de Pelikan, traverser lentement la pièce tel un être vivant.

Du jour et de la nuit L'unité était sous la surveillance de Schwester Storch, Schwester Blei, Schwester Erhart et Schwester Sikora. Schwester Sikora avait de petits yeux méchants et Schwester Storch ressemblait vraiment à une cigogne[1] avec ses yeux rapprochés et sa manière d'examiner les enfants d'un air méfiant – comme si elle craignait qu'ils échappent à sa vigilance ou fomentent quelque bêtise. Schwester Blei était différente. La plupart des infirmières de l'unité traitaient les enfants en paquets dont elles pouvaient disposer et se débarrasser à leur guise. Schwester Blei avait, au contraire, des bras ronds et tendres terminés par des mains puissantes mais douces. Tout en elle était doux, elle sentait bon le savon et les vêtements fraîchement amidonnés. Chaque fois qu'Adrian voyait Schwester Blei, il se disait que c'était ici que Jockerl aurait dû être envoyé. Il pensait beaucoup à Jockerl. À son visage qui s'était pétrifié à partir du jour où il avait passé quatorze heures enveloppé dans des serviettes mouillées, debout face au portrait du Fürhrer. Les dents de Jockerl étaient d'un gris tirant sur le mauve, des dents de mort, et derrière ses paupières mi-closes ses yeux ressemblaient au creux d'une cuillère : froids et dénués de vie. S'il y avait eu une justice dans ce monde, Jockerl se serait trouvé ici, à la place d'Adrian, dans ce lit. Quant au reste – Guido, Mödling, les pédagogues et les psychologues le déclarant anormal –, Adrian choisissait de ne pas y penser. Il était convaincu d'être normal. Guido n'était pas normal, Jockerl non plus, d'ailleurs, et si lui se trouvait parmi les idiots, c'était parce qu'il avait été échangé contre quelqu'un qui avait une *véritable* raison d'être là. S'il y

1. *Storch* en allemand.

avait eu une justice dans ce monde, ce serait cette personne, et non lui, qui serait tuée. Mais comment s'y prendre pour prouver qu'il était vraiment lui et non cet enfant avec qui on le confondait ? Une autre particularité distinguait le pavillon 17 du pavillon 9 où Adrian séjournait auparavant : son aspect changeait complètement la nuit. Les journées étaient longues et monotones ; elles glissaient lentement vers l'obscurité inéluctable, avec une sourde indifférence, tandis que les pensées d'Adrian, trop lisses, s'effaçaient avec le crépuscule. Personne n'exigeait quoi que ce soit de lui, pas même les psychologues qui venaient lui poser un tas de questions absurdes sans jamais écouter ses réponses. Pendant la journée, ces enfants qui hurlaient et sanglotaient autour de lui paraissaient presque inoffensifs. Ils ignoraient tout de l'endroit où ils se trouvaient, ils se contentaient de poursuivre leurs rituels obscurs, ne lui prêtant attention que pour le solliciter d'une manière qui lui était incompréhensible. Otto le Pot de Colle, qui jamais ne lâchait la main qu'il avait réussi à attraper, le suivait partout avec bonhomie. La nuit, cependant, les agissements énigmatiques des idiots prenaient un tour particulièrement oppressant. En eux, une chose invisible cédait. Notamment chez un enfant dont personne ne connaissait le nom et qu'on surnommait le Tonnerre. Le Tonnerre était capable de marcher, pourtant il dormait dans un lit différent, un lit-cage à l'écart des autres. Derrière ses barreaux, il restait assis en tailleur, le regard rivé droit devant lui sans jamais cligner les paupières. Parfois il mettait sa couverture sur sa tête, ne laissant visible qu'un seul œil, d'autres fois il s'y enfouissait complètement. Le Tonnerre parlait peu, mais la nuit il avait des crises au cours desquelles il rugissait. Non, rugir n'est pas le bon mot. En tout cas, son cri n'avait rien d'humain. Plus tard Adrian dirait qu'on croyait entendre le sous-sol remonter à la surface : c'était le bruit rauque d'un édifice qui se rompt. Un léger sifflement se transformait peu à peu en un long râle plaintif, puis un battement sourd et régulier retentissait. Adrian le comprendrait tardivement : le Tonnerre frappait du pied contre le mur, et le cadre du lit, en se déplaçant, provoquait ce grincement plaintif. Ensuite les plafonniers se rallumaient, dévoilant les visages effrayés et confus des enfants ; l'infirmière de nuit et les aides-soignantes ouvraient le lit-cage du Tonnerre et tiraient sur la couverture qui le dissimulait. Les enfants apercevaient fugacement la pointe d'une seringue et le visage blanc du Tonnerre. Et voilà, c'était fini ! Les lampes s'éteignaient de nouveau et la clef tournait dans la serrure. Seule la lueur bleuâtre de la veilleuse baignait encore la pièce. Un bourdonnement s'élevait alors – provenant du lit du Tonnerre ou peut-être d'ailleurs. Adrian resterait convaincu que c'était le Tonnerre qui chantait. Ou plutôt que son âme perdue errait dans la pièce en émettant ce son à la fois beau et étrange. Les médecins et les infirmières étaient fascinés par le Tonnerre. On le croirait possédé par un démon, affirma un jour Schwester Sikora. Le cortège de blouses blanches passait toujours beaucoup de temps auprès du lit du Tonnerre. Un jour les docteurs Türk et Gross se joignirent à eux, accompagnés de Schwester Katschenka qui prenait sans arrêt des notes. Dès que le cortège disparut et que l'unité retrouva son calme, la chanson grave et monotone reprit. Comme si le Tonnerre était en train de rêver sous sa couverture et que les lumières de la pièce étaient une émanation de ce rêve. Adrian rêve aussi beaucoup au cours de ces quelques nuits troubles qu'il passe au pavillon 17. Une nuit, il rêve de sa mère. C'est la première fois que ça lui arrive depuis qu'on l'a emmené à Mödling. Dans ce songe elle n'a pas de visage : seulement une tête constituée de traits, à l'image des dessins qu'on lui demande constamment de faire. Au milieu de cet enchevêtrement confus de traits se dessinent deux lèvres rouges et molles. Elles tentent d'esquisser un sourire, comme ce jour où elle lui avait rendu visite dans son ancienne unité. Et cette fois encore Adrian n'est pas certain qu'elle soit venue pour lui. Ses lèvres maquillées de rouge sont enflées par l'humiliation, et le nœud de traits qui figure ses bras et ses jambes se meut nerveusement. Tout à coup, il comprend que sa mère est venue chercher Jockerl. Ses lèvres prononcent ce nom, Jockerl. Le son est joliment discordant. Soudain la porte du dortoir s'ouvre. Il ne serait jamais certain qu'elle se soit réellement ouverte. Mais, rêve ou réalité, Adrian sait qu'ils ne sont pas venus pour Jockerl : ils sont là pour *lui*. Déjà, il est sur ses deux jambes et court dans la pénombre au milieu des enfants angoissés qui errent et se cognent contre les tables à langer ou les montants des lits. Sa mère est là aussi ; il entend les traits de ses bras s'entrechoquer et claquer comme des branches contre les murs et le plafond. Après, il lui serait impossible d'expliquer ce qui le pousse à s'agiter ainsi, ni ce qu'il cherche. Il sait juste que le mouvement fait taire sa peur. S'il continue de courir, alors ils ne peuvent pas savoir où il se trouve ni même à *qui* ils ont affaire. Et s'ils ne le savent pas, alors ils ne peuvent pas le prendre pour un autre ni l'échanger. Ainsi court-il de lit en lit sans s'arrêter ; jusqu'à ce que la première lueur de l'aube commence à poindre et que les blancs montants des lits émergent de l'obscurité. Le Tonnerre trône sur son lit, jambes croisées, pleinement éveillé et sans sa couverture. Et voilà que les infirmières arrivent ; leurs voix étouffées retentissent dans le couloir, leurs talons de liège claquent. La vaisselle s'entrechoque dans l'office et les bassines tintent dans la salle de désinfection. À tâtons Adrian cherche son lit parmi tous ces corps étrangers qui sont autant d'obstacles, jusqu'à ce que l'un d'eux lui fasse une place. La porte s'ouvre en grand et Schwester Storch apparaît dans son uniforme. Haletante, elle s'approche de lui et tire d'un coup sec le drap sous lequel il a essayé de se cacher.

Petit voyou

Qu'est-ce que tu fabriques dans le lit des autres

Dehors, le jour s'est levé ; Baar, la psychologue, prend des notes. Tout ce qu'il dit ou fait, quel que soit le contexte ou l'innocence de la chose, tout est soigneusement reporté. La liste commence à être longue.

Les chaussures noires Un matin, alors qu'il revient de la salle d'eau, Schwester Blei a déposé des vêtements propres sur son lit et lui demande de s'habiller. Chemise, chaussettes, pantalon à bretelles. Contre le montant elle a appuyé une paire de chaussures noires au moins deux pointures trop grandes. Les souliers sont destinés à un autre enfant mais elle a temporairement enlevé les semelles orthopédiques, lui explique-t-elle. Ils traversent le couloir attenant au foyer (dans lequel il n'a encore jamais eu l'autorisation d'aller), descendent l'escalier vide où chaque pas résonne et franchissent la porte ; les voici dehors. C'est la première fois depuis son retour de Mödling qu'il a l'occasion d'être à l'extérieur. Le printemps est arrivé. Le jardin est baigné de lumière malgré les nuages et des tubercules poussent à côté des arbres, dans l'eau boueuse de la fonte des neiges. Il dérive lentement vers le bord de l'allée gravillonnée ; Schwester Blei le saisit à la nuque, et pendant un moment ils marchent ainsi, le bras de l'infirmière sur ses épaules. Il hume l'odeur des taches de rousseur sur sa peau (les taches de rousseur ont-elles une odeur ?) et comme ils ne sont que tous les deux, il a envie de dire quelque chose de gentil, par exemple à quel point il trouve agréable de se promener avec elle. Mais elle lui dit de faire attention à ne pas salir ses souliers. Il baisse les yeux et les regarde. Ils sont grands, noirs et surtout très bizarres. Soudain, il comprend où on l'emmène. Son heure est venue. Il va mourir. C'est pour ça que Schwester Blei lui dit de faire attention à ses chaussures : ils vont les réutiliser pour le prochain. Non, je ne veux pas, supplie-t-il. Ça ne sera pas pire pour toi que pour les autres, répond Schwester Blei en le poussant à l'intérieur. Le pavillon 15 est plus petit que le pavillon 17, ou peut-être est-ce une impression causée par l'agitation qui y règne. Un groupe de blouses blanches et de tabliers blancs pousse des tables à roulettes chargées d'instruments qui cliquètent ; chaque fois que les portes s'ouvrent des cris d'enfants, effroyables et stridents, s'échappent de la pénombre, et avec eux d'horribles relents de médicaments et de désinfectants. Schwester Blei lui donne l'ordre de monter à l'étage supérieur ; mais ses souliers sont trop lourds et trop inconfortables : il doit puiser des forces dans tout son corps pour gravir la moindre marche. Schwester Blei perd patience et le gifle.

Dépêche-toi, il n'est pas question de faire attendre le docteur !

Cette facette de Schwester Blei, il la connaît : les yeux bleus plissés, le regard froid et perçant. Quand Schwester Blei est en colère, ses taches de rousseur blanchissent et un sourire tout en dents crispe la partie inférieure de son visage. C'est ainsi qu'elle lui sourit à ce moment-là, et il a rarement eu aussi peur.

Le premier étage est en apparence identique à l'étage inférieur, sauf qu'ici, pas d'enfants malades : juste des infirmières qui passent en courant des portes qui ne cessent de s'ouvrir et de se refermer. Schwester Blei le traîne jusqu'au bout du couloir où une autre infirmière attend avec impatience. Plus âgée que Blei, elle a un air las et désabusé. Adrian et les deux infirmières pénètrent dans une pièce à peine assez grande pour s'y tenir à trois. Accroche tes vêtements ici, dit l'infirmière plus âgée en désignant une patère au mur. Les chaussures, tu les mettras sous le banc. Il se baisse pour défaire les lacets. Ses mains tremblent tellement que Schwester Blei doit l'aider. Il regarde son nez parsemé de taches de rousseur, mais le regard de l'infirmière est sans expression. Au fond de la pièce, il y a une porte sans poignée. Adrian entend du bruit de l'autre côté : un bourdonnement monotone, comme si plusieurs personnes étaient tassées dans un espace trop étroit. Il entend aussi qu'on traîne de lourds objets sur le sol. La machine d'abattage. Que pourrait-il y avoir d'autre derrière une porte qu'on ne peut ouvrir que de l'extérieur ? Il se met à pleurer. Déshabille-toi, ordonne Schwester Blei. Mais il tremble trop : sa collègue et elle doivent lui retirer sa culotte et ses chaussettes. Une fois qu'il est nu, la seconde infirmière frappe à la porte sans poignée. Avant que la porte s'ouvre, la voix de Blei siffle à son oreille :

Et rappelle-toi, tu ne dis pas un mot pendant que le docteur parle.

Leçon d'anatomie La pièce dans laquelle il entre est grande. Pleine de visages tournés vers lui. Que des jeunes femmes. Assises sur des bancs comme dans une salle de classe ; sauf qu'ici ils sont ici disposés en arc de cercle afin que tout le monde puisse le voir. Il n'a jamais senti sa nudité *brûler* auparavant. Mais ce jour-là les regards des jeunes femmes sont autant de flammes incandescentes sur sa peau. Il aimerait se couvrir, mais avec quoi ? Même s'il pose les mains sur son sexe ou son visage, il se sent vulnérable. L'infirmière, elle, n'a pas de temps à perdre : elle le pousse au milieu de l'auditorium, où le docteur Illing l'attend devant un tabouret en bois. Il tient une baguette terminée par une pointe en flèche qui rappelle à Adrian celle utilisée par Magister Hackl pour dérouler les cartes géographiques.

Adrian Ziegler a quatorze ans

et comme vous pouvez le voir, son corps est très développé pour son âge.

Il ne sait pas où poser les yeux. Alors il cesse de regarder. Quelque part au loin, de l'autre côté de ses paupières closes, le docteur Illing continue son cours, ne s'interrompant que pour donner des coups de baguette répétés.

Tzigane croisé au second degré.

Père : alcoolique et paresseux.

Mère : ancienne couturière, aujourd'hui travailleuse journalière

femme biologiquement médiocre au tempérament hystérique qui s'obstine à venir ici à toute heure nous demander des nouvelles de ses enfants.

Bizarrement, cette dernière déclaration provoque l'hilarité de l'auditoire. Derrière ses paupières closes Adrian tente de convoquer l'image de sa maman-croquis enveloppée d'une honte écarlate semblable à la sienne. Mais les coups répétés de la baguette empêchent son esprit de s'évader : inlassablement l'instrument déroule les cartes sur sa peau brûlante de nudité et les frappe avec zèle. Voici l'archipel François-Joseph avec ses montagnes en terrasse *comme vous pouvez le voir, c'est l'aspect du crâne qui est le meilleur indicateur : une forme allongée et partiellement déformée, caractéristique du type tzigane* cette longue colonne vertébrale est la cordillère des Andes, un paysage de hautes montagnes et de ravins profonds dans lequel il aimerait pouvoir disparaître CESSE DE BOUGER ! La baguette cingle puis descend le long du *tronc aux proportions anormales et des jambes courtes et tordues Veuillez également noter le maintien gauche et cambré qui résulte de ces défauts anatomiques* (Nouvelle-Zélande Tasmanie Amérique du Sud).

Une autre caractéristique que l'on observe chez cette race, hormis sa paresse et sa fainéantise manifestes, est une dépravation sexuelle aggravée par les conditions sociales et hygiéniques dans lesquelles ses individus vivent. Dans l'exemple présent, nous avons même un cas avéré d'inceste dans la famille. Bien que Ziegler, malgré sa lenteur d'esprit, ait compris qu'il est ici en observation constante en raison de ses origines, il s'est livré, d'après les rapports des infirmières, à des actes de débauche à faire pâlir d'effroi les témoins même les plus aguerris. Avec ses camarades, il adopte un comportement en apparence bienveillant et amical, il joue volontiers les grands frères, prend la défense des plus faibles. Mais dès qu'il se retrouve sans surveillance, il rôde autour des lits des plus jeunes ou tente de les convaincre de venir se coucher auprès de lui. Bien sûr, quand on le confronte à son propre comportement, il nie tout en bloc. Ce qui renvoie à une autre caractéristique de cette race particulière : un mélange de docilité obséquieuse, de perfidie sournoise et de corruption morale contre lesquelles toute mesure disciplinaire se révèle inefficace.

Maintenant, si notre spécimen veut bien se tourner légèrement :

une jambe devant l'autre, comme ça !

Une vague d'humiliation rouge sang déferle sur l'océan Pacifique. Un bruit tel qu'il lui semble que le

Tonnerre est entré dans la Montagne. En réalité, c'est le docteur Illing qui le frappe de sa baguette.

Veuillez également noter ces quelques détails caractéristiques de sa race : les oreilles courbées, que l'on trouve chez tous les Sémites ; ainsi que le front court et la frontière imprécise de l'implantation capillaire au niveau des tempes.

Tu vois, ce n'était pas si terrible, dit Schwester Blei quand ils retournent dans le vestiaire. Il voudrait acquiescer. Mais la baguette lui a dérobé tout ce qui pourrait lui permettre de répondre. Ses mains, ses yeux, ses lèvres ; oui, même sa langue et son gosier... La baguette a tout aboli. Il ne peut même pas ravaler les mots qu'il voudrait prononcer ; il ne peut plus avaler du tout. Il regarde Schwester Blei d'un air à la fois soumis et désespéré, mais elle n'a pas de temps à perdre avec un enfant qui ne parvient pas à parler. Voilà, elle a quitté la pièce et ses talons claquent dans le couloir.

Gulliver Il n'est pas encore mort. Il n'est pas vraiment en vie non plus. Qu'est-il, alors ? En tout cas, je ne suis pas malade, explique-t-il un jour à Schwester Storch, qui semble sceptique. Il tente donc une autre stratégie. Je voudrais un livre, dit-il, estimant que son nouveau statut d'objet de démonstration lui donne le droit d'exiger des choses. C'est ce qu'il dit au garde-malade, Heinz, qui l'aide à changer les draps des mouilleurs de lit. Quel livre ? demande Heinz, méfiant. Rien ne lui vient à l'esprit, juste Gulliver. Pourquoi ce nom lui est-il si familier ? Mais Heinz lui apporte du papier et des crayons de couleur. Alors il dessine le lit qu'il occupe : un trône gigantesque. De ce lit plusieurs lignes convergent en un petit point qui, avec un peu d'imagination, ressemble à une araignée écrasée. Cette araignée : tout ce qui reste de sa mère après que le docteur Illing a dit ce qu'il pensait d'elle. Mais si Adrian est muet, il n'est pas stupide. Si le docteur Illing affirme que sa mère est une personne « aux capacités intellectuelles limitées qui s'obstine à venir ici à toute heure », c'est qu'elle est venue ici. Et que le médecin l'a rencontrée – plusieurs fois ! Peut-être a-t-elle attendu dans les bureaux de l'administration ou couru d'un pavillon à l'autre en suppliant qu'on la laisser entrer. Car n'entre pas dans les pavillons qui veut ! Il le sait : le général Pelikan a vu de ses propres yeux des visiteurs se faire refouler. L'un d'eux a même été plaqué au sol et menotté par les gardes-malades. C'est ça ! se dit Gulliver du haut de son lit. Le personnel range les foyers et les dortoirs dans un placard chaque fois qu'un intrus s'approche et les ressort uniquement les jours de visite. Alors on voit apparaître des parents désorientés : ils cherchent leur enfant depuis des années dans les méandres de l'institution et, *enfin*, ils sont reçus par les infirmières avec une amabilité exagérée. Et voilà qu'on leur amène *leur* Konrad, Gustav ou Roman, ou quel que soit le nom de l'idiot suffisamment inoffensif pour être montré. C'est justement le jour des visites. Dans son lit-trône Gulliver, les paupières mi-closes, tente de faire surgir un peu de rouge et deux lèvres dans la lumière grumeleuse. Avec de la chance, il pourra froisser puis remodeler le couloir des visites afin qu'il ressemble à un vrai couloir ; alors il y placera sa mère faite de lignes et de traits. Il travaille tant cette gymnastique optique que le visage et les lèvres de sa mère finissent par ressembler à une pâte extraite d'un tube. Et malgré ses efforts il ne parvient jamais à superposer l'architecture de l'unité et sa mère de manière telle qu'elle puisse y évoluer.

Le Tonnerre sort Pourquoi est-ce que je ne reçois jamais aucune visite ? se plaint-il un jour à Schwester Storch. Sans vraiment se faire d'illusions. Tout ce qu'il dit, Schwester Storch le range dans le même sac de silence offusqué, et s'il a le malheur d'insister, elle lui adresse des regards désapprobateurs en rapprochant les yeux de son long nez sévère. Cette fois-ci, pourtant, sa réaction est différente. À sa grande surprise elle lui annonce qu'elle a posé la question au médecin (quel médecin, elle ne le précise pas) : Adrian est interdit de visite à cause de sa tentative d'évasion, car ceux qui se sont enfuis une fois recommencent toujours. Alors il n'y a aucune raison qu'on lui autorise un tel luxe, n'est-ce pas ? Schwester Storch rapporte cela d'une voix anormalement douce ; à en juger aux mouvements verticaux de son nez de cigogne, elle a vraiment l'air de bonne humeur. De l'autre côté des murs de la clinique, sa mère fait les cent pas. Souriant sans vergogne de ses lèvres rouges, elle dit : Ne sois pas en colère contre moi, Gulliver. Or Gulliver est en colère. Gulliver est furieux. D'un pas décidé, il se dirige vers le général Pelikan et lui répète qu'il n'est pas un idiot : il sait lire et écrire et il n'y a aucune raison de le garder enfermé ici. Et puis il est fort, aussi. Avec ses mains de Gulliver il peut briser tous ces murs en une seconde et s'échapper en emmenant les autres avec lui. Prouve-le, répond le général Pelikan en se redressant. Gulliver le défie du regard et appuie ses deux mains contre le mur avec une telle force qu'il en a des vertiges. Le général Pelikan n'est pas convaincu. Il faut d'abord libérer le Tonnerre, déclare-t-il en pointant l'index vers le lit-cage où l'enfant est enfermé, un œil émergeant de sous sa couverture. Le général Pelikan a peur du Tonnerre. Il évite sa cage et préfère rester en sécurité contre les murs. Même chose pour Otto le Pot de Colle, qui meurt de trouille dès que le Tonnerre bouge. De tous les enfants qui séjournent à l'unité, seul Felix Keuschnig, le joueur de piano, refuse de se laisser impressionner. Les grondements et le vacarme du Tonnerre ne parviennent pas jusqu'à la pièce emplie de lumière où ses notes restent en suspension. (En revanche, on peut parfois entendre le Tonnerre chantonner les mélodies jouées par Keuschnig. Mais seulement très faiblement : un souffle à peine perceptible entre ses deux fines lèvres. Le silence s'abat alors sur l'unité et tous tournent vers la cage des yeux effrayés. Quand le Tonnerre se met à chanter, la crise n'est pas loin – chacun le sait. La nuit, l'inquiétude flotte au-dessus des têtes telle une nappe humide et étouffante, et les plus jeunes pleurent sans discontinuer.) Mais en cet instant, Gulliver n'a d'yeux que pour le général Pelikan. Que veut-il dire ? Pelikan n'est plus contre le mur. Son visage a perdu son masque sévère de général ; il est vide d'expression comme chaque fois qu'il se dépouille de son costume d'éloquence. C'est stratégique, bien sûr. Pelikan, ce fayot, ne veut surtout pas être associé au moindre chahut. Il préfère que Gulliver fasse le travail pour lui. Mais qu'est-ce que Gulliver, hormis un corps trop grand dans un lit trop petit ? La nuit, dans la lueur bleutée, il entend sa mère marcher derrière le mur. Elle le provoque. Elle dit : Fais-le, Gulliver. Et il repense à la douille volée à Jockerl. S'il ne la lui avait pas volée, il n'aurait jamais réussi à s'enfuir. Sa mère le sait. Avec ses deux grandes lèvres rouges, elle dit Je suis là, Gulliver, j'ai toujours été là, seulement tu ne le savais pas. Et le voilà qui s'exécute. Il se lève et se dirige vers le lit du Tonnerre dont les barreaux projettent une ombre évanescente sur le mur blanc. Il a souvent vu Schwester Blei s'affairer au-dessus de la cage du Tonnerre : le tour de main qui permet de l'ouvrir n'a plus de secret pour lui. Il n'a même pas besoin de tâtonner pour trouver les bons boulons. Derrière les barreaux, il devine la silhouette du Tonnerre sous sa couverture ; il est légèrement appuyé sur le côté, parfaitement immobile. Adrian n'entend aucun souffle, pas la moindre expiration. Il dévisse les boulons et ôte le toit de la cage. Et voilà, le Tonnerre dort sous un ciel sans barreaux. Une boule dans le ventre, Gulliver traverse le dortoir et se recouche. Il entend alors le Tonnerre se réveiller. Au début : un vrombissement pareil au passage d'un camion. Puis le bruit s'amplifie jusqu'à ce que les murs et le sol tremblent. Ensuite un craquement violent et des battements sourds, comme si le Tonnerre frappait quelque chose de dur. Enfin le grondement à proprement parler. Il est inimaginable qu'un être humain puisse produire un tel bruit, c'est ce qu'a dit Schwester Storch. Adrian l'a entendue. Lui, il est persuadé que le bruit ne vient pas du Tonnerre. Le Tonnerre n'est que l'extrémité d'une entité bien plus grande qu'il a lui-même libérée : une force cachée dans les profondeurs de la terre. Oui, c'est ça qu'évoque ce bruit (dirait Adrian) : sous le pavillon, la terre était en train de se soulever, et dessous tout cédait. Les enfants sont réveillés, maintenant, ils cherchent à tâtons la poignée d'une porte qui n'existe pas ou des montants de lit qui pourraient leur servir d'abri temporaire. Adrian sent des lèvres couvertes de salive refroidie s'écraser contre son cou. C'est la bouche d'Otto le Pot de Colle. Mais il est si épuisé qu'il n'a pas la force de repousser ce corps épouvanté. Arrive alors sa mère, elle déploie ses grandes lèvres écarlates au-dessus d'eux. Adrian ferme les yeux ; il dort d'un sommeil gullivérien de soixante-dix ans ou de sept cents ans. Quand il se réveille, il est trop tard. Le Tonnerre est parti, le dortoir baigne dans une lumière froide, tous les lits sont sens dessus dessous. Çà et là, nus ou enveloppés dans leurs draps, des enfants hurlent de manière inhumaine. Adrian entrevoit la cage vide du Tonnerre juste avant que la voix stridente de Schwester Storch fende le vacarme. Tout à coup, la voici au-dessus de son lit, la couverture dans une main et la main d'Otto le Pot de Colle dans l'autre ; autour d'elle apparaissent un à un plusieurs visages du personnel : Schwester Erhart et Schwester Sikora, puis le sourire satisfait du docteur Gross. Adrian va être puni pour avoir libéré le Tonnerre. Non : leurs regards ne sont pas dirigés vers le Tonnerre mais vers Otto le Pot de Colle, toujours recroquevillé contre lui, le pouce d'Adrian serré dans la main et la bouche appuyée sur son aisselle. Ce garçon n'a vraiment aucune honte, crache Schwester Storch. Parle-t-elle de lui ou du Pot de Colle ? Elle tire sur le corps d'Otto de deux coups secs, puis elle plaque le garçon au sol et attache ses mains sans défense dans son dos. On dirait un prisonnier. Otto hurle, mais l'infirmière continue à taper sa tête contre le sol carrelé jusqu'à ce que son nez, sa bouche et ses yeux dessinent un masque de sang coagulé. Adrian, lui, est conduit de force par Schwester Erhart et Schwester Sikora dans une cellule individuelle où il est enfermé sans possibilité de s'échapper ou d'être sauvé.

Encéphalographie Puisqu'il n'a « vraiment aucune honte », ils ont décidé d'extirper le mal qui règne en lui. Schwester Storch le lui annonce avec deux gestes du bec, l'un vers la droite, l'autre vers la gauche, signifiant qu'après rien ne sera plus comme avant. Je n'ai même pas droit à un petit déjeuner ? demande-t-il, mais elle ne l'écoute déjà plus. On l'emmène au pavillon 3, le pavillon des soins hospitaliers, dans un vestiaire à peine plus grand que celui qui jouxte la salle d'anatomie où il a été présenté aux élèves du docteur Illing. Il reçoit de nouveau l'ordre de se déshabiller ; cette fois, il a le droit de garder sa culotte. Puis deux infirmières viennent le conduire dans une salle d'examen. Il cherche frénétiquement sur leur visage quelque chose de familier, mais il ne se rappelle pas les avoir déjà vues. Au milieu de la salle d'examen trône ce qui ressemble à un fauteuil dentaire sans dossier, un appareil en métal avec une assise au milieu et des bandes de cuir autour. La machine lui fait vaguement penser à celle sur laquelle le docteur Gross l'avait installé avant de prendre les mesures de son crâne, à son arrivée au Spiegelgrund. Les deux infirmières le saisissent fermement, l'une au bras, l'autre à la taille, et le forcent à s'asseoir. L'une d'elles tient ses avant-bras, qui tremblent comme après un effort. Il est terrifié. Soudain, la partie supérieure de l'appareil s'abat sur lui. Deux barres immobilisent sa tête et une troisième se place derrière sa nuque. Elles l'obligent à pencher toute la partie supérieure de son corps en avant, dans une position insoutenable que l'inclinaison du siège rend plus douloureuse encore. Il va perdre l'équilibre, mais il ne tombe pas : les infirmières lui ont attaché les bras et les jambes avec des liens de cuir si serrés qu'ils lui entaillent la peau. Il se débat. Cesse donc un peu ces simagrées, lui enjoint une voix d'homme. Sa tête est coincée, penchée de force vers l'avant, et Adrian ne peut voir qui vient de parler. Soudain, une aiguille s'enfonce dans son bras. Une étendue froide se répand sous sa peau et la somnolence l'envahit. Rien ne disparaît, pourtant. Sa conscience se morcelle telle une peinture qui s'écaille. Des mots apparaissent çà et là, des phrases entières se forment sans aucun lien entre elles. Maintenant, arrête de bouger. Cela va durer un certain temps et quoi qu'il arrive, ne bouge pas. Si tu bouges, ce sera pire. Sa bouche s'emplit d'un liquide douceâtre au goût métallique. Il tente de l'avaler, mais le goût reste et il a de plus en plus de mal à déglutir. L'une des blouses blanches s'approche avec une seringue grosse comme un poing prolongée par un long tuyau. Voilà, reste tranquille, lui répète-t-on. Ce n'est vraiment pas la peine : il ne peut même plus bouger le petit doigt. Ses mâchoires sont engourdies et sa langue est une énorme boursouflure. L'aiguille perce le bas de sa colonne vertébrale. Est-ce qu'on vient de lui enfoncer un clou ? Il crie, mais le cri ne sort pas. Les barres appuient de plus en plus forte sur son crâne. Une raideur douloureuse part de sa nuque puis s'étend peu à peu ; elle lui rappelle celle dans ses jambes et ses fesses quand le docteur Gross lui avait injecté du soufre. Derrière ses yeux, la migraine fait rage. Il ne voit plus rien. Tout son corps est inondé de sueur froide. La douleur dans sa tête est trop grande pour lui, trop grande pour sa tête, trop grande pour son corps. Seulement il a beau lutter pour s'échapper de ce corps, s'échapper de cet être, il ne parvient nulle part : ils sont entrés en lui. Alors il cherche à les vomir. Mais il n'y a plus de plafond ni de sol, plus aucune direction où se tordre ou se tourner, aucune possibilité de recracher sa bile. Il distingue vaguement une infirmière. Elle place une cuvette en émail sous son menton ; il ne la sent pas. Elle le frappe au visage des deux mains ; il ne sent ni ses doigts ni ses ongles.

Réveille-toi réveille-toi tu dois rester éveillé.

Alors il se révcille. Il glisse dans un état d'éveil infiniment plus vaste que tout ce qu'il a jamais connu. Il se trouve dans un autre endroit de la pièce, ou plutôt à tous les endroits de la pièce en même temps. Les blouses blanches se meuvent autour de lui, elles parlent et il ne comprend rien. Le général Pelikan chuchote quelque chose, appuyé contre le mur. Son murmure le pénètre et se gonfle tel un soufflet. Le mur qui les sépare s'amincit jusqu'à fondre et devenir une bulle de verre si fine et si fragile qu'il suffirait d'un souffle pour qu'elle éclate. Il comprend que cette bulle n'est pas le mur : c'est la douleur qui grandit et explose dans sa tête. De l'autre côté de la douleur, il voit sa mère : ses longues pattes d'araignée s'allongent et le rouge de son sourire s'intensifie. Il crie :

Maman maman maman !

mais personne ne vient, la pièce se distend, elle est en lui, et bientôt il n'y a plus personne à l'intérieur.

Maman-croquis Il arrive toujours un moment dans la vie où la réalité des événements du passé s'estompe et cède la place au récit. La vie au Spiegelgrund avait toujours été un grand trou noir dans la mémoire d'Adrian Ziegler, et comment remplir un tel trou, si ce n'est avec des histoires ? Au fil des années, il apprendrait à forger des récits et à les utiliser à son avantage. Ses expériences au sein de la machine meurtrière nazie ont fait de Ziegler, auparavant distant et inaccessible, un objet d'intérêt et de curiosité aux yeux de ses codétenus. Il leur a raconté ses rencontres avec les docteurs Gross et Türk, il leur a parlé du personnel du pavillon 9, leur a décrit les longs cheveux noirs et les petits yeux de cochon de Schwester Mutsch, le menton osseux de Schwester Demeter, ainsi que la tige de fer et le sifflet de Frau Rohrbach. Cependant il a laissé dans l'ombre certains détails. S'il lui est arrivé de donner des informations sur son passage parmi les idiots du pavillon 17, c'était juste pour parler du médecin-assassin, Illing. On l'a pendu. Juste après la guerre. Ils en ont beaucoup parlé dans le *Krone* à l'époque. Il songeait souvent qu'il était doué pour raconter. Il n'en révélait jamais trop car on risquait de le prendre pour un bavard ; jamais trop peu non plus, pour éviter d'apparaître pitoyable ou vulnérable – un péché mortel pour les prisonniers, toujours soumis au pouvoir des plus forts. Mais malgré les histoires, le trou noir ne se comblait pas. Puis un incident se produisit alors qu'il était à la prison de Stein, au début des années 1970, après un séjour prolongé en Italie. Au réfectoire, un groupe s'asseyait systématiquement à une table près du mur. Au-dessus de la table, une fenêtre était condamnée par une plaque de tôle noire dont les verrous étaient soudés au mur ; la fenêtre était probablement murée et derrière elle il n'y avait sans doute qu'un panneau de béton. À cette table s'installait souvent un prisonnier plus âgé du nom de Petter – surnommé Persil. Persil n'était pas grand et son vieil uniforme de prisonnier le ratatinait encore. Pendant qu'Adrian parlait, ses yeux ne le quittaient pas et son petit corps était secoué de tremblements nerveux. Soudain Persil abattit ses deux mains sur la table : *Tu mens ! Si ce que tu dis était vrai, tu ne serais pas assis ici en train d'essayer de nous faire avaler tout ça.* Adrian perdit contenance. Il savait ce qu'il avait subi. Pourtant il ne s'était jamais demandé si ce qu'il racontait était vrai. Ou dans quelle mesure c'était vrai. Comment savoir quelle est la part de vérité dans des événements dont on se souvient à peine ? Mais voilà qu'Herr Persil s'offusque. Qu'on ne vienne pas lui raconter des salades ! Si quelqu'un avait vécu toutes ces histoires rocambolesques, il ne pourrait pas être là pour en parler. C'est impossible. Et s'il avait raison ? Si tout cela était à l'image de cette fenêtre aux verrous soudés ? Peut-être existe-t-il une fenêtre similaire dans la tête d'Adrian, une fenêtre impossible à ouvrir ; une fenêtre qui, si on parvenait à la forcer, déboucherait sur un mur. Et s'il n'y a rien devant ni derrière cette fenêtre, que reste-t-il à raconter ? Adrian se penche au-dessus de la table ; il regarde Persil droit dans les yeux, le somme d'ouvrir grand ses oreilles. Car il va parler de sa mère. Tout le monde a eu une mère, donc tout le monde peut s'identifier à elle. Sauf que sa mère à lui était une mère imaginaire, une fausse maman, des traits dessinés sur une feuille de papier auxquels il avait ajouté quelques touches de rouge pour qu'ils ressemblent à une maman. Ce dessin était la seule chose qu'il pouvait voir d'elle quand les autres enfants du Spiegelgrund recevaient la visite de leur (véritable) mère. Mais crois-le ou non : ces gribouillis tachés de rouge ont fait un jour le trajet d'Erdberg jusqu'à Baumgartner Höhe, à Penzing, pour rencontrer Illing ! Car elle, la maman-croquis, avait appris que son fils avait été interné au pavillon 17. Vous vous demandez ce que c'était, le pavillon 17 ? Le pavillon 17, c'était là qu'échouaient tous les gosses que ce médecin-assassin, Illing, considérait comme inaptes au travail et irréformables. C'était là que les infirmières empoisonnaient la nourriture des enfants pour qu'ils meurent vite fait, bien fait. Comme on éteint la flamme d'une bougie en la pinçant entre deux doigts. Donc, la maman-croquis a regardé Illing droit dans les yeux, de la même manière qu'Adrian regarde Persil, et elle lui a assuré détenir une information qu'il ignorait : l'une des rares fois où elle a été autorisée à lui rendre visite, son pauvre enfant lui a rapporté qu'un garçon du nom de Julius Becker avait réussi à mettre la main sur une paire de ciseaux à cause d'une négligence du personnel et qu'il se l'était plantée dans le ventre. Certes, l'incident avait eu lieu avant qu'Illing devienne directeur de l'établissement. Mais voilà : le récit de ce qui était arrivé à ce jeune Becker, ce garçon travailleur et plein de bonne volonté, avait fait le tour des mères qui attendent inlassablement devant la station du 47. Doktor Illing voulait peut-être qu'une telle chose se reproduise ? Peut-être voulait-il avoir sur le dos une autre histoire de garçon (son fils, par exemple) poussé au suicide par des conditions de vie insupportables ? Il se produisit alors une chose incroyable : le docteur Illing tapa du point sur la table. Il faisait assassiner des enfants à tour de bras (Adrian avait vu en personne des cadavres transportés dans des charrettes), mais l'idée que l'un d'eux puisse décider *lui-même* de mettre un terme à sa vie lui était intolérable. C'était lui le *médecin*, c'était à *lui*, le docteur Illing, de décider qui était en bonne santé et qui était malade, qui était viable et qui ne l'était pas ! En outre, il avait juré de faire de son unité une unité modèle – et dans une unité modèle, il n'y a pas de place pour des patients qui veulent contrôler leur propre destin. Illing convoqua le docteur Krenek, directeur de la maison de redressement dans lequel Adrian avait séjourné auparavant ; il lui demanda d'apporter le dossier de *Becker, Julius*. Tout ce que la maman-croquis avait révélé était vrai : une paire de ciseaux avait bel et bien disparu de l'unité pour se retrouver mystérieusement plantée dans l'estomac du dénommé Becker. Évidemment, hors de question qu'une telle chose se reproduise ! Illing promit donc d'étudier attentivement le dossier du fils de la maman-croquis. Et voilà comment, conclut Adrian, alors qu'on avait déjà inspecté l'intérieur de mon crâne sans rien y trouver de valeur, alors que les produits avec lesquels ils allaient me tuer étaient déjà dosés, entreposés dans l'armoire à pharmacie et prêts à l'usage, ma mère a réussi à me faire libérer. Même si elle n'était qu'un assemblage de lignes, de traits et de taches de rouge. Maintenant, Persil aussi écoute attentivement. Merde alors, lâche-t-il. Il ne parle pas d'Adrian et de son sauvetage miraculeux, mais de Julius Becker. Tu m'en diras tant ! C'est vraiment comme ça qu'il s'est suicidé ? Avec des ciseaux ? Direct dans le ventre ? Adrian pense à sa mère. Après les mois chaotiques qui avaient suivi la fin de la guerre, il lui avait fallu attendre des années avant de la revoir. Elle logeait dans un petit appartement que Laura lui avait trouvé à Meidling et dans lequel le père avait interdiction d'entrer (il avait recommencé à boire). Adrian apprit qu'il n'y était pas non plus le bienvenu : Laura considérait qu'ils étaient de la même trempe, son père et lui. Mais à Noël, elle décida d'accorder une grâce aux membres de sa famille et de les convier. Helmut vint aussi, même s'il n'avait plus aucun contact avec son ancienne famille. C'était Laura qui l'avait retrouvé grâce à ses parents adoptifs. Elle l'avait fait pour sa mère, qui parlait sans cesse de lui et ne s'était jamais remise de leur séparation forcée. (Cependant, Helmut n'était présent qu'en apparence : chez Laura, il resta assis dans un fauteuil près de la fenêtre à regarder dehors. Adrian se demanderait souvent si ça tournait rond dans la tête de son petit frère, ou si c'était simplement un état normal quand, comme lui, on avait été ballotté toute son existence.) Helmut ayant été autorisé à rendre visite à sa mère, Laura n'avait décemment pas pu refuser d'inviter Adrian et le père. Adrian ne se souviendrait pas de quel établissement il avait obtenu la permission de sortie pour ce Noël, mais il se retrouva donc chez Laura, face à son propre sourire forcé dans le miroir du vestibule. Le cadeau de Laura à sa mère était une petite robe en crêpe. La mère insista pour l'essayer, et il insista à son tour pour l'aider à remonter la fermeture Éclair dans son dos. Il vit à ce moment-là à quel point les épaules de sa mère étaient frêles, pareilles à de fines ailes d'insecte, puis il repensa au dessin qu'il avait fait d'elle quand il était au pavillon 17. Et lorsque Laura prit son rouge à lèvres dans sa pochette pour en appliquer une touche sur la bouche de sa mère, le tableau s'acheva : devant lui se tenait sa maman-croquis, avec ses pattes d'araignée et ses ailes d'insecte, et ses lèvres rouges collées sur son visage. Alors tout jaillit hors de lui : l'histoire qu'il venait de raconter au réfectoire, à Persil et aux autres détenus. Il parla de sa maman-croquis Leonie Dobrosch, de sa visite à Illing et de sa détermination à étaler au grand jour l'affaire du suicide si le docteur ne s'occupait pas immédiatement du cas de son fils. Tous restèrent muets. Devant le miroir la femme aux lèvres rouges prit un air gêné, comme chaque fois qu'on évoquait quelque chose qu'elle préférait ignorer. Puis, tandis que Laura préparait la table dans le salon, elle reconnut (elle, la mère) qu'au fond elle ne s'était jamais inquiétée pour lui :

Oh tu sais Adrian, je ne me suis jamais fait de souci pour toi.

lui *Tu ne l'as jamais rencontré ?*

la mère *Qui ?*

lui *Doktor Illing ?*

et la mère marmonna qu'elle avait bien parlé avec un médecin là-bas, mais qu'elle ne se rappelait pas son nom et

Doktor Illing ! hurla-t-il

Laura *Ne crie pas !*

dans le miroir il vit les lèvres rouges esquisser un sourire forcé – comme le jour où elle était venue lui rendre visite à la clinique, ce jour où sa servitude naturelle l'avait poussée à ouvrir la porte à Frau Rohrbach qui passait avec les bras encombrés de classeurs. À cet instant, Adrian avait cru que sa mère mettrait tout en œuvre pour tenter de le rendre heureux, lui aussi, même s'il lui fallait mentir ou jouer la comédie. Or elle ne se souvenait de rien. En fait, ce n'était pas pour toi que je m'inquiétais, Adrian. C'était pour ton petit frère, oui, pour Helmut. La vie a toujours été plus dure pour lui que pour toi. Et quand sa sœur Laura revint pour la conduire à la table, sa mère parut simplement soulagée : heureuse qu'on la libère de ce tête-à-tête gênant avec un fils qui était depuis longtemps un étranger pour elle. Plus tard, lorsqu'il eut accès à son dossier médical, Adrian découvrit que sa mère avait dit vrai : de 1941 à 1944, elle n'était venue au pavillon qu'une seule fois, et l'objet de sa visite, d'après le rapport de l'infirmière, était son frère Helmut ; il était porté disparu alors qu'en réalité, on l'apprendrait plus tard, il avait été placé dans une autre famille. L'histoire de la maman-croquis rendant visite au docteur Illing n'avait donc été que mensonges ! Il n'y avait jamais eu de visite. Il n'y avait jamais eu de maman-croquis. Alors si vraiment il n'y avait rien à raconter ni personne pour écouter, que faire de ces souvenirs insoutenables ? Au moins, j'ai survécu, dit-il à Persil. Puis il se leva de table, prit son plateau et partit en jetant un dernier coup d'œil à la fenêtre condamnée qui ne cachait ni ne débouchait sur rien. Il se dit alors qu'au fond il était demeuré à l'intérieur de cette boîte crânienne qu'Illing avait inspectée, tel un patient oublié dans la salle d'attente.

Chanson sans voix À son réveil, il est mort. Il a quitté son corps et il flotte dans un espace vide, gluant et saturé d'éther, rempli de voix qui ne viennent pas de lui et qu'il n'entend pas de ses propres oreilles. Il voit un bras posé sur un lit. Son bras. Mais il a beau mettre tout en œuvre pour le lever, son bras reste rigide et immobile. Comme il n'occupe plus son corps, il ne parvient pas non plus à lever les yeux. Il ne sait pas où est sa tête. À l'endroit où elle devrait se trouver, il n'y a qu'un bloc de souffrance glaciale et implacable. Peut-être son crâne est-il encore coincé entre les deux barres rabattues pour le maintenir en place ? Une douleur sourde irradie depuis sa nuque et envoie des décharges régulières dans sa tête. Il a l'impression qu'elle va exploser. Il tente de tâter l'endroit d'où vient la crampe, mais dès qu'il y appose le doigt, tout ondoie autour de lui. Une vague d'eau boueuse lui soulève le cœur. Il a envie de vomir, mais il ne parvient qu'à ouvrir et refermer faiblement la bouche. Alors le malaise reste en lui, océan de sueur froide dans les profondeurs duquel se meuvent des corps d'ombre. Quelque part, plus profondément encore, une voix douce chantonne un air vaguement familier. C'est une mélodie simple, une comptine ; elle parle d'un renard qui doit rapporter une oie qu'il a volée.

Fuchs, du hast die Gans gestohlen,
Gib sie wieder her, gib sie wieder her,
sonst wird dich der Jäger holen
mit dem Schießgewehr.

Renard, tu as volé une oie,
tu dois la rendre, tu dois la rendre !
Sinon le méchant chasseur viendra
te chercher armé de son grand fusil.

C'est l'aurore, ce moment où la lumière s'empare de la pièce sans encore l'envahir complètement. Au-dessus des têtes de lit blanches et ondoyantes, il distingue à présent les formes rectangulaires et les angles droits : les barreaux de fer-blanc à la fenêtre, le motif carrelé du sol qui court sous les plinthes et les armoires. En revanche, les lignes incurvées et les formes courbes, tels les corps étendus sous les couvertures, sont encore indissociables de l'obscurité. Il se trouve dans l'un des lits adossés au mur. Celui à sa gauche est occupé par un garçon qu'il croît reconnaître ; il est à peu près de son âge, peut-être à peine plus âgé. Le garçon est allongé sur le dos, le regard rivé au plafond, ses joues creuses et son nez saillant lui donnent des airs d'oiseau. Sa respiration est imperceptible, pourtant la chanson vient de lui. Sa voix, grave et monotone, est suffisamment distincte pour qu'on l'entende s'interrompre et reprendre – *Gib sie wieder her, gib sie wieder her* – et s'élever à la fin du vers : *mit dem Schieeeßgewe-ehr !* Quand on écoute une voix chanter ou parler, on le fait de tout son être ; chacun de nos sens est tendu vers ce point intime où la musique cherche à entrer et à se fixer. Et même si Adrian ne sent plus son corps, ses sens se tournent vers le foyer au bout du couloir où Felix Keuschnig joue du piano. Il voit ses doigts si gauches se déplacer sur les touches de chaque côté de son dos raide. Dans le pavillon 17, les idiots sont rassemblés autour de Schwester Blei, qui assis par terre, qui sur une chaise, et tous tapent dans leur mains. *Gib sie wieder her !* chante Schwester Blei ; *GIB SIE WIEDER HER !* singent les idiots en essayant de frapper la cadence au même rythme qu'elle. C'est aussi Felix Keuschnig qui est allongé, inerte, à côté de lui. Comment est-ce possible ? Comment peut-il y avoir un Felix au piano et un Felix dans le lit voisin ? À moins qu'il n'y en ait deux : l'un dans une pièce, le second dans une autre. Cela expliquerait pourquoi il ne parvient pas à mouvoir ses bras et ses jambes. En réalité, il ne se trouve pas là, dans le dortoir, il est dans un autre lit, dans un autre pavillon, dans un tout autre endroit. Au loin, il entend un claquement de porte et le grincement d'un chariot qui se rapproche.

Les bouteilles et flacons s'entrechoquent chaque fois qu'il franchit un seuil. Puis la porte du dortoir s'ouvre, et tout à coup c'est un grand tourbillon de silhouettes blanches. *La fièvre a encore augmenté*, dit l'une d'elles. Parle-t-on de lui, de Felix ou d'un autre enfant ? Comme il est incapable de mouvoir ses yeux ou de fixer son regard, les voix lui parviennent de toutes les directions en même temps, les vagues montent et descendent à l'intérieur de lui. Tout chavire et il a le mal de mer. Il ne peut plus contenir toute cette noirceur sans céder et se déchirer de l'intérieur. *Apporte la bassine, il se remet à vomir !* Il sent une surface dure et froide (du métal ou bien de l'émail) sous son menton. *C'est ça*, dit la voix. Et ce n'est pas seulement le contenu de son estomac qui sort, c'est l'organe lui-même. Il s'étouffe, s'étrangle d'avoir cette boule chaude, épaisse et douloureuse coincée dans la gorge, mais il n'a pas la force de la retenir. Et de nouveau la bassine d'émail est là, contre son menton, acérée ; et tandis que les haut-le-cœur et les crampes redoublent d'intensité, il évacue enfin la boule noire et dégoulinante, vomissant tripes et boyaux tels les maillons informes d'une longue chaîne. Un par un ses organes s'arrachent à ses entrailles : le foie luisant de graisse, les reins lisses et fins, les poumons gonflés comme deux sacs d'écume et, enfin, le cœur. Son battement remonte dans sa gorge, pareil à un œuf visqueux. Il le vomit aussi. Dépossédé de son cœur, il reste immobile. N'existent plus en dehors de cette salle que les notes de piano et l'étrange chanson. La pièce est baignée par des flots de lumière blanche. Felix martèle les touches du piano comme si elles étaient la seule chose qui le maintenait au monde. Les blouses blanches tentent de lui arracher les mains du clavier mais sans cesse ses doigts s'échappent. Alors elles le saisissent par le dos, son dos long, droit et élancé, mais il est trop fin et trop leste pour elles. Adrian les voit approcher un brancard du piano. En conjuguant leurs forces elles y couchent le corps tandis que l'instrument, toujours attaché aux mains qui en jouent, suit le mouvement du corps et tombe en avant, s'écrasant au sol dans un grand fracas. Puis soudain, le silence. Ce silence est une gigantesque asphyxie. Il tente de crier mais il n'a plus de poumons. Il crie et crie encore. Une porte s'ouvre quelque part là-haut, juste sous le plafond. Une infirmière marche dans sa direction : elle descend du ciel. C'est l'infirmière en chef, Katschenka. Elle avance à pas lents et silencieux, elle a tout son temps. Et dans les flots de lumière blanche son visage est dénué d'expression. Pourtant elle semble lui sourire et, au moment précis où ses lèvres révèlent ses dents grises, la pièce disparaît, et le silence devient réel.

La vue depuis l'entresol Combien de temps est-il resté alité à l'entresol ? Il n'en a pas la moindre idée. En tout cas, suffisamment longtemps pour apprendre à distinguer les différentes infirmières qui y travaillent. Sauf qu'il les identifie davantage au bruit de leurs pas qu'à l'expression de leur visage ou au son de leurs voix, qui toujours se mélangent et lui échappent. La démarche de Schwester Katschenka est unique : lente et solennelle, elle glisse sur le sol. Schwester Mayer boîte et souffle dès qu'elle doit se pencher. Schwester Kragulj, en revanche, est silencieuse. Ses mouvements sont lestes et ses doigts impatients presque insensibles : pointus, durs et crochus tels des becs d'oiseau. Le matin, c'est le plus souvent Schwester Mayer qui vient vider la bassine et nettoyer son corps trempé de sueur. Il l'entend marcher : un balancement de la hanche, puis la jambe qui traîne. Tout ce qu'elle fait doit s'accompagner d'une parole. Il faut manger pour devenir grand et fort – elle tente de l'alimenter. Tu ne veux tout de même pas finir comme les autres – elle lui tend la cuillère. Elle sourit d'une manière en apparence bienveillante et complice mais, derrière, son visage exprime un ordre impérieux. Il secoue la tête pour éviter la cuillère, qui finit pourtant par trouver sa bouche. Il pense qu'elles ont mis du poison dans la nourriture. C'est certain. C'est pour cette raison qu'il est dans ce lit. Parce qu'elles veulent l'assassiner. Il mord dans la cuillère, tourne la tête, mais Schwester Mayer suit le mouvement et parvient à le faire avaler. Voilà, dit-elle d'une voix satisfaite qui lui est familière, tandis que la cuillerée suivante s'approche déjà. La nuit, il est réveillé par l'impression d'être entièrement enveloppé dans une sorte de gaine. Elle n'est pas en tissu, plutôt d'une matière pareille à du latex qui se plaque à chaque parcelle de sa peau nue, sur son nez et sa bouche, l'empêchant de respirer. Il voit son propre visage collé à l'intérieur de l'enveloppe, comme un masque. L'étrange gaine aspire la sueur de son corps et la transforme en condensation, un liquide froid qui draine un goût de métal jusque dans sa bouche et ses narines. Il se tortille pour se dégager de cette membrane qui l'étouffe, il tente de tousser et de cracher pour expulser le liquide qui s'écoule dans sa gorge. Mais son gosier est en feu et l'air ne parvient pas jusqu'à ses poumons. Derrière la gaine, des corps se penchent sur lui. Il n'en discerne que les contours mais il reconnaît les doigts impatients de Schwester Kragulj qui lui tâtent le visage, et il se débat violemment. Son bras a dû toucher quelqu'un : une infirmière crie. Dans son agitation, il entraîne ses draps et tous les objets en verre ou en émail qui se trouvaient sur la table de chevet. Ils s'écrasent au sol dans un grand vacarme. Pendant quelques secondes

– peut-être que la douleur du coup a chassé la fièvre –, il voit clairement : le dortoir de l'entresol dans toute sa longueur, la rangée de fenêtres donnant sur le jardin, dont les rideaux tirés ne laissent filtrer qu'une lueur sombre. Est-ce l'aube ou le soir ? Fait-il jour ? Le temps s'est aboli. Il ne distingue plus le sol du plafond, le haut du bas, il ne voit qu'une longue rangée de lits serrés les uns contre les autres et dont les pieds forment un motif abstrait, privé d'ombre, où des corps reposent, eux aussi dénués de pesanteur. Le lit auparavant occupé par Felix Keuschnig contient maintenant une fillette de deux ou trois ans. Elle a une telle bosse sur les épaules qu'elle paraît avoir été arrêtée au beau milieu d'un saut en parachute. Ou plutôt stoppée en plein vol par l'arrêt du temps. Sous l'enflure, son visage est vitreux, à la fois lisse et sévère, et ses yeux semblent de verre eux aussi : impossible de dire s'ils le voient ou s'ils sont aveugles. Cet état d'apesanteur ne dure qu'un court moment. Peut-être a-t-il réussi à ramper sous le lit ? Déjà on lui saisit bras et jambes, ils sont quatre ou cinq et forment une sorte de cage humaine autour de lui, au-dessus et au-dessous ; pas uniquement des infirmières, même si ce sont leurs mains qu'il sent sur son corps. La silhouette du docteur Illing est là aussi, penchée sur lui, ses contours mieux définis que les autres, et derrière lui il voit le visage de Schwester Katschenka, luisant et pâle tel un disque lunaire.

Certains sont plus forts que ce que l'on croit.

On va devoir employer d'autres moyens.

Il se rappelle ces mots, mais il ne se rappelle pas qui les prononce au moment où la chose se produit : une dislocation soudaine de la perspective et du point de fixation de sa vision. De manière aussi abrupte qu'inexplicable, il n'est plus dans la pièce : il est la pièce.

Il n'est plus en train d'être examiné par le docteur Illing de l'autre côté de la cage : il est la cage, et le docteur Illing est à l'intérieur. Cette cage s'agrandit sans cesse, c'est une vaste cavité, un puits dans une montagne. Soudain, il comprend. Il a pénétré dans la Montagne de Hannes Neubauer. Il est la Montagne. Là-bas, à son pied, le docteur Illing gesticule dans sa blouse blanche, ses mots sortent de lui dans un flot continu mais les sons ne lui parviennent pas – ils s'évanouissent dans le silence de la Montagne. Seul résonne le lent ruissellement de l'eau à travers les crevasses et les puits qui percent ses hautes parois. Même quand le médecin tente de l'attraper dans les filets de son regard, ses yeux sont incapables de se fixer. Il est partout et nulle part, certains sont plus fort que ce que l'on croit, dit le docteur Illing. Mais à qui ? On va devoir employer d'autres moyens, affirme le docteur. Sa voix n'a aucun écho, pas un seul des mots prononcés par le médecin n'atteint Adrian sous les hautes voûtes de la caverne où il lévite. Il est la voûte, il est le toit, il est le mur et le sol sur lequel se tiennent médecins et infirmières en blouse blanche. Le sol sur lequel, du moins, ils pensent se tenir. Car un seul tremblement ou tressautement de sa part, et tout sombre dans les ténèbres.

Diagnostic final Quand il ouvre les yeux, il se trouve dans un dortoir empli de lumière et d'agitation. Schwester Mayer est penchée sur une commode à côté du lit. Il la reconnaît à ses larges hanches, au soupir irrité qu'elle pousse en ouvrant et en refermant les tiroirs. Autour de lui, des idiots au menton plein de bave hurlent d'une voix perçante ou émettent de longs râles. Rien n'a changé. Le silence de l'entresol est brisé. Schwester Mayer s'est redressée et le regarde. Alors, on a été rayé de la liste, siffle-t-elle, l'air dégoûté, comme si le simple fait qu'on l'ait de nouveau transféré dans une unité normale allait à l'encontre de tout ce qu'elle considérait comme bon et juste. Rayé de la liste. *À cet instant*, ces mots ne lui parlent pas. Plus tard, il les répéterait souvent, à lui-même et à d'autres. J'ai été rayé de la liste au dernier moment, confierait-il à Persil et au reste de son auditoire. Mais quelle liste ? À cette époque, il aurait déjà eu accès à toutes les listes : aux listes de patients ; aux notes des infirmières sur les caractéristiques de son comportement et donc de sa peine ; aux « dossiers médicaux » des pavillons 15 et 17 ; à tous les rapports psychiatriques et médicaux rédigés à son propos. Il aurait également vu à quoi ressemblait un exemplaire du formulaire envoyé par l'établissement du Spiegelgrund à la commission de Berlin, qui le retournait avec une annotation positive ou négative inscrite dans le coin supérieur du document, manière codée de signifier aux médecins de Vienne s'ils devaient poursuivre ou interrompre un « traitement ». Mais il ne retrouverait jamais aucun formulaire portant son nom et sa date de naissance. Tout comme il ne verrait aucune mention d'une quelconque visite de sa mère dans son dossier médical. De son séjour à l'entresol du pavillon 15 après sa pneumo-encéphalographie, il ne retrouverait que quelques rapports d'infirmière, de vagues notes sur l'évolution de son état de santé, ou plutôt de sa dégradation :

> *16/3 Adrian ne cesse de se prendre la nuque et la tête, et se plaint de douleurs ; fièvre légère, 37,7.*
> *17/3 éventualité de bronchite, toux et quantité de glaires relativement importante ; fièvre : 38,9 ; prescription de tisane.*

19/3 fièvre, très agité, se plaint de difficultés à respirer ; s'alimente peu, fièvre 38,9.
20/3 fièvre 38,7, boit peu, refuse toujours de se nourrir ; amaigri, se prend toujours la nuque, affirme que quelqu'un est « couché sur lui ».

Soudainement les notes s'interrompent. Il a séjourné à l'entresol, mais comment en est-il remonté ? Par qui ou par quoi a-t-il été sauvé ? Est-ce l'œuvre du hasard ou existe-t-il une chaîne décisionnelle qui aurait pu être retracée au moyen de documents cachés, égarés ou simplement détruits ? La seule preuve qu'il détienne est le dernier rapport d'Illing, écrit juste après sa décision de se débarrasser de lui d'une autre manière, c'est-à-dire en le transférant dans un camp de concentration pour jeunes à Moringen, en Allemagne :

> Malgré plusieurs examens médicaux et psychiatriques minutieux, il n'y a, concernant Adrian Z., aucune raison de supposer une psychose latente ou chronique, ni aucun trouble plus profond de la conscience. Il fait preuve, à son âge, d'un développement de l'intellect relativement normal, malgré ses origines familiales biologiquement et socialement inférieures. À en juger par la vie menée par ce garçon jusque-là, ainsi que par les observations et évaluations effectuées à la clinique, l'environnement sain et les soins prodigués par l'établissement ainsi que les tentatives d'éducation ou de discipline de la personnalité n'ont eu sur lui aucun impact significatif ou du moins visible. Seuls ses troubles du caractère régissent son comportement, que l'on peut qualifier d'impropre. Sa conduite grossière et irresponsable, ses vols répétés, ses tromperies,

ses mensonges éhontés, tout peut être ramené à sa vie affective d'une pauvreté presque monstrueuse. Il manque à Adrian Z. l'expérience des liens normaux avec d'autres individus. Insensible aux louanges et aux reproches, il utilise la moindre information le concernant pour manipuler son entourage et tirer parti des situations aux dépens des autres. Comme il est incapable de remords, la menace n'a aucune emprise sur lui. Selon les rapports des infirmières, il s'est même réjoui des insuccès du Reich au front et a tenté de rallier ses camarades à ses opinions en les endoctrinant. Il a notamment déclaré à l'un d'entre eux : « Quand les bolcheviques viendront, on rejoindra les partisans... »
En raison de ces dispositions mentales (d'ordre caractériel) Adrian Z. est d'un point de vue pédopsychiatrique impossible à éduquer. L'internement en prison pour jeunes ou en camp de concentration pour jeunes pour une durée indéterminée est la seule mesure envisageable. Car avec les individus comme lui, activement antisociaux et prédisposés au crime, il faut constamment s'attendre à une récidive.

La Montagne dans la tête Deux semaines plus tard : le Bunker, le bloc cellulaire du sous-sol du pavillon 11. Il est déjà venu ici. Dans une pénombre pestilentielle, six garçons attendent d'être transférés hors de la clinique. Tous sont devenus des adolescents, au point qu'il peine à reconnaître plusieurs d'entre eux. La Petite Frappe, par exemple, est maintenant si grand qu'il se cogne presque au plafond. Il y a également un garçon qui s'appelle Emil Furth ; à l'époque où Zavlacky dirigeait le groupe du Bunker, il n'était qu'un gamin chétif et têtu qui marmonnait entre ses dents. Il ne parle toujours pas, mais l'enfant coriace s'est transformé en un adolescent renfrogné qui observe tout et tout le monde d'un air tantôt narquois, tantôt haineux. Bien que beaucoup se soient déjà rencontrés, peu se parlent. Quel intérêt y a-t-il à faire ami-ami, maintenant qu'ils sont sur le point de partir ? Ils ont appris à se méfier, y compris les uns des autres. Qui sait si leurs confidences ne seront pas utilisées contre eux ? Au temps de Sebastian & Kohler, ils avaient été divisés en équipes chargées de travaux de jardinage – creuser des fossés ou arranger des plates-bandes. Désormais, ils attendent, c'est tout. Le matin on leur dit qu'on va venir les chercher. On les réveille, ils font leur lit, ils sortent avec leur paquetage et se mettent en *Habt-Acht* pendant une heure ou deux. Finalement on leur annonce que le véhicule ne viendra pas ; de nouveau ils déroulent les serviettes, sortent le savon et la brosse à dents de leur boîte de métal et les remettent à leurs places respectives sur la table de chevet. Puis ils passent la journée à nettoyer leurs chaussures ou à lire *Der Stürmer*, visiblement déposé à leur intention à divers endroits du pavillon. Un de leurs surveillants, un jeune homme portant la tenue des Jeunesses hitlériennes – chemise brune, ceinture et poignard –, vient ouvrir et fermer le Bunker. Il s'appelle Pfalz, veille à ce qu'ils se lavent de manière « conforme au règlement » et supervise la distribution du petit déjeuner spartiate. Plus tard dans la journée, Pfalz revient avec des cuisinières poussant des chariots, tandis qu'une équipe récure, nettoie et change les draps. Elle se compose généralement d'une jeune femme blonde et ronde et d'une autre plus âgée et plus fine, brune, au visage fermé. Le sol du Bunker est rincé comme une stalle de porcherie, et pendant qu'il sèche les adolescents sont confinés dans le foyer. Furth, têtu, refuse catégoriquement de se déplacer ; les femmes de ménage n'ont d'autre choix que de mouiller le sol et de le frotter à la brosse pendant qu'il reste assis sur sa couchette. C'est alors que la Petite Frappe se retourne et crie : *Ça vous dirait de passer la nuit ici ?* Il affiche un sourire nerveux qui dévoile ses longues dents chevalines, mais quand les autres se mettent à rire, il prend son courage à deux mains et poursuit hardiment : *On pourrait jouer aux cartes ; vous pourriez danser la rumba*. Au temps de Frau Rohrbach, une telle effronterie lui aurait valu au moins quatre jours en cellule d'isolement, mais Pfalz n'est pas là pour le faire taire, ni aucun autre *Erzieher*, d'ailleurs. Quant aux femmes de ménage, elles n'ont pas leur mot à dire. La brune prend l'air plus renfrogné que jamais, la plus jeune rassemble nerveusement ses cheveux sous sa charlotte. Puis elles reprennent leur travail. Plus tard dans la journée, le bruit circule que personne n'est venu les chercher parce que le camion qui devait les transférer au camp a eu un accident après avoir quitté Linz et qu'aucune pièce de rechange n'a pu être trouvée. Pfalz ne fournit aucune information sur ce qui a provoqué l'accident. Depuis ce jour, en tout cas, ils ont l'autorisation d'aller dans le foyer même pendant la journée. Ils se rendent compte que le rez-de-chaussée et tous les étages ont été évacués. Plus un enfant dans ces locaux ! Partagé entre l'abattement et l'ivresse, Adrian peut désormais circuler librement dans ce lieu où on les enfermait et les punissait s'ils quittaient le champ de vision des surveillants de plus de dix mètres. Le claquement bref des talons de liège sur le sol, le cliquetis des clefs dans les serrures, les stridentes injonctions *Aufstehen ! Bettnässer vortreten*, le tintement de la tige de Frau Rohrbach contre les têtes de lit *Un deux trois quatre !* – tous ces bruits sont encore en suspension dans cet espace vide et mort, prêts à lui tomber dessus à chaque mouvement irréfléchi. Il monte lentement l'escalier, pris dans des tourbillons de poussière. Depuis qu'il est sorti du Bunker, la lumière du jour l'éblouit. C'est déjà le mois de mai, avec sa douce lumière et le souffle d'air pur qui agite d'un balancement majestueux les arbres des allées. À l'étage supérieur résonne le frottement régulier des balais sur le sol, ainsi que le bruit des seaux de métal et de l'eau de rinçage que l'on déverse. La plus jeune des deux femmes de ménage, à genoux dans l'une des pièces vides, récure le sol près du mur. Les fenêtres sont grandes ouvertes et les rayons du soleil sur les flaques projettent des reflets sur les murs : la salle tangue. Adrian reste sur le seuil ; la jeune femme ne le remarque qu'au moment où elle lève la tête. Effrayée, elle porte à sa poitrine la main qui tient le torchon trempé. La scène est drôle : le torchon laisse une tache sombre sur le tissu du tablier. Mais Adrian ne rit pas. Il a la Montagne dans la tête. Il sait qu'il ne doit pas faire peur à la jeune fille. Il sourit, embarrassé, presque timide. Le camion n'est toujours pas venu, explique-t-il. C'est là qu'elle commet sa première erreur : elle lui demande où il va. Sous l'action du vent et de l'eau, la pièce n'est plus que scintillements. Dans le mouvement régulier des ombres des branches, le garçon doit scintiller, lui aussi. Elle, en revanche, apparaît simplement accroupie et vulnérable. Alors il lui raconte. Il le fait sans cesser de sourire, afin de la mettre en confiance. Peut-être se croit-elle aussi protégée par la Montagne, car elle parle soudain d'un de ses frères qu'on a emmené de force dans un camp. Ils lui ont fait la même chose, déplore-t-elle. Pourquoi se déleste-t-elle des dernières bribes d'autorité derrière lesquelles elle aurait dû rester cachée ? Cependant, elle n'est pas comme Schwester Blei. Il n'y a aucune dureté sous cette douceur apparente. Derrière ce tablier et cet uniforme parfaitement repassé bat un cœur jeune et apeuré. Adrian le remarque. Elle veut continuer à récurer mais elle ne sait pas comment lui dire de partir. Il fait donc un pas sur le sol mouillé. Il la voit ouvrir la bouche puis réprimer son cri. Elle est désormais avec lui dans la Montagne. Elle se dirige vers les fenêtres pour les fermer. Mais il est plus rapide qu'elle. Il pose sa main sur la sienne, rouge et enflée par le labeur. Ne fais pas ça, lui dit-il simplement. Il n'arrive pas à le croire : sa main brune posée sur l'une *des leurs*. Elle se débat pour se défaire de son emprise, pourtant il perçoit tout au fond de ses yeux une lueur qui *désire* céder ; cette lueur provoque en lui un sentiment de triomphe et d'excitation qui lui assèche la gorge et fait chanceler ses genoux. Alors il la relâche, effrayé par sa propre impudence. Elle ouvre la bouche ; il s'attend à ce qu'un cri en sorte. Au lieu de cela, elle réajuste ses vêtements d'une main tremblante, rassemble balais, serpillières et seaux, puis sort de la pièce. Sans un mot. Il reste là, la main sur la fenêtre. Au loin, dans la luxuriante verdure printanière, s'élève le vrombissement d'un moteur. Au pied du pavillon, un jardinier en combinaison grise pousse une brouette. Adrian observe sa nuque rasée sous sa casquette. Quelques pavillons plus loin, un groupe d'hommes et de femmes en blouse blanche échangent quelques mots avant de se disperser subitement. Il se penche. C'est une chute de trois mètres, trois mètres et demi. S'il réussit, ce sera la troisième fois qu'il fuit. Étrangement – alors qu'il sait que la femme de ménage est certainement en train de raconter ce qui vient d'arriver à ses supérieures, qu'un coup de fil est sûrement en train d'être passé au personnel compétent et que Pfalz le petit Führer est peut-être en route pour mettre fin à ses bêtises – il ne ressent aucune urgence. La dernière fois que j'ai tenté de fuir, j'ai été aidé par l'un des membres du personnel, déclarerait-il plus tard. Une jeune femme a eu pitié de moi. J'étais devenu adulte. Mais en réalité, ce n'est pas tant l'ennemi qui s'est affaibli tout à coup que les murs qui ont reculé, élargissant l'espace de confinement. Cela, il le comprend au moment de lâcher le montant de la fenêtre et de se laisser tomber. Car, au fond, quel intérêt de fuir si on n'a nulle part où aller ?

X

Périple fluvial

Hasenleiten Au début, il pensait être le seul à se cacher des autorités, mais très vite il découvrit que pléthore de garçons sans domicile vagabondaient, comme lui, en vivant de petits boulots. Certains avaient son âge, d'autres étaient plus vieux, déjà organisés en bandes. Et puis il y avait ceux qu'on nommait les spectres : ils paraissaient perpétuellement entre deux prisons et on ne savait jamais de quel côté des barreaux ils se trouvaient. L'un d'entre eux, un garçon du nom de Hans Blanker, se vantait de s'être échappé d'au moins quatre camps où les nazis employaient les orphelins aux travaux forcés. Nombreux étaient les garçons qui cherchaient à se rapprocher de Blanker dans l'espoir d'être protégés par un pair ayant traversé des épreuves bien pires que les leurs ; mais une nuit, la police les arrêta tous alors qu'ils s'étaient réfugiés dans une cave. La rumeur dit que Blanker avait agi comme un appât, envoyant les enfants invisibles droit dans la gueule des policiers. Plus tard, Adrian comprendrait que beaucoup d'enfants le prenaient lui aussi pour un spectre et l'avaient eu à l'œil bien avant d'entrer en contact avec lui. Pendant les premières semaines, de mai à juin, il était resté aux abords de la ville, à Gerasdorf et Süßenbrunn, dans l'espoir de trouver du travail dans une ferme. De son temps passé avec Ferenc, il avait gardé une certaine dextérité dans le maniement de la fourche et de la bêche, et il savait comment se rendre utile. Il dormait dans les granges ou les greniers, parfois aussi à la belle étoile ; la terre tournait sous ses pieds et, dans le ciel, il découvrait des constellations qu'il n'avait encore jamais vues. Mais il avait beau se montrer doué pour le travail, il restait aux yeux des fermiers un voyou dont il fallait se méfier. Ils le soupçonnaient d'être là pour les voler. Une nuit, il se réveilla tandis que trois hommes (dont le fermier chez qui il travaillait) guidaient un policier sceptique dans les sillons d'un champ où le seigle avait poussé jusqu'à la taille. Ce fut la lueur franche de la lampe du policier qui le réveilla et lui permit de s'enfuir. Il dormit quelques heures dans une ancienne maison de garde-barrière à Stadlau avant de reprendre sa route, traversant les ponts Stadlauerbrücke et Ostbahnbrücke dans la pâleur nocturne, alors que ce qui restait d'un croissant de lune pâle et consumé éclairait faiblement les forêts du Prater. Sous le pont ferroviaire, le fleuve s'écoulait avec une telle puissance, une telle violence que les berges semblaient retenir leur souffle pour le laisser passer. Au-dessus du cours d'eau flottait une vapeur froide qui emportait tout sur son passage, y compris sa silhouette recroquevillée sur le pont. Il était maintenant presque arrivé à la maison : de l'autre côté du canal s'élevaient les hautes cheminées de la centrale électrique et les imposants gazomètres de Simmering. Un peu plus loin vers l'Est, de l'autre côté de Simmeringer Hauptstraße, se trouvait Hasenleiten, un quartier dont les baraques d'hôpital datant de l'époque impériale abritaient depuis leur désaffectation clochards et vagabonds. Son père s'y rendait souvent pour dénicher de l'alcool pas cher ou simplement bavarder avec ses « camarades ». Adrian se souvint de ces ruelles que la chaleur écrasante de l'été rendait sèches et poussiéreuses et que la pluie transformait en tranchées boueuses. Elles étaient toujours pleines de monde. À l'époque, le quartier était cerné de fil de fer barbelé : il n'y avait qu'une seule entrée, suffisamment large pour laisser passer les charrettes et les véhicules à moteur, à côté de laquelle se dressait une guérite. Adrian, craignant d'y croiser un policier, n'osa pas prendre ce chemin : il escalada une palissade haute de deux mètres et atterrit à l'arrière de ce qui devait être la dernière rangée de baraques. Elles lui parurent plus en ruine encore que dans son souvenir. Auparavant, il y avait eu des petits potagers ; maintenant, tous ces terrains étaient en friche et il n'y avait plus trace de végétation. Les fenêtres brisées laissaient entrevoir des lambeaux de rideaux accrochés aux tringles quand elles n'étaient pas condamnées par d'épaisses planches de bois. De temps en temps, il voyait quelques individus isolés passer ; certains le dévisageaient avec insistance. En essayant de marcher comme s'il avait un but, il avança jusqu'à l'entrée d'un des bâtiments. Le cadenas accroché à la porte avait été forcé et il put entrer sans problème. Quelqu'un avait dû vivre ici jusqu'à récemment, ou y vivait encore mais s'était absenté : de la vaisselle sale était empilée sur l'égouttoir, des habits – autant d'homme que de femme – étaient suspendus dans l'armoire ou négligemment jetés sur le dossier des chaises et sur le lit défait. L'appartement, si on pouvait le nommer ainsi, se composait de trois pièces : la cuisine, l'étroite salle dans laquelle le lit avait été placé et, de l'autre côté de l'entrée, une sorte de débarras ou d'atelier abritant, dans un coin tout au fond, un établi au-dessus duquel des outils étaient accrochés. Le mur de droite était percé d'une fenêtre basse recouverte d'une telle couche de poussière qu'elle ne laissait quasiment plus filtrer de lumière. Le coin supérieur de sa vitre était perforé pour laisser passer le tuyau rouillé du poêle. À l'intérieur du foyer, les cendres étaient froides. Pour autant Adrian n'osa pas croire que l'appartement était inoccupé. Il alla donc s'asseoir dehors, dans la rue, où il attendit jusqu'au soir. À la nuit les habitants ne s'étaient toujours pas manifestés ; il retourna discrètement à l'intérieur du logement, étendit des torchons sous l'établi et s'y coucha. Lorsqu'il se réveilla, le lendemain, un garçon de son âge était accroupi devant lui et l'observait des pieds à la tête. L'adolescent avait les yeux les plus bleus qu'Adrian avait jamais vus, si bleus qu'ils en étaient presque transparents. Tu es juif ? demanda le garçon, suspicieux. Adrian ouvrit des yeux épouvantés. C'étaient des Juifs qui vivaient ici avant. Tu n'as pas reconnu l'odeur ? Adrian n'avait pas remarqué d'odeur particulière, hormis celle émanant des copeaux de bois humides et des vieux chiffons imbibés de solvant et de vernis. J'ai cru que tu étais l'un d'eux, se justifia le garçon avec une candeur renforcée par ses yeux limpides. Que tu étais revenu chercher quelque chose. Pourquoi ils sont partis ? demanda Adrian. Les nazis les ont chopés, pardi ! répondit le garçon sans sourciller. Puis il changea de ton et se redressa. Dans ce cas, si tu n'es pas juif, mon oncle dit que tu peux monter à la maison avec moi pour manger un morceau. C'est ainsi qu'il rencontra Leopold et son oncle Karl Brenner. Herr Brenner était un homme trapu d'une cinquantaine d'années, doté d'une grosse moustache noire et constamment vêtu d'un pardessus clair et d'une casquette à visière laquée – peut-être avait-il été porteur autrefois. La famille Brenner vivait à Kobelgasse, juste à côté de l'église St. Laurenz. Son épouse avait déjà fini de préparer la soupe quand ils arrivèrent. Tu dois être affamé, mon pauvre garçon. Elle prit la lourde casserole sur le poêle et invita Adrian à s'asseoir sans lui adresser un seul regard. Adrian comprit que la famille avait dû passer une sorte d'accord, en tout cas l'oncle et Leopold, car pendant tout le temps du repas ils ne prononcèrent pas un mot : ils se contentèrent de s'empiffrer en fixant leur assiette. Après, Leopold emmena Adrian au canal. À environ cent mètres du pont de la gare de l'Est, la voie de chemin de fer décrivait un léger virage. Après avoir traversé le viaduc, les convois ralentissaient ici, roulant quasiment à la vitesse de l'escargot sur quelques centaines de mètres : une personne suffisamment rapide pouvait, si elle avait gravi à temps le talus haut de trois mètres, rattraper l'un des derniers wagons en courant, saisir l'échelle et sauter sur la plate-forme. Cette personne disposait alors de quelques secondes pour jeter par-dessus bord des pelletées de charbon avant que le cheminot augmente de nouveau la vitesse. Il fallait être au moins deux pour effectuer cette manœuvre, expliqua Leopold : un pour s'introduire dans le wagon et un autre pour ramasser les morceaux de charbon au sol ou donner l'alerte si le cheminot se retournait ou si un garde s'approchait (ce qui était déjà arrivé). Mais le plus souvent, le cheminot ne remarquait rien, ou alors il s'en fichait. Le train passait ici plusieurs fois par jour. Lequel des deux allait courir ? demanda Adrian. Leopold poserait la question à son oncle : c'était lui qui leur fournirait les seaux. À ce stade Adrian avait déjà compris ce que tout cela impliquait.

Un revenant Au crépuscule, au moment où le brouillard s'élève des terrains humides au bord du canal, ils reprirent le chemin de la voie ferrée. Leopold prit la tête de l'expédition avec la brouette de son oncle, remplie de seaux en zinc qui faisaient beaucoup de bruit. Adrian le suivit, faisant de son mieux pour éviter les branches qui lui fouettaient le visage. Quand ils arrivèrent, une demi-douzaine d'enfants étaient réunis au pied du talus. Adrian avait cru qu'ils ne seraient que deux, mais il n'eut pas le temps de réagir : déjà Leopold gravissait la pente, si raide qu'il s'aidait de ses mains pour ne pas glisser. Quand il arriva au sommet, le convoi franchissait le pont ferroviaire. Ils entendirent le cliquetis des rails et le sifflet de la locomotive, puis l'air s'emplit du grincement strident de ses freins. Adrian leva les yeux : la locomotive s'approchait lentement, dans toute sa splendeur. Le dernier wagon ne l'avait pas dépassé de plus d'un mètre qu'une douzaine d'enfants, apparus au sommet du talus, se mirent à courir à en perdre haleine. Certains réussirent à agripper le plus bas échelon et bondirent sur les wagons. Se détachant dans le ciel nocturne et boursouflé, quatre ou cinq silhouettes exécutèrent une sorte de danse burlesque tandis que le charbon pleuvait sur le talus. Parmi les enfants restés en bas pour ramasser les morceaux, un garçon se détacha soudain : il était le seul être peint en blanc au milieu de corps aussi noirs que le goudron. Adrian resta un instant figé, comme pris dans les glaces. *Magne-toi les fesses !* cria Leopold avant d'attraper deux seaux dans la brouette et de commencer à ramasser le charbon des deux mains, comme les autres. Adrian l'imita, hésitant. Ce n'était plus qu'une question de temps avant que l'être peint en blanc le remarque. Jockerl leva les yeux et son regard croisa celui d'Adrian. À cet instant, une ombre s'abattit sur son visage laiteux ; il baissa de nouveau la tête et reprit sa collecte. Comme si Adrian et lui ne s'étaient jamais vus avant. Comme s'il n'y avait jamais rien eu entre eux.

Le Couteau d'argent Jockerl avait grandi. Il arrivait désormais presque aux épaules d'Adrian, même s'il était toujours aussi maigre. Du reste, il n'avait pas tellement changé. Il sursautait toujours quand on le touchait ou lui adressait la parole ; d'un autre côté, il ne supportait pas d'être mis à l'écart et il rappliquait dès qu'un rassemblement se formait. Adrian avait d'abord cru qu'ils étaient concurrents, mais en réalité ils travaillaient dans la même équipe. Pourtant Jockerl refusait d'admettre tout lien avec lui. L'ensemble des coureurs et des ramasseurs, tels qu'on les nommait, travaillaient pour le compte du Couteau d'argent, un vieil homme aux cheveux gris, raides et ternes, toujours propre sur lui avec son chapeau et son costume trois-pièces. Le chapeau dissimulait la grande cicatrice qui entaillait sa joue de l'oreille gauche au menton, à l'image d'un personnage de bande dessinée. Le Couteau d'argent parlait d'un ton autoritaire, d'une voix fluette et nasale à l'accentuation quasi inexistante, si bien que les enfants devaient se serrer autour de lui pour le comprendre. C'était de sa bouche qu'ils apprenaient l'heure de passage des trains. Les morceaux ou briquettes de charbon qu'ils réussissaient à voler étaient ensuite entreposés dans une cabane à outils sur le terrain de Karl Brenner et dans la cave de la maison où logeaient plusieurs adolescents, dont Adrian. Deux fois par semaine, tard dans la nuit ou tôt à l'aube, une petite camionnette brinquebalante venait ; ils étaient alors réveillés pour charger le charbon sur la plateforme du véhicule à la faveur de l'obscurité, avant de le recouvrir d'une bâche noire soigneusement tendue. Ils étaient ensuite autorisés à se rendre dans la cuisine de Frau Gertrud, surnommée la Générale, où ils recevaient pour leur peine de grands bols de goulasch. Contrairement à ce qu'avait cru Adrian, la Générale n'était pas l'épouse de Karl Brenner. Elle faisait partie, elle aussi, des employés du Couteau d'argent. Une fois les marmites, assiettes et couverts lavés et rangés, elle sortait une bicyclette de la remise à charbon, enfilait une paire de gants blancs et disparaissait en quelques coups de pédale. Le Couteau d'argent décidait qui allait courir et qui allait récupérer le charbon au pied du talus : une heure avant le train attendu, il réunissait les garçons autour de lui et désignait *Toi... !* de sa voix faiblarde et chuintante. Chacun retenait sa respiration. Sous le bord du chapeau, les yeux du Couteau d'argent scrutaient leurs visages anxieux et leur regard fuyant avant d'arrêter son choix. Les coureurs devaient rattraper le train au vol, se hisser sur le wagon puis faire tomber le charbon par-dessus bord en utilisant les mains ou les pieds. Il était plus simple et plus efficace de le faire avec les pieds, mais cela rendait leur tâche très dangereuse, même si le train roulait lentement. Souvent le conducteur freinait (secouant les puces qui grouillaient sur ses wagons), ou les amortisseurs donnaient un à-coup ou se mettaient à osciller, et les garçons pouvaient chuter d'au moins deux mètres, avant de dévaler les trois mètres du talus. Pourtant ils se battaient presque pour se trouver sous l'index du Couteau d'argent lors de la sélection. *Toi !* signifiait qu'on était passé dans une autre division, tel un boxeur ou un footballeur. Adrian repensait à ce jour où, rassemblés dans le couloir du Spiegelgrund, ils avaient écouté Jekelius déclamer qu'ils étaient les *élus* ; ce jour où le docteur Gross avait pris un bonbon dans la poche de sa blouse blanche, l'avait déballé soigneusement puis glissé dans la bouche de Julius Becker. Julius Becker qui s'était planté des ciseaux dans le ventre. Pourquoi ce souvenir lui revenait, il l'ignorait. Il ignorait également s'il était le seul à se rappeler ces choses ou si Jockerl y repensait aussi. Peut-être Jockerl n'avait-il plus aucun souvenir ? Ainsi passèrent les jours. Ils grimpaient sur les trains en marche et ramassaient du charbon le long du Ostbahnstrecke. Parfois, la police venait. Dans ces cas-là, le mot d'ordre était de se disperser ; c'était même devenu une habitude et ils se montraient de plus en plus doués pour disparaître en un clin d'œil. Un soir de juin, alors qu'ils remontaient le sentier en direction de la maison de Karl Brenner, le Couteau d'argent vint à leur rencontre. Leopold avait rassemblé bêches et pelles dans la brouette ; il s'apprêtait à la soulever quand leur chef posa la main sur l'épaule d'Adrian et dit d'une voix atone, confidentielle :

J'ai entendu dire que tu étais un Ziegler.

Adrian resta coi, un seau rempli de charbon dans chaque main. Avait-il été découvert ? Les poignées de zinc lui entaillaient les doigts, mais il n'osait pas les lâcher. Il n'osait même pas lever les yeux de peur de perdre l'équilibre et de renverser le charbon. Le Couteau d'argent les accompagna jusqu'à la maison de Karl Brenner.

Je connais un Eugen Ziegler, une vieille connaissance
un honnête homme, très conciliant,
c'est ton père ?

Adrian garda les yeux rivés sur les chaussures du Couteau d'argent, épaté qu'elles soient aussi brillantes et propres malgré la crasse, la poussière et la boue ; mais comment expliquer la vague de chaleur qui se répandait dans sa poitrine puis dans l'ensemble de son corps ? Il avait tout fait pour ne pas être confondu avec son père, pourtant les louanges du Couteau d'argent sur

Eugen l'emplirent d'un mélange de fierté et de honte. Depuis ce jour, le statut d'Adrian changea au sein du groupe des ramasseurs de charbon : Karl Brenner posait sur lui un regard différent et la Générale lui tendait son bol de goulasch ou de soupe avec respect et humilité. Il ne fut plus obligé de dormir dans la cave humide avec les autres et disposait désormais d'un lit à l'étage, dans la même pièce que Leopold aux yeux bleus. Le soir, quand tous les coureurs de confiance du Couteau d'argent se réunissaient autour du talus, les fumeurs s'empressaient de lui proposer une cigarette. La plupart du temps, ils erraient sans but en se racontant des histoires à propos d'une guerre qu'aucun d'eux n'avait connue. Ils se prenaient pour des *Schimmler*, de vrais déserteurs, voire des *Politische* (recherchés par la police) et Adrian leur répétait la vieille litanie de son père : *Quand Staline viendra il rejoindra les partisans.* Et bien qu'il l'ait rabâchée si souvent que les mots en avaient perdu tout leur sens, les autres riaient pour montrer leur estime. Quand il faisait beau, ils poussaient jusqu'à Simmeringer Haide pour s'asseoir dans l'herbe et regarder les jeunes équipes de football s'affronter sur le terrain ; parfois, ils se divisaient en deux équipes et jouaient les uns contre les autres. Plus loin dans la bruyère, entre le terrain de football et le canal, les nazis avaient installé un camp de prisonniers de guerre, d'après un de leurs camarades de jeu. Adrian regarda les hauts murs cernés de barbelés devant lesquels un gardien passait de temps en temps. Étrangement, il ne se sentait ni menacé ni affecté. Plusieurs années plus tard, il se souviendrait encore de ces longs crépuscules d'été pleins de chants d'oiseaux gutturaux, saturés des odeurs acidulées des fleurs des prés et de l'herbe fraîchement fauchée. Il se rappellerait aussi l'obscurité qui dissolvait tout sauf les visages, les faisant ressembler à de grands animaux maladroits paissant sur le terrain de sport. Jockerl était toujours le dernier à quitter les lieux : longtemps après les autres, il y courait seul en frappant le ballon, le corps toujours aussi blanc – *un vrai albinos*, dirait Adrian –, comme si on avait déposé une fine couche de givre sur sa peau. Ses membres givrés s'agitaient au milieu de la chaude nuit jusqu'à ce qu'un de ses camarades mette ses mains en porte-voix et crie *Jockerl ! Arrête-toi un peu, bon sang ! Jockerl ! Jockerl !* Jockerl finissait alors par se diriger vers la ligne de touche et se laissait tomber sur l'herbe avant de s'asseoir, la tête entre les genoux, son dos blanc se gonflant et se dégonflant tel un soufflet. En le voyant Adrian pensait à Otto Semmler et à sa respiration trop ample pour un si petit corps. Adrian rassembla ses esprits et alla s'asseoir à côté de Jockerl. Je suis désolé pour la douille, s'excusa-t-il ; mais peut-être ne parla-t-il pas, peut-être se contenta-t-il de tendre le paquet de cigarettes, imitant ses camarades quand ils étaient désireux d'établir un accord tacite. Il eut envie de dire qu'ils s'en étaient sortis et qu'ils pouvaient tourner la page. Et peut-être aurait-il mieux valu que Jockerl se contente de reprendre sa respiration, son corps pâle penché entre ses genoux écartés. Mais voilà, il se tourna vers Adrian et lui sourit. Adrian reconnut le sourire qu'il avait déjà vu un millier de fois, cette grimace angoissée et désespérée par laquelle Jockerl répondait aux attaques de Pototschnik : *Jockerl ! je vais te tuer, sale morveux !* Et Jockerl souriait toujours. Quand il s'en alla, Adrian regagna la chambre qu'il partageait avec Leopold. Il se mit à pleuvoir ; d'abord des petits doigts tapotèrent sur le toit et un vent glacial s'engouffra entre les larges interstices des montants des fenêtres, puis des poings tambourinèrent violemment contre les murs et le toit. Au milieu de ce vacarme,

Adrian entendit une voiture s'approcher, des portières s'ouvrir et se fermer, des voix crier par-dessus l'averse. À l'étage inférieur, Karl Brenner eut une conversation agitée avec quelqu'un, puis des bottes martelèrent les marches de la maison. Il comprit qu'il s'agissait de la police au moment où l'odeur de cuir et de tissu d'uniforme mouillé envahit sa chambre. Le faisceau d'une lampe torche scinda l'obscurité. *Il n'y a que mes fils qui dorment ici*, déclara Karl Brenner d'une voix essoufflée. La porte se referma, les bottes ébranlèrent de nouveau les marches, et soudain ils étaient tous partis. Adrian resta tapi dans son lit, telle une grenouille prisonnière au fond d'un puits, son petit cœur battant à en faire exploser les parois. Les voix résonnèrent de nouveau, à l'extérieur de la maison cette fois-ci. Il crut entendre un rire puissant et atone. Sûrement la pluie qui déformait les sons. Les portières claquèrent, le moteur ronronna, d'abord assourdissant puis de plus en plus faible.

La dernière course Toute la nuit, il continue de pleuvoir. Le matin, la pluie a cessé, mais l'air est encore lourd et étouffant. Le petit bois qu'ils traversent chaque jour pour atteindre la voie ferrée est strié de bandes de brouillard et le ciel est aussi pâle et mat qu'une coquille d'œuf. Le Couteau d'argent est déjà sur place au pied du talus. Ce jour-là, il n'a jamais aussi bien porté son nom de Couteau d'argent : sous le bord du chapeau son visage semble avoir été arraché, il ne reste que sa voix, et encore. Il ne dit rien de la visite nocturne de la police, mais chacun comprend qu'il s'agira de leur dernière course. Est-ce pour cette raison qu'aucun d'eux ne s'avance spontanément quand son index parcourt le cercle de garçons apathiques et tendus ? *Toi !* s'apprête-t-il à dire, lorsque Adrian lance :

Jockerl veut bien être coureur ! C'est une blague, bien sûr ; Jockerl court mal, tous le savent et s'esclaffent. Le Couteau d'argent pose affectueusement la main sur l'épaule d'Adrian. À cet instant, les adolescents hilares comprennent que c'est lui, Adrian, qui se dévouera et qu'il courra si bien qu'ils en oublieront que c'est la dernière fois. Leopold, en habitué, lui a expliqué comment faire : s'élancer au moment où le premier wagon passe, ou juste après, puis courir à la même vitesse que le train, peut-être un poil plus vite. Il vaut mieux investir toute son énergie dans cette première phase, car là-bas, dans le virage, le conducteur peut voir plus facilement ce qui se passe à l'arrière. Une petite échelle est accrochée à l'extérieur de chaque wagon. Essaie de la saisir au plus haut pour pouvoir te hisser d'un bond et poser les deux pieds sur le premier barreau. C'est ça le plus dur. Il faut lâcher le barreau d'une main pour attraper le barreau supérieur et se hisser à la force des bras. Une fois qu'on a trouvé une bonne prise pour ses pieds, il s'agit juste de garder l'équilibre. Le sentiment de liberté qu'on éprouve quand on a réussi à monter sur un wagon en marche, il n'y a rien de comparable, lui dit Leopold. Et Adrian, allongé à côté de lui dans la maison de Herr Brenner, essaie de se représenter mentalement ce moment tant attendu : se retrouver pour la première fois en mouvement quand toutes ces choses minuscules et insignifiantes et immobiles et mortes rapetisseraient derrière lui jusqu'à disparaître. Mais il sait que ce sera difficile. Il sait que son corps est trop lourd et qu'il aura du mal à atteindre une vitesse de course suffisante. Mais il sait aussi que s'il parvient à arriver à hauteur du wagon, il aura la force et la persévérance nécessaires pour s'accrocher à l'échelle et se hisser en haut. Pourtant, maintenant que le moment est venu, il n'a pas le temps de penser : tout à coup le train apparaît sur le pont, comme sorti de nulle part. Enfanté par son propre son : le martèlement lourd de l'acier contre l'acier, le sifflement assourdissant du *corps* de métal et bientôt le grincement suraigu des roues en instance de freinage, pareil au boucan d'un immense broyeur à ferraille. Adrian est déjà en train de courir, courir à perdre haleine à côté des hauts wagons, dont le puissant courant d'air brûlant chargé de poussière et de cambouis lui fouette le visage. Cela, il ne l'avait pas prévu. Il n'avait pas pensé non plus que la terre au sommet du talus serait si mouillée et si glissante qu'il parviendrait à peine à mettre un pied devant l'autre. Son pied droit dérape, son dos se cambre et lui bloque l'aine. Il atteint de justesse l'échelle ; elle est beaucoup plus haute qu'il l'avait cru. À moins que ce soit le bord du talus qui s'affaisse et s'enfonce sous ses pieds ? Il tend les bras au maximum et parvient à saisir le barreau inférieur. Il entend alors un cri, se retourne : Jockerl court derrière lui, le bras levé, son visage blafard grand ouvert, essayant de le rattraper pour lui dire quelque chose. Adrian n'est qu'à mi-hauteur de l'échelle et n'a pas encore trouvé de prise stable pour ses pieds ; il tend pourtant sa main libre et, malgré sa course gauche et saccadée, Jockerl réussit à atteindre le wagon et à saisir la barre. Sous son corps halé par le train, ses jambes battent le sol telles des baguettes de tambour. Adrian tend le bras pour l'aider, mais voilà que le train donne un à-coup et, au lieu de ralentir, *accélère*. Adrian voit le bord du talus défiler à toute vitesse, la panique monte en lui. Il penche le haut du corps ; Jockerl lève les yeux. C'est la première fois que leurs regards se croisent. *Accroche-toi !* voudrait crier Adrian. *Ne lâche pas !* Mais au moment où leurs mains vont se toucher, Jockerl tourne la tête. Son bras n'est plus qu'un point d'exclamation tandis que son corps flotte dans l'air, pièce de tissu blanc battant au vent. Quand le courant d'air cesse de le porter, il retombe contre le wagon, provoquant un choc sourd et bref. Ce qu'il reste de lui est projeté dans les airs puis disparaît si vite qu'Adrian a l'impression que le sol s'est ouvert pour l'engloutir. Arrivé au sommet du wagon, Adrian lutte pour se maintenir debout au milieu de la mer de charbons glissants ; quand il parvient enfin à se retourner, le train opère un virage et les autres sont en train de se rassembler au bord de la route longeant la voie ferrée. Il reste là, pétrifié au sommet de cette montagne de charbon vide de sens. Il sait qu'il doit sauter, mais *où ?* Le train accélère encore, la voie s'élargit, se sépare en deux et, plus loin, les bâtiments se rapprochent à grande vitesse. Derrière le tournant suivant apparaît déjà le toit de la gare de Simmering. S'il ne saute pas au plus vite, il ne pourra plus descendre. Faisant de grands gestes pour garder l'équilibre, il s'avance jusqu'au bord du wagon. Au loin scintille un abîme de lueurs vives. Les roues du wagon rencontrent les joints des rails, provoquant des secousses qui manquent de le faire tomber au moment où il tente d'enjamber le bord. Ce n'est que quand le train ralentit de nouveau, par saccades, qu'il peut se tenir sur l'échelle de manière stable. Mais un train arrive dans l'autre sens. Alors il n'hésite plus et se jette du wagon. Par réflexe, il se recroqueville pour amoindrir au maximum la surface de choc. Sans effet : ses côtes percutent violemment les traverses. Pendant quelques secondes, tout n'est plus que lumière vacillante et martèlement sanguin. Il sent qu'il va perdre conscience et se faire renverser par le train d'en face, dont les freins tranchants résonnent en lui. Surmontant la douleur qui le plaque au sol, la main contre ses côtes, il s'écarte de la voie quelques secondes avant que le corps de métal fende l'air dans un nuage de cambouis et de terre. Caché derrière les wagons de marchandises qui se succèdent sans fin, engourdi par la douleur qui lui brûle le flanc, il se traîne sur la voie qu'il vient de parcourir en sens inverse. Il se répète : Pourquoi y retournes-tu ? Fiche le camp ! Il n'y a rien pour toi là-bas. Mais le visage de Jockerl, pendant un temps si proche qu'il aurait pu le toucher, ne lui laisse aucun répit. Pourquoi Jockerl a-t-il été autorisé à courir ? Est-ce que le Couteau d'argent l'a envoyé pour prévenir Adrian que l'opération était annulée ? Il ne sera pas tranquille tant qu'il ne saura pas. Puis tout redevient flou. La distance entre la terre et le ciel augmente vertigineusement. Son double s'avance vers lui. Leur rencontre est inéluctable : ils sont liés l'un à l'autre par un filin invisible. La silhouette s'arrête soudain et agite un objet : c'est Leopold. L'objet dans sa main est une pelle ; il la plonge dans le sol puis dévale le talus en courant. Adrian court aussi, il glisse, trébuche, tombe. Leopold a le visage rouge. L'a-t-on frappé ou brûle-t-il de l'intérieur ? Vite, dit-il, il faut aller le chercher ! Il tend l'index en direction d'une voiture de police arrêtée sur la route. Deux agents en sortent. Leopold traîne Adrian jusqu'au bord du fossé où Jockerl gît, à demi dissimulé par un buisson. Il ne reste de son crâne qu'une pâte de sang et de terre. En dessous, le visage est tout à fait reconnaissable – plus blafard que jamais, avec des traits si racornis qu'ils auraient pu être tracés au pinceau. Son regard non plus n'a pas changé : il est aussi vide et impuissant que d'ordinaire. Leopold est venu avec la brouette. Il saisit l'une des jambes de Jockerl et fait signe à Adrian de prendre l'autre. Mais Adrian demeure paralysé devant l'étrange visage ratatiné de Jockerl. Plus loin, il voit le Couteau d'argent se tourner et se retourner, telle une girouette : un quart de tour dans un sens, un quart dans l'autre, et jamais un seul pas dans aucune direction. Les policiers l'attrapent et lui attachent les mains dans le dos. Leopold lâche la jambe de Jockerl. Un nouveau train passe, les enveloppant dans un nuage de poussière noire et cendré. À l'intérieur résonne, assourdissant, un cri démentiel qui oblige même les policiers à se baisser jusqu'à la disparition du dernier wagon sur le pont au-dessus du fleuve.

Pénitencier

> Adrian Ziegler est un individu d'une intelligence moyenne et il n'y a aucune raison de croire qu'il existe chez lui quelque forme de psychose ou de déficience intellectuelle. Il faut plutôt chercher les causes de son comportement déviant dans son origine biologique inférieure, ainsi que dans le milieu criminel et profondément antisocial dans lequel il a grandi. Après étude de son parcours et des observations effectuées à la clinique, on constate que l'environnement sain et les soins prodigués par l'établissement autant que toutes les tentatives d'éducation ou de discipline de sa personnalité n'ont eu sur lui qu'un très faible impact.

Officiellement, il était pénalement responsable depuis l'âge de quatorze ans. Après avoir passé quatre semaines à la maison d'arrêt de Rüdengasse dans le IIIe arrondissement, il fut condamné en septembre 1944 à une peine de dix-huit mois dans une prison pour jeunes pour vagabondage, vol et refus de travailler ; le rapport du docteur Illing de la clinique du Spiegelgrund servit de base au jugement. Adrian fut transféré de la maison d'arrêt de Rüdengasse à la prison pour mineurs de Kaiserebersdorf par un ancien gardien SS du nom de Nowotny. Ils marchèrent de l'établissement pénitencier jusqu'à l'arrêt de tramway de Oberzellergasse. De là, ils montèrent dans le tramway 71 – la ligne qu'il avait empruntée avec Helmut le jour où Frau Haidinger était venue les chercher à l'orphelinat, et quand ils étaient descendus pour prendre le 73, Frau Haidinger avait acheté du chocolat à Helmut au petit kiosque du cimetière central ; Adrian en avait été privé parce qu'il était trop vilain. Et voilà que ce garçon vilain était de retour dans ce même tramway, enchaîné au bras de l'ancien gardien SS telle une bête conduite à l'abattoir.

Nowotny, qui avait déjà prouvé sa maigre valeur au Führer, était outré de devoir s'abaisser à cette tâche ingrate : *Transport de prisonnier, transport de prisonnier !* beugla-t-il en montant dans le tram, puis, pour le faire avancer, il frappa Adrian à la nuque et dans le dos. Il était difficile de dire lequel des deux suscitait le plus dégoût chez les autres voyageurs : Nowotny et la brutalité avec laquelle il traitait son prisonnier ou le prisonnier lui-même, le déserteur, le fainéant qui s'était planqué pendant que les autres se sacrifiaient docilement, mais qui avait enfin été sorti de son trou pour être confronté à son châtiment. La prison pour mineurs de Kaiserebersdorf renfermait à la fois des déserteurs et des saboteurs (des adolescents qui refusaient de combattre) et des criminels de droit commun. Les premiers étaient majoritaires, puisque tout jeune qui refusait de répondre à ses obligations ou à l'appel de la Wehrmacht était considéré comme déserteur. Et avec ce type de détenus, il était implicitement admis que les gardiens de prison avaient carte blanche. Pendant un certain temps, Adrian partagea sa cellule avec un garçon du nom de Viktor Zobel. Viktor Zobel avait du psoriasis : sa poitrine, son abdomen, son dos et ses bras, des coudes aux mains, étaient recouverts de grandes plaies rouges qui pelaient et le démangeaient terriblement, particulièrement au contact de l'uniforme crasseux qu'ils portaient jour et nuit. Zobel avait beau faire son possible pour étouffer ses gémissements, les gardiens l'entendaient. Une nuit, l'un d'eux le fit sortir dans le couloir et le roua de coups. Dès lors, Viktor Zobel utilisa la petite portion de margarine qu'ils recevaient au dîner pour masser ses plaies ; mais à ses lamentations nocturnes incessantes Adrian comprit que cela n'avait guère d'effet. Bientôt la guerre sera terminée, marmonnait Viktor encore et encore, comme si les deux étaient liés : la guerre et les plaies qui couvraient son corps. En tout, Adrian Ziegler passa sept mois à Kaiserebersdorf ; sa seule vision du ciel pendant toute cette période fut le petit carré gris surplombant le terrain de sport où on les conduisait le matin, certains n'ayant que des sabots aux pieds malgré la neige. Et pour Adrian, il faisait toujours froid, peu importe le temps. Dans la neige, la glace, la pluie battante, le corps transi et endolori par l'humidité des cellules, les détenus attendaient qu'on leur attribue une tâche dans l'un des ateliers de la prison, en cuisine ou à la boulangerie. Adrian fut envoyé en enfer, surnom de la blanchisserie du sous-sol – c'était le seul endroit de l'établissement où il faisait chaud. Ses deux codétenus et lui étaient surveillés par le sergent Schwach, un gardien manchot. Il avait perdu son bras à Vitebsk, raconta-t-il à Adrian et ses compagnons, Heinzl et Matthias. Adrian devait contrôler le niveau de l'eau et la pression dans les machines et, au besoin, d'ajouter de l'eau ou du charbon. C'était la partie la plus difficile de son travail : porter, deux fois par jour, un baril de charbon de vingt-cinq kilos dans chaque main et remplir le réservoir encastré. Chaque fois, l'image de Jockerl lui revenait en mémoire : Jockerl refusant sa main tendue ou incapable de l'attraper, puis renversé par le wagon. Étrangement, le garçon n'avait pas été mentionné au cours du jugement d'Adrian. Comme s'il n'avait jamais existé ou avait été rayé de la réalité. Mais Jockerl demeurait au plus profond d'Adrian : sentinelle qui veillait à ce que, même dans le demi-sommeil, il ne puisse se libérer de son souvenir. Dès qu'il s'assoupissait sur son tabouret devant les manomètres, Jockerl réapparaissait, toujours aussi pâle, et voilà qu'ils se retrouvaient tous les deux à courir à côté du train. Adrian lui tendait de nouveau la main, et une fois encore Jockerl refusait de la prendre. Et cela se répétait sans cesse, tel un film en boucle continue. Sauf quand l'alerte retentissait, l'obligeant à se ressaisir : ils avaient pour ordre de procéder immédiatement à l'extinction de tous les feux jusqu'aux dernières braises. Dans le souvenir d'Adrian, le bombardement de Vienne débuta à peu près au moment où il commença à purger sa peine de prison, en septembre 1944 ; parfois, ils devaient ainsi éteindre les feux et se rendre à l'abri antiaérien plusieurs fois par semaine, si bien que les tas de linge sale s'accumulaient dans la buanderie. Un jour, le chef de l'intendance de la caserne militaire vint se plaindre que, là-bas, ils ne pouvaient plus attendre, ils devaient récupérer le linge propre au plus vite – les uniformes, les chaussettes et les sous-vêtements. Rabroué par le sergent Schwach, il adressa ses doléances à la direction de la prison, qui décida d'augmenter la cadence à la laverie ; les travailleurs de nuit recevraient en compensation un repas supplémentaire composé des restes de la cantine militaire. Chaque soir, un camion rapportait de la caserne du pain et de la nourriture pour les employés de la blanchisserie. Leur présence en enfer en devint presque supportable. En plus de surveiller le feu et de garder un œil sur la température des machines, Adrian reçut pour mission de faire les poches des uniformes et des manteaux des militaires avant qu'ils soient lavés. Il y découvrait parfois des pièces de monnaie ou des photographies pâlies de femmes ou d'enfants. Un jour, il trouva une alliance, et un autre, une boîte à cigarettes avec des initiales gravées sur le couvercle. Le sergent Schwach récupérait tous ces objets, et en échange Adrian recevait un grand pot de confiture qui adoucissait le goût âpre du pain noir. Quand l'équipe de nuit démarrait, Schwach demandait toujours si tout allait bien et s'il pouvait se retirer pendant un moment. Adrian disait toujours oui (que pouvait-il répondre d'autre ?) et le sergent allait s'allonger dans un débarras situé derrière les grandes cuves à linge. Il y avait installé un lit et une table de chevet où il avait posé un petit poste de radio. Les nuits calmes, il ne se passait rien : le sergent Schwach ronflait dans sa remise et le faible son de la radio donnait l'impression qu'il se parlait à lui-même. Mais parfois les émissions étaient interrompues par le cri du coucou signalant l'imminence d'un raid aérien. Le sergent sortait alors en trombe, les cheveux en bataille et les bretelles pendant jusqu'aux genoux. *Feuer löschen ! Feuer löschen !* hurlait-il. Adrian n'avait que quelques minutes pour éteindre le feu sous les cuves, et après s'être assuré qu'il ne restait aucune braise, il traversait au pas de course les huit cents mètres qui le séparaient de l'abri antiaérien, dont il dévalait l'escalier souterrain. Une fois en bas, il s'asseyait avec les autres, les bras enroulés autour de ses jambes, bouillonnant intérieurement à l'idée qu'il allait lui falloir au moins deux heures pour rallumer le feu et retrouver une pression suffisante dans les cuves. De temps à autre résonnaient les coups sourds des bombes tombant tantôt au loin, tantôt si près que le sol tremblait. Un matin, après une nuit de bombardements, alors qu'il avait enfin réussi à rallumer le feu, un gardien leur donna l'ordre de rejoindre le point de rassemblement dans la cour. Dehors, la lumière du carré de ciel était aussi tranchante que la lame d'un couteau. Adrian était si éreinté qu'il ne savait plus s'il était debout ou couché, ni même ce qu'il était en train de faire. Un camion vint les chercher, quatre gardiens armés juchés à l'arrière. Pendant un court instant, Adrian eut une pensée vertigineuse : ils allaient tous être exécutés. En face, Heinzl était blême et son voisin avait le genou qui tremblait tellement que ses deux bras ne suffisaient pas à l'immobiliser. Assis juste à côté d'Adrian, Jockerl affichait son éternel sourire de porcelaine pétri d'effroi. C'était en février, ou peut-être mars 1945. Adrian se souviendrait du ciel blanc et des champs couverts de neige que le fleuve déchirait d'une plaie noire à l'approche d'Albern. Ils passèrent devant des maisons calcinées, des immeubles rasés. Tout était noir de suie. Un immense mur de flammes semblait être passé là, ne laissant que des cendres. Le camion s'arrêta devant l'un des silos à céréales du bassin portuaire. Il était intact, à la différence du bâtiment voisin, en ruine. On leur distribua des pelles puis on les divisa en équipes chargées de déblayer les décombres. Derrière Adrian, un moteur de camion tournait au ralenti : il alimentait une pompe qui drainait de l'eau hors d'un entrepôt à céréales pour la déverser dans le bassin à l'aide de longs tuyaux. Les gardiens, bien qu'armés, se comportaient sans brutalité. Au bout de deux heures de labeur, ce fut l'heure dc la pause. On leur donna du pain et de la saucisse. Adrian se vit même offrir une cigarette par l'un des soldats ; souriant sous son casque militaire, il ne devait pas être plus âgé que lui, même s'il essayait de se rendre plus imposant. *Ça ne sert à rien, le fleuve sera bientôt impossible à naviguer*. Il pointa la crosse de son fusil en direction du cours d'eau noire qui séparait les deux masses de neige blanche. *Les Américains ont miné toute la voie à partir d'ici et jusqu'à Nussbaum*, expliqua-t-il, les joues gonflées et les yeux réduis à deux globes blancs. *BOUM !* lança-t-il en mimant l'explosion d'une mine au fond du fleuve. Les autres gardiens et les prisonniers se retournèrent, leurs sourires blancs au milieu des visages sales. Ils continuèrent à déblayer les pierres et les restes de béton armé encore longtemps après le coucher du soleil. Puis le camion les ramena à la prison. Dans la blanchisserie, les vêtements de l'équipe d'excavation, trempés de neige et de boue, attendaient d'être jetés dans les cuves. Adrian avait à peine commencé sa tâche qu'une nouvelle attaque aérienne survint ; devant lui, comme sorti du sol de la cave, le sergent Schwach cria son sempiternel *Feuer löschen ! Feuer löschen !* à s'en lacérer la gorge. Mais Adrian n'eut pas la force de quitter cette douce chaleur enveloppante et personne ne tenta de l'y forcer. Cette nuit-là, il rêva de nouveau du fleuve tel qu'il l'avait vu le matin où il avait traversé la gare de l'Est aux premières lueurs de l'aube : un puissant mur d'eau noire qui s'élevait de plus en plus haut et s'apprêtait à se déverser sur lui.

Périple fluvial Quand la fin arriva, une puanteur se répandit, sur laquelle il était impossible de se tromper. Ça pue l'étable, dit Heinzl. Et c'était vrai. Ils venaient d'arriver au bout d'une nouvelle nuit de travail dans la buanderie quand, de l'autre côté du soupirail grillagé, ils entendirent des mugissements de bétail et des crissements de grandes roues sur les pavés. Depuis l'une des fenêtres de la cage d'escalier, ils virent que la cour de la prison était pleine de voitures chargées de meubles, de vaches, de chèvres et de cochons vagabondant. Une vraie place de marché. Le point de rassemblement était à présent occupé par une caisse de foin et une longue baignoire servant d'abreuvoir. La veille, Adrian le comprendrait plus tard, l'armée soviétique avait atteint les abords de Münchendorf, et les fermiers des alentours avaient passé la nuit à chercher un moyen de se mettre à l'abri avec leurs bêtes. Entre-temps, décision avait été prise d'évacuer la prison : tous les prisonniers reçurent l'ordre de se regrouper dans la cour. Là, on les força à s'aligner contre un mur – trois cent soixante-neuf prisonniers, la plupart d'entre eux n'ayant pas vingt ans, si serrés qu'ils étaient obligés de cambrer le dos pour ne pas se gêner les uns les autres. Le vent était glacial et les rafales de pluie cinglaient plus que de la grêle. Au-dessus de leurs têtes, un ciel cuirassé chargé de lourds nuages couleur de plomb. Après une demi-heure d'attente, le directeur de la prison sortit avec deux de ses collaborateurs. En grand uniforme. Adrian ne l'avait jamais vu habillé ainsi. À cause du vent, mais aussi du tohu-bohu des bêtes cloîtrées et des soldats qui tentaient de diriger deux camions vers la sortie (les chauffeurs klaxonnaient et hurlaient par la vitre de leur véhicule sans réussir à faire avancer les vaches qui leur barraient le passage), Adrian ne comprit pas grand-chose à la déclaration du directeur. Il se rappellerait simplement les gants de cuir noir avec lesquels il fouettait nerveusement son ceinturon-baudrier en prononçant un discours sur l'héroïsme, l'invulnérabilité du peuple allemand et tout le bla-bla habituel. Il parla également des canailles de la prison qui avaient déshonoré leur mère patrie et qu'il était pourtant hors de question de laisser tomber. Il veillerait à ce qu'ils soient mis à l'abri des bolcheviques ; tous jusqu'au dernier, précisa-t-il. En tout cas : tant que ce serait en son pouvoir. Ou peut-être déclara-t-il autre chose, car, poussée par le vent, la caisse de foin dégringola à grand fracas et roula sur le sol pavé. Toutes les têtes rasées se penchèrent machinalement, de peur de recevoir un coup. De la main qui serrait ses gants en cuir, le directeur repoussa une dernière fois les mèches de cheveux tombées sur son visage ; ses joues à la barbe naissante étaient sillonnées de larmes. Le gardien hurla *Garde à vous !* puis tous les prisonniers furent reconduits à leur cellule afin d'y récupérer leurs effets et de préparer leurs affaires. Un nouveau convoi de véhicules militaires arriva à la prison, escorté d'une unité de police spéciale. Une fois tous les détenus de nouveau réunis dans la cour, les gardiens firent l'appel et les attachèrent deux par deux. Puis ils firent courir une longue corde depuis ceux qui ouvraient la marche jusqu'à ceux qui la fermaient. L'opération exigea plusieurs heures et ce ne fut qu'en début d'après-midi que les portes de l'établissement s'ouvrirent enfin pour laisser le cortège partir : une chaîne de forçats pieds et mains liés surveillés par une douzaine de gardes armés. Toute sa vie, Adrian se souviendrait de cette marche et du long périple fluvial qui suivit. Et il ne comprendrait jamais pourquoi leurs persécuteurs avaient pris soin de les emmener avec eux. Craignaient-ils que les prisonniers tombent entre des mains ennemies ? Ou bien n'avaient-ils pas encore décidé de ce qu'ils allaient faire d'eux ? Ils emmenaient les prisonniers comme leur propriété, à l'égal des paysans emportant leurs meubles et leur bétail dans leur fuite. Mais si le directeur de la prison avait versé des larmes en prononçant son discours, était-ce parce qu'il était convaincu que même des rebuts comme Adrian Ziegler ou Viktor Zobel, membres d'une race que ses compatriotes et lui avaient tenté d'éradiquer de la surface de la terre, avaient droit à une certaine liberté dans ce Reich en pleine déliquescence ? Ou pensait-il que les prisonniers devaient rester jusqu'au dernier moment sous les ordres de leurs bourreaux, quitte à mourir avec eux, assassins et victimes réunis ? Le cortège se dirigea vers la ville. Au début, ils trébuchaient souvent à cause du rythme soutenu. Adrian se rappellerait les ordres courroucés des gardiens, les garçons tombant puis traînés et relevés à coups de pied. Ils longèrent le canal en direction des centrales thermiques et des gazomètres de Simmering, puis ils empruntèrent le viaduc et passèrent sous la voie ferrée de la gare de l'Est, là où, un jour (il y a combien de temps ?) il avait été coureur pour le Couteau d'argent. Il gardait les yeux rivés au sol pour éviter de voir Jockerl se débattre avec la corde. Le vent, qui pourtant soufflait telle une voile égarée au-dessus de leurs têtes, ne parvenait pas à effacer l'âcre puanteur de cadavres en putréfaction. Des vaches et des veaux morts gisaient partout dans les champs et les fossés boueux. Dans le canal, aussi : leurs corps retenus par les rochers ou les racines, leurs pattes sortant de leurs abdomens gonflés, énormes ballons remplis de gaz en suspension sur l'eau. Plus ils approchaient du centre-ville, plus les ravages étaient importants : le quartier des abattoirs avait été complètement rasé ; seuls quelques vestiges de cheminée pointaient vainement vers le ciel. La zone baignait dans une piquante odeur de fumée de combustion, d'essence et de pourriture. Ils passèrent devant des attelages de chevaux, bêtes et charrettes entièrement calcinées. Certains cadavres carbonisés étaient décapités, d'autres avaient les entrailles déversées sur la route. Quant aux animaux encore vivants, moutons, veaux, cochons, ils erraient parmi les ruines de maisons brûlées, paradoxalement libérés par les attaques aériennes qui étaient censées les tuer tous : les bouchers et leurs bêtes. À Sankt-Marx, le convoi fit une halte avant de prendre la direction de Stadionbrücke sous l'ordre des militaires. Sur le pont, le vent soufflait si fort que ceux qui marchaient à l'avant peinaient à garder le rythme imposé ou même à rester debout. Mais l'escorte était visiblement pressée. Les policiers allaient et venaient d'un bout à l'autre de la file de prisonniers, vociférant des insultes et assénant des coups de crosse. Ils les firent traverser le Prater puis descendre l'interminable Meiereistraße quasiment au pas de course et sans aucune pause. Ce n'est qu'une fois arrivé à Handelskai que le convoi fut stoppé, sans sommation : la corde fut tirée d'un coup sec qui manqua de faire tomber Adrian. Lorsqu'il se retourna, il comprit que l'un des garçons, cinq rangs plus loin, ou peut-être dix, avait réussi à s'échapper. Seuls ses sabots étaient restés sur le quai. Des tirs retentirent, trois coups secs successifs. Au loin, le fuyard se releva avec peine et continua sa course vers les entrepôts du port fluvial, traînant sa jambe blessée. La panique et le désespoir déformèrent son visage livide quand il vit deux gardes courir dans sa direction. L'un d'eux s'arrêta à environ un mètre de lui, pointa son arme et tira. Le corps du fugitif tressauta avant de tomber au sol tel un chiffon. De l'avant à l'arrière de la file des prisonniers, le nom du mort se répandit dans un murmure. Alois Riedler, tel est le nom qu'Adrian crut comprendre, mais avant que la rumeur le confirme, l'officier de police qui menait le convoi – un vrai bouledogue dont le visage pendait par bourrelets au-dessus de larges épaules – se mit à aboyer. Adrian garda les yeux baissés, incapable de relever la tête. Le convoi reprit la route, en rangs plus serrés et à pas traînants, las et résignés. Au pied du pont Reichsbrücke, ils parvinrent à un embarcadère auquel était amarré un bateau remorqueur, lui-même attaché à deux péniches, une de chaque côté. Le vent était si puissant que les trois bateaux devaient lutter pour se maintenir dans la même direction. Tout au bout du ponton se tenait un grand homme très maigre vêtu d'un pardessus clair. Magister Rache, se présenta-t-il plus tard. Adrian ne saurait jamais s'il s'agissait de sa véritable identité ou simplement du nom qu'il se donnait, ni comment Rache s'était retrouvé à la tête de trois cent soixante-neuf détenus de la prison pour jeunes de Kaiserebersdorf. En tout cas, il disposait de la liste de leurs noms dans un dossier dont les premières pages battaient au vent. Il les appela un par un à haute voix : chacun devait le rejoindre au bout de l'embarcadère. Quand il appela Adrian, Magister Rache leva les yeux de sa liste. Son regard était mort. Puis il éructa un numéro et le garde indiqua à Adrian l'une des péniches du bout de son fusil. Là, une jeune femme en robe bleu clair et sandales blanches distribuait des couvertures et un petit bidon d'eau à chacun des appelés. Lorsqu'il évoquerait cette femme, Adrian l'appellerait Fraulein Santer, sans se rappeler où ni quand il avait entendu son nom. Avec ses sandales blanches et sa longue chevelure ébouriffée flottant au vent, Fraulein Santer semblait venue d'un autre monde – une actrice, ou peut-être une secrétaire, certainement pas une gardienne de prison. La cale du bateau empestait un mélange d'humidité confinée, de cordages pourrissants et de gazole. Il y régnait une chaleur insupportable. Magister Rache y fit descendre un grand seau en zinc. Le récipient allait leur servir de latrines pendant toute la durée du trajet, hurla-t-il aux garçons les plus proches. Les moteurs du remorqueur grondèrent sous l'eau. Adrian entendit des éclats de voix en provenance du pont, et pendant un court instant l'ouverture de la trappe s'emplit du visage de la jeune femme couronné de ses cheveux blonds. Le navire fit un demi-tour complet et Adrian eut un bref aperçu du Reichsbrücke sous un ciel qui glissait désormais à toute vitesse. Ils voguaient donc *à contre-courant*. Le visage de la jeune femme disparut de l'ouverture, emporté par le vent. De lourdes bottes martelèrent le pont du bateau, la trappe se referma et la cale plongea dans la plus totale obscurité. Chaque péniche disposait de trois trappes de chargement ; durant le trajet, une seule d'entre elles pouvait être entrouverte (de quelques centimètres à peine) et jamais la même : la première trappe au début, puis celle du milieu ou celle du fond. À chaque halte éclataient de violentes bagarres, provoquées par les prisonniers brutaux et sans scrupules qui, à coups de poing, de pied, ou même d'armes (bouts de corde, écopes ou vieux bidons d'essence sur lesquels ils avaient réussi à mettre la main) tentaient de se rapprocher de l'entrebâillement pour quelques bouffées d'air frais et la brève vision d'un filet de ciel. Très vite, Adrian abandonna la lutte et se retira dans une place plus sûre : contre l'une des cloisons latérales de la cale. Un seau se renversa, peut-être le récipient qui servait de latrines, et un détenu se mit à hurler sans discontinuer ; une nouvelle bagarre éclata pour le faire taire. Puis l'ensemble de la cale plongea dans le silence total pendant un instant. Adrian sentait les corps accroupis autour de lui, la chaleur des dos et des cuisses. À l'odeur de plus en plus nauséabonde de bois moisi se mêlait désormais la puanteur âcre de l'urine et des excréments renversés sur le sol. Il pensa à l'oncle Ferenc et à ses histoires de noyés emportés par le fleuve. Allait-il subir le même sort ? D'après le jeune soldat rencontré à Albern, le fleuve était entièrement miné jusqu'à Nussbaum. Peut-être plus loin encore. Et si les mines étaient charriées par le courant, elles étaient en train de dériver dans leur direction. Pour ne pas y penser, il tenta de calculer la position de leur embarcation dans le convoi. Du son monotone émis par le moteur du remorqueur et de celui des vagues clapotant contre la coque, il déduisit qu'il était dans la première des deux péniches. Mais impossible de s'en assurer. Parfois, l'ensemble du convoi voguait au milieu du lit du fleuve : le vrombissement du moteur était plus sourd, le déferlement des flots plus lent et plus profond. De temps à autre, le moteur marquait une halte. Il produisait d'abord un grand bruit, puis son grondement baissait en intensité jusqu'à s'interrompre totalement, ne laissant bientôt pour seul son audible que le clapotement inquiet des vagues contre la coque. La première fois, Adrian imagina le lent virage du remorqueur en direction de la rive ; personne dans la cale ne savait pourquoi ils se dirigeaient vers la berge, ni pourquoi ils attendaient là. Adrian pensa à la jeune Fräulein Santer, à ses longs cheveux blonds, ses jolies jambes et ses sandales blanches. À tous ces adolescents terrifiés. Emprisonnés dans l'odeur de leurs déjections, enfermés sous des trappes verrouillées comme dans un cercueil. Soudain, il se mit à trembler de tout son corps. Pour contrôler ses spasmes, il appuya ses mains très fort contre le plafond. Il sentit deux écrous sur la plaque de tôle. Il les palpa, les saisit, tenta de gratter la peinture qui les recouvrait. La péniche tanguait encore, indécise, dans ses propres remous. Un bourdonnement persistant se fit entendre au loin. Il augmenta et diminua, hésita à s'approcher. Et tout à coup une main gigantesque souleva le navire à la verticale. Il y eut une détonation si puissante qu'elle couvrit les cris des passagers. Avaient-ils touché une mine ? Adrian regarda autour de lui : des bouches et des yeux béants d'effroi. Viktor Zobel était recroquevillé quelque part à ses pieds. Adrian se pencha pour le relever. La péniche se dressa encore, et voilà Zobel au-dessus de lui, vomissant un nuage de bile qui resta en suspension autour de sa bouche. Aveugle et sans aucune prise sous ses pieds, Adrian chercha à tâtons quelque chose à quoi s'accrocher, mais les deux écrous lui glissèrent des mains. Au loin, de puissants tirs d'artillerie : ils n'avaient donc pas touché une mine ? Adrian se pencha pour voir s'il y avait une fuite d'eau quelque part et aperçut les dents de porcelaine de Jockerl éparpillées sur le sol boueux de la cale. Une nouvelle détonation. L'eau cingla la coque et l'avant de la péniche plongea entièrement dans l'eau. Adrian fut propulsé tête la première contre la cloison. La douleur se propagea dans son corps et il sut qu'il allait mourir. Ce n'était pas une pensée consciente, plutôt une intuition de son corps que sa vue et ses autres sens n'avaient pas perçue : cette cale froide et malodorante était la dernière frontière avant la mort. Derrière elle, il n'y avait rien. Tous ses rêves de la Montagne lui apparurent comme prémonitoires : l'intérieur de la Montagne, c'était cette cale. C'était elle leur véritable destination. Les masses d'eau qui déferlaient au fond de la Montagne allaient bientôt être transformées en flots démontés par les bombes et les mines. Et quand cela arriverait, ils exécuteraient ce à quoi ils s'étaient entraînés en rêve : s'aider mutuellement à plonger dans les profondeurs ténébreuses en poussant la tête de l'autre sous la surface de l'eau, comme il l'avait fait à Jockerl. Ils se noieraient tous ensemble et la péniche poursuivrait son chemin sans eux, la cale vide, selon un programme préétabli. En attendant son heure, il doit rester aussi calme que possible ; s'empêcher de penser ; se concentrer sur une seule chose à la fois. Une corde. Une boucle de métal. Deux écrous sur une cloison, recouverts d'une épaisse couche de peinture blanche. La rayure qu'il y a causée en grattant avec ses ongles. La nuque du garçon devant lui, ses muscles tendus d'animal apeuré. Le visage rouge feu de Viktor Zobel, le vomi qui coule dans son cou. Quelqu'un se lève avec précaution. Au même instant, les lointains moteurs du remorqueur se remettent à rugir, et ils comprennent aux clapotis qu'ils retournent au centre du fleuve. Pourtant rien ne sera plus jamais comme avant. Désormais la peur imprègne les murs, et à chaque mouvement ou choc inattendu elle reprendra vie. La paroi intérieure de la péniche est devenue une peau vivante, animée par le pouls du remorqueur qui accélère puis ralentit à chaque mètre parcouru dans les eaux agitées. La trappe au plafond se rouvrit après vingt-quatre heures ; ils se trouvaient désormais à Stein. C'est le nom qu'Adrian comprit : il avait été hurlé dehors avant d'être repris par les lèvres desséchées des adolescents. Le martèlement du moteur s'atténua et les cheveux volants de Fraulein Santer réapparurent dans l'ouverture de la trappe. Derrière elle : un morceau de ciel bleu. Pour la première fois depuis deux jours, ils purent sortir. Les péniches étaient amarrées au quai ; malgré ses yeux endoloris par la vive lumière du jour, Adrian eut la confirmation de ce qu'il avait pressenti : il se trouvait dans la première. Le bateau remorqueur, arrêté juste devant, tanguait dans une onde de lumière argentée. Dans ce scintillement, il vit Magister Rache discuter avec un homme trapu, certainement le capitaine du remorqueur. Des militaires en uniformes kaki étaient postés sur toute la longueur du quai, armes pointées en direction des péniches. Il s'agissait de ne pas prendre de risque, même si aucun des détenus qu'ils tenaient en joue n'était en état d'opposer une quelconque résistance : figés sur le pont, ils demeuraient serrés les uns contre les autres dans leurs uniformes malodorants. Après avoir échangé quelques mots avec les militaires sur la rive, Magister Rache désigna une demi-douzaine de jeunes prisonniers chargés de transporter de l'eau et quelques affaires de première nécessité depuis la prison. Parmi les adolescents, la rumeur courut qu'on allait embarquer d'autres prisonniers. La prison de Stein étant l'une des plus grandes d'Autriche, que faire de tous ses détenus ? Pourtant, quand Magister Rache revint quelques heures plus tard, il était uniquement accompagné de son escorte et des adolescents désignés plus tôt tirant une charrette remplie de grands bidons d'eau. On distribua la nourriture : des saucisses aigres avec du pain noir, et chacun fit la queue pour remplir les gourdes qu'on leur avait données à Vienne. Quand il passa à côté de Magister Rache, Adrian le regarda droit dans les yeux ; il aurait pu lui demander où ils allaient et combien de temps le voyage devait encore durer, mais le visage de leur passeur n'était qu'un masque de muscles tendus troué d'yeux vides. Ensuite les moteurs du remorqueur se remirent à gronder et les nuages de vapeur glissèrent au-dessus de l'eau. Les adolescents reçurent l'ordre de retourner dans la cale ; ils allaient continuer leur route en restant au milieu du fleuve, sans s'approcher de la berge avant longtemps. Malgré la chaleur digne d'un four à pain, la proximité des corps sales et l'odeur de plus en plus forte émanant du seau servant de latrines, Adrian parvint à dormir un peu, la tête appuyée contre la cloison aux deux écrous désormais familière. Il fut vite réveillé par une cavalcade sur le pont supérieur (cela ressemblait à des coups de matraque) et des éclats de voix, notamment depuis la berge. De nouveau, la péniche accosta, et la trappe s'ouvrit sur la nuit. Il entrevit le visage de Fraulein Santer avant la bousculade : on se battait comme des animaux pour pouvoir monter et avoir un aperçu de ce qui se tramait là-haut. En prenant appui sur les épaules et les nuques des détenus coincés dans la mêlée, Adrian réussit à se hisser jusqu'au pont supérieur. Dans un cauchemar il vit la forteresse de l'hôpital d'Ybbs se détacher dans l'obscurité et s'approcher de lui. Le passé avait trouvé une nouvelle manière, majestueuse, de le rattraper. Sur le pont, il surprit une vive discussion entre Magister Rache et le commandant trapu qui insistait pour que les prisonniers restent enfermés. Enfin ils trouvèrent un compromis : les prisonniers auraient le droit de sortir sur le pont à condition de se tenir tranquilles. À l'opposé de la chaleur et de la puanteur étouffante de la cale, l'air extérieur était d'une fraîcheur presque irréelle. Adrian s'assit et observa l'hôpital à travers l'obscurité brumeuse : ses longues rangées de pavillons, ses extensions et son enceinte. Pas une seule lumière derrière la façade du bâtiment principal ; avait-il été évacué ? Les membres du personnel, qui devaient pourtant bien venir de quelque part, portaient de petites lampes torches dont les faisceaux tournoyaient dans le noir. À la lueur de ces feux spectraux il vit, sur la péniche voisine, des silhouettes extraire deux garçons de la cale, les coucher sur des brancards et les transporter vers le grand corps inanimé de l'hôpital. Des lampes furent également distribuées à quelques prisonniers, puis d'un mouvement de leurs armes les militaires signifièrent qu'il était temps de redescendre. Les trappes claquèrent au-dessus de leurs têtes et la péniche revint par à-coups dans le lit du fleuve. Un grand animal sauvage se retourna alors dans le ventre d'Adrian. Il hurla pour qu'on lui ouvre un passage jusqu'aux latrines ; une lumière vacilla entre les corps réels et leurs projections errantes, une main lui saisit le bras pour le conduire au seau en zinc, au centre d'une flaque d'urine et d'excréments. Le faisceau de la lampe tomba sur un garçon accroupi par terre, les pieds nus dans le bourbier fétide. L'adolescent se tenait le ventre, le visage déformé par une expression d'infinie souffrance. Adrian baissa son pantalon, s'assit à califourchon sur le seau, et tout le contenu de ses intestins s'y déversa en une vague interminable et écœurante. Il n'avait, naturellement, rien pour s'essuyer. Vidé et nauséeux, il retourna s'allonger contre sa cloison ; il tâta encore les écrous, gratta la peinture, et tenta de calculer la distance entre Ybbs et Linz. S'ils avançaient à une vitesse de quinze nœuds, combien de temps leur faudrait-il pour arriver à destination, en prenant en compte la force du contre-courant ? Dans sa tête, il convoqua des chiffres, sans parvenir à en fixer les contours. Il s'assoupit. Ou crut s'assoupir : sans cesse il se réveillait à cause des alertes, toujours suivies des bruyants à-coups du moteur. Par deux fois il s'agit de fausses frayeurs et tout redevint silencieux. La troisième fut la bonne, et dans la cale ce fut la panique. Il entendit un garçon hurler à la mort. Tout à coup quelqu'un le tira par le bras, et tout près de lui une voix dit *Pitié aidez-moi.* Le faisceau de la lampe torche balaya la pièce avant de s'arrêter sur le prisonnier qu'Adrian avait vu accroupi près du seau. Son intestin pendait entre ses jambes ; il tentait de le repousser à l'intérieur de son corps. Une embardée le fit tomber, et quand le faisceau de la lampe torche le retrouva, le garçon était étendu par terre, le côlon entre les jambes, le visage blafard et pétrifié tel un masque. *À l'aide, à l'aide !* cria un autre garçon plus loin en frappant la trappe du milieu avec ce qui semblait être un manche à balai. Mais personne ne vint ouvrir. Le moteur donna une dernière saccade puis se tut : le navire avait regagné la berge. On courut sur le pont. *Ouvrez ouvrez !*

supplia le garçon, toujours cognant contre la trappe. Soudain un grand bruit, et toute l'embarcation plongea de nouveau, aussi violemment que la première fois. Une longue série d'explosions sourdes entraîna le navire dans un mouvement de balancier infernal qui cessa un instant pour reprendre de plus belle après une seconde salve. Par-dessus l'alarme, le même appel désespéré résonnait encore *Pitié aidez-moi* ; atone, de plus en plus faible. Chacun s'accrochait à ce qu'il y avait de plus près – un dévidoir ou une cloison de métal. Dans le noir, Adrian peinait à différencier son corps de celui des autres. Il les sentait glisser ou ramper sur lui, des pieds et des coudes pointus prenant appui sur son dos ou son flanc chaque fois que quelqu'un cherchait à se lever. Tous les prisonniers de la cale étaient en train de fusionner en un seul et même organisme et Adrian coulait de plus en plus profondément dans cette masse collective et indistincte. Puis les cris et l'agitation cessèrent brutalement, et quand il rouvrit les yeux tout était calme autour de lui. Il crut d'abord rêver : il n'y avait plus un bruit – ni le vrombissement des moteurs du remorqueur, ni le tremblement de la cloison sous lui, ni le clapotis au-dehors. Rien. Il leva les yeux et regarda la mer de corps sombre qui s'étendait autour de lui. Pas un mouvement. Tout à coup, la trappe s'ouvrit juste au-dessus de sa tête. Une ombre tomba du carré de lumière vive et un cri retentit. Il se retourna. Dans la lumière qui se déversa dans la cale, il aperçut une main inerte, la paume tournée vers le haut et les doigts légèrement courbés. Elle semblait coupée du corps, mais il finit par distinguer le bras auquel elle était encore rattachée : une grande plaie béante. Le sang séché dont il était recouvert avait coulé jusqu'à la tête, qui reposait un peu plus loin. Cette tête, c'était celle de Jockerl. Même masque de sang, mêmes yeux fixes, mêmes dents de porcelaine. Il y a des morts là-dedans, constata un militaire d'un ton indifférent. Martèlement de bottes ; on passa une échelle à travers la trappe. Deux hommes militaires descendirent ; on entendit le cliquetis de leurs armes contre leurs baudriers. Derrière ces corps engoncés dans leurs uniformes apparut Magister Rache. Il maintenait un mouchoir contre son nez et sa bouche, mais au-dessus du carré de tissu, ses yeux étaient toujours blancs et morts. Blotti contre l'échelle, Adrian restait immobile, craignant qu'on l'emmène aussi, bien qu'il ne soit pas encore mort. Les soldats firent le tour de la cale, tâtant et retournant les corps inertes du canon de leur arme. Certains se rétractèrent en rampant comme des crabes, un autre (peut-être le même que précédemment) hurla de douleur, un troisième cria à l'aide. Puis les militaires hissèrent un à un les cadavres sur le pont. Réplié juste sous la trappe, Adrian les vit transporter le corps du prisonnier au prolapsus. Il pendait à leurs bras, rigide et sans vie, mais ses petits orteils pointus donnaient l'impression que ses pieds étaient animés. Une fois sorti, ils le traînèrent sur le pont et le jetèrent à l'eau. Sa chute provoqua un clapotement sourd suivi d'un remous bref mais intense qui fit tanguer la péniche. Puis un deuxième clapotement. Et encore un. Adrian en compta quatre, cinq. Immédiatement après, le moteur du remorqueur ronronna : il avait simplement attendu que la péniche se déleste d'une partie de son chargement. Ainsi reprirent-ils la route. Combien de temps ils naviguèrent ou quelle distance ils parcoururent, il l'ignorait. Quand le silence soudain du moteur l'extirpa de son demi-sommeil, il remarqua que la trappe était de nouveau ouverte et l'échelle à sa place, mais à présent les soldats étaient accompagnés de véritables médecins. Vêtus de véritables blouses blanches.

Étrangement, la pièce lui parut plus grande. Les voix y avaient plus de résonance. Ou était-ce juste une impression ? Il entendit l'un des médecins, un homme d'un certain âge avec une moustache blanche, demander à Magister Rache où ils conduisaient ces garçons. Sans attendre la réponse, un autre médecin intervint : leur place était à l'hôpital. Ils ne survivront pas à un trajet supplémentaire, aucun d'eux, ajouta le premier, à moins que ce soit le second. Rache répondit (d'une voix étonnamment sèche et perçante) : Ce n'est pas votre problème, j'accomplis seulement ma mission. Les prisonniers obtinrent néanmoins le droit de sortir sur le pont. Les infirmiers aidèrent les plus faibles à monter à l'échelle. Ils se trouvaient à Linz, le quai auquel ils étaient amarrés grouillait de membres de la Croix-Rouge qui avaient installé des tables et des stations de soin mobiles. Ils firent la queue pour une assiette de soupe de riz et un morceau de pain. Adrian goba le tout sans savoir ce qu'il mangeait. Ils passèrent un peu plus d'une journée entière ici. L'équipage reçut de l'eau et des vivres. Le convoi poursuivit son chemin, mais cette fois-ci toutes les trappes des péniches restèrent ouvertes et ils purent monter sur le pont par petits groupes. À l'avant de la péniche, Fraulein Santer contemplait avec indifférence les vagues fendues par le remorqueur. Elle portait la même robe et les mêmes sandales que le premier jour. Seule différence : ses cheveux étaient attachés. Au-dessus d'eux, le ciel était gris. Ils s'enfonçaient dans un milieu étranger et menaçant : les montagnes les cernaient et se dressaient de plus en plus haut. Bien avant la fin de la journée, leurs crêtes avaient déjà fait écran à la lumière du soleil ; ils évoluaient à présent dans un monde de falaises noires. Les seuls bruits étaient celui du moteur du remorqueur, étrangement dur et tranchant au sein de son propre écho, le clapotis sur la coque et les oiseaux qui s'envolaient brusquement pour planer dans le ciel nocturne, dentelle d'ailes blanches soudain jetée dans l'obscurité. C'est tout ce dont Adrian se souviendrait. Le lendemain, ils traversent Passau et se retrouvent en Allemagne. Là, ou peut-être à l'occasion d'une halte ultérieure, des médecins et infirmiers sont sans doute remontés à bord : l'échelle a été remise en place et de nouveaux cadavres ont été sortis de la cale, traînés sur le pont et jetés par-dessus bord. Mais à ce stade Adrian a depuis longtemps cessé d'y prêter attention. L'épuisement s'est tellement ancré dans son corps que sa tête est désormais entièrement vide, transparente. Elle ne renferme plus aucune pensée. Blotti contre sa cloison, il manipule les deux écrous, suit du bout du doigt l'entaille qu'il a formée en grattant la peinture. Celle-ci est devenue profonde. Et voilà qu'un jour (le septième, le neuvième, le onzième ? il a depuis longtemps abandonné l'idée de compter), ils sont à Ratisbonne. Un soldat lui ordonne de se lever. Il sourit bêtement et prend appui sur la cloison pour se redresser. Mais à chaque tentative ses jambes plient comme du caoutchouc. Alors le soldat le saisit par les aisselles et depuis le pont un autre homme le hisse à bout de bras à travers la trappe. Magister Rache est sur le quai, le dos tourné ; il fume, indifférent au macabre chargement que les soldats exhument des cales derrière lui. Un peu plus loin, Fraulein Santer se maquille, assise sur une bitte d'amarrage. Le reflet de son miroir de poche danse sur les eaux huileuses qui bordent le quai. Quand elle le range dans son sac, ses lèvres sont aussi rouges que celles, autrefois, de sa mère. Les adolescents sont conduits à la prison fédérale, mais Adrian ne comprendrait que plus tard qu'il s'agissait d'une prison fédérale. Car de ce matin-là il ne se rappellerait qu'une haute bâtisse aux murs de pierre blanchis à la chaux, flanquée de plusieurs rangées de bâtiments se dressant juste en face de la gare de chemin de fer. La bâtisse était percée d'escaliers interminables qu'ils gravirent à grand-peine, plongés dans une obscurité massive. Il se rappellerait la porte métallique qui s'ouvrit et se referma derrière eux, l'écho des cris qui résonnèrent dans le couloir sans fin et la grande cellule dans laquelle ils furent enfermés à vingt ou trente. Cette nuit-là, dans son sommeil, le sol tangua. Et ce n'était pas qu'une impression : à son réveil, il faisait nuit, le sol tremblait et il avait la bouche pleine de pierres. Quelqu'un (il ignorait qui) tentait de le tirer vers le mur, branlant lui aussi : les bombardements alliés battaient leur plein. Sortir était impensable. De l'autre côté des barreaux qui condamnaient les fenêtres, la gare brûlait. Plus loin, sous de hautes flammes, se dessinaient les contours de wagons encore noirs en leur centre. Des nuages de fumée s'élevaient vers un terrifiant ciel couleur de rouille. Il se dit que la prison était sûrement en feu et qu'ils allaient tous mourir brûlés dans cette cellule. Mais quand il se retourna, il vit que la porte était ouverte. Dans le couloir déferla une immense langue de poussière grise. Bientôt la cellule se retrouva remplie de cette poussière qui brûlait les yeux et les poumons. Suffoquant, les prisonniers plongèrent la tête entre leurs genoux et attendirent ainsi que le sol s'ouvre sous eux comme une trappe. Enfin le sol et les murs cessèrent de trembler. Ne restait que l'épouvantable vacarme : les alarmes antiaériennes hurlaicnt toujours, accompagnées d'un bruit qui s'apparentait au grondement d'une excavatrice géante. Longtemps après, Adrian comprendrait que ce bruit provenait de l'effondrement des bâtiments calcinés. La prison ne semblant pas avoir été touchée, l'origine de toute cette poussière restait un mystère. Viktor Zobel fut le premier à réagir. Il retira le pansement noirci qu'il portait autour de sa plaie, celle qu'il enduisait autrefois de margarine, puis il le déchira en morceaux qu'il mouilla un à un sous le robinet du lavabo, avant de les distribuer à chacun de ses codétenus. Les bribes de pansement sale plaquées sur la bouche et le nez, ils descendirent l'escalier et quittèrent la bâtisse. Dehors, le ciel auroral était irréel : rouge et enflé sous le panache de fumée noire qui s'échappait de la gare détruite. Plus loin, sur les rails, les wagons à l'arrêt, également bombardés, brûlaient en dégageant des nuages noirâtres. Les sirènes mugissaient sans discontinuer : celles des ambulances et des camions de pompiers venus prêter main-forte aux policiers et militaires déjà sur place. Personne ne semblait se soucier des prisonniers. Il se passa ainsi plusieurs heures avant qu'un officier de police leur ordonnât de retourner dans leur cellule, sans conviction, simplement parce que en restant là ces jeunes hommes sales et quasi nus constituaient une distraction inopportune. Depuis ce jour, les gardiens de prison ne s'embarrassèrent plus de fermer les portes : s'ils étaient là, c'était pour leur sécurité. Jusqu'à ce qu'un matin ils ne trouvent plus devant leurs cellules la ration quotidienne de pain et d'eau. Les prisonniers se concertèrent un moment avant de décider d'envoyer l'un d'eux en reconnaissance. Un quart d'heure plus tard, celui-ci revint affolé. Les nègres sont là, les nègres sont là ! Les autres le suivirent avec prudence. La prison leur parut abandonnée : plus un seul gardien en vue. Une jeep était garée devant l'entrée, avec quatre hommes en uniformes étrangers à son bord. Un seul sur les quatre, assis à côté du chauffeur, était noir. Les deux passagers à l'arrière discutaient sans prêter attention à eux. Le Noir sourit et les salua d'un geste, puis leur distribua des cigarettes. Adrian porta la sienne à ses lèvres et l'homme l'alluma en formant une coupe avec sa main. Quand il remarqua la blancheur de la paume, Adrian s'étonna : cette couleur noire était-elle une couche de peinture qui n'aurait été appliquée que sur le dos ? Comment t'appelles-tu ? demanda le Noir. Adrian ne sut que répondre, ou alors il ne comprit pas la question.

XI

Les aveugles

Sous un ciel de bombes La peur imprégnait le ciel. Quand il n'était pas d'un bleu menaçant, il se dissimulait sous une brume hivernale, pâle et opaque. La peur imprégnait aussi les concerts symphoniques incongrûment diffusés à la radio et interrompus à tout moment par les alertes de défense antiaérienne : à l'instar du ciel d'hiver blanc et brumeux, la voix qui annonçait l'approche, par le Sud, d'escadrons de bombardiers, manquait elle aussi de forme et de contours précis. En février 1945, il ne se passait pas un jour sans que le cri du coucou retentisse et que la femme à la voix métallique énumère les positions des avions ennemis, leur trajectoire et leur cible présumée. Parfois, Anna Katschenka n'avait même pas le temps de se rendre à son travail : déjà, tous les habitants de l'immeuble devaient aller se réfugier dans l'abri antiaérien, où ils restaient des heures à attendre la fin des tirs de riposte et du grondement sourd des bombardiers alliés qui sillonnaient le ciel. Des explosions des bombes ils ne percevaient que de légères secousses mais plus tard les panaches de fumée se dressaient devant l'horizon durant des heures, jusqu'à ce que le vent les chasse. Son père et son frère avaient été enrôlés de force dans la *Volkssturm*, milice populaire qu'Hitler avait créée comme ultime défense contre l'armée soviétique approchante ; l'âge de son père et sa sénilité croissante n'avaient constitué aucune circonstance atténuante. Son frère avait été affecté au poste de guetteur anti-incendie à la gare du Sud, mais de temps à autre, quand la main-d'œuvre manquait, il aidait à charger des caisses de grenades et de lance-roquettes dans les camions qui partaient sans discontinuer pour le front. Les nuits où son frère était guetteur, Katschenka était incapable de fermer l'œil. Allongée dans son lit, elle écoutait le tic-tac régulier de son réveil. Derrière les fenêtres sombres, la nuit était une immense bâtisse sur le point de s'effondrer. Tout s'écroulait, y compris la réalité quotidienne qu'elle n'avait jamais remise en question. En fait, plus rien ne paraissait réel : les murs de sa chambre d'enfant dont la tapisserie à rayures lui semblait maintenant criarde et vulgaire, les cris hystériques de sa mère l'implorant de cacher les bijoux et l'argenterie avant l'arrivée des bolcheviques, le morceau de ciel blanc venu interrompre une rangée de maisons mitoyennes pendant la nuit. Les Alliés visaient prioritairement des points stratégiques tels que les usines, les ports et les raffineries de pétrole, mais le plus souvent les bombes touchaient de simples zones résidentielles. Le quartier était devenu un ensemble informe de monticules de bois, de pierres et de poussière percé de carrés de ciel gris et froids, sans soleil. Se rendre au travail après ces bombardements, qui duraient parfois toute une journée, était presque impossible. Quand le tramway arrivait enfin, il était toujours plein à craquer : les passagers les plus désespérés, ceux qui n'étaient pas parvenus à monter, s'accrochaient aux portes. Le tracé des lignes changeait constamment. Le lendemain du bombardement massif du 21 février, la circulation du tramway fut totalement interrompue et elle dut se rendre à l'hôpital à pied. Sur Mariahilfer Straße, elle vit les voitures du tramway 52 calcinés et abandonnés, les pantographes pendant sur leur toit telles les baleines d'un parapluie cassé. En face du véhicule se dressaient les restes d'un immeuble de bureau bombardé. Toute sa façade, du sol au dernier étage, avait été arrachée, comme si le bâtiment avait été creusé par une cuillère géante. Devant la rangée de boutiques du rez-de-chaussée s'étalaient les vestiges de ce qu'elles vendaient jadis : aux tas de pierres et aux bris de verre se mêlaient des éléments de meubles brisés, des lambeaux de tissu et des morceaux de papier charriés par le vent. Les amoncellements de ruines étaient parfois si hauts que les piétons devaient se frayer un chemin dans d'étroits passages au milieu de la chaussée. Sous la pluie ou dans l'obscurité croissante (il n'y avait plus d'électricité) elle avait l'impression d'avoir été transportée dans un tout nouveau paysage, de marcher sur une piste de bétail traversée de grosses racines et bordée de flaques de boue traîtresses. À la clinique, beaucoup invoquaient les attaques aériennes pour ne plus venir. Absente trois jours de suite, Schwester Kragulj prétendit s'être occupée de sa sœur tombée dans un escalier. La seule qui était toujours présente et ponctuelle était Hilde Mayer ; mais c'était parce que, depuis son emploi d'aide-soignante, elle occupait un logement de fonction juste de l'autre côté de Sanatoriumstraße. Anna Katschenka tenait un registre des heures manquées et instaura un régime de règles strictes : les chaussures personnelles devaient être nettoyées, les vêtements poussiéreux être rangés dans des casiers ou rester à l'extérieur, et chaque partie du corps exposée devait être soigneusement désinfectée. Souvent privées d'eau et d'électricité, les infirmières durent s'habituer à travailler à la lumière des bougies et des lampes à pétrole qui produisaient beaucoup de suie. Le froid engourdissait les articulations et les doigts, mais le pire était le manque d'eau. La chasse des toilettes n'avait pas pu être actionnée depuis des semaines, et l'odeur qui en émanait était insupportable. Elles s'entraidèrent donc à porter des seaux et écopes remplis d'eau qu'elles versèrent dans les cuvettes pour les vider, avant de les récurer minutieusement. Heureusement, la clinique disposait de générateurs à essence, mais les réserves d'électricité ne suffisaient pas pour l'ensemble de ses unités. Par conséquent, on ferma le pavillon 17 pendant un temps : les quelques enfants qui y restaient furent transférés au pavillon 15. Pour le jeune Pelikan, qui refusait normalement de s'éloigner de plus d'un mètre du mur qu'il avait adopté, ce transfert fut une déchirure. Ne reconnaissant pas la nouvelle porte à côté de laquelle il veillait, il tournait en rond à quatre pattes en frottant son ventre sur le sol tel un chien. En quelques années le garçon avait grandi de près de cinquante centimètres, s'étonnait Anna Kaschenka, et il était si gauche qu'il faisait de plus en plus obstacle à leur travail. Un matin, alors qu'il empêchait Cläre Kleinschmittger de passer avec son chariot médical, elle lui donna un coup de coude dans le ventre et le gifla. *Tu ne peux donc pas rester tranquille ! Jusqu'à ce qu'ils arrivent ?* Ainsi venait-elle de dire tout haut ce que chacun pensait tout bas. Tremblante de colère et de dégoût, l'infirmière était, paradoxalement, plus affectée que Pelikan. Ils ? Qui, ils ? Et que se passera-t-il une fois qu'ils seront là ? Kleinschmittger était terrifiée. Tout le monde était terrifié.

Les aveugles Une après-midi du début du mois d'avril, un bus gris de la GEKRAT arriva à l'hôpital. Deux surveillants en sortirent, un homme et une femme, suivis d'un groupe d'adolescents, tous proprement vêtus : culottes courtes ou jupes et manteaux de laine gris ou marron. Certains restèrent à proximité du bus tandis que d'autres, visiblement désorientés, se mirent à errer, leurs petites valises à la main. Anna Katschenka se demanda pourquoi les surveillants ne faisaient rien pour les maintenir groupés. Puis elle comprit : ces enfants étaient aveugles. Krenek et le docteur Illing vinrent à la rencontre des deux infirmiers et s'entretinrent un instant avec eux. Les enfants, parmi lesquels on comptait également des sourds et des sourds-muets, et même certains à la fois sourds et aveugles, étaient étrangement bien nourris, en tout cas en comparaison avec les jeunes patients de la clinique psychiatrique. Hormis une petite fille de onze ans arrivée plus tard et atteinte de jaunisse, et quelques enfants ayant attrapé la teigne, ils étaient relativement en bonne santé. On décida d'envoyer les enfants sains à la maison de redressement, tandis que les autres seraient pris en charge par la clinique psychiatrique, où ils seraient logés dans un même dortoir pour être surveillés plus facilement. Quand Katschenka voulut objecter qu'il ne restait pas suffisamment de lits disponibles, Illing ordonna de rouvrir le pavillon 17 et de les y conduire. Katschenka ne sut jamais d'où venaient ces enfants aveugles et sourds, ni pourquoi ils avaient été amenés là. Il n'était pourtant pas difficile de l'imaginer : comme l'insinuait Hilde Mayer, ils avaient certainement fui devant l'arrivée imminente des bolcheviques. On fit vider un foyer du premier étage pour y installer les nouveaux arrivants. Ces deux dernières semaines furent chaotiques. Les rumeurs les plus folles et les plus contradictoires fusaient : les bolcheviques se trouvaient à quelques dizaines de kilomètres au sud-est de Vienne ; les forces allemandes avaient lancé une contre-offensive et avaient réussi à les repousser. Un jour, le docteur Illing réunit l'ensemble du personnel pour lui rappeler à quel point il était important que tous continuent à faire leur devoir avec loyauté jusqu'au dernier instant. Il arpentait la pièce à longs pas souples, les mains dans le dos, un sourire figé découvrant ses dents tachées de tabac, comme pour les réconforter et leur redonner confiance. Son air fermé et sévère contredisait néanmoins son discours, notamment quand il nomma les enfants qu'il fallait « traiter » et ceux qu'il fallait simplement garder en observation. Mais avec quel personnel ? Kragulj ne venait plus et personne ne savait où elle était passée ; le lendemain, Erna Storch fit à son tour défaut et Katschenka apprit par des voies détournées qu'elle avait rejoint son époux à Reichenberg. On recruta donc une partie du personnel du pavillon 3 et des pavillons aménagés pour accueillir des patients issus d'autres hôpitaux – contraints, comme Rosenheim, d'évacuer leurs locaux. Du pavillon 3 fut donc envoyée Marta Fried, une jeune infirmière d'à peine plus de vingt ans. Schwester Marta était tout à fait consciente de la nature du lieu où elle avait atterri. Elle était livide et ses mains frêles tremblaient, toutefois elle n'osa rien rétorquer lorsque Katschenka lui expliqua ses tâches journalières. En compagnie du docteur Türk, Katschenka rendit visite aux aveugles. La première chose qu'elles entendirent en entrant dans le couloir fut la rumeur joyeuse et enjouée des enfants. Katschenka ne se rappelait pas avoir déjà entendu des rires d'enfants dans cette pièce. Leurs surveillants, installés à demeure, étaient toujours avec eux, et il était évident que les enfants leur faisaient confiance. Quand le temps le permettait, ils passaient quelques heures dehors ; ils s'y rendaient toujours docilement, en rangs par deux, et faisaient montre de la même discipline quand on leur donnait l'ordre de descendre dans l'abri antiaérien. Un jour, Katschenka ne trouva dans le dortoir qu'un garçon de onze ans. Comme il ne la voyait pas, il lui était impossible de savoir de qui il s'agissait ; pourtant il leva les bras en l'air pour lui signifier qu'elle devait l'aider à retirer son tricot. Anna Katschenka se remémora soudain ce petit garçon que Jekelius avait aidé à grimper dans le poirier à Totzenbach, devant les autres enfants qui pouffaient de rire. L'enfant avait tendu les bras vers le ciel exactement de la même manière : avec un mélange de résignation et de confiance. En réalité, il n'y a que deux dimensions à l'existence, lui avait dit le docteur Jekelius ce jour-là : d'un côté, la vie aveugle ; de l'autre, la volonté qui est là pour la contrôler. Pour cette même raison, il n'y avait que deux types de personnes : celles qui dirigeaient et celles qui n'avaient qu'à se soumettre aux dirigeants. Mais de toute évidence il existait une troisième catégorie : les gens qui voyaient au-delà de tout cela et semblaient être capables de traverser les murs. À la porte, Pelikan tentait de se faire remarquer des aveugles hébergés dans son pavillon en s'inclinant et en se pavanant devant eux. Cependant, même s'ils avaient eu la capacité de le voir, ils ne l'auraient pas regardé : ils vivaient dans leur propre univers, imperméables au reste du monde. Katschenka avait le sentiment que leur présence était le signe de quelque chose, un message. Mais de qui et pour quelle finalité ? Peut-être, se dit-elle un jour, était-ce eux les véritables voyants et elle la véritable aveugle. Leur présence à la clinique devait lui rappeler cette réalité.

Extra-muros La fille souffrant de jaunisse avait été placée en isolement dans une salle du rez-de-chaussée. La porte devait être maintenue fermée et personne n'avait l'autorisation d'y pénétrer. Mais un jour, tandis qu'elle passait devant, Katschenka vit que la porte était ouverte et entendit des voix à l'intérieur. Une voix d'enfant, celle de la petite aveugle, ainsi qu'une autre, plus grave, qui lui était familière. Elle s'approcha discrètement. Le lit occupait quasiment toute la surface de l'étroite cellule ; Hedwig Blei, assise au chevet, les deux mains posées sur celles de la jeune fille, parlait ou chantait à voix basse, et la fille l'écoutait, les yeux grands ouverts, un léger sourire aux lèvres. Soudain l'enfant sursauta ; son sourire se figea et ses yeux aveugles vinrent se fixer sur elle, Katschenka. Schwester Blei se tut mais resta immobile. Seule l'aveugle l'avait « vue », et cela procura à Anna un sentiment de malaise intense. Pourquoi n'êtes-vous pas à votre poste ? lança-t-elle à très haute voix, comme pour empêcher son malaise de pénétrer dans la pièce. Schwester Hedwig ne prit pas la peine de se retourner. Je suppose que vous avez, vous aussi, l'intention d'abandonner votre poste, alors que c'est plus que jamais le moment de faire son devoir, ajouta Katschenka. Le ton se voulait sarcastique, mais à ses oreilles il était simplement résigné. Blei ne fut pas dupe. Je n'ai aucune intention de partir, répondit-elle à voix basse. Pas tant qu'il y a des enfants ici. Puis elle se leva et sortit sans un coup d'œil à Katschenka. Ils sont en train de brûler des documents, la correspondance et les dossiers médicaux, dans le fourneau de la cave du pavillon 1, raconta Hilde Mayer quelques heures plus tard. On ne va pas tarder à avoir les bolcheviques sur le dos. Une crainte irrationnelle s'empara de Katschenka : qu'il soit arrivé quelque chose à un membre de sa famille. Mais quand elle parvint enfin à rentrer chez elle, son père occupait sa place habituelle près de la radio allumée, et sa mère était assise dans son fauteuil à housse bleue. Pourquoi rentres-tu si tard ? lui demanda-t-elle avec un visage de pierre ; le dîner aurait dû être servi depuis longtemps. Anna ne sut que répondre. Le tic-tac de la pendulette du bureau mesurait la profondeur du silence dans la pièce.

La reine du puits Il était une fois une petite fille. Elle avait un joli prénom, comme toi, Imogena. Dans la ferme où elle vivait, il y avait un puits. La petite fille y jetait parfois des cailloux pour mesurer le temps qu'ils mettaient à atteindre la surface de l'eau. Elle comptait les secondes : une, deux, trois. Un jour, elle y lança une grosse pierre, tendit l'oreille, compta, mais elle n'entendit rien. Bientôt, une créature inconnue se dressa devant elle : une belle femme aux longs cheveux blonds et aux grands yeux brillants comme l'onde. C'était la Reine du puits. Chaque fois que tu laisses tomber un caillou dans le puits, une personne meurt, dit la Reine. Et étant donné que tu es une petite fille paresseuse et désobéissante, j'ai jeté un sort à la dernière pierre que tu as lancée. Veux-tu la prendre ? (Imogena tendit les mains. Hedwig Blei posa les siennes sur celles de l'enfant.) La Reine du puits ouvrit alors ses paumes, mais au lieu d'une pierre, celles-ci abritaient un oiseau. Un moineau. La petite fille prit l'oiseau. Elle sentit son petit cœur battre et palpiter. Puis elle écarta les doigts (comme cela, lui montra Hedwig Blei) et l'oiseau s'envola.

L'arrivée Ça y est, annonce Otto en se penchant au-dessus du lit où elle est allongée tout habillée. La première chose qui lui traverse l'esprit est la phrase d'Hedwig Blei : Je n'ai aucune intention de partir. Pas tant qu'il y a des enfants ici. Dans la chambre de la petite aveugle, ces mots avaient résonné comme une menace, néanmoins Anna Katschenka n'avait pas douté de la sincérité de Blei. C'est pourquoi elle doit y retourner, elle aussi. Elle ne peut pas faire autrement. Elle prend le bras de son frère et manque de s'évanouir en se levant. Le tissu du manteau d'Otto est rêche et il dégage une âcre odeur de transpiration et de fumée. Quand il l'embrasse, elle sent une chose humide et visqueuse sur sa joue mal rasée. Du sang ? Des larmes ? Pourtant, derrière son visage épuisé par les veilles, son frère la regarde avec les mêmes yeux qu'avant, secs et innocents. Tout à coup, elle se rend compte que les coups de feu et les tirs d'artillerie ont cessé. Le silence est sans doute revenu depuis plusieurs heures sans qu'elle s'en soit aperçue. Dans la cuisine, elle trouve les seaux d'eau que son frère est allé remplir. Elle se rafraîchit le visage, se brosse les cheveux, puis enfile son manteau et ils sortent sous l'aurore laiteuse. L'air est chargé d'une odeur grasse et étouffante d'essence et de caoutchouc brûlé. Margaretengürtel est devenue une rue de cendres parsemée de véhicules militaires renversés ou abandonnés. Un char d'assaut allemand calciné a le canon dirigé vers la gare de triage ; tout autour les débris des immeubles détruits ont été entassés à la hâte. On avait dû livrer bataille ici, à en juger par les corps de soldats morts qui jonchent les ruines, couverts de la même couche de cendre grise et sèche que le reste. Anna Katschenka est stupéfaite par la rapidité de ce dénouement, après l'incertitude et la longue attente. Elle avait d'abord entendu que les Russes étaient aux abords de Wienerberg, puis qu'ils avaient été repoussés jusqu'à un nouveau front situé à trois kilomètres au sud-est de la ville. Elle ne se rappelle pas qui lui a dit cela, Otto sûrement. Puis une autre rumeur avait annoncé la prise de la gare du Sud par les troupes russes. Le soir, les combats avaient fait rage jusque tard dans la nuit. N'ayant pas osé descendre dans l'abri antiaérien, elle et les siens s'étaient simplement recroquevillés là où ils avaient pu sur le sol de l'appartement. Le bruit des tirs de grenade et d'artillerie avaient semblé venir de toutes parts et, juste avant l'aube, un obus était tombé tout près. Elle se souvient de l'horrible sifflement puis de l'explosion, si puissante qu'elle avait cru que les murs et le toit allaient céder et s'effondrer sur eux. À l'effroyable grondement des batteries d'artillerie s'étaient mêlées les frêles voix des habitants coincés sous les décombres qui hurlaient de douleur ou appelaient désespérément à l'aide. Mais aucune des personnes qui se trouvaient encore à l'intérieur n'avait osé sortir. Et pas seulement par crainte de se faire tirer dessus ou écraser par un éboulement. Parmi les voisins, on murmurait que les nazis voulaient reprendre la gare : ils capturaient des civils et les obligeaient à combattre à leurs côtés. La Wehrmacht avait barré toutes les rues transversales au pied du Belvédère, le long de Rennweg et de Wiedener Hauptstraße, afin d'empêcher les soldats autrichiens de déserter. Les Allemands ont déjà battu en retraite et il n'y a plus aucune barricade dans les rues, raconte Otto. Et quand elle lui explique qu'elle doit aller à l'hôpital, il lui répond que si leur quartier est redevenu à peu près sûr, on ignore ce qu'il en est du reste de la ville. Les premiers soldats russes qu'ils aperçoivent font sans doute partie d'une avant-garde de troupes d'ingénieurs de combat : il s'agit de deux jeunes hommes en uniformes bruns rembourrés, l'un tête nue, l'autre coiffé d'une sorte de bonnet de fourrure équipé d'oreillettes. Accroupi, le garçon à la tête nue tente de faire fonctionner un téléphone tandis que le soldat au bonnet déploie un câble en travers de la rue. Quelques instants plus tard les premières voitures débarquent dans

Margaretengürtel – un interminable défilé de camions crasseux. Au milieu de cette mer de véhicules, une unité logistique avec sa cuisine roulante. Et puis des soldats par milliers : assis sur les plates-formes des camions ou marchant à côté du cortège. Sans réfléchir, elle a, elle aussi, commencé à marcher dans la même direction. Peut-être a-t-elle crié quelque chose aux soldats étrangers : une jeep s'arrête à son niveau et un homme penche la tête par la vitre de sa portière boueuse. Elle s'approche pour comprendre ce qu'il dit. *Dolmetscher ?* croit-elle entendre. L'homme parle un dialecte autrichien et porte un brassard rouge-blanc-rouge. La voilà rassurée ! Le militaire assis derrière lui est visiblement un soldat soviétique d'un certain grade, et il a l'air au moins aussi pressé que l'Autrichien. De toute évidence, ils cherchent un interprète. Elle répond qu'elle est infirmière, mais soit ils ne l'entendent pas, soit ils ne la comprennent pas, car l'homme au brassard a déjà laissé sa place à l'avant pour rejoindre l'officier à l'arrière. Elle se retourne alors pour répéter qu'elle est *infirmière* et qu'elle doit se rendre au Steinhof au plus vite. *S'il vous plaît, pourriez-vous me conduire au Steinhof ? Il y a des enfants malades là-bas. Ils ne peuvent pas rester sans aide ou surveillance.* Impassible, l'homme au brassard lui fait de la place et l'invite à monter. Le véhicule démarre en trombe dès qu'elle ferme la portière – personne n'a de temps à perdre avec elle. Elle commence à avoir peur et regrette de ne pas être restée avec Otto, pourtant elle n'ose pas protester tant qu'ils vont dans la bonne direction. Jusque-là, peu de civils se sont risqués dans la rue, quoique beaucoup se pressent aux fenêtres et aux portes d'entrée de leurs immeubles. D'autres s'alignent sur les trottoirs, certains enjoués, d'autres apeurés ou abasourdis. Elle voit des jeunes femmes interpeller les soldats, d'autres agiter leur mouchoir ou leur foulard, de peur ou de joie, impossible à dire. L'officier soviétique ne prête aucune attention aux civils. Il pose des questions au résistant autrichien qui, à son tour, indique la route au chauffeur ; de toute évidence, ce dernier ne comprend pas un mot de ce qu'il lui raconte. L'Autrichien fait un geste brusque de la main et le véhicule vire à droite d'un coup sec ; l'instant d'après, ils se retrouvent sur Gumpendorfer Straße. Dans la direction opposée à celle de la clinique. *Non !* crie-t-elle en saisissant la manche du manteau de l'Autrichien ; il dégage son bras et continue à guider le chauffeur en gesticulant. Ils passent devant Esterházy Park et l'immense blockhaus de défense antiaérienne que son frère et d'autres « volontaires » viennent d'approvisionner en munitions. Le bunker a dû tomber entre les mains des Russes. Mais elle n'a pas le temps de s'en assurer : ils roulent trop vite. Ils passent en trombe la porte de la caserne de Stiftgasse, probablement leur destination depuis le début. L'officier est déjà sorti de la voiture et le communiste autrichien (elle suppose qu'il est communiste) l'exhorte à l'imiter. Soudain, tout le monde a disparu : l'Autrichien, l'officier, le chauffeur. Désespérée, elle ne sait plus que faire. Les Allemands ont dû fuir en toute hâte : la cour de la caserne est jonchée d'armes confisquées, d'uniformes et de manteaux empilés à côté de caisses de munitions. Tout le quartier autour a été bloqué pour laisser passer le convoi de véhicules russes qui entre dans la cour en marche arrière. La manœuvre monopolise toute l'attention des militaires. Tout à coup, le lieu est rempli d'hommes, pour la plupart de simples soldats, mais aussi quelques civils aux missions indéterminées. Certains militaires ricanent en lui jetant des regards impertinents mais ne se mettent pas en travers de son chemin lorsqu'elle quitte la cour à toute vitesse pour retourner dans la rue. Il y a nettement plus de civils dehors maintenant. Mariahilfer Straße est même noire de monde. Femmes et hommes de tous âges se déplaçant en silence, d'un pas régulier et déterminé. Elle entend un bruit de verre brisé : quelqu'un a cassé une vitrine. Dans la seconde qui suit, plusieurs femmes s'engouffrent dans une boutique de tissus et s'aident mutuellement à descendre les longs rouleaux des étagères. Sur le trottoir, à peine à deux mètres de là, un groupe de soldats soviétiques les regardent. Au lieu de les arrêter, ils les encouragent ou rient de celles qui manquent de crouler sous le poids des tissus. Devant l'entrepôt Gerngroß, où se trouve toujours le tramway calciné surmonté de sa couronne de câbles électriques qui semble se moquer d'eux, plusieurs hommes – certains portant le même brassard rouge-blanc-rouge que le résistant autrichien – ont formé une chaîne. Les armes sont désormais aux mains des civils ; la foule s'agite. Le cœur battant et ne sachant où aller, elle décide de retourner à la caserne de Stiftgasse. Par miracle, elle parvient à retrouver le chauffeur russe au beau milieu de la foule ; assis derrière son volant, il fume et discute avec deux jeunes femmes. S'il vous plaît, voulez-vous bien me conduire au Steinhof ? demande-t-elle, même si le chauffeur ne la comprend pas. L'une des deux femmes traduit consciencieusement sa question. Le chauffeur écoute attentivement, sans saisir ce qu'elle veut. Dans un allemand approximatif, la femme explique à Anna qu'elle vient d'Ukraine. Elle ne lui dit pas ce qu'elle fait là, dans cette caserne, mais elle sourit au chauffeur, qui lui sourit en retour derrière la fumée de sa cigarette. Anna Katschenka se rend compte que c'est sa dernière chance de se faire comprendre et se rapproche de l'Ukrainienne. Steinhof, dit-elle. Et : Enfants. Ils sont en train de mourir. Elle essaie de mimer de la façon la plus convaincante possible. La femme traduit en gesticulant de la même manière, et le chauffeur l'écoute de son air impassible. Puis il sort de sa voiture sans un mot et s'en va. Anna Katschenka sent son cœur prêt à défaillir. Elle remercie l'Ukrainienne malgré tout et s'apprête à repartir quand le chauffeur revient, accompagné de trois soldats ; l'un, visiblement le plus vieux, explique dans un allemand ampoulé qu'ils ont leur propre voiture et qu'elle n'a qu'à les suivre. C'est de la folie, pour une femme seule, d'accepter ainsi de suivre des soldats inconnus, des ennemis. Qui sait s'ils n'ont pas de mauvaises intentions ? Mais elle n'a pas le temps de réfléchir à une autre solution : des avions de guerre allemands déchirent le ciel. Militaires et civils s'égaillent. Les trois soldats la tirent par le bras ; elle ne résiste pas. Ce n'est que quand elle monte dans leur voiture, un véhicule tout-terrain identique à celui dans lequel elle est arrivée (jusqu'aux vitres tachées de boue), qu'elle comprend que les Allemands ont lancé une contre-offensive. Le conducteur fonce à travers la ville et s'arrête dans une venelle derrière la gare de l'Ouest. Il coupe le moteur ; les deux passagers à l'arrière allument une cigarette (des russes qui sentent mauvais) et sortent une bouteille de vodka. Ils sont de plus en plus bruyants. Anna se tourne vers l'officier qui parle allemand et tente, rue après rue, de lui expliquer le chemin de la clinique. L'officier en rend compte au chauffeur, davantage intéressé par la vodka. Quand, enfin, il décide de se remettre en route, il démarre en trombe, dans un dérapage qui manque d'éjecter Anna. Ils poursuivent leur chemin à un rythme saccadé en direction de Hütteldorf. Tout au long de Linzer Straße, des barrages routiers ont été mis en place. Ils en franchissent certains sans problème, sont immobilisés à d'autres et parfois ils s'arrêtent d'eux-mêmes pour discuter avec les soldats. À la moindre occasion elle réexplique la route à l'officier, mais celui-ci a depuis longtemps cessé de l'écouter et les hommes à l'arrière se comportent de moins en moins comme s'ils l'escortaient et de plus en plus comme si elle était une sorte de trophée. Partout la ville est en proie aux pillages, à petite ou grande échelle. Et c'est aussi cela qui intéresse les trois hommes. À Penzing, certaines villas ont été incendiées et on voit de temps en temps des militaires charger des meubles dans des camions de l'armée. Anna sait que de ce quartier, et si les trois hommes ne la retiennent pas de force, elle pourrait se rendre à pied à la clinique – quinze à vingt minutes de marche, même si elle n'est pas certaine d'être plus en sécurité là-bas. La voiture s'arrête de nouveau, cette fois-ci devant une villa où quatre hommes peinent à porter un gigantesque piano à queue ; ils ont déjà rassemblé tout le reste du mobilier sur le trottoir. L'officier et le chauffeur sortent du véhicule. Alors les deux passagers prennent Katschenka par le bras et tentent de l'amener dans la villa. Mais l'officier réapparaît. Rouge de colère, il hurle quelque chose dans sa langue insaisissable, sans aucun rapport avec elle. Pendant un bref instant la confusion règne. Elle s'écarte. Voyant que personne ne cherche à la retenir, elle tourne les talons et se met à courir. La rue est pentue et, trois pâtés de maisons plus loin, elle s'arrête pour se retourner : personne ne la suit. Quand enfin elle atteint Baumgartner Höhe, la nuit tombe. Elle n'est pas habituée à courir ainsi. Ses jambes sont lourdes et chaque respiration lui déchire les poumons. Le vent charrie une piquante odeur de fumée. Une brume légère dissout les contours des bâtiments et des êtres, comme dans un rêve. À en juger par le drapeau nazi qui flotte encore au-dessus du pavillon de la direction, tout est normal au Steinhof. La conciergerie est vide, mais juste à côté se tient une sentinelle : un jeune soldat qui serre la sangle de son fusil d'une main incertaine. Je suis infirmière, dit-elle en lui montrant rapidement sa carte de personnel hospitalier quand elle passe devant lui. Il tend la main pour la prendre ; au lieu de la lui donner, elle la soustrait d'un geste brusque. Le soldat est surpris. Elle poursuit son chemin, il la rappelle ; elle ne se retourne pas, continue simplement de marcher d'un pas calme et régulier en direction des pavillons. Il crie de nouveau quelque chose, sans doute pour appeler un supérieur à son secours : pendant un court instant elle entend derrière elle le martèlement des bottes sur le gravier. Si on la met en joue et tire, ce sera la fin de tout. Mais personne ne tire et la fin n'advient pas.

XII

Les Mongols attaquent

Le gardien solitaire de la Montagne Pendant des années, Hannes Neubauer a gardé l'entrée de la Montagne. Il n'a jamais laissé passer personne et n'a pas tenté de s'enfuir, au contraire de tant d'autres : Zavlacky et l'Éternel Insatisfait, juste après leur arrivée à Ybbs, puis Adrian Ziegler, ce voleur de poules, et enfin Jockerl. Sauf que Jockerl ne s'est pas enfui. Il est tombé malade, puis quelqu'un est venu le chercher *gegen Revers*, si on en croyait la rumeur. Quitter la clinique *gegen Revers* signifie que l'établissement accepte de laisser partir l'enfant qu'il a pris en charge. Et ce pour de bonnes raisons, crois-moi, l'avait prévenu Schwester Mutsch. C'est une mesure exceptionnelle, inutile d'espérer, Hannes. Pourtant, Hannes espérait. Il gardait l'entrée de la Montagne et ne laissait personne passer, et quand l'un des garçons venait lui exposer ses projets d'évasion, il le congédiait. Après tout, il était un guerrier. Il resterait à son poste jusqu'à ce que son père vienne le chercher, *gegen Revers* ou d'une autre manière. Mais Schwester Mutsch ne parlait plus du courage des soldats et de la guerre avec la même assurance que l'année précédente. Une crainte inexplicable s'était insinuée en elle. Hannes l'observait parfois, assise dans le bureau des infirmières, la radio allumée diffusant de la musique douce. Elle avait toujours l'air de faire autre chose, mais Hannes voyait très clairement – au port particulier de sa tête, légèrement de côté, et à sa manière de s'arrêter net au beau milieu d'un mouvement – qu'en réalité toute son attention était concentrée sur la radio. Et un jour, le fameux cri de coucou qu'elle avait tant attendu retentit ; elle se retourna, hurla *ILS REVIENNENT !* et les blouses blanches accoururent pour se réunir autour de la radio et écouter. Hannes se souviendrait seulement de cette étrange voix de femme dans l'appareil, froide et calme, imperturbable.

Regroupez-vous ! Tous les enfants aux abris !

Les portes claquèrent, les chaussures furent lacées en un temps record, et bientôt ils furent tous au garde-à-vous devant le pavillon, prêts pour la manœuvre à laquelle ils s'étaient déjà exercés des dizaines de fois avec Frau Rohrbach : se rendre en formation serrée, au pas de course, jusqu'à l'abri antiaérien, et prendre place dans l'ordre sur les bancs pendant que Frau Rohrbach fermait la lourde porte. Parfois, ils restaient là durant des heures sans qu'il se passe quoi que ce soit. Cette fois-ci, pourtant, ils entendirent les bombes tomber, ou plutôt ils sentirent la Montagne trembler sous leurs pieds. Sur son banc, Schwester Mutsch restait raide et silencieuse, les mains sur les genoux et le regard dans le vide. Hannes tenta de la rassurer : il ne faut pas avoir peur, notre Führer va bientôt venir nous sauver. À sa grande surprise, Schwester Mutsch le dévisagea avec une expression d'horreur : comme s'il avait dit quelque chose d'inapproprié, presque injurieux. Les alertes sont de plus en plus rapprochées. Parfois, ils doivent aller se mettre à l'abri dès le matin, sans avoir eu le temps de s'habiller, et une fois ils passent toute la journée dans le bunker, sans eau ni nourriture, assis sur les bancs ou sur le sol, enveloppés dans les couvertures qui étaient les seules choses que Frau Rohrbach a eu le temps d'emporter. Cette fois-là, le 12 avril 1945, il lui sembla que les bombes tombèrent tout près. Surtout il entendit les détonations lourdes des batteries de la défense antiaérienne : elles s'arrêtaient parfois, ou du moins s'interrompaient un instant pour reprendre de plus belle. Cela lui parut sans fin. Quand Rohrbach tourna à nouveau l'imposant volant de la porte blindée, il s'attendit à voir toute la clinique en flammes, mais elle était encore là. Pareille à elle-même. Coulisses grises d'un ciel crépusculaire à la fois jaune et rose dans lequel les corneilles s'envolaient en poussant des craillements indignés. Quelque part au loin, néanmoins, brillait une autre lueur, rouge et vacillante. Schwester Mutsch, qui auparavant affichait une mine sévère, se mit d'un coup à débiter des informations devant ses collègues et les enfants. *L'opéra a pris feu ; la cathédrale Saint-Étienne a été touchée ; où allons-nous bien pouvoir aller ; que va-t-il advenir de nous ; pauvres enfants* ; *s'ils pouvaient au moins*, et ainsi de suite : une litanie qu'elle répétait inlassablement. Depuis ce jour, Hannes s'efforce d'effectuer un tour de garde supplémentaire dans la Montagne. Il lutte pour rester éveillé quand le reste du dortoir dort. Il est ainsi témoin de plusieurs choses étranges. Une nuit, il entend Frau Rohrbach et Schwester Mutsch entrer dans la salle. La lumière bleutée de la veilleuse rend leurs corps flous ; mais leurs voix, elles, sont bien distinctes. Frau Rohrbach dit que la direction de l'hôpital veillera par tous les moyens à ce que les enfants ne tombent pas entre de mauvaises mains. On parle de les envoyer à Munich, ou même à Berlin. En bus ou en camion. À cet instant Hannes Neubauer comprend qu'il ne doit quitter la Montagne à aucun prix. Dans le pire des cas, il fera comme Julius Becker : il emploiera les ciseaux. Seulement, en aura-t-il le cran ? Quelques nuits plus tard, il rêve de sa sœur pour la première fois depuis des années ; la sœur qu'il a eue un jour et que, d'après son père, sa mère a emmenée loin d'eux. Dans sa vie éveillée, il n'a aucun souvenir de son visage, pourtant c'est bien elle qu'il voit dans son rêve. Elle a d'épais cheveux blonds nattés et se tient au sommet d'un haut mur de pierre en instance de démolition : des pierres cassées jonchent le sol tout autour, ainsi que des pieds-de-biche et des pioches. Elle porte une robe simple, évasée et ajustée à la taille, qui se déploie comme une voile chaque fois qu'elle saute du mur. Elle ne cesse de rire. Un rire puissant, irrépressible, qui monte du plus profond du ventre de Hannes. Le rêve est un film à la pellicule endommagée : sans cesse, il revoit sa sœur lever les bras, il revoit sa jupe se gonfler quand elle se laisse tomber, il la revoit rire à en perdre haleine ; mais il ne la voit jamais remonter sur le mur. Elle ne fait que sauter. Et l'instant d'après, elle est de nouveau au sommet. À chaque saut le mur s'élève, rendant la chute plus longue ; jusqu'à l'effroi. *Allez saute, allez saute !* crie la Montagne autour de lui. Quand il ouvre les yeux tout est silencieux, et il n'y a pas une seule infirmière en vue.

Les Mongols attaquent D'abord, il refuse d'y croire. La veilleuse du dortoir est toujours allumée mais la lumière du jour s'est déjà glissée sous le rideau occultant. Le silence est tel que l'on entend le pépiement des oiseaux à travers le vasistas entrouvert. Allongé dans son lit, immobile, il tente de percevoir quelques-uns des bruits *familiers* : l'écho d'une porte ouverte et refermée, des talons claquant dans le couloir, des voix. Mais il n'entend rien. Hormis le pépiement des oiseaux, d'autant plus présent qu'il n'est atténué par aucun autre bruit. Le silence s'élève en un mur compact. Il se rend compte qu'il n'est pas le seul à être éveillé. Autour de lui les autres enfants s'agitent, écarquillent les yeux dans la pénombre. Tout à coup le silence est rompu par une rafale de mitraillette. Les tirs sont très proches. Il se lève de son lit et se dirige vers la porte quand retentit une nouvelle salve, suivie d'un cri puis d'un rire étouffé. Il s'attend à ce que la porte soit fermée à clef, comme d'habitude ; à sa grande surprise il l'ouvre sans difficulté. De l'autre côté, le couloir désert baigne dans une lumière blafarde. Les vasistas sont ouverts et là aussi les oiseaux ont érigé un espalier incessant de pépiements fugaces. Il traverse le couloir avec l'impression d'avoir les jambes remplies d'eau. Il jette un coup d'œil dans le bureau des infirmières. Vide. L'office ? Vide. La salle d'eau, avec ses lourds éviers en émail et ses pommeaux de douche en forme de nuque d'enfant : vide aussi ; seul le carrelage reflète la lumière. Dans le couloir, il croise un garçon appartenant à l'une des unités de l'étage. Il s'appelle Rudi. C'est une âme tourmentée qui erre de droite et de gauche dès qu'elle en a l'opportunité. Ses pieds n'en font qu'à leur tête et il est toujours contraint de les suivre. Hannes ne l'a jamais entendu prononcer un seul mot et ce jour-là ne fait pas exception : il sursaute simplement à la vue de Hannes. Ils s'observent comme deux étrangers. Puis les pieds de Rudi se remettent en route et Hannes retourne à son dortoir.

Ils sont partis, annonce-t-il.

Vingt paires d'yeux sont fixées sur lui.

Alors les Mongols sont arrivés ?

Comme chaque fois que Pototschnik s'adresse à Hannes, sa voix prend une inflexion narquoise. Pourtant, Pototschnik a peur : son regard fuyant le trahit.

Il sait que Hannes l'a remarqué et pendant quelques instants il a remodelé sa peur en une sorte de hardiesse désespérée. Il passe devant Hannes en courant, entre dans la salle des infirmières puis en ressort avec la tige de Frau Rohrbach. Le menton en avant et la mine sévère, à la manière de la surveillante, il marche de lit en lit et frappe les barreaux en criant *Aufstehen !* et *Raus aus den Betten !* d'une voix stridente. Puis il court jusqu'à l'office et fait tomber les assiettes et les verres des étagères, ainsi que le contenu de chaque tiroir – couteaux, fourchettes, cuillères. Dès lors, la digue est brisée. Si certains enfants se cachent sous leur lit, la plupart se joignent à Pototschnik. Ils frappent casseroles et couvercles, tout ce qui est à portée de leur main, contre la table et les bancs. Hannes a beau crier *Attendez* ou *Attention ils peuvent arriver à tout moment*, personne ne l'écoute. En tout cas, pas Pototschnik. Il est à la tête d'un vrai petit escadron qui s'introduit dans le bureau de Rohrbach et déchire ses livres et ses dossiers, vide ses placards et ses niches, et renverse le contenu de ses tiroirs sur le sol. Le téléphone, le seul du pavillon, est arraché à son étagère par des mains avides et porté en trophée jusqu'au foyer du second étage. Là, Pototschnik casse chacune des vitres de la pièce avec la tige de Frau Rohrbach, puis il attrape le téléphone, l'insère entre les barreaux d'une des fenêtres et, sous les hourras, le jette sur la pelouse. Un soldat étranger les observe de loin avec des yeux ronds. *Chut !* dit Hannes, et tous se baissent sous la fenêtre. Ils attendent quelques instants accroupis avant de relever peu à peu la tête. Le soldat porte une arme à l'épaule et ne quitte pas la fenêtre du regard. Un Mongol, chuchote Hannes. Entre-temps, le Mongol a été rejoint par deux autres soldats ; il leur montre le combiné gisant sur la pelouse. Ils pensent que c'est une grenade, explique Hannes. Pototschnik, des petites bulles de salive aux coins de la bouche (la peur ? l'excitation ?), s'apprête à dire quelque chose mais s'interrompt aussitôt : dans la cage d'escalier résonne le martèlement des bottes des soldats, leurs voix rugueuses qui s'interpellent dans une langue inconnue. Ils vont bientôt trancher la gorge de ceux qui sont restés en bas, murmure Pototschnik, fébrile. Pourtant, au lieu des hurlements attendus, ils entendent un homme éclater d'un rire puissant, puis un ensemble de voix d'enfants s'efforçant de l'imiter. *Boursouille !* semble dire le soldat. Il ne cesse de répéter ce mot d'un ton enjoué, et les enfants s'esclaffent. Prudemment, l'escadron descend l'escalier, Pototschnik ouvrant la marche en brandissant la tige de Frau Rohrbach telle une lance émoussée. Entourés d'une ribambelle de gosses hypnotisés, les trois soldats russes sont postés devant l'entrée de leur unité. Ils sont bien plus petits que ce que Hannes avait cru, avec une nuque épaisse et de larges épaules. Deux des soldats portent un bonnet de fourrure à oreillettes sous lequel leur visage paraît ramassé et joufflu. L'un d'eux ressemble vraiment à un Mongol avec ses petits yeux, son nez camus et les cheveux noirs et raides qui dépassent du bonnet. Le troisième soldat est différent : grand et blond. Ses hautes bottes sont pleines de boue. Quand il voit le groupe de garçons sur les marches, Pototschnik en tête, il tend un paquet de cigarettes. *Vu kurite ? Mogo li ya predlozhit sigaretu ?* La situation se crispe : le soldat étranger aux bottes boueuses – une sorte de chef car, contrairement aux autres, il a des insignes cousus sur son manteau – veut persuader Pototschnik de prendre une cigarette. Le regard fuyant et apeuré, Pototschnik tente de déterminer s'il doit continuer à brandir sa tige ou s'il doit accepter. L'officier avance le paquet encore plus près du visage de Pototschnik, qui finit par prendre sa décision : il attrape une cigarette entre le pouce et l'index comme s'il s'agissait d'un insecte fragile. L'officier gratte une allumette et s'approche de l'escalier pour la lui allumer. Pototschnik aspire la fumée en gonflant les joues d'un air satisfait. Les soldats rient ; pour eux, ce n'est qu'un jeu. Qu'importe : le cœur y est. Les soldats donnent de petites tapes dans le dos des garçons et leur distribuent d'autres cigarettes. Certains ne savent pas par quel bout la tenir, d'autres toussent ou font la grimace. Au final, enfants et soldats se retrouvent dans un nuage de fumée et d'éclats de rire. L'officier aux bottes boueuses, resté dans l'escalier, sourit de toutes ses dents, aussi noires que ses godillots.

Émeute De la suite Hannes Neubauer ne conserverait que quelques souvenirs flous. Ou plutôt il en garderait une série d'images nettes et précises, mais désordonnées. Il ignorerait aussi le rôle qu'il y tient. Est-ce lui qui frappe une infirmière dans le dos avec un manche à balai ou regarde-t-il seulement d'autres le faire ? Dans un autre souvenir, il se voit à la fenêtre en train de crier dans le néant. La fenêtre est celle par laquelle ils ont jeté le téléphone. La nuit est sur le point de tomber, pourtant il y a encore de la lumière dehors. Le combiné est toujours sur la pelouse. Dans le dortoir derrière lui les lits sont sens dessus dessous, le sol est jonché de couvertures et de matelas. Dans un autre souvenir, Schwester Katschenka l'observe d'un air impassible. Comment elle est arrivée là ? Il sait qu'il s'agit de Schwester Katschenka, même si elle ne porte pas son uniforme. De l'autre côté de la pièce, Pototschnik tient les commandes de sa petite troupe composée d'une trentaine de garçons, tous armés d'objets hétéroclites : pieds de chaise cassés, pelles à poussière, tessons de bouteille. Depuis le début, Pototschnik dirige les opérations. Après avoir fait vider la cuisine de tout ce qu'elle contenait de mangeable (avec un succès modéré : ils n'y ont trouvé que des gâteaux secs), il a mené son escadron jusqu'au bâtiment principal. L'idée était d'en retourner la cuisine pour trouver de la nourriture avant d'aller libérer les idiots des pavillons 15 et 17. Qui fait partie de la troupe de Pototschnik ? Hannes ne le sait pas précisément. Certains le suivent de leur propre chef, galvanisés par son visage qui, sous son casque imaginaire, irradie d'excitation. D'autres, tel Hannes, le suivent à défaut d'un autre endroit où aller ou par peur de ce qui pourrait leur arriver s'ils restent en arrière. Les Mongols ont la réputation d'être diaboliques et leur indifférence face aux agissements des garçons a quelque chose de bizarre. Tandis que Pototschnik mène son opération, des camions passent l'entrée et les Mongols installent du matériel dans l'enceinte de la clinique. Le jardin de l'ancien théâtre est occupé par un groupe de soldats ; quelques-uns se reposent à côté d'une pile de paquetages. Ici et là, des membres du personnel de l'administration de la clinique et des médecins en blouse blanche discutent avec des officiers ; à leurs gestes Hannes comprend que les bolcheviques sont à la recherche de logements ou de soins pour leurs soldats et que la direction de la clinique s'y oppose. Quand Pototschnik et sa petite armée arrivent au pavillon 17, l'endroit est déjà réquisitionné par les Mongols. L'entrée est barrée par un garçon arriéré qui s'incline en souriant d'un air idiot. Même après que tous les soldats ont réussi à passer la porte, l'enfant continue ses courbettes. Mais il refuse de laisser passer Pototschnik. Il fait une horrible grimace, sanglote en hoquetant de manière irritante. Pototschnik lui donne un coup de tige sur la tête et l'idiot retrouve toute sa servilité. Pototschnik pénètre dans le pavillon, suivi par son armée. Le garçon de l'entrée n'est que le premier idiot qu'ils rencontrent. Adossés aux murs, les autres se balancent mécaniquement ou ils les regardent, la bouche grande ouverte et dégoulinante de salive. Ils geignent ou hurlent à la mort. Pourquoi, Hannes ne le comprend pas. Est-ce à cause du tumulte, des soldats russes qui montent l'escalier pour s'accaparer le dortoir ? Il y a des infirmières là-haut, en tout cas au moins une : elle court en tous sens pour tenter d'éloigner les enfants avant que les soldats s'attribuent leurs lits. L'un des enfants, un garçon, semble paralysé. L'infirmière le hisse par les bras pour le transporter hors de la pièce, mais le garçon est trop lourd, ou alors il résiste. Hannes voit les genoux de l'infirmière plier sous son poids. L'un des soldats, un grand gaillard dégingandé au visage grêlé, s'approche maladroitement pour l'aider. Au tour de l'infirmière de pousser un cri strident, comme si on l'avait poignardée. L'enfant s'écroule au sol. Quand le soldat cherche à le relever, elle porte la main devant ses yeux et se met à donner des coups dans le vide autour d'elle. D'autres hommes accourent, et bientôt l'infirmière et le garçon paralysé se retrouvent encerclés par une foule de soldats. Entre leurs brodequins, Hannes aperçoit les yeux nus, blancs et brillants du garçon. Pendant ce temps, Pototschnik a poursuivi son expédition. Toujours accompagné de sa troupe, il gravit l'escalier pour rejoindre les salles du premier étage. Là-haut, les Mongols sont partout : assis sur des montagnes de sacs à dos, leurs casseroles sur les genoux, ils fument, boivent et se passent des bouteilles. Un groupe d'enfants s'est rassemblé à la porte, fascinés. Un soldat a sorti un accordéon dont il tire quelques longues notes plaintives. Deux autres attrapent les enfants apeurés et les forcent à danser. Mais les enfants sont désarçonnés. Ils tentent d'échapper aux soldats qui leur font des croche-pieds en riant. Une fille tombe ; un soldat attrape une de ses nattes pour la remettre debout. La voyant les épaules tirées vers l'arrière et le visage déformé par la douleur, Hannes comprend ce que les Mongols auraient dû remarquer depuis longtemps (ou peut-être l'ont-ils déjà compris, et c'est pour cette raison qu'ils s'obstinent à la faire danser) : elle est aveugle. Le garçon que l'infirmière a fait tomber au sol devait être aveugle, lui aussi, sinon il se serait rattrapé en tombant. Le pavillon est plein d'enfants aveugles qui n'ont aucune idée de ce qui se passe autour d'eux, de qui sont ces étrangers à l'odeur bizarre qui beuglent dans une langue incompréhensible. Tout à coup, Pototschnik fait irruption dans la ronde endiablée, acclamé par les soldats. Ils lui tendent une bouteille, qu'il empoigne avec une assurance incroyable avant de boire à grosses goulées. Le soldat à l'accordéon étire le soufflet au maximum, et une vingtaine de voix d'hommes se mettent à rugir dans ce qui ressemble au début d'un chant polyphonique. Puis l'accordéon s'emballe. Et c'est au son des accords enragés d'une polka que Pototschnik se met à danser. Ou plutôt à faire le tour de la pièce en sautillant d'un pied sur l'autre pendant que les soldats, en rond autour de lui, tapent dans leurs mains en cadence. Et chaque fois qu'il semble sur le point de basculer ils le poussent ou le tirent pour le remettre au centre du cercle. Le visage de Pototschnik est écarlate et ses épais cheveux crépus ressemblent à une perruque de travers. Hannes ne sait pas combien de temps encore dure le spectacle. Ni combien d'entre eux, en plus de Pototschnik, sont forcés d'y prendre part. Il ne sait qu'une chose : il doit filer. Les murs se resserrent tout à coup dangereusement. La pièce est saturée de soldats au visage sale et à l'âcre odeur de transpiration. Même dans le couloir, ils sont partout avec leurs affaires. Quand il tente de se faufiler entre eux, ils l'attrapent ou lui donnent des coups de crosse. Ils parlent une langue élastique qui paraît leur coller aux dents ; et plus ils sont nombreux, plus ils se déchaînent contre lui, plus il sent le désespoir l'envahir. Comment son père pourra-t-il venir le sauver, désormais ? Est-ce que toute l'Allemagne est morte ? Et qu'est-il arrivé à Frau Rohrbach et aux autres infirmières ? Leur ont-ils tranché la gorge, selon les prédictions de Schwester Mustch ? Quand il pense à cela, le temps se dérobe sous ses pieds : plusieurs heures sombrent dans un abîme. Disparaissent-elles seulement de sa mémoire ou disparaissent-elles entièrement de la réalité ? Quand il revient à lui, il est debout à la fenêtre du premier étage de son ancien pavillon et crie à pleins poumons. Dehors, la nuit tombe. Il regarde les derniers rayons du jour former une lueur vague au-dessus des jardins ouvriers de l'autre côté de la route. Ce qui est étrange, c'est qu'il a beau y mettre toutes ses forces, aucun son ne sort. Il a l'impression de hurler dans une enveloppe matelassée. Et pourquoi crie-t-il ? Une chose horrible a dû arriver dont il n'a pas le souvenir. Quelques heures encore se sont effacées de sa mémoire. Lorsqu'il recouvre ses esprits, il se trouve dans un dortoir inconnu. Les rangées de lits paraissent flotter dans l'obscurité. Même s'il n'est jamais venu auparavant et ignore totalement comment il est arrivé ici, il sait qu'il se trouve dans le pavillon 15. Cela sent le Lysol, comme partout, mais ici l'odeur est saturée d'effluves d'iodoforme et d'étouffants relents d'urine et d'excréments. Si écœurants qu'il doit déglutir pour ne pas vomir. Certains lits sont munis de grilles ou de barreaux derrière lesquels des visages le fixent, grimaçants et mouillés de larmes.

Les autres sont occupés par des corps tellement déformés qu'il est impossible de les reconnaître : membres mutilés ou surdéveloppés, crâne énorme percé d'yeux vitreux et ternes. Une demi-douzaine de soldats se sont introduits dans la salle. Il reconnaît l'un d'eux, l'officier aux bottes boueuses et au sourire noir qui leur a offert des cigarettes. Les soldats tiennent des lampes torches dont les faisceaux croisés découpent tour à tour un morceau de mur brun, un visage d'enfant (nu comme un crâne), deux mains tendues dont les doigts crochus se referment désespérément dans le vide. Les soldats vont de lit en lit, un foulard ou un mouchoir plaqué sur le nez pour se protéger de la puanteur. Ils se parlent dans cette même langue élastique. Lorsque l'un d'eux, sur l'ordre de son supérieur, pousse un lit dans le couloir, une infirmière se rue dans la pièce en criant *Non non non non !* Une autre infirmière apparaît et tire sur la manche du soldat pour lui faire lâcher prise. Il recule, visiblement surpris, avant de la frapper au visage si fort qu'elle en tombe au sol. *Non !* crie Hannes. Personne ne lui prête attention. Peut-être n'est-il pas vraiment dans la pièce ? Ou alors il est transparent. Les deux soldats tentent de pousser l'infirmière hors de la salle et, comme elle se débat, ils lui font exactement ce que d'autres hommes faisaient à sa mère – d'après ce que son père lui avait raconté. L'un d'eux la tient par les bras tandis que l'autre lui saisit les jambes. Ils la traînent dans un coin, arrachent son uniforme et les vêtements qu'elle porte en dessous. Elle ne cesse de hurler. Hannes ne la voit plus : elle est cachée par le corps des hommes. Tout ce qu'il voit : deux cuisses blanches qui s'ouvrent et se ferment. Dans le couloir résonne un rire rauque, tonitruant, une voix dit quelque chose dans cette langue insaisissable. De toute façon, il n'aurait pas pu comprendre : les cris de l'infirmière, les plaintes aiguës des enfants, tout est noyé sous un vacarme provenant de la cage d'escalier. La porte s'ouvre en grand et la première chose qu'il voit, c'est le garçon-perroquet du pavillon 17. Il se plaque contre le mur, comme s'il voulait s'y fondre. Juste à côté de lui, couchée au sol, il reconnaît Schwester Katschenka. Elle a dû trébucher dans l'escalier : elle a une entaille sanguinolente au front. Elle tente de se relever. Hannes veut l'aider. Il veut lui dire qu'il se passe ici quelque chose qui va à l'encontre de toute règle et de toute justice. Mais elle le regarde avec une telle expression de mépris et d'infini dégoût qu'il n'ose plus bouger d'un pouce. Cela ne dure que quelques secondes. Ensuite, l'armée de Pototschnik descend l'escalier en trombe. Pototschnik, rouge vif et la bouche pleine d'écume, donne un coup, un seul, de sa tige de fer pleine de sang au garçon-perroquet ; il tombe et se recroqueville tel un insecte blessé, bras et jambes repliés contre le ventre, avant de se faire piétiner par le reste de l'escadron qui fonce vers Katschenka. L'infirmière n'a pas le temps de se redresser que déjà la pluie de coups s'abat sur elle. Hannes reconnaît Jan Schipka, le grand Ewald, Rudi Steinhofer, Bruno Mayer. Tous font goûter à Katschenka la tige de Frau Rohrbach. Et sans savoir comment, il se retrouve à leurs côtés et donne aussi des coups. Mais il ignore qui il est en train de battre. Il ignore s'il frappe Pototschnik, ce sale gueulard aux cheveux crépus, ou ce grand dos de femme qui cède un peu plus à chaque coup (il *entend* littéralement le corps céder : il siffle comme un pneu crevé). Ou encore l'autre idiot servile qui, toujours en position fœtale sur le seuil du dortoir au moment où les Mongols viennent enfin les séparer, est la dernière personne qu'il reste à frapper.

XIII

Prisonniers

Occupants Quand Anna Katschenka arrive dans l'enceinte de la clinique, tout est sombre et silencieux. Quelqu'un a dû fermer les vasistas, car quand il fait doux le vent charrie les échos des salles des malades entre les arbres du parc. On n'y échappe jamais totalement : les cris et les longues plaintes des enfants sont certains jours aussi aigus que des hurlements d'animaux en rut ; et par-dessus, on entend les conversations faussement légères du personnel, ainsi que les tintements du métal et du verre. Avant même d'insérer sa clef dans la serrure, elle remarque que la porte du pavillon est ouverte. Cela l'effraie davantage que l'omniprésence – encore invisible – des soldats étrangers. Dans l'escalier, une odeur pénétrante de sueur macérée et de fumée de cigarette emplit l'air. Elle entend des voix en haut, des voix graves, des voix d'hommes et, plus loin, un martèlement sourd et répétitif, pareil à celui produit par le générateur d'urgence utilisé quand il n'y avait plus d'électricité. Les Russes auraient installé un générateur ? Elle pénètre dans le couloir, et soudain Pelikan se jette sur elle. Il le fait sans un mot, il serre seulement son corps contre le sien, humide et tremblant comme une anguille. Les portes ouvertes se multiplient sous ses yeux, et tandis qu'elle essaie de le repousser, la panique l'envahit. Comment Pelikan a-t-il réussi à sortir du pavillon 17 pour venir dans celui-ci ? Il refuse de la lâcher, il la serre de plus en plus fort en haletant comme un chien. Portant le jeune garçon sur le dos tel un sac, elle se traîne jusqu'à l'unité de l'entresol. Elle croit voir à l'autre bout de la pièce une silhouette connue en uniforme d'infirmière. *Schwester Hedwig, êtes-vous en service dans cette unité ?* Elle s'entend parler, mais sa voix est si faible et si peu convaincante que ce pourrait être celle de n'importe qui. Une porte s'ouvre à l'étage supérieur et elle perçoit de nouveau les voix, cette fois-ci plus distinctement. De puissantes voix d'hommes, de soldats. *Schwester Hedwig*, répète-t-elle. *Est-ce que tout va bien ?* La question est absurde, elle s'en rend compte au moment où elle la pose. Derrière l'uniforme blanc d'Hedwig Blei apparaissent trois inconnus, dont la petite taille surprend Anna Katschenka ; ou peut-être est-ce une illusion due au contraste avec la blancheur de l'uniforme ? L'un d'eux tient fermement par le bras la nouvelle infirmière, Marta Fried, les deux autres s'éloignent en direction d'un lit-cage près du couloir. Elle voit le blanc de leurs yeux et le blanc de leurs dents derrière leurs lèvres entrouvertes. Un adolescent se trouve aussi dans la pièce, un garçon de quatorze ou quinze ans qui n'appartient pas à cette unité. Il lui rappelle vaguement quelqu'un. Sa tête chauve ressemble à une grosse boule et il la regarde avec des yeux de plomb. Elle essaye de dire quelque chose. Peut-être veut-elle que l'enfant demande au soldat de lâcher Marta. Et surtout de quitter le pavillon : ils salissent la pièce de leur présence incompréhensible. Elle ouvre la bouche, ou alors elle fait un geste pour leur signifier de partir. À ce moment-là, Hedwig – qui jusque-là semblait clouée au sol – se jette sur le soldat et tire sur le bras qui enserre Marta. Les deux autres accourent alors pour aider leur camarade. Anna Katschenka aimerait aussi se porter au secours de Marta, mais Pelikan s'accroche obstinément à son dos : il donne des coups de talon sur ses flancs comme si elle était un cheval. Cette fois, c'est lui, l'enfant, le plus fort des deux. Ou peut-être est-ce la sidération qui l'a rendue si faible. Tel un cavalier sur sa monture, Pelikan la fait sortir de la pièce et monter l'escalier. À l'étage, la présence des intrus est encore plus évidente : le sol est jonché de piles de vêtements ou d'accessoires militaires, et l'air est chargé de fumée de cigarette, de relents de pieds et d'exhalaisons d'alcool. Pelikan court vers le dortoir des aveugles. Là, les lits sont occupés par des soldats russes tout habillés. Pelikan se précipite à l'intérieur de la salle, son corps exprimant le caractère inouï de ce qui vient d'arriver. Sa manière à la fois impatiente et effarouchée de passer de lit en lit, tel un jeune chien fou, fait rire les soldats aux éclats. Tout à coup, une botte vole à travers la pièce. Pelikan se baisse, sans parvenir à l'éviter : le bout de la botte le frappe juste en dessous de la mâchoire, qui émet un craquement sourd. Il laisse échapper un cri de douleur avant de tomber à la renverse et de ramper jusqu'au couloir. Anna Katschenka observe autour d'elle, impuissante. Ces corps et ces regards étrangers, ennemis, en lieu et place des enfants. Aucun responsable à qui s'adresser, nulle part. Où *sont* les enfants ? Qu'ont-ils fait d'eux ? Marchant à tâtons dans la pénombre, elle a l'impression d'évoluer dans une eau stagnante. Où qu'elle se dirige, elle se cogne à un soldat en train d'entrer ou de sortir d'une pièce. L'un d'eux se tient sur le palier ; il porte des chaussures bien trop grandes et fume l'une de ces écœurantes cigarettes avec des gestes exagérés. Il creuse les joues en écarquillant les yeux, puis il souffle ; ses lèvres s'étirent alors en une grimace menaçante et ses yeux redeviennent deux petites fentes bolcheviques. Elle comprend que la grimace s'adresse à elle, qu'il cherche à la provoquer. Il dit quelque chose qui ressemble à *pona* ou *Iéna.* Dès qu'elle entend sa voix rocailleuse, elle comprend d'où il vient. En une seconde, ils se ruent sur elle, une quinzaine, une vingtaine, tous en même temps. Les enfants de la maison de redressement. Comment ont-ils atterri ici ? Et où sont les aveugles et les malades qui devraient se trouver là ? Très vite ils l'immobilisent. Ils ne sont pas plus forts que Pelikan, seulement plus déterminés. Certains ont des armes à la main : ustensiles de cuisine, couteaux, fourchettes. L'un des garçons, un grand sourire aux lèvres, brandit une paire de ciseaux et l'abat en direction de son œil. Elle réussit à lever le bras pour se protéger le visage, reçoit au même moment un violent coup de pied dans le ventre. Elle tombe en arrière dans l'escalier, et toute la bande se jette sur elle. Elle se cogne la nuque et la joue contre la rampe. La douleur lui fait perdre le contrôle d'elle-même. Elle croit entendre quelqu'un crier KA-TSCHENKA KA-TSCHENKA d'une voix stridente. Ou est-ce son imagination ? Une chose, en revanche, est bien réelle : les soldats étrangers sont juste à côté et ils regardent les enfants la traîner dans le couloir (quand ses genoux plient). Certains rient à gorge déployée et tapent dans leurs mains pour les encourager. *Aucun* n'intervient lorsque les enfants la poussent dans la salle des infirmières et referment la porte. Quelqu'un donne un violent coup de pied dedans. Le tumulte recommence : les enfants fouillent dans les salles voisines, les soldats braillent dans leur langue insaisissable. Un nouvel éclat de rire et on insère une clef dans la serrure. Elle se jette sur la porte ; trop tard. Elle est enfermée.

Les saints auxiliateurs Au cours de la nuit, Pelikan a dû venir se blottir de l'autre côté de la porte car elle sent la chaleur moite de son haleine passer dessous. De temps en temps, elle l'entend geindre de douleur ou changer de position, mais il ne quitte pas le seuil, pas même quand quelqu'un (l'un d'entre *eux* ?) trébuche sur lui ou lui donne un coup de pied. Elle aimerait pouvoir l'aider, mais elle est tout aussi paralysée. Dès qu'elle essaye de se lever, ou simplement de redresser le dos, des lames de couteau s'enfoncent dans son crâne et son cou, et quand elle presse la main sur sa nuque, elle constate qu'elle est couverte de sang. Que penserait Jekelius s'il les voyait, elle et l'enfant, allongés crâne contre crâne tels des siamois, à peine séparés par la porte verrouillée ? Car si elle avait porté Pelikan à bout de bras pendant toutes ces années, c'était uniquement pour Jekelius, pour maintenir son souvenir vivant, ce qui est absurde quand on y pense : jamais Jekelius n'aurait laissé vivre un tel monstre. Elle se souvient de leur voyage à Totzenbach, l'église dans laquelle elle était entrée en l'attendant et le relief représentant les quatorze saints auxiliateurs. Elle tente de se rappeler leurs noms ; la seule chose qui lui vient en tête, tandis que la douleur martèle son corps de l'intérieur, c'est un petit poème mnémotechnique que sa mère lui avait appris quand elle était petite : *Barbara mit dem Turm, Margareta mit dem Wurm, Katharina mit dem Radl – das sind die heiligen drei Madl.* Barbe est la sainte protectrice des mourants, des détenus et des prisonniers ; Marguerite veille sur les blessés et les mères enceintes ; Catherine aide les personnes atteintes de mutisme. Il devrait exister un quinzième saint auxiliateur : il assisterait le malheureux qui échappe à ses devoirs, qui est incapable de protéger ceux dont on lui a confié la garde, est impuissant face aux barbares venus égorger et démembrer ceux qui, à genoux, leur demandent grâce. Elle a dû s'endormir, ou sombrer dans une inconscience bienveillante. Quand elle recouvre ses esprits, c'est toujours la nuit mais tout est silencieux. Elle tend l'oreille, à l'écoute de la respiration du garçon de l'autre côté de la porte ; en vain. À son réveil suivant, la lumière du jour a empli l'étroite pièce, depuis le bureau jusqu'aux jalousies des armoires à archives. Dans le couloir, des bruits de pas décidés se rapprochent. Des voix, aussi, qui ne s'expriment plus seulement dans cet incompréhensible baragouin russe. Elle entend le cliquetis de plusieurs clefs dans la serrure. Puis quelqu'un tambourine à la porte en hurlant en allemand : *Ouvrez, c'est un ordre !* Elle rassemble ses forces pour s'éloigner du seuil. Trop tard : une demi-douzaine d'hommes s'engouffrent dans la pièce. Le premier d'entre eux est un officier de police autrichien âgé et trapu, avec de petits yeux gris et une barbe naissante drue et grisonnante. C'est lui qui mène le groupe. Il fait un signe en direction de l'infirmière puis, sans un mot, deux de ses subordonnés se penchent et la forcent à se relever. Elle manque de s'évanouir de douleur. L'homme s'approche à quelques centimètres d'elle. Son haleine est aigre, métallique comme un liquide de batterie.

Qui êtes-vous ?

Que faites-vous ici ? Pourquoi vous êtes-vous enfermée dans cette pièce ?

Il lui crache ces questions au visage. Les Russes, répond-elle, ou tente de répondre. Il la regarde comme s'il n'avait jamais entendu une chose aussi risible. Il n'y a aucun soldat russe ici, ils sont tous stationnés dans leurs casernes. On m'a enfermée, voudrait-elle ajouter, mais tenter de le convaincre d'une chose inconcevable – les soldats russes ont aidé les enfants à trouver les clefs et *les enfants* l'ont enfermée – l'épuise d'avance. Affaiblie par les coups de marteau qui cognent en elle, elle voudrait se coucher au sol et dormir. Mais où s'allonger ? La pièce saccagée est remplie d'hommes qui entrent et sortent, fouillent les armoires, déchirent les pages des livres et des dossiers qu'ils ouvrent sans savoir ce dont il s'agit. Elle aimerait partir, mais le policier la tire par le bras et la gifle.

Répondez !

De qui vous cachez-vous ?

Et comment vous appelez-vous, déjà ? Redonnez-moi votre nom.

Elle tente de reparler des enfants, mais à peine a-t-elle commencé qu'il aboie. *On a mis les enfants en sécurité pour les protéger des gens comme vous.* Elle ne sait que répondre. Que voulez-vous dire ? finit-elle par demander, ou peut-être pas. Peut-être lit-il simplement l'interrogation sur son visage, car il se met à sourire. Ce sourire las et arrogant sur ce visage gris et marqué sent la vieille noblesse, supérieure et dédaigneuse. *Afin que vous ne puissiez plus poursuivre vos expériences sur ces pauvres petits. Car c'est bien ce qu'ils étaient pour vous, n'est-ce pas ? Ni plus ni moins que des cobayes ?* Quelqu'un entre avec un grand carton et commence à le remplir des dossiers de correspondance et des registres d'adresses qui se trouvent là. Elle veut l'en empêcher, l'interroger sur son droit à s'emparer de la propriété d'autrui. Mais les battements de son cœur le lui interdisent, ses poumons ne contiennent plus assez d'air pour lui permettre de protester. L'officier se tourne de nouveau vers elle : *Tout ce que nous ignorons, c'est quelle quantité de documents vous avez eu le temps de détruire. Car vous avez eu toute la nuit pour le faire.* Il tente de se rappeler son nom. Elle le lui a déjà dit un nombre incalculable de fois et n'a plus la force de le répéter. Alors il gonfle la poitrine, comme si le mutisme et l'anonymat de l'infirmière décuplaient sa colère :

Mais il faut que vous sachiez madame

que tôt ou tard la justice s'occupera aussi des gens comme vous.

Tôt ou tard

Soyez-en sûre.

Une lettre adressée à Mme Pelikan (non expédiée)

Chère Madame,

Je sais que vous avez déjà, par courrier du médecin responsable, été informée du décès de votre fils Karel. La lettre que je vous adresse ici n'a aucun caractère officiel et son but n'est en aucun cas de rendre votre deuil plus difficile. J'ai été infirmière en chef au Spiegelgrund jusqu'en juin dernier, date de la dissolution de la clinique. Beaucoup de choses malveillantes ayant depuis été colportées sur notre établissement, je tenais simplement à avoir une chance de contredire ces rumeurs, dont celle selon laquelle votre fils serait décédé suite à une négligence de notre part. J'ai personnellement rencontré votre fils pour la première fois lors de son transfert du Bruckhof de Totzenbach, et je peux vous assurer que pendant toutes les années où il a séjourné au Spiegelgrund, il a reçu les meilleurs soins possibles. Karel était un brave garçon. Même s'il paraissait retardé, il s'est toujours montré obéissant et serviable. Je regrette seulement que les circonstances ne m'aient pas permis d'en faire davantage pour lui. J'ai compris que, peu avant la fin, il avait commencé à refuser toute forme de nourriture, même liquide. À partir de là, personne ne pouvait plus rien faire. Il se passe tant de choses dans la vie sur lesquelles nous n'avons aucune emprise. En d'autres circonstances, je suis certaine que votre fils aurait eu de plus grandes chances de s'en sortir. Je voulais simplement que vous sachiez que nous avons tous fait ce qui était en notre pouvoir pour rendre la vie plus supportable à votre fils, mais aussi à tous les enfants qui ont été placés sous notre protection.

Avec l'expression de mon plus grand respect,

Schwester Katschenka

Les poids de la libération Les mois suivant l'arrivée des Soviétiques, elle ne put plus faire un seul pas sans tomber sur un soldat étranger. Contrevenant aux ordres, ils rôdaient en ville et se livraient au pillage. Sur la Ringstraße plus une seule façade n'était intacte, et alentour tous les magasins avaient leurs vitrines cassées et leurs étagères vidées. Plusieurs gérants avaient essayé de protéger leur échoppe avec des planches ou une grille de fer, mais on y voyait systématiquement des signes d'effraction : cadenas brisés, impacts de tir ou entailles de haches dans le bois. Alors que les rations alimentaires étaient chiches, les soldats semblaient avoir un accès quasi illimité à l'alcool. Même en plein jour, on les voyait déambuler en bandes en se tenant par les épaules ; ils beuglaient et importunaient chacune des femmes qu'ils croisaient comme si c'était leur droit. Katschenka changeait de trottoir dès qu'elle les voyait s'approcher. Les soldats qui, contre toute attente, restaient sobres s'affairaient à des travaux de réparation : ils abattaient les arbres de Ringstraße et restauraient les rails du tramway. Un matin, la rue fut entièrement barrée au niveau de Volksgarten ; de part et d'autre se formèrent des files de piétons attendant de pouvoir traverser. Soudain, deux des Russes qui supervisaient les travaux vociférèrent des ordres en agrippant violemment les gens par le bras. Certains réussirent à s'enfuir, mais un vieil homme – il portait un manteau et un chapeau et tenait une mallette – ne fut pas assez rapide ; ou alors il pensait pouvoir s'en sortir grâce à son statut social. Il extirpa des liasses de documents de sa mallette et fit des gestes insistants en direction de Bollhausplatz. Ce qui énerva davantage les soldats. L'homme reçut un coup de poing en plein visage et Katschenka vit son chapeau rouler sur l'asphalte poussiéreux de la rue. Tête nue, sous les ricanements des soldats, il fut conduit au bord de la route, où on le força à porter des branches jusqu'à une scie mécanique ; elles y étaient tronçonnées en petits morceaux avant d'être chargées dans la benne d'un camion. La dernière fois qu'elle avait été témoin d'une telle chose, ç'avait été en mars 1938, juste après l'arrivée des nazis. Quand ils avaient lancé cette effroyable chasse aux Juifs. Sauf qu'à l'époque les Autrichiens eux-mêmes avaient été les auteurs de l'infamie ; c'étaient eux les pilleurs enragés. Désormais, ses compatriotes disparaissaient dès que le moindre incident éclatait. Comme si les libérateurs vivaient dans une ville et les libérés dans une autre. En juin, les forces alliées arrivèrent et la ville fut divisée en zones d'occupation. L'ordre public s'améliora un peu, même si la police, selon Otto, était composée de « communistes » qui traquaient leurs anciens opposants politiques. Elle remercia sa bonne étoile d'habiter à Margareten, attribué aux Anglais. Le quartier de Hietzing tombant également sous administration britannique, elle put enfin se rendre à l'hôpital Rosenhügel. Elle ne se faisait aucune illusion sur la probabilité d'y trouver Jekelius. En revanche, elle espérait que ses connaissances et collègues d'avant la guerre lui fourniraient une lettre de recommandation afin qu'elle puisse trouver un nouveau poste : après tout, de quoi pourrait-on l'accuser ? Elle n'avait jamais été membre du parti ni impliquée dans quelque affaire nazie. L'établissement avait été très endommagé par les bombardements. L'une des ailes avait presque été entièrement rasée, à d'autres endroits des échafaudages avaient été érigés pour permettre aux maçons de reconstruire les façades. Sous ces échafaudages, médecins et patients continuaient d'aller et venir, ce qui signifiait que plusieurs unités étaient ouvertes. Dans le couloir des bureaux du personnel elle tomba sur Hedwig Blei. Les deux femmes ne s'étaient jamais entendues. Anna avait toujours senti chez Blei une sorte de méfiance : elle restait distante, n'écoutait que d'une oreille en donnant l'impression du contraire (après tout, Katschenka était sa supérieure). Ce jour-là, le visage large de Blei se contracta et ses yeux pâles se plissèrent.

Katschenka, comment osez-vous vous montrer ici !

Le ton était léger, presque badin, mais ses mots claquèrent, distincts et tranchants. Elle ne serra pas la main de Katschenka. Une ligne invisible s'était tracée au sol entre leurs deux corps : la ligne de la honte, celle ces collaborateurs. Blei resta de son côté, fière et sûre de son bon droit. Malgré tout il fallait bien se parler, alors elles échangèrent quelques mots. Même Blei croyait que Katschenka s'était volontairement enfermée dans la salle des infirmières – il était pour elle inconcevable que les enfants aient pu s'emparer des clefs. Elle, en tout cas, n'avait jamais déserté la clinique, souligna-t-elle. Elle était restée jusqu'au bout, dormant dans la salle du personnel. Les autres avaient fui ou cessé de venir : il n'y avait plus que moi, Schwester Marta et deux infirmières quand les soldats russes sont arrivés. Que serait-il arrivé aux enfants si on les avait laissés faire ? Et vous, que vous est-il arrivé ? aurait aimé demander Katschenka. Mais Blei devança sa question : Moi, je m'en suis sortie. Je sais me défendre. Ce n'est pas le cas de Schwester Marta. La pauvre est tombée enceinte. Katschenka sentit son sang se glacer. Bien qu'elle eût été sur place, et donc témoin de ce qui s'y était passé, elle avait été incapable de se représenter la chose. Comment a-t-elle... ? demanda Katschenka avant de s'interrompre. Blei haussa les épaules. Certaines ont de vieilles connaissances, des sages-femmes prêtes à les aider ou des médecins qui peuvent leur procurer du Salvarsan ou pratiquer eux-mêmes l'opération si nécessaire. Ce furent leurs dernières paroles sur le sujet. Hedwig Blei, plantée devant elle, ne montra aucune volonté de la laisser passer et Anna Katschenka ne tenta pas de la contourner. Elle prit congé d'un signe de tête et repartit. Cette conversation resta cependant gravée dans sa mémoire. Deux jours plus tard, elle prit son courage à deux mains et appela Marta, dont le numéro figurait dans l'annuaire. Elle ne put lui parler directement mais s'entretint avec une jeune sœur à qui Marta s'était confiée. Elle prétendit se trouver dans le même « embarras », et la jeune femme lui communiqua une adresse située à Leopoldstadt.

Acte de décès Stephansplatz est bien plus dévastée que ce qu'on disait, et bien pire que ce qu'elle s'était imaginé. La cathédrale a cependant été épargnée, en tout cas son imposante flèche pointe toujours vers le ciel tel un doigt accusateur. Plusieurs parties du toit et des nefs latérales, elles, se sont effondrées, ravagées par les flammes. Ce n'est pas le résultat de bombardements mais l'œuvre de pillards locaux et d'incendiaires ayant perpétré des actes de vengeance dans toute la ville après l'invasion de l'Armée rouge. Les nouvelles autorités soviétiques les qualifient de saboteurs et de fauteurs de troubles nazis ; pour Katschenka c'est de la propagande. De Rotenturmstraße jusqu'au quai François-Joseph, en revanche, les impressionnants dommages ont clairement été causés par les affrontements. Tout le quartier est revenu à l'état sauvage : une plaine de cendre et de pierre bordée d'immeubles creux et calcinés de chaque côté du canal. Ici et là se dresse encore le squelette d'une façade dont les fenêtres béantes, cernées de suie, regardent dans le vide. Les ponts Schwedenbrücke et Marienbrücke ont été détruits par les troupes allemandes fuyant vers l'ouest : de leur travée et de leurs piles il ne reste que des amas de pierres gisant au fond des eaux. Pour traverser le canal, il faut emprunter une passerelle provisoirement construite au-dessus des fondations rasées. À certains endroits, elle dépasse à peine le niveau de l'eau, et quand on a réussi à arriver jusque-là on doit ensuite redoubler d'effort ou demander de l'aide à un des soldats pour remonter la pente jusqu'au quai. Partout, les patrouilles russes arrêtent les passants sans raison. Anna Katschenka n'est pas inquiète : elle a ses papiers d'identité ainsi que sa carte d'infirmière, et a par ailleurs obtenu l'autorisation de rendre visite à un membre de la famille de sa mère, une vieille dame vivant à Marchfeld – dans une zone où il est encore possible de trouver quelque chose à manger si l'on possède suffisamment d'argent. De nombreux habitants du centre-ville se livrent à la même combine : trouver différents prétextes pour se rendre chez des proches domiciliés à la campagne afin de se procurer un peu de beurre, de fromage, de lard, ou au moins quelques légumes frais. Ainsi, le flux de personnes qui tente chaque jour de passer au-dessus des ponts rasés – en plus des soldats et vendeurs au marché noir, certains employés, chapeau sur la tête et mallette à la main, persistent à vouloir se rendre à leur bureau pourtant bombardé – est trop important pour qu'on puisse le contrôler. Comme elle s'y attendait, elle est arrêtée par une patrouille, mais le jeune soldat qui demande à voir sa carte d'identité est davantage occupé à échanger des plaisanteries et des cigarettes avec ses collègues qu'à vérifier ses papiers. Bien avant la guerre, un clochard jouait du violon au milieu du pont Marienbrücke ; elle revoit son visage décharné, blafard et creusé de cernes noirs tel un ange des pauvres, elle revoit son archet glisser sur le corps de l'instrument quasiment dépourvu de résonance. Sa présence ténébreuse n'aurait pas dépareillé au milieu de ce paysage de ruines au martèlement incessant – il aurait été le gardien marquant l'entrée vers un autre monde. Car Leopoldstadt est méconnaissable. Dans son enfance, c'était un endroit chaotique, à l'opposé du quartier ouvrier d'où elle venait, pauvre mais où l'ordre régnait. À Taborstraße et aux alentours de Karmeliterplatz, il grouillait toujours une foule sans pareille, composée de Juifs et de populations à l'origine diffuse installées dans le coin depuis l'époque impériale : travailleurs polonais et slaves, Tziganes ou Bosniens portant le fez ou le voile. Les chrétiens qui vivaient là avaient le plus grand mal à s'imposer. Elle se souvient notamment d'un matin, jour de la fête du Saint-Sacrement, où toutes les écoles étaient fermées. Son père, Otto et elle étaient en route pour le Wurstelprater, où ils avaient prévu de passer la journée. À peine à mi-chemin, ils s'étaient retrouvés coincés par la procession sortant de l'église des Carmélites. Elle avait aperçu le prêtre, à l'avant, qui portait l'ostensoir ; derrière lui, les bâtons de procession colorés dansaient tels des mâts en pleine tempête. Mais en s'approchant des premiers rangs il leur était apparu que la cérémonie n'était pas responsable de cette cohue. Au contraire, celle-ci avait toujours été là, et malgré les chants et les cloches, le cortège avançait à grand-peine : la masse refusait de s'écarter. Partout les gens essayaient aussi de se faufiler : coursiers s'énervant sur la sonnette de leur bicyclette, marchands tirant des charrettes remplies de produits, Juifs hassidiques en caftan et chapeau de fourrure absorbés par leurs conversations et indifférents au reste. Finalement, le père avait consenti à s'asseoir un instant à l'hôtel Stefani pour « souffler un peu ». C'était la première fois qu'ils allaient dans un établissement aussi renommé. Autour d'eux, les tables étaient occupées par des hommes d'affaires ou des pères qui buvaient le thé ou prenaient leur petit déjeuner avec leur famille. Ils étaient riches et cela se voyait : ils aimaient faire étalage de leur fortune et leurs enfants étaient vêtus comme des petites poupées. Ils s'adressaient aux serveurs en parlant exagérément fort et, au lieu de regarder leurs compagnons de tablée, ils focalisaient leur attention sur leur reflet dans les miroirs ou sur les convives alentour. Comme s'il leur fallait l'approbation des autres pour confirmer leur supériorité. Jamais on ne les entendait prononcer un mot d'allemand ; ils parlaient hongrois, slovaque, ou quelque langue obscure évoquant celle de certains Juifs. Selon son père il ne s'agissait pas d'une langue mais d'un *Mundart*, un dialecte. Pour elle ils ne prononçaient pas vraiment des mots, plutôt des sons à demi digérés qu'ils tournaient dans leur bouche avant de les recracher. Dans sa famille, on ne disait pas de mal des Juifs ; on rappelait seulement qu'ils étaient différents. Son frère connaissait beaucoup de mots juifs. Ils appelaient la police *die Schmier*, par exemple ; le terme sonnait allemand mais en réalité cela n'en était pas. Et il en était ainsi pour toutes les autres choses qu'ils disaient ou faisaient. Mais ils étaient d'excellents joueurs de football, vigoureux et endurants. Un jour, l'équipe d'Otto avait joué contre l'une de leurs équipes de Leopoldstadt. Elle avait perdu mais, beaux joueurs, les adversaires s'étaient serré la main. Son père disait toujours que c'étaient des gens doués et travailleurs, de bons sociaux-démocrates, comme lui. Peut-être était-ce pour cette raison qu'il leur faisait confiance – au point de prêter à Hauslich de l'argent pour sa dot et de croire chacun de ses mensonges, même quand l'escroc avait prétendu que son oncle avait mis un appartement du Leopoldstadt à la disposition du jeune couple, alors qu'en réalité c'était du blabla. Comment son père avait-il pu se laisser berner ainsi ? Elle-même avait vite vu clair dans son jeu. Et qu'est-ce qui n'allait pas chez ces Juifs ? Pourquoi fallait-il toujours qu'ils portent des vêtements empruntés, qu'ils se fassent passer pour ceux qu'ils n'étaient pas et feignent de posséder des choses qu'ils n'avaient jamais possédées et qu'ils ne posséderaient jamais ? Comme Hauslich. Et les voilà de retour, vêtus d'uniformes et de casquettes militaires empruntés à l'Armée rouge. Son père disait que les Juifs étaient surreprésentés chez les communistes. Dans l'armée aussi, sûrement. Ainsi reviennent-ils reprendre ce qu'ils ont emprunté mais considèrent comme leur propriété. Ainsi reviennent-ils dans *leur* Leopoldstadt. Après un certain temps, elle se rend compte qu'elle a des difficultés à s'orienter. Elle vient juste de passer l'entrée de l'hôtel Stefani ; deux camions militaires sont garés devant l'établissement. Le bâtiment voisin, le Taborkino, était un cinéma qu'elle avait quelquefois fréquenté à l'époque où elle étudiait à l'école d'infirmières. À en juger par les nouvelles affiches aux couleurs vives, on y projette désormais des films soviétiques. Des films de propagande, suppose-t-elle. L'environnement urbain trahit quelque chose de tordu, de perverti, d'étranger, et cela la terrifie. Ce sentiment n'a rien à voir avec la dévastation, avec les pans de murs détruits à chaque coin de rue. Il ne provient pas non plus des caractères cyrilliques sur les affiches criardes. Ni même de l'obscurité dans laquelle elle évolue. Elle a d'abord cru à une panne d'électricité générale, puis a fini par remarquer de la lumière aux fenêtres ici et là, souvent à peine perceptible – comme derrière des rideaux tirés. Les rues, au début quasi désertes, se retrouvent tout à coup noyées de monde : les habitants sont peu à peu sortis des maisons sans qu'elle s'en soit rendu compte. Devant ce qui semble être un dépôt de pain saccagé par les pillards, plusieurs personnes font la queue. Tout le monde attend patiemment, même si la file n'avance pas d'un pouce et qu'il n'y a probablement plus aucune raison d'attendre. Et partout des enfants mendient. Ils effleurent ses mains, les manches de son manteau, de manière fugace, n'osant peut-être pas rester trop longtemps au même endroit. Et il en est ainsi de tous les passants qu'elle croise : ils se déplacent de manière raide, sur le qui-vive. Elle ne voit jamais leur visage. Elle évolue dans l'ombre, dans cet étrange demi-monde, sans vraiment savoir où elle est et sans trouver quelqu'un à qui poser la question. L'adresse qu'on lui a donnée est à Große Sperlgasse, quelque part derrière Karmelitermarkt. Il y fait noir comme dans un four et l'extrémité de la rue est bloquée par ce qui ressemble à un tas de planches mais qui est en réalité un énième monticule de pierres et de pans de murs, cette fois mêlés aux restes de toute une maison : des morceaux d'un plan de travail de cuisine, des étagères d'armoire, une baignoire, un siège de toilettes dont l'émail brille dans l'obscurité. Le terrain en face est occupé par une réserve à charbon qu'elle croit fermée au premier abord en voyant le grillage rouillé qui bloque l'entrée de la cour entre les bâtiments. Puis elle y devine un feu. Impossible de voir exactement ce qui y brûle, mais dans la pénombre elle aperçoit une silhouette en train de veiller sur les flammes. Elle ne distingue pas le visage, seulement un front luisant, deux épaules nues et des avant-bras aux contours arrêtés par une chemise sale. L'homme (s'il s'agit bien d'un homme) la dévisage avec des yeux qui ressemblent à deux grands trous noirs, sans bouger, en silence. L'adresse qu'on lui a donnée correspond à l'immeuble voisin. Il n'en reste quasiment plus rien, à l'exception d'un sous-sol qu'elle n'aurait jamais remarqué sous les piles de gravats si elle n'avait pas vu deux femmes sortir d'un escalier débouchant sur le trottoir, tel un point d'accès aux enfers. Elle descend les marches. Tout en bas, une porte entrouverte donne sur un long couloir de murs de briques sans joints. Une banderole rouge clamant des slogans en russe est accrochée sur le mur de gauche, de manière un peu lâche, si bien que les plis du tissu masquent certains caractères cyrilliques. D'autres détails, en revanche, sont clairement visibles : les deux points d'exclamation, le marteau et la faucille, une photo de Staline souriant. Au-dessus et au-dessous de la banderole sont accrochés des dessins d'enfants : des petits chiens attachés à de longues laisses, des maisons carrées maladroitement colorées dont les cheminées exhalent des ronds de fumée. À l'évidence, la crèche reste ouverte, même si l'immeuble au-dessus n'existe plus ; les enfants n'avaient peut-être pas d'autre endroit où aller quand les bombardements l'ont détruit. Elle cherche une porte à tâtons, mais la seule issue distincte dans l'obscurité se trouve à l'autre bout du couloir. Elle pénètre dans une pièce qui, auparavant, a dû servir d'abri antiaérien. Une poignée de femmes sont assises sur des bancs, le regard vide fixé droit devant elles. Deux d'entre elles ont de jeunes enfants. Aucune ne parle, mais quand Katschenka s'approche deux femmes s'écartent machinalement pour lui faire de la place. La pièce n'est pas grande : il s'agit d'une cave ordinaire, avec des tuyaux au plafond et du crépi écaillé aux murs. En dehors de l'ampoule nue qui pend au centre et des bancs occupés par les femmes, il n'y a rien, juste une porte tout au fond. Celle-ci s'ouvre soudain et une femme en uniforme d'infirmière passe la tête dans l'entrebâillement. Lorsqu'elle croise le regard de Katschenka, une sorte d'intuition (ou peut-être la lueur dans les yeux d'Anna quand elle reconnaît l'uniforme) lui fait saisir immédiatement qu'elle n'est pas une patiente. Katschenka prend sa décision spontanément, sans réfléchir : elle s'avance vers la porte. L'infirmière veut la refermer, mais déjà Katschenka s'interpose. Elle a aperçu le docteur Jekelius à l'intérieur, devant une femme allongée sur une table d'examen, l'entrejambe en sang. Sous la table, une chose rouge flotte dans une cuvette en émail. Jekelius retire lentement ses gants et croise son regard sans mot dire. Elle lui trouve mauvaise mine, les traits froids et creusés. Mais quand, plus tard, elle convoquerait le souvenir de son visage, il lui apparaîtrait en réalité plus triste que fatigué, plus anxieux que froid. Cet homme est en cavale, elle le sait ; et il sait qu'elle le sait. Combien de temps restèrent-ils ainsi à se dévisager ? Cela lui semblerait une éternité, mais selon toute vraisemblance il ne se passa que quelques secondes avant que Jekelius ordonne *Fermez la porte* et l'infirmière *Veuillez attendre votre tour* avant de lui claquer la porte au nez. Elle ne reste pas suffisamment longtemps pour voir la porte se rouvrir ; si jamais elle se rouvrit.

XIV

Une vie convenable

Traverser la frontière Plusieurs années plus tard, devant des officiers de police sceptiques, Adrian devrait expliquer comment lui, l'indésirable, était enfin rentré chez lui après la guerre. On exigerait des détails sur sa longue marche depuis la prison pour jeunes de Kaiserebersdorf, sur les gardiens chargés de les surveiller, sur la durée de leur transport en péniche et les personnes qui en assuraient la supervision (information qu'il ignorait toujours), sur la longueur de leur séjour à Ratisbonne. Pas longtemps, répondrait-il. Une semaine, tout au plus. Il s'était fait connaître auprès de la police militaire américaine, qui disposait d'un interprète. Lorsqu'il avait dit qu'il venait de Vienne, l'interprète s'était tourné vers le policier américain et ils avaient éclaté de rire : il y avait tellement de morts à Vienne qu'ils empilaient les cadavres comme des planches de bois à chaque coin de rue ! Cette image le hanterait tout le long de son interminable trajet de retour : les cadavres de son père et de sa mère, de Laura et d'Helmut empilés les uns sur les autres comme des planches de bois, leurs visages morts et vides tournés vers lui, l'attendant pour compléter la pile. Il avait malgré tout insisté pour rentrer chez lui, mais le policier s'était déjà éloigné. Pour le moment, nous ne laissons personne traverser la frontière, avait expliqué l'interprète. Peu après la gare en ruine, Adrian avait repéré un vélo appuyé contre un mur. Quand il l'avait enfourché personne ne l'avait sommé de s'arrêter, alors il avait continué de pédaler dans ce qu'il pensait être la bonne direction. Deux kilomètres au sud de Ratisbonne, il avait été arrêté par un rassemblement sur la route : une remorque s'était renversée dans le virage serré, répandant sur le gravier boîtes de lait concentré, paquets de sucre et de poudre de cacao. Au vu du cachet sur leur emballage, ils avaient été fauchés dans une réserve militaire américaine. Un homme, celui qui avait détaché le cheval de la charrette renversée, lui demanda où il allait. Adrian répondit Passau, préférant ne pas avouer qu'il se rendait à la frontière. Sur ce l'homme empila des sacs de sucre et des sacs de poudre de cacao sur le porte-bagages et lui glissa un billet plié en quatre ainsi qu'un bout de papier avec une inscription. *Dépose ça à cette adresse !* Et voilà, Adrian était devenu un receleur à peine quelques heures après avoir été relâché par les Américains. Mais cela, il ne le dirait pas à l'officier de police qui l'interrogerait, il déclarerait seulement qu'il était venu à Passau afin de poursuivre son chemin en suivant la vallée de l'Inn. Une paysanne lui offrit le gîte et le couvert pour la nuit, et lui indiqua l'endroit le plus sûr pour traverser le fleuve. La nuit suivante, le ciel se couvrit et il se mit à pleuvoir. Aurait-il meilleure occasion que celle-ci ? Il vida ses poches, forma un baluchon avec ses vêtements, serra entre ses dents *die Entlassungskarte*, le laissez-passer qu'il avait reçu au bureau de la police militaire, et entra progressivement dans l'eau. Elle était glacée, beaucoup plus vive qu'il ne l'avait imaginé. Malgré le printemps déjà bien avancé (on était en mai), la lumière du jour était absorbée par les hautes montagnes ; très vite, tout fut si noir qu'il eut l'impression d'évoluer à l'intérieur d'une valise. Il ne sut plus où il nageait, ni s'il nageait vraiment ou se laissait simplement porter par le courant. Tout à coup, Jockerl apparut au-dessus de sa nuque, perché sur ses épaules ; la chair en putréfaction de ses cuisses lui serra le cou là où la surface de l'eau clapotait contre sa peau. Tu ne m'oublies pas, hein, dit Jockerl en appuyant sur sa tête pour la maintenir sous l'eau. Et soudain il se retrouve dans la cale qui prend l'eau de toutes parts. Jockerl a déjà la tête sous la surface. Quelle importance, puisqu'il est déjà mort ? Il n'y a que toi et moi ici, murmura Jockerl avec ses yeux de poisson aveugles et son sourire de porcelaine. Ils sont emportés par les tourbillons glacés du fleuve, enlacés l'un à l'autre, les lèvres mortes de Jockerl pressées contre les siennes. Il ne sait plus où il est ni ce qu'il tient entre ses bras. Pendant un instant, il sent glisser au bout de ses doigts le tissu bleu de la robe de Fraulein Santer, puis les cheveux de Jockerl. Enfin il comprend qu'il s'agit de brins d'herbe : il est sous une longue berge verte. Il s'agrippe aux touffes, cherche du bout des pieds des pierres sur lesquelles prendre appui et se hisse lentement dans l'herbe haute comme à l'intérieur d'une tête gigantesque. Est-il arrivé chez lui ou le courant l'a-t-il ramené en Allemagne ? Il s'allonge sur le dos mais le ciel est toujours invisible. Seul le bruit du fleuve emplit l'espace normalement occupé par la terre et le ciel. Un bruit étonnamment clair et ouvert. Ou est-ce la nuit autour qui est si sombre ?

Le retour de Gulliver Après sa traversée, Adrian décida de se débarrasser de Jockerl définitivement. Il avait déjà trouvé comment faire à la fin de son séjour à Kaiserebersdorf, ce matin du mois de février où, à bord de camions, on les avait envoyés déblayer les décombres causés par les bombardements à Albener Hafen. Il allait tuer Jockerl à coups de bêche ou de pelle. Sauf que ce jour-là, sur la plate-forme du camion, il n'avait pas eu de pelle à disposition. Mais maintenant, il en avait une. Il avait trouvé un travail dans une ferme près de Saint-Florian. Cela n'avait pas été difficile. De ce côté-là du fleuve aussi il y avait des stations de police militaire américaine avec des interprètes germanophones ; l'un des interprètes rencontré à Grieskirchen lui avait conseillé de se signaler auprès de la mairie. Là, il avait pu échanger les papiers provisoires délivrés par les Américains à Ratisbonne contre une nouvelle carte d'identité munie de tampons et de signatures, avec son nom et celui de ses parents distinctement tapés à la machine. Ensuite, il avait eu pour ordre de se présenter dans une ferme à quelques kilomètres au sud de Saint-Florian. Elle appartenait à un paysan du nom de Maximilian Gruber. En réalité, Gruber possédait deux domaines : un grand *Vierkanthof* en haut de la colline qui surplombait le village, et une ferme plus petite située cent mètres plus bas dans la vallée. La grande ferme comportait une rangée de maisons entièrement dédiées au logement des employés : une trentaine de personnes en tout – des vachères, des conducteurs de tracteur et même des palefreniers et des ébénistes officiant dans une menuiserie spécialement aménagée. À l'étage, une demi-douzaine de réfugiés de guerre polonais aux visages tristes sont en train de jouer avec des allumettes. C'est parmi ces pyromanes potentiels qu'Adrian est logé. Ils lui expliquent que s'ils ne partent pas d'ici très vite, ils mettront le feu à tout le bazar. Et que le gros Gruber brûlera avec son bazar parce que c'est un ancien nazi. C'est ce que les gens racontent dans la région : il aurait été membre dirigeant de la NS-Bauernschaft. Personne n'ose le questionner sur son passé pour la simple raison qu'il emploie beaucoup de monde, dont des réfugiés de guerre et des anciens ennemis comme nous, expliquent les pyromanes polonais en grattant les allumettes. Gruber a un fils âgé de douze ans qui le suit partout où il va, comme s'il était collé à ses larges hanches. Le garçon est maigre à faire peur et tremble de tout son corps : on pourrait croire qu'il a froid même en plein mois de juin ! Adrian connaît bien ce type de garçon. Il est de ceux qui auraient légitimement dû être admis au Spiegelgrund pour traitements spéciaux. Mais Gruber avait dû faire jouer ses relations avec les autorités ; ou alors il connaît un moyen d'éviter aux enfants l'hôpital psychiatrique, un moyen que les autres ignorent. La nuit, Adrian réfléchit à tout cela. Il pense à ce que l'on pourrait appeler, faute de mieux, la justice dans ce monde. Il pense à l'époque où il était Gulliver. Grand et fort, mais aussi pieds et poings liés. L'un va avec l'autre. C'est pourquoi il est grand temps de se délester de tout ce qui l'enchaîne, à commencer par Jockerl. S'il ne le fait pas maintenant, il devra le traîner pour l'éternité et sera condamné à errer sans jamais pouvoir rentrer à la maison. Pourtant, *si* vraiment il assassine Jockerl, il ne sera jamais libre. Ça, il le sait : celui qui tue quelqu'un ne trouve jamais la liberté. Le lendemain, c'est dimanche et tout le monde à la ferme, y compris les pyromanes polonais, est allé à l'église pour célébrer la messe. La matinée est belle, le ciel doux et dégagé, et le doux son des cloches flotte sur la vallée. Difficile de croire qu'une guerre vient de se terminer. Adrian baisse les yeux et regarde le sentier qui relie les deux corps de ferme entre eux. Il le voit serpenter telle une corde blanche entre les champs baignés de lumière. Seul le tas de fumier, de l'autre côté de l'étable, est plongé dans l'ombre. Jockerl est déjà allongé dans l'herbe, conscient qu'Adrian est venu l'assassiner. Il se cache la tête entre les mains, mais ça ne sert à rien. Autour de lui flotte une puanteur familière. L'odeur du macchabée. L'odeur du fumier. Adrian brandit la bêche et donne un coup. Puis un autre, et un autre ; il tient la bêche de la même manière que quand il déblayait les gravats, fermement et des deux mains. Il ne s'arrête que de temps en temps pour essuyer ses paumes trempées de sueur et changer de prise. La sueur de Jockerl sur le manche de la bêche. Les yeux fixes de Jockerl qui roulent dans l'herbe. Le crâne de Jockerl qui explose. La cervelle de Jockerl qui se répand et se mêle à la terre, à la paille et au purin. Mais la bêche s'obstine à lui glisser des doigts, l'obligeant à changer encore de prise, et enfin il brise les mâchoires de Jockerl jusqu'à ce qu'il ne reste plus un seul morceau de son sourire de porcelaine ; puis il pousse le tout sur le tas de fumier, qu'il recouvre de terre à grands coups de pelle et de fourche. Malgré ses efforts, il reste pourtant beaucoup de fragments à enterrer, des morceaux de côtes ou de hanches, des éclats de cartilages et de phalanges qui, au lieu de se briser, surgissent de chaque petite butte de terre pour lui sauter dessus. Il lâche la fourche et, en s'essuyant le visage, constate qu'il saigne aussi des yeux. Il crie. Pourquoi, il l'ignore : malgré ses vertiges et le rouge dans ses yeux, il n'éprouve pas de colère. Peut-être crie-t-il maintenant parce qu'il n'avait pas la force le faire plus tôt. Le hurlement se dissout dans le son des cloches et disparaît dans le ciel sans que personne l'entende. Adrian vient de poser la fourche au sol quand il aperçoit son père : il avance vers lui sur le chemin qui relie les deux fermes. Il reconnaît tout de suite son chapeau noir et sale, sa manière de tenir une bouteille du bout des doigts, de progresser en chaloupant. Eugen s'arrête subitement comme si les limites du chemin s'étaient brouillées : il est ivre. Il marche toujours ainsi quand il a trop bu. Il lève les yeux en direction de la ferme et, comme si l'ivresse avait affûté sa vision, il sourit et salue Adrian d'un grand geste de la main. Adrian, qui s'était cru invisible à l'ombre du tas de fumier, panique. Que faire des restes du cadavre ? Alors il continue à labourer. Heureusement, le sol est meuble et il parvient à creuser des petites fosses dans lesquelles il dissimule les restes honteux de Jockerl, juste avant de s'apercevoir que les employés de la ferme sont revenus de l'église. Il entend leurs voix ainsi qu'un concert de casseroles en provenance de la partie de la maison qui donne sur la cour. Quand il pénètre dans la cuisine, son père est assis à la grande table ronde autour de laquelle tous se réunissent le soir, dès que la cloche a sonné le dîner : propriétaire, employés et saisonniers (tel que lui) et pyromanes polonais. Le père a grandi depuis la dernière fois qu'Adrian l'a vu. Ou plutôt, il a enflé : sa tête et son corps paraissent plus *lourds*. Il appuie son avant-bras sur la table et se tourne vers Adrian, un sourire jusqu'aux oreilles. Je suis venu chercher *celui-là* ! Je le ramène à la maison ! dit-il en pointant un doigt tremblant vers lui. Est-ce pour souligner leur parenté ou seulement parce que, dans sa fougue, il a oublié le prénom de son fils ? Adrian penche pour la dernière explication. Son père est si saoul qu'il menace de s'écrouler à chaque instant, pourtant il n'entend rien lâcher. Eugen Ziegler, le même Ziegler qui s'était autrefois juré de tuer son fils de ses propres mains s'il apprenait qu'il collaborait avec les nazis, fait désormais des affaires avec un paysan nazi, assis à une table sur laquelle trône l'alcool qu'il a trimballé jusque-là. Et pendant la conversation, il sort même une seconde bouteille de ce qui semble être une réserve sans fond.

Gruber se laisse volontiers convaincre. Après tout la messe est terminée. Son gros rire gras résonne ponctuellement dans la cuisine après chaque plaisanterie qu'Eugen Ziegler, de plus en plus incohérent, éructe entre ses gorgées. Pendant ce temps, la femme de Gruber continue de remplir un carton de fromage, de jambon et de saucisses de toutes tailles et de toutes formes : *Rauchwurst* et *Selchwürste* en longues bandes, bocaux de verre remplis de cornichons, de compote de pomme et de poivrons marinés. Eugen entasse le tout dans le sac à dos et les besaces qu'il a apportés ; le reste, tout ce qui ne rentre pas, le fils doit le porter à la main jusqu'à la gare. Le père est satisfait. Il avance en titubant, le bras nonchalamment posé sur les épaules du fils. À Vienne, les gens tueraient pour un dixième de cette saucisse, se félicite-t-il en sortant quelques boucles de boudin noir de son sac à dos. Adrian aperçoit alors le sommet de son crâne ; les cheveux noirs dont le père a toujours été si fier – il les huilait chaque soir, les protégeait sous un filet et clamait qu'ils le faisaient ressembler au boxeur Joschi Weidinger – se sont depuis longtemps clairsemés. À travers les mèches soigneusement peignées en arrière les racines apparaissent ; dans le soleil brûlant de l'après-midi, elles sont blanches et pitoyables, on croirait de la soie de porc. Dire qu'il a fait tout ce chemin pour venir voir son fils ! Non, il est seulement venu faire des affaires. Dans le train, alors qu'ils sont tassés dans l'étroit compartiment, Eugen explique à son fils qu'ils ne seront en sécurité qu'une fois passée la gare d'Enns. Là, les contrôleurs russes montent à bord. Lui, Ziegler, a de bons rapports tant avec les Russes qu'avec les anciens paysans nazis. Tu vas voir, le prévient-il. En effet : bientôt une langue étrangère résonne dans les couloirs, et avec elle le martèlement des bottes et le claquement des portes. Le père n'essaie pas de dissimuler les saucisses qu'il a enroulées autour de son cou. Au contraire : quand les portes de leur cabine s'ouvrent, il brandit le speck et fait signe au jeune contrôleur désarçonné d'approcher, l'index posé sur ses lèvres. Le Russe jette un bref coup d'œil à gauche et à droite avant de refermer rapidement derrière lui. Maintenant ils sont seuls, et le père, à grand renfort de sourires et de gestes, parle le même baragouin russe dans lequel Adrian l'a déjà entendu s'exprimer. Le speck disparaît d'abord, puis c'est la moitié de la saucisse qui passe sous la ceinture du soldat russe. Enfin, après un rapide salut militaire (de chacune des deux parties), la porte de la voiture s'ouvre et se referme, le chef de gare donne un coup de sifflet et, de l'autre côté de la vitre, le bord du quai se détache du convoi. Lentement, par à-coups, il glisse dans la zone d'occupation soviétique. À Enns, plusieurs personnes montent à bord, la plupart chargées de sacs à dos remplis de nourriture et de combustible qu'elles parviennent à peine à faire entrer dans la cabine exiguë. Un vieil homme transporte même une cage à lapins. À chaque secousse, les corps des passagers s'entrechoquent comme ceux des lapins effrayés. Leur propriétaire, bouche ouverte, tend les mains dans un geste d'excuse. Adrian reconnaît immédiatement son sourire : c'est celui de Jockerl. Une bande de peau ridée qui se déchire pour dévoiler une rangée de fausses dents de porcelaine grise. Adrian baisse les yeux vers le sol, couvert de mégots de cigarettes écrasés. Le père a de nouveau sorti sa bouteille. Combien t'en veux contre un lapin ? demande-t-il tandis que la bouteille commence à circuler dans la voiture, dont l'ambiance s'anime gaiement. Même Adrian a le droit à une gorgée. Le breuvage est tiède et amer et, bien qu'il ait fait plusieurs fois le tour de la cabine, il a conservé le goût âpre de la gomina du père. L'homme aux lapins ouvre grand les lambeaux de peau qui lui servent de lèvres et braille une sorte de chant haché par les secousses et les roulis. Après quelques rasades d'alcool, il ouvre la cage et tend une bête frétillante à Eugen. En reflet dans la vitre du train, Adrian voit le visage de son père se tordre dans une grimace à l'instant où, d'un geste expert, il tord le cou de l'animal. Pas une seule fois tu ne m'as demandé où j'étais passé. Le plafond de la cale de la péniche vient le frapper au visage. La voiture tangue et grince. Les roues s'écartent sur les rails, qui s'éloignent les uns des autres. Dehors, la lumière s'intensifie. Le train croise des bolides au cri assourdissant et furieux, qui bientôt laissent place à de sombres façades aux fenêtres béantes. Adrian aperçoit un panneau de gare, sans avoir le temps de le lire. Le père, avec sa brutalité habituelle, s'est déjà levé pour descendre les sacs du porte-bagages. *Tiens !* Il appuie le lapin contre la poitrine de son fils. Un liquide chaud et visqueux, sang ou selles, s'échappe du corps de l'animal et coule sur le ventre d'Adrian. *Tiens !* répète le père. Pas une seule fois, tu ne me l'as demandé. Tout le monde se précipite vers la sortie. La voiture tangue bien qu'elle soit immobile. Les annonces des haut-parleurs écorchent les oreilles d'Adrian. *GARE DE L'OUEST*, lit-il sur un panneau. Pourtant aucun bâtiment ne se dresse derrière ce panneau, juste un petit guichet au pied d'un tas de gravats devant la barrière de sécurité. À côté, on a improvisé un poste de contrôle : une demi-douzaine de militaires russes postés sous une banderole d'obscurs caractères cyrilliques rouges et noirs. Laisse-moi faire, enjoint le père en se positionnant devant le mur de policiers en uniforme. Adrian veut le suivre, mais le sol flanche sous ses pieds ; c'est le plancher de la péniche. Il s'enfonce dans une obscurité toujours plus profonde. À chaque pas supplémentaire dans cette nébuleuse grise, l'écœurant goût de l'alcool emplit sa gorge et sa bouche. Et bientôt le malaise déferle en vagues lourdes et épaisses. Le corps du lapin serré contre son ventre lui échappe peu à peu. La lanière de son sac glisse de son épaule. Tout son corps chancelle, et au bord du quai son estomac expulse un flux ininterrompu de bile. Il fait aussi sombre qu'à l'intérieur d'une tombe. Fait-il vraiment si sombre à Vienne ou est-ce seulement sa vue qui décroît ? À l'autre bout du quai, il aperçoit sa mère. Ses omoplates saillantes forment des ailes rabougries sous son gilet gris. Il sourit de manière coupable et incertaine, comme son père : Tu ne me reconnais pas ?

Les terres de son père À partir de ce jour, tout ce qui pouvait le lier au nom Dobrosch mourut en lui. Il devint un Ziegler, profondément ancré dans les terres paternelles.

Les premiers mois après la guerre, il travailla comme garçon d'office chez un ami de son père, appelé comte Frosch ou simplement le Comte, qui tenait un restaurant à Rotensterngasse, à Leopolstadt. Ce fut le premier véritable emploi de sa vie ; il allait avoir dix-sept ans cette année-là. L'établissement était peu fréquenté, et les seuls clients s'y rendaient simplement pour faire des affaires. Dans l'office, ses tâches consistaient à rincer les verres et à empiler les caisses de bouteilles vides. Un jour, le Comte l'emmena voir son entrepôt de l'autre côté de la cour : une enfilade de pièces sombres et poussiéreuses. L'une d'elles abritait des lustres en cristal reposant au sol tels des oiseaux tombés du ciel ; les deux autres contenaient des canapés et des chaises longues, des buffets et des tables, et quantité de lampes : des lampes sur pied et des lampadaires aux abat-jour en verre ou en tissu drapés ou brodés de jolis motifs fleuris. Le Comte lui assura qu'il ne s'agissait pas de biens volés, mais d'objets qu'il avait recueillis au péril de sa vie quand les Juifs avaient été chassés de la ville et sauvés une seconde fois quand les nazis avaient battu en retraite. Désormais, il n'y avait plus que des Russes à Leopoldstadt. Le Comte entretenait avec eux une relation compliquée. À peine quelques jours après la « libération », un petit groupe de soldats s'étaient présentés dans son restaurant et avaient exigé de l'eau-de-vie. Comme il avait refusé, ils s'étaient emparés de tout son stock de farine, de sucre, de choucroute et de pommes de terre. L'entrepôt à meubles était la seule chose qu'ils avaient laissée intacte : ils n'avaient pas compris que ces pièces de l'autre côté de la cour faisaient aussi partie du restaurant. Il avait réussi à négocier une trêve à laquelle les Russes n'avaient consenti qu'à une condition : une ou deux fois par mois, un officier haut placé du GPU, parfois accompagné d'un ou deux de ses collègues, viendrait manger et boire aux frais de la maison. Après le repas, l'officier le laissait tranquille pourvu qu'il puisse emporter une ou deux caisses de *sekt* – le vin mousseux que le Comte mettait spécialement à sa disposition. Il aurait bien informé l'officier de l'existence de son entrepôt, mais il savait que la police criminelle russe menait une grande opération contre les restaurateurs suspectés de recel. Et il était bien connu que les communistes orthodoxes du GPU ne considéraient pas d'un bon œil ceux qui s'enrichissaient ouvertement au détriment des autres. Voilà pourquoi l'entrepôt était encore là, intact, mais aussi pesant qu'une mauvaise conscience ; Adrian ne voudrait-il pas l'aider à le débarrasser de tous ces biens compromettants ? De préférence en échange de médicaments, de nourriture et de cigarettes, ces choses pour lesquelles les gens étaient vraiment prêts à mettre le prix. Il toucherait une bonne commission sur tout ce qu'il réussirait à vendre. Adrian ne répondit pas. Ils venaient d'entrer dans une pièce remplie de toutes les sortes de souliers possibles : des bottes d'équitation aux galoches en passant par des bottines à boutons et d'élégants escarpins. Certains paraissaient neufs tandis que d'autres avaient le cuir usé ou poussiéreux. Pendant longtemps, Adrian fut obsédé par ces chaussures. Rien de ce que porte une personne n'est plus banal qu'une paire de chaussures, rien n'est plus facile à abîmer ou à retirer. Est-ce ce qu'avait pensé son codétenu, Alois Riedler, quand, tel un second Houdini, il s'était détaché de la corde avec laquelle ils avaient été conduits aux péniches – laissant ses sabots sur le quai, comme s'ils n'avaient rien à voir avec le corps d'enfant gisant cinq cents mètres plus loin ? Pourtant, existe-t-il un objet qui porte de manière plus évidente et plus intime la trace et la marque de son propriétaire ? Le contrefort d'une vieille paire de sandales en toile imprime les mouvements de toute une vie. Adrian Ziegler est donc devenu l'administrateur de la vie et des possessions des autres. Mais qu'en est-il de sa propre vie ? Officiellement, il est domicilié chez ses parents ; toutefois, comme il ne peut pas supporter son père, le comte Frosch a mis à sa disposition au fond du restaurant une pièce à peine plus grande qu'une garde-robe. Il préfère cependant demeurer chez Paul Schöner : une connaissance du comte qui possède un jardin ouvrier à Wasserwiese, en dehors de la ville, près du Prater. Ils ont déplacé une partie du contenu de la réserve du comte dans la cabane à outils du jardin – étant donné que le stock doit être surveillé, Adrian a convaincu Paul Schöner de l'y laisser dormir. L'endroit, froid et venteux, est pourvu d'une petite cheminée et de bois de chauffage, et la pompe à côté du potager fournit l'eau. Il a déjà survécu dans des conditions pires que celles-ci. Paul Schöner travaille de nuit à la boulangerie Ankerbrot, à Favoriten, également dans la zone d'occupation soviétique. Ils ont pu remettre en route la production grâce aux livraisons de farine en provenance de l'Union soviétique et, chaque matin, Schöner revient sur sa bicyclette avec du pain frais qu'on lui donne en plus de son salaire. Il a réussi à vendre plusieurs des chaussures vernies d'Adrian à des officiers de police russes ; trop heureux de pouvoir les envoyer à leur femme ou de les offrir à des prostituées, ils ne se préoccupent jamais du fait qu'elles aient été portées par des Juives. Quand Schöner est payé sous forme de vodka, les gens affluent vers la petite cabane à outils de Wasserwiese. Et un jour, le Couteau d'argent se présente. Ah, c'est toi qui t'es enfui de l'asile de fous, dit-il en souriant comme s'il s'agissait d'une bonne blague. Mais Adrian est incapable de se mettre en colère. Depuis la dernière fois qu'ils se sont vus, le Couteau d'argent a eu un cancer du foie. Sous le rebord de son chapeau, son visage est encore plus émacié et son costume qui pend sur ses épaules lui donne des airs d'épouvantail. La fois suivante, il sort de son portefeuille une coupure de journal qu'il lui tend d'un geste solennel. Trois des médecins du Spiegelgrund ont été arrêtés et vont être traduits en justice. Sur la photo, on voit Illing assis entre Türk et Hübsch. Ils sont séparés par des agents en uniforme. Adrian regarde les trois médecins. Pourquoi le docteur Gross n'est-il pas avec eux ? Où ont-ils bien pu le cacher ? C'est la seule chose à laquelle il pense. Sinon, il aurait très bien pu s'agir de trois inconnus. Il a déjà amputé sa vie de leur souvenir ; il ne ressent rien en les voyant. Cette période vécue entre ses dix ans et ses quinze ans – sans penser ni ressentir, sans regretter ni rêver – est loin de lui, coupée de son existence actuelle. À quoi ressemble l'existence d'une personne qui n'a plus de passé ? Cette nuit-là, ils boivent tous la vodka de Paul Schöner, sauf le Couteau d'argent qui ne peut plus boire. Quand Adrian boit de l'alcool, il divague souvent et le visage qui parle à l'intérieur de lui n'a pas les traits de celui qui parle à l'extérieur. Et justement parce qu'il ne se reconnaît plus, il doit garder tous ses compagnons prisonniers des longues chaînes de mots qu'il noue autour d'eux. Pour finir, Paul Schöner lui hurle d'arrêter, bon sang arrête de raconter toutes ces conneries ! Et voici qu'Adrian le frappe au visage. De la même manière qu'il a frappé Jockerl. Avec lenteur et détermination, et un poids derrière chaque coup. Comme s'il lui fallait totalement anéantir la personne avec qui il vient de rire et de plaisanter. Seuls les bras des autres l'empêchent de l'achever. Voilà comment on me remercie, lance Schöner le lendemain matin quand, le visage sanguinolent et couvert de pansements, il enfourche sa bicyclette. Deux heures plus tard, la police arrive. Est-ce Schöner ou quelqu'un d'autre qui l'a dénoncé ? Cela se passe en septembre 1946. Il est conduit au tribunal puis, après son jugement, à la prison pour jeunes de Graz-Karlau, où il purgera une peine de quatorze mois de prison pour recel, violence et violation de domicile – le premier établissement de ce qui s'avérera être une longue série d'emprisonnements.

À l'entrepôt Il faudrait à Adrian plusieurs années pour réapprendre à supporter la vue d'enfants inconnus. Ou simplement d'un groupe d'inconnus. Dès qu'il croisait des petits enfants braillant d'une voix aiguë ou des écoliers portant leur sac à dos en rangs serrés, il tournait la tête et changeait de trottoir. Il se reconnaissait dans ces corps efflanqués se faisant tout petits devant leurs camarades par peur de recevoir un coup. Il reconnaissait la faiblesse, l'angoisse que l'on porte en soi, telle une bassine remplie d'eau bouillante menaçant de déborder. Le plus terrifiant, c'était le désir d'effacement qu'il décelait dans les yeux de ces enfants : ce souhait éternel d'*échapper* – à la situation, à l'obligation d'aller là où on veut les faire aller, à l'incessant devoir de représentation. Adrian aurait voulu disparaître totalement, se fondre parmi ceux qui se pressaient autour de lui et devenir invisible. Quelques années après la guerre, sa mère et son père sont de nouveau ensemble. Ils vivent à Kundmanngasse, dans le grand appartement d'une famille nazie ayant fui à l'arrivée de l'Armée rouge. Selon l'usage, les Russes l'ont d'abord dépouillé de ses objets de valeur avant de le restituer à la commune de Vienne ; grâce à ses bons contacts avec les Russes, Ziegler a réussi à obtenir que l'appartement soit désormais à son nom. Le logement étant particulièrement spacieux – quatre pièces et une cuisine avec office séparé –, sa sœur Laura accepte de nouveau, quoique à contrecœur, de rendre visite à sa mère en compagnie de son époux et de leurs jeunes enfants. Le père, à qui Laura a solennellement juré de ne plus jamais adresser la parole, s'enferme dans l'une des pièces pendant toute la durée de la visite pour ne ressortir qu'après le départ de sa fille. À sa libération, une fois sa peine purgée à Graz, Adrian est envoyé chez ses parents à Kundmanngasse. Il y dispose même de sa propre chambre, ce dont son père se vante devant toutes ses connaissances. Le père lui trouve du travail. La plupart de ses contacts étant dans la restauration, il s'agit de postes de serveur ou de garçon d'office. Pendant un temps, Adrian travaille au casino des officiers britanniques à Hietzing. Puis, au bout de six semaines, la roue tourne : il est convoqué par le chef, furieux qu'Adrian ne lui ait pas dit qu'il avait fait de la prison. De quoi l'établissement aurait-il l'air si tous ses employés étaient d'anciens criminels ? Son père, encore une fois obligé d'intervenir, lui trouve un nouvel emploi en cuisine. Un jour, un homme – croisé parmi les nombreuses têtes évoluant au milieu des casseroles et des planches à découper – lui affirme avec le plus grand sérieux qu'il est facile de savoir si une personne possède une âme ou non. Tout est dans les yeux. Ceux qui n'ont pas d'âme sont incapables de regarder les autres dans les yeux : leur regard ne possède aucun point d'ancrage intérieur. C'est donc pour cela qu'Adrian Ziegler a autant de mal à se regarder dans le miroir et à se reconnaître dans les autres ? Extérieurement, il dégage une impression propre et convenable. Il a les hanches minces, il est large d'épaules, peut-être est-il juste un peu petit : comme si ses jambes avaient soudain cessé de grandir, tandis que le reste du corps acquérait la taille et les proportions d'un homme adulte. Il a hérité les cheveux noirs de son père et ses sourcils très marqués. Il observe ses mains qui dépassent des manchettes de sa chemise – pâles et figées elles ne savent que faire d'elles-mêmes. Ses oreilles « sémitiques » plaquées contre son crâne. Ses grands yeux absents profondément enfoncés. Sa bouche qui, consciente du caractère fuyant de son regard, cherche constamment à améliorer l'image qu'il renvoie de lui-même en affichant un sourire qui se voudrait large et confiant mais qui paraît seulement fourbe et intéressé. Le sourire de son père : peut-être son trait le plus caractéristique. Et voilà qu'il devient lui aussi un homme dépourvu d'âme, un homme qui ne connaît pas le repos, qui jamais n'acquiert la confiance des autres et qui ne peut garder un emploi que si personne au travail n'apprend la vérité à son sujet. Un jour, il obtient un poste dans une entreprise de transports routiers à Ottakring. Sa mission consiste à accompagner le chauffeur et à l'aider à charger et décharger le camion. Le patron le considère comme un employé sérieux et appliqué. Au bout d'un moment il suggère qu'Adrian conduise le camion lui-même. Il lui promet un salaire plus élevé ; mais pour cela, il doit obtenir le permis de conduire. Adrian se rend alors au poste de police de Juchgasse et demande s'il peut faire l'objet d'une dérogation afin de passer le permis. Le policier le regarde comme s'il était fou. Or l'entreprise de transport souffre d'un manque d'effectifs de plus en plus problématique et le patron insiste. Adrian se voit contraint de lui dire la vérité : personne ne veut donner un permis de conduire à un homme sans âme. Le patron se met en colère, non pas à cause de son absence de permis : à cause de sa duperie, de sa trahison. Pourquoi n'as-tu pas dit tout de suite que tu avais fait de la taule ? Papa le rassure : on va arranger ça. Seulement voilà, Adrian en a assez. En 1945, il était âgé de quinze ans. En 1955, quand le pays retrouve son indépendance, il a vingt-cinq ans et il a déjà été jugé et emprisonné trois fois. Entre-temps sa sœur Laura est passée du statut d'adolescente pâle et introvertie à celui de femme confiante et déterminée, mère de deux enfants ; un jour, elle décide que la mère a suffisamment souffert et porte plainte contre son père pour violences. Eugen reste à l'appartement de Kundmanngasse ; il aurait été impossible de l'en faire partir. La mère obtient l'attribution d'un logement à Meidling, où le père est interdit de visite ; et Adrian aussi – il n'en comprendrait jamais la raison. (Tout d'abord, il crut que Laura avait involontairement confondu le père et le fils. Officiellement, il vivait dans l'ancien l'appartement familial, qui n'était plus désormais que l'appartement du père, mais en réalité, il n'y logeait jamais. Si Laura détestait autant Adrian que le père, ce n'était pas parce que, pour d'obscures raisons, elle les mettait dans le même sac. C'était parce qu'elle les liait tous deux à un passé qui l'avait souillée et auquel elle ne voulait plus penser. Pour cette raison, elle interdit à Adrian de parler de l'époque où il vivait chez les Haidinger, ainsi que du Spiegelgrund et de ce qui s'y était passé. Elle voulait vivre une vie convenable, une vie normale, sans voir le passé remonter à la surface pour un oui, pour un non. Elle se moquait du fait qu'Adrian soit *incapable* de laisser le passé derrière lui. Pour elle, c'était juste une façon d'essayer de se dédouaner.) L'année 1955, donc. Les différents occupants viennent de signer le nouveau traité d'État, et peut-être est-ce parce que le passé est désormais définitivement *derrière* eux que Laura finit par céder aux prières de sa mère : elle accepte de réunir toute la famille à Noël, y compris Helmut. C'est en ce jour de Noël 1955 que Laura (qui possède désormais son propre atelier de couture) offre à sa mère la belle robe de crêpe. Devant le miroir, Adrian tente maladroitement d'aider sa mère à la fermer dans le dos. Celle-ci prend alors la posture qu'elle adopte chaque fois que quelqu'un la touche : passive, la tête penchée, les omoplates saillantes. Tout à coup, il ne peut plus se retenir. Tu te rappelles quand tu es venue me voir au pavillon, maman ? La mère ne se rappelle pas. Car il en est ainsi avec les individus dépourvus d'âme : ils ne marquent jamais la mémoire des autres. À ce moment-là apparaît le père, si saoul qu'il tient à peine debout. Je vois que le gosse essaie encore d'acheter sa place à la table de Noël cette année – voilà la première chose qu'il dit. Alors Adrian lui flanque un coup de poing. Peut-être est-il furieux que le père ne daigne se montrer que lorsqu'il entrevoit une possibilité d'humilier son fils. Ou le frappe-t-il pour prouver qu'ils ne sont pas de la même espèce, comme Laura le croit ? Si c'est le cas, l'acte produit évidemment l'effet contraire. *Dehors ! Sortez d'ici !* hurle Laura. Et la dernière chose qu'il voit de sa sœur, ce soir-là, c'est sa bouche aux lèvres si fines et si exsangues qu'on ne les distingue quasiment pas l'une de l'autre. Puis elle leur claque la porte au nez – au père et au fils qui s'entendent comme larrons en foire. Tous les deux chassés comme des malpropres. Ce qu'Adrian ignorait, c'est que la cirrhose du foie rongeait son père depuis des années ; elle faisait dépérir ses muscles, émaciait son visage auparavant joufflu, ne lui laissait plus que la peau et les os. Eugen refusait de consulter un médecin de peur d'être privé d'alcool, même s'il ne pouvait plus en boire sans vomir sur-le-champ. Malgré leur séparation, la mère rendait visite à son ancien mari deux fois par semaine, les mardis et vendredis, afin de faire des courses, le ménage et de préparer le peu de nourriture qu'il pouvait avaler. Elle continua ainsi jusqu'au jour où il dut être conduit à l'hôpital Allgemeines Krankenhaus. Quelques mois plus tard, alors qu'il n'y avait plus d'espoir, Adrian reçut la permission de sortir de prison pour lui rendre visite. Il resta un moment devant le lit de son père, bonnet à la main et tête baissée, comme pour lui demander pardon. Mais pour *quelle* faute ? Au fond, c'était sans doute sans importance, puisque le père ne le reconnaissait plus.

Intermède à Josefstadt Au début des années 1960, il tomba sur Pototschnik dans une forge de Josefstädterstraße. Que puis-je faire pour vous ? Pototschnik avait toujours les cheveux crépus, un peu plus clairsemés et plus gris ; son visage était, en revanche, toujours aussi poupin, et ses petits yeux le faisaient toujours ressembler à un cochon. Ces yeux-là regardèrent Adrian sans montrer le moindre signe de reconnaissance. Que puis-je faire pour vous ? disaient ses cheveux, son visage et ses yeux. Pototschnik n'avait-il donc pas compris qui se tenait en face de lui ? Ou feignait-il seulement de l'ignorer pour éviter de se trahir ? Pototschnik portait la même combinaison de travail grise élimée que les autres employés, pourtant Adrian avait du mal à l'imaginer en simple subalterne. Sûrement, il possédait toute la boutique ? Ce qui avait débuté avec une douille de fusil s'était donc terminé avec une forge. La façon de se tenir de Pototchnick, c'était bien celle d'un propriétaire : les deux mains appuyées contre le plateau rabattable séparant la boutique de l'espace situé derrière le comptoir. Derrière, les employés couraient d'un bout à l'autre de la réserve afin d'atteindre les marteaux, ciseaux, chaudrons et ferrures d'acier et d'étain stockés sur les longues étagères murales. Pototschnik allait poser la question une troisième fois quand dehors un tramway passa ; le grondement métallique fit trembler la vitrine et toutes les pièces de métal exposées. Pendant un instant, Adrian pensa que la boutique allait s'écrouler. Pourtant, il n'y a qu'en lui que tout s'effondra. Lorsqu'il se retourna vers Pototschnik, celui-ci n'avait pas bougé d'un millimètre. Il n'avait pas *pu* bouger : deux énormes clous fixaient ses mains au comptoir. Le sang coulait entre ses doigts et colorait de rouge la surface laminée du plateau. Mais Pototschnik ne remarquait rien. Les yeux rivés sur Adrian, il attendait toujours une réponse à sa question. Les employés en gris n'avaient rien remarqué non plus : ils continuaient à parcourir la réserve au pas de course, à emballer des seaux et des manches à brosse, à verser des écrous et des vis dans de petits cornets de papier journal qu'ils tendaient ensuite aux clients. Le va-et-vient était continu, la cloche de la porte retentissait à tout bout de champ, écho au bruit des tramways qui passaient sans discontinuer, invisibles à tous (à ce moment-là) sauf à Adrian. Les portes du passé ne se ferment jamais, dirait plus tard Adrian. Elles se déplacent dans l'espace et on ne peut jamais prédire où l'une d'elles surgira. Ainsi, il est impossible de se préparer au moment où il faudra la franchir et y retourner.

La loi a le bras long Juste avant de tout quitter pour partir en Italie, Adrian occupait un emploi fixe depuis longtemps, il s'était marié et avait fondé une famille. Avec son épouse Elfriede, il avait eu une fille prénommée Marie mais qu'il surnomme Missi. L'année de son départ, Missi allait avoir cinq ans. Il existe une photo de lui avec sa fille, prise l'été précédant dans l'une des allées du jardin de Schönbrunn. Il tient la main de Missi et ils ont les yeux rivés sur la personne qui a l'appareil (est-ce Elfi ?), comme s'ils pensaient que la photographie ne pouvait être prise que s'ils regardaient attentivement l'objectif. Au-dessus de leurs têtes, le feuillage des arbres forme une immense voûte verte, exactement comme dans le parc du Steinhof, ce qui les fait apparaître petits et vulnérables. À l'époque de la photo, la famille logeait dans une chambre de l'appartement des beaux-parents à Rudolfsheim. Au début, ce choix obéissait à des raisons pratiques : Elfi et Adrian travaillaient tous les deux et avaient besoin de quelqu'un pour garder l'enfant. Avec le temps le besoin s'était transformé en dépendance, notamment du côté d'Elfi : même si elle ne le disait pas ouvertement, elle doutait de la capacité d'Adrian, et par extension de leur couple, à s'occuper d'un foyer. Doute amplifié par la tendance – devenue routine – de la belle-mère à médire de son gendre. Y compris quand elle le savait à proximité. Pour elle, Adrian était un vaurien à qui l'on ne pouvait pas faire confiance dès qu'il était question d'argent. Un homme dénué de sens pratique. Comment un tel individu, qui n'avait jamais eu de véritable éducation et qui n'avait par conséquent jamais acquis le sens des responsabilités, pouvait-il être père de famille ? Toute sa vie, il n'avait compté que sur la bienveillance des autres. Avait-il seulement fait la moindre démarche pour trouver un logement décent à sa famille ? Ce dernier reproche était particulièrement immérité : le jour où Adrian avait enfin réussi à trouver un appartement, un deux pièces moderne avec cuisine à Laxenburger Straße, dans le quartier de Favoriten, la belle-mère avait objecté que l'appartement était trop grand pour eux et surtout bien trop cher. Parmi sa longue liste de doléances figurait l'ingratitude d'Adrian, qui jamais n'avait montré de reconnaissance pour les sacrifices que ses beaux-parents avaient consentis. Adrian conjura Elfi de faire preuve de bon sens : eux, et eux seuls, devaient décider de la manière dont ils voulaient vivre. La dispute dégénéra : Elfi s'enferma dans leur chambre avec Missi et la belle-mère menaça de signaler Adrian à la police s'il remettait les pieds chez eux. Pendant trois semaines, il dormit chez une vieille connaissance du nom de Rolf Dellinger. Il ruminait les reproches qui lui étaient faits, fou de rage contre tant d'injustice. Tout d'abord, il était faux de dire qu'il n'avait jamais eu de formation ni d'emploi fixe : il avait été formé au métier de soudeur et travaillait depuis plusieurs mois dans un garage à Hütteldorf, où il aidait à réparer les chocs de carrosserie et de peinture. Son employeur lui faisait totalement confiance. Avant sa dispute malheureuse avec Elfi, il lui était souvent arrivé de rentrer à la maison avec une voiture pour le week-end. Cela l'avait toujours empli de fierté, et Elfi aussi ; du moins au début. Il n'avait toujours pas le permis, mais plus personne ne s'en souciait ni ne lui posait la question. Comme il avait des voitures à disposition, il arrivait souvent que des amis ou des connaissances plus lointaines lui demandent de les déposer quelque part ou de venir les chercher après leur nuit de débauche en ville – et il était trop fier ou trop désireux de conduire pour refuser. Ou alors c'était son impatience. Son absence d'âme. Un jour, Rolf Dellinger reçut la visite d'un jeune homme, un Yougoslave nommé Goran, qui demanda à Adrian s'il pouvait le conduire quelque part avec des amis un soir prochain. Il recevrait 20 000 schillings pour la course et en paiement de son silence. Adrian comprit tout de suite que Goran projetait quelque affaire illégale et que, si celle-ci tournait mal, la voiture ferait très vite remonter l'enquête jusqu'à lui – dans ce cas-là, il perdrait non seulement son emploi, mais aussi Elfi et Missi ; et cette fois-ci pour de bon. Pourtant, à aucun moment il ne songea à refuser. Voilà comment, un soir de fin septembre, il se retrouva assis derrière le volant d'une Chevrolet Impala aux pare-chocs cabossés mais dans un bon état général, impatient de montrer sa superbe voiture à ses passagers. Suivant les instructions, il s'était garé juste au coin de Zieglergasse et Mariahilfer Straße afin qu'il soit plus facile de prendre la direction de la Gürtel. Goran et ses acolytes arrivèrent quinze minutes après l'heure fixée sans montrer d'empressement particulier. Ils jetèrent leurs valises dans le coffre gigantesque de la Chevrolet, puis Adrian tourna à droite en direction de la gare de l'Ouest et poursuivit vers Linzerstraße. Il ne comprendrait que plus tard que la police était à ses trousses depuis

Zieglergasse : elle avait relevé le numéro d'immatriculation de la Chevrolet, retrouvé son véritable propriétaire et appris que la voiture provenait d'un atelier de réparation d'Hütteldorf. Après s'être entretenu avec le patron du garage, les agents étaient remontés jusqu'à lui, Adrian Ziegler. Ce que les policiers avaient dit exactement, Elfi l'ignorait : quand ils avaient sonné à leur appartement c'est sa mère qui avait ouvert la porte. Par la suite, Elfi, très perturbée, pleura toutes les larmes de son corps et refusa de laisser Adrian parler à Missi quand il téléphona depuis une cabine de Graz. Le combiné muet à la main, il savait qu'il se trouvait face à un choix. Soit il faisait demi-tour, se rendait à la police et expliquait à son chef qu'il avait cru bien faire en aidant quelques amis ; mais son chef répondrait ce que les chefs finissaient toujours par lui cracher au visage : Pourquoi ne m'as-tu pas dit que tu avais fait de la prison ? Soit il se faisait une raison : toutes les portes lui étaient désormais fermées – ce qui de toute façon était le cas depuis le début – et il tentait de recommencer sa vie ailleurs. En Italie, il trouva un emploi de soudeur sur un chantier naval à Gênes, puis à Bari, dans les Pouilles. Il s'installa ensuite à Marseille, où il rencontra une femme qui avait été mariée et avait eu des enfants et qui, comme lui, avait été contrainte de rompre tout contact avec sa famille. Depuis son départ, cinq années avaient passé, et pas un mois ne s'était écoulé sans qu'il assume ses responsabilités et envoie de l'argent à Elfi et Missi. Ce fut d'ailleurs ainsi que la police retrouva sa trace et l'arrêta dès qu'il retraversa la frontière. 20000 schillings, c'était la somme qu'il avait reçue pour fournir une voiture et un plan de fuite aux quatre hommes qui, ce soir-là, venaient de dévaliser une supérette de Schottenfeldgasse. Une somme infime, au fond, à peine une fraction du contenu total de la caisse. Cependant la loi ignore la pitié. Une enquête fut ouverte, tant sur son implication dans le délit que sur sa personnalité et son passé de « criminel ». En attendant le début de l'instruction préparatoire, il fut placé en détention dans une cellule du *Landesgericht* à Josefstadt. Tout cela lui parut horriblement familier. Un matin, un gardien vint le chercher. Tu vas rencontrer ton psychiatre. C'était en novembre 1975, Adrian Ziegler venait d'avoir quarante-six ans. Il fut conduit dans une salle d'interrogatoire meublée d'une table et de deux chaises. Le célèbre psychiatre légiste y avait déjà pris place. Il ne leva les yeux de ses dossiers qu'une fois Adrian assis face à lui et la porte verrouillée. Mon nom est Doktor Gross, dit-il en retirant ses lunettes.

XV

Le jugement

Audition des témoins Le Spiegelgrund n'existe plus. Les murs qui avaient été si méticuleusement érigés autour du complexe ont été rasés, et le secret dûment gardé par les membres du personnel a été révélé au grand jour. Les journaux ne cessent de publier de nouveaux articles sur les *médecins-assassins* du Steinhof. Ils n'ont pas encore mis la main sur le docteur Gross, mais Illing et Türk, et bientôt Hübsch, sont derrière les barreaux. Tandis qu'on spécule sur le moment où se tiendra le jugement, les journaux publient moult clichés : les pavillons aux fenêtres grillagées, les enfants *innocents* en train de sourire. Et les parents. Ils disent avoir été *contraints au silence*, ils expliquent comment, croyant bien faire, ils ont confié les yeux fermés leur progéniture à ces médecins avenants. Puis ils se sont retrouvés dans l'incapacité de les récupérer ou ont appris qu'ils étaient morts, assassinés par ceux qui étaient censés les soigner et les sauver. *Abgespritzt*, ce mot épouvantable ne rendait pas compte de ce qui se passait réellement dans cette clinique ! Chaque matin, dès son réveil, Anna est saisie par la peur de voir son nom étalé sur les unes racoleuses des journaux. Ce qu'elle craint par-dessus tout, c'est que ses parents apprennent la vérité ; crainte absurde puisqu'ils ont toujours su où elle travaillait, comme désormais tous les habitants de l'immeuble. Néanmoins, une réalité dont on ne parle pas reste vague, à la différence d'une réalité connue de tous. À l'exemple de cette réalité que la presse dévoile un peu plus chaque jour. Son père ne lit plus les journaux, et parfois elle se dit que c'est précisément pour cette raison : afin d'éviter d'être confronté à cette réalité. Sa lente décadence physique et mentale est peut-être un stratagème visant à maintenir cette réalité douloureuse à distance. Car si l'on se retire du monde, elle ne peut plus nous atteindre. Puisqu'elle est sans travail, Anna emmène son père faire une promenade tous les jours. Ils descendent l'escalier, que la fragilité croissante du père a transformé en abîme terrifiant. L'immeuble qu'ils ont habité pendant tant d'années n'a plus ni étage ni palier et s'ouvre sur un précipice sans fond. D'une main tremblante, le père s'accroche à la rampe ; il ne sait plus où se trouve la marche. Soudain ses jambes flageolent et elle n'a pas le temps de le rattraper : il chute tête la première dans l'escalier. En tombant, il garde les yeux rivés sur elle, incapable d'imaginer que la main de sa propre fille ait pu lui faire défaut. Elle appelle à l'aide, la tête de son père pesant sur ses genoux, les yeux levés vers la cage d'escalier vide. Partout les portes s'ouvrent et on se penche par-dessus les rampes. Frau Katschenka est infirmière, murmure-t-on, elle se débrouillera bien toute seule. Alors elle applique un mouchoir sur la plaie du vieil homme et le remet seule sur pied ; ils poursuivent leur descente devant les sourires et les chuchotements vite dissimulés derrière les portes entrouvertes. Bien sûr, les habitants de l'immeuble ont toujours parlé de la famille Katschenka. Mais de manière respectueuse. Les Katschenka étaient des gens biens, des gens convenables. Les voisins admiraient le dévouement de la fille. Ils le lui disaient même de vive voix quand ils la croisaient dans la rue ou à la crèmerie du coin. Quelle mère ne rêverait pas d'avoir une fille comme vous ! Désormais, les commérages répandent qu'elle se cache chez ses pauvres parents innocents. Quelle honte ! Heureusement, bientôt ils viendront la chercher, elle aussi. Très bientôt, croyez-moi. Et Otto, qui rapporte ces paroles à Anna Katschenka, lui conseille de ne jamais rien dire à personne, sous aucun prétexte. Si tu sais quelque chose qui peut te compromettre, alors garde-le pour toi. Il ne faut jamais rien avouer. Ce qu'ils veulent, c'est que tu endosses toute la responsabilité pour qu'ils puissent s'en tirer à bon compte. Ne les laisse pas s'en tirer, Anna. Mais quand arrive l'ordre de se présenter au tribunal, elle éprouve une sorte de soulagement. Peut-être parce qu'elle va enfin affronter des choses concrètes – des témoignages et des accusations qu'elle pourra confirmer ou réfuter – et non plus seulement des insinuations et des demi-vérités chuchotées. Elle est une personne honnête qui n'a rien à cacher et désire le prouver en faisant bonne impression : avant l'interrogatoire, elle revêt une jupe et une blouse blanche parfaitement repassée qu'elle boutonne jusqu'au col de dentelle. Puis un chapeau et des gants blancs. Le juge d'instruction se comporte de manière convenable avec elle. Il insiste sur le fait qu'aucune charge ne pèse contre elle. Elle est simplement appelée à comparaître en tant que témoin, car l'un des suspects, le docteur Marianne Türk, a affirmé que Frau Katschenka pouvait témoigner en sa faveur. Après sa déposition, elle reçoit un compte rendu d'interrogatoire qu'on lui demande de lire attentivement avant de le signer. Ce qu'elle fait.

Diagnostic

Premier entretien avec le témoin Anna Katschenka, novembre 1945

LE JUGE D'INSTRUCTION : Frau Katschenka, vous avez officié au Spiegelgrund de janvier 1941 jusqu'à la libération. Cela fait environ quatre années et demie. On peut donc imaginer que vous êtes bien au fait des conditions de travail à la clinique et de la mentalité qui régnait parmi ses employés, n'est-ce pas ?

ANNA KATSCHENKA : Je suppose que l'on peut dire cela.

LE JUGE D'INSTRUCTION : Vous êtes par ailleurs, d'après ce que je comprends, une personne honnête et intègre. Vous n'avez donc rien à perdre à nous dire les choses telles qu'elles étaient.

ANNA KATSCHENKA : J'ai déjà dit tout ce que je savais à la police.

LE JUGE D'INSTRUCTION : Vous avez raconté ce que vous avez vu et entendu, oui. Mais là, je veux parler d'autre chose. Nous avons eu plusieurs plaintes avançant que des enfants y auraient été euthanasiés, etc. Ce genre de choses.

ANNA KATSCHENKA : Ce ne sont que des rumeurs.

LE JUGE D'INSTRUCTION : Comment qualifieriez-vous ces rumeurs ?

ANNA KATSCHENKA : Fausses et infondées.

LE JUGE D'INSTRUCTION : Je veux dire : qu'est-ce qui est à l'origine de ces rumeurs, selon vous ?

ANNA KATSCHENKA : Je l'ignore. Une rumeur est une rumeur.

LE JUGE D'INSTRUCTION : Imaginons que l'on provoque prématurément la mort de certains des patients les plus gravement malades. Et que l'on fasse cela pour leur éviter de souffrir. Diriez-vous qu'il s'agit d'une définition correcte du concept d'euthanasie ?

ANNA KATSCHENKA : Je ne comprends pas où vous voulez en venir.

LE JUGE D'INSTRUCTION : Veuillez simplement répondre à la question s'il vous plaît.

ANNA KATSCHENKA : J'imagine. Cela dépend.

LE JUGE D'INSTRUCTION : Cela dépend de quoi ?

ANNA KATSCHENKA : Il faut avoir une vue d'ensemble de la maladie.

LE JUGE D'INSTRUCTION [*feuillette ses documents*] : Frau Katschenka, je crois me rappeler qu'à un moment, au cours de ces conversations, vous avez déclaré que la majeure partie, pour ne pas dire l'ensemble des patients dont vous vous occupiez à la clinique avaient continuellement besoin qu'on leur administre des calmants ou des antidouleurs.

ANNA KATSCHENKA : C'est possible.

LE JUGE D'INSTRUCTION : Et est-il vrai également que beaucoup des calmants et autres antidouleurs administrés à la clinique n'avaient pas seulement pour effet de soulager les patients mais pouvaient également, à haute dose, être mortels ?

ANNA KATSCHENKA : Tous les médicaments peuvent avoir un effet nocif s'ils sont prescrits à trop fortes doses. Les doses doivent être évaluées au cas par cas. Et comme je vous l'ai dit, il faut considérer l'état de santé dans son ensemble, pas seulement des symptômes isolés.

LE JUGE D'INSTRUCTION : Vous avez affirmé que certains calmants étaient également administrés pour traiter les formes sévères de crises convulsives chez vos patients ?

ANNA KATSCHENKA : C'est ce que je dis. Il faut voir au cas par cas et considérer l'état de santé général.

LE JUGE D'INSTRUCTION : Néanmoins, cela signifie qu'il devait être difficile, pour ne pas dire impossible dans certains cas, de déterminer si, pour de nombreux patients gravement malades, ces produits calmants ou antidouleur étaient administrés dans des proportions suffisantes ou trop importantes. Si les mêmes produits qui sont utilisés pour atténuer les symptômes peuvent aussi, dans certains cas, accélérer la progression de la maladie elle-même.

ANNA KATSCHENKA : Je ne comprends pas ce que vous essayez de me faire dire.

LE JUGE D'INSTRUCTION : Un patient ne meurt pas d'une surdose de Luminal ou de morphine, mais plutôt d'un mal soudain tel qu'une inflammation pulmonaire, des troubles de la circulation ou une insuffisance organique, n'est-ce pas ?

ANNA KATSCHENKA : Pourquoi me demandez-vous tout cela ? Je ne suis pas médecin.

LE JUGE D'INSTRUCTION : Ce que je vous demande, c'est si vous pouvez exclure que des calmants et des antidouleurs ont été administrés dans des quantités ou des proportions telles qu'elles ont pu favoriser le développement de la maladie jusqu'à entraîner la mort ?

ANNA KATSCHENKA : Je n'ai pas connaissance de tels cas.

LE JUGE D'INSTRUCTION : Mais excluez-vous que ces cas puissent s'être présentés ?

ANNA KATSCHENKA : Je ne suis pas médecin. Je ne peux rien dire à ce sujet.

LE JUGE D'INSTRUCTION : Vous devez pourtant bien en avoir une idée ? Vous avez travaillé dans cette clinique pendant près de cinq ans.

ANNA KATSCHENKA : Tout ce que je sais, c'est que la plupart des patients que nous traitions étaient, d'un point de vue médical, des cas désespérés pour lesquels la mort était imminente. Je peux le dire, tout comme je peux dire que ces enfants souffraient tellement que tous les antidouleurs ou calmants, quel que soit leur effet général, devaient être considérés comme une véritable bénédiction. En revanche, que des calmants ou antidouleurs aient été utilisés dans le but direct de les tuer, ça, c'est autre chose.

LE JUGE D'INSTRUCTION : Est-il donc tout à fait impensable que des produits calmants ou antidouleur aient été prescrits dans un tel but, selon vous ?

ANNA KATSCHENKA : Oui.

LE JUGE D'INSTRUCTION : Vous ne confirmez donc pas le témoignage selon lequel il aurait émané d'une instance, disons, supérieure, une circulaire stipulant que ces produits devaient être régulièrement administrés dans ce but bien précis ?

ANNA KATSCHENKA : Non, absolument pas.

LE JUGE D'INSTRUCTION : Puis-je vous demander : si une telle circulaire avait existé, en auriez-vous eu connaissance ?
ANNA KATSCHENKA : Oui, je présume.

Ce n'était pas moi qui étais chargée de nourrir les enfants

Retranscription de la nouvelle audition du docteur Marianne Türk, janvier 1946

Je suis venue dire que je souhaite revenir sur mes propos tenus lors de mon interrogatoire du 16 octobre 1945. J'ai déclaré alors ne pas avoir eu connaissance des meurtres par compassion qui auraient été perpétrés à la clinique et expliqué que mon supérieur direct, le docteur Illing, ne m'a jamais dit quoi que ce soit qui irait dans ce sens. Mais aujourd'hui, je désire modifier ma déposition et confirmer avoir été au courant de ces choses. Quelque temps après mon arrivée à la clinique, le docteur Jekelius m'a informée de l'existence d'une loi autorisant la pratique de l'euthanasie dans certains cas bien précis. Ces cas devaient d'abord être soumis à un comité du Reich pour examen. Ce comité devait ensuite, selon les observations, estimations et rapports existants, décider de l'exécution ou non de l'euthanasie. La loi qui donnait ce pouvoir à ce comité ne devait cependant pas être rendue publique avant la fin de la guerre, car personne n'était encore véritablement au clair quant à la manière dont, concrètement, elle devait être appliquée ni quant à l'attitude à adopter face aux familles. J'étais donc au fait de ces décisions avant l'arrivée du docteur Illing à la clinique. Déjà au temps du docteur Jekelius ces euthanasies étaient pratiquées. Dès que nous recevions la notification du comité, on exécutait les euthanasies le plus souvent avec du Luminal ou des cachets de Véronal. Personnellement, je n'ai jamais administré ces cachets aux enfants, car ce n'était pas moi qui étais chargée de les nourrir. En revanche, c'était moi qui en transmettais l'ordre, ou plutôt : je donnais aux infirmières de service l'ordre d'exécuter la mission dont le docteur Jekelius ou le docteur Illing avait reçu l'ordonnance. [...] Les injections de morphine étaient utilisées très rarement, seulement dans les cas où les cachets s'avéraient inefficaces, tout simplement parce que les parties du cerveau sur lesquelles agissent normalement le Véronal ou le Luminal étaient désactivées en raison de la maladie de l'enfant. [...] Par mois, je dirais qu'environ sept à dix enfants étaient euthanasiés de cette manière. [...] Si j'ai donné une déposition différente lors de mon interrogatoire du 16 octobre 1945, c'est en raison du secret professionnel strict sous le sceau duquel je me trouvais, tant sous les ordres du docteur Jekelius que du docteur Illing. Il était, selon moi, de mon devoir de respecter ce serment, y compris dans le cadre de l'enquête. Comme je l'ai déjà dit, je n'ai administré moi-même ces médicaments que très rarement. J'ai parfois été amenée à effectuer quelques injections. Sur combien d'enfants, je ne saurais le dire. Il n'y en a pas eu tant que cela. Dans le cas où ces injections étaient effectuées par des infirmières, il est de mon avis que celles-ci [les infirmières] étaient pleinement conscientes de la portée des gestes qu'elles exécutaient. Je ne saurais vous dire avec précision quelles infirmières étaient au courant de cette mesure et lesquelles d'entre elles les approuvaient.

[sign.]
Dr. Marianne Türk

Symptômes

Second entretien avec le témoin Anna Katschenka, 30 mars 1946

LE JUGE D'INSTRUCTION : Reconnaissez-vous cet ouvrage, Frau Katschenka ? [*il brandit un manuel de soins infirmiers : HAND- UND LEHRBUCH DER KRANKENPFLEGE*]

ANNA KATSCHENKA : Non, je ne le reconnais pas. Il n'était pas utilisé dans ma formation.

LE JUGE D'INSTRUCTION : Non, je sais bien [*il ouvre les premières pages*]. Il a été imprimé en 1940. Je vais vous en lire un petit extrait. Ce passage est situé dans le troisième chapitre, deuxième partie, deuxième paragraphe, et a pour titre *Second règlement concernant l'exercice professionnel des soins hospitaliers*. Voici l'extrait :

L'avènement du national-socialisme a induit une réorganisation générale du secteur hospitalier. La pensée qui sous-tend le système de santé allemand a dû être revue afin d'être redirigée vers l'intérêt de la communauté du peuple. Au lieu de la « liberté d'exercice » qui régnait auparavant dans la profession, où le soin médical était considéré comme un acte de charité exercé par les ordres religieux et les institutions cléricales, la médecine d'aujourd'hui doit se bâtir sur les objectifs établis par nos lois sur l'hérédité et l'hygiène raciale. Pour atteindre ce but, de nouvelles décisions ont été prises et de nouvelles lois ont été promulguées, telle que la « loi pour un corps médical uni ». De nouvelles organisations ont également été créées afin de transmettre et d'exercer la volonté et l'autorité politiques du NSDAP.

Ces lignes ne vous disent-elles rien ?

ANNA KATSCHENKA : Je n'ai jamais été membre du NSDAP. Je vous l'ai déjà dit. La politique de parti est quelque chose qui m'est totalement étranger.

LE JUGE D'INSTRUCTION : Certes, cependant nous ne parlons pas d'une quelconque adhésion à une organisation politique mais des lois qui valaient pour tous ceux qui travaillaient dans le domaine de la santé. Cela a été écrit en 1940, l'année précédant l'envoi de votre candidature à un poste d'infirmière à la clinique pédiatrique. Vous n'allez tout de même pas nous faire croire que vous n'étiez pas au fait de l'ordre nouveau décrit dans ce texte ? D'autant que vous avez postulé dans cette clinique de votre plein gré et que le docteur Jekelius vous a informée des conditions de séjour des enfants qui y étaient hospitalisés au moment où il vous a avisée des missions qui étaient les vôtres.

ANNA KATSCHENKA : J'ai effectué mon travail avec le même dévouement qu'avant.

LE JUGE D'INSTRUCTION : Je vous ai auparavant demandé si vous aviez remarqué un changement au moment où le docteur Illing a pris la direction de la clinique et vous m'avez répondu non. Le confirmez-vous ?

ANNA KATSCHENKA : Oui.

LE JUGE D'INSTRUCTION : Pourtant, le docteur Illing, interrogé par le tribunal populaire, a reconnu lui-même que son pouvoir et son autorité lui venaient d'une circulaire qu'il conservait dans l'un des tiroirs de son bureau, le bureau n° 15. Il me semble que vous connaissez bien cette pièce, n'est-ce pas, Frau Katschenka ?

ANNA KATSCHENKA : Oui.

LE JUGE D'INSTRUCTION : Vous vous y rendiez souvent, non ?

ANNA KATSCHENKA : J'ignore où vous voulez en venir.

LE JUGE D'INSTRUCTION : Depuis le début de l'enquête sur vos deux anciens supérieurs, le docteur Illing et le docteur Türk, un certain nombre d'éléments nouveaux sont apparus qui ont modifié le contexte de ces auditions, y compris de la conversation que nous avons actuellement. J'imagine que vous savez déjà qu'une enquête a également été ouverte à l'encontre de Margarethe Hübsch depuis que cette dernière a pu être appréhendée. Vous savez également que le docteur Hübsch s'attend désormais à ce que vous témoigniez en sa faveur. Mais avant que vous le fassiez, j'aimerais vous informer que certains de vos anciens supérieurs ont modifié leur témoignage à la lumière des faits mis à jour entre-temps. Par exemple, le docteur Türk admet désormais que des meurtres par compassion ont été commis du temps où le docteur Illing dirigeait la clinique pédiatrique. Elle a aussi reconnu que d'autres de ces meurtres, en proportions moindres néanmoins, ont également été commis du temps de son prédécesseur, le docteur Jekelius. Le docteur Türk avoue par ailleurs qu'immédiatement après avoir intégré son poste à la clinique elle a été appelée dans le bureau du docteur Jekelius, qui l'a informée de l'existence et du contenu d'une circulaire envoyée par le ministère de l'Intérieur à Berlin concernant les différentes procédures écrites dans ce texte. Elle affirme également que le document qui lui a été montré agissait comme une loi contraignante. Vous devez certainement vous souvenir, Frau Katschenka, de notre précédent entretien, au cours duquel vous avez nié être au courant de l'existence d'une telle circulaire, et déclaré également que si une telle circulaire avait existé, vous l'auriez nécessairement su. En raison de votre grade, de la nature de votre travail et peut-être aussi de votre relation personnelle avec le docteur Jekelius. Vous avez intégré cette clinique en particulier parce que vous *souhaitiez* travailler sous la direction du docteur Jekelius. Cela, vous l'avez déjà reconnu. Est-il donc si invraisemblable que vous ayez, vous aussi, été appelée dans ce même bureau, le bureau n° 15, pour y être informée du contenu de la circulaire, comme l'a été le docteur Türk, et que les informations que vous avez réfutées en les qualifiant de rumeurs fausses et infondées puissent en réalité être vraies ?

ANNA KATSCHENKA : [...]

LE JUGE D'INSTRUCTION : Frau Katschenka ?

ANNA KATSCHENKA [*pleure*] : Vous ne comprenez pas. Vous ne vous rendez pas compte de ce que c'était. Il y en avait tellement, et ils souffraient tous terriblement.

LE JUGE D'INSTRUCTION : Frau Katschenka, je vous le répète. Vous avez été appelée en tant que témoin. Nous ne vous accusons de rien. Nous savons tous ce que signifie être lié par un serment professionnel, devoir agir par loyauté envers nos supérieurs et avoir pour devoir d'exécuter leurs ordres. Je comprends que vous vous sentiez liée par vos anciens engagements à cet égard, mais vous devez aussi comprendre l'absurdité de votre obstination à prétendre n'avoir rien su de ce qui se passait réellement dans cette clinique, tandis que vos supérieurs ont eux-mêmes tout avoué. Vous êtes arrivée en 1941, soit environ au même moment que le docteur Türk, n'est-ce pas ?

ANNA KATSCHENKA [*d'une voix faible*] : Le docteur Türk était déjà là lorsque je suis arrivée.

LE JUGE D'INSTRUCTION : Peu importe. Vous êtes arrivée en 1941. Vous avez déclaré, plus tôt, y avoir postulé de votre plein gré, poussée par la grande confiance que vous accordiez au docteur Jekelius. Mais, à l'époque, personne n'ignorait quel type de médecin était le docteur Jekelius, si je puis m'exprimer ainsi. La condition pour que puisse exister le Spiegelgrund, une clinique spéciale dédiée aux enfants gravement malades et aux adolescents présentant des problèmes de discipline, était que la majeure partie des patients soit déjà, disons, évacuée. Déportée à un autre endroit, exterminée. Cela, vous le saviez, bien sûr. Donc, soit vous étiez au fait dès le début des conditions qui régnaient sur votre nouveau lieu de travail, soit c'est au cours de votre entretien avec le docteur Jekelius, qui avait lui aussi certainement une grande confiance en *vous*, que vous avez été mise dans la confidence. [*Il feuillette un dossier.*] Je ne vois dans votre dossier rien qui indique que vous ayez essayé, pendant toutes ces années, de chercher un autre travail ailleurs.

ANNA KATSCHENKA : Vous ne comprenez pas. Il n'y avait... je n'aurais pas pu trouver un autre travail ailleurs. Toutes les portes m'étaient fermées. Et quand j'ai appris qu'il y avait des postes à pourvoir au Steinhof et le docteur Jekelius... [*pleure*]

J'étais employée à Lainz avant, mais j'ai toujours voulu travailler avec des enfants. J'ai eu l'occasion de le faire au Wilhelminenspital, avec des enfants gravement malades, mais ce n'était pas...

LE JUGE D'INSTRUCTION : Vous avez donc eu un choc quand vous avez compris la nature de votre nouveau lieu de travail ?

ANNA KATSCHENKA : J'ai été épouvantée. Ce n'était pas du tout ce à quoi je m'étais attendue. De plus, je n'étais pas du tout formée pour m'occuper d'enfants souffrants de malformations et d'affections neurologiques si sévères. La plupart des employés de la clinique n'avaient pas non plus la formation adéquate. Il y avait quelques infirmières qualifiées, mais la plupart étaient issues du Steinhof. Des aides-soignantes. D'un service psychiatrique pour la plupart. J'ai donc demandé à être reçue dans le bureau du docteur Jekelius pour lui dire que je ne convenais peut-être pas tout à fait au poste, que je n'étais peut-être pas la bonne personne, tout simplement, et c'est là qu'il m'a tout expliqué.

LE JUGE D'INSTRUCTION : Expliqué quoi ?

ANNA KATSCHENKA : Eh bien, cette lettre dont vous parliez.

LE JUGE D'INSTRUCTION : Quand était-ce ?

ANNA KATSCHENKA : Je ne me rappelle pas. Très tôt. Peut-être à peine quelques jours après avoir commencé à travailler là-bas.

LE JUGE D'INSTRUCTION : Et qu'avait-il à vous dire ?

ANNA KATSCHENKA : Il m'a dit qu'étant déjà là depuis quelques jours, j'avais certainement pu constater de mes propres yeux qu'un grand nombre des enfants qui arrivaient à la clinique étaient si mal en point qu'ils ne pouvaient être guéris, et que j'avais sûrement déjà eu l'occasion d'observer la manière dont on procédait avec ces cas.

LE JUGE D'INSTRUCTION : Et comment procédait-on avec ces cas ?

ANNA KATSCHENKA : Il a dit que c'était à Berlin d'en décider, que les médecins ne prenaient jamais de décision. Les enfants qui séjournaient à la clinique étaient simplement placés sous notre observation. Notre rôle consistait à effectuer ces observations le plus minutieusement possible afin d'envoyer un dossier précis et complet au comité de Berlin.

LE JUGE D'INSTRUCTION : Et que se passait-il une fois que vous receviez la réponse de Berlin ?

ANNA KATSCHENKA : C'était au médecin de juger.

LE JUGE D'INSTRUCTION : Et comment avez-vous réagi quand vous avez entendu cela ?
ANNA KATSCHENKA : Au début, je n'ai rien compris. Jusqu'à ce que le docteur Jekelius me montre ce papier qui venait effectivement de la chancellerie et était signé de la main même du Führer. Jekelius a ajouté que, venant du Führer en personne, ce document avait valeur de loi, mais qu'il devait rester secret en raison des circonstances. J'imagine qu'il voulait parler de la guerre.
LE JUGE D'INSTRUCTION : Et ensuite ?
ANNA KATSCHENKA : Ensuite, il a évoqué mon serment, ainsi que le secret professionnel auquel je m'étais engagée, et m'a rappelé que je ne devais jamais, sous aucun prétexte, parler à quiconque de ce qui se passait dans l'enceinte de la clinique, des principes qui régissaient notre travail et surtout des patients dont nous nous occupions.
LE JUGE D'INSTRUCTION : C'est tout ?
ANNA KATSCHENKA : Que voulez-vous dire ?
LE JUGE D'INSTRUCTION : Vous souvenez-vous d'autre chose ? Par exemple, à quoi ressemblait cette circulaire, puisque c'est bien de ce document dont nous parlons désormais ?
ANNA KATSCHENKA : J'étais bien trop perturbée pour remarquer les détails. Mais je me souviens qu'il s'agissait d'un papier à lettres ordinaire qui ne comportait aucun signe distinctif, si ce n'est ce symbole, avec l'aigle et la croix gammée dans le coin supérieur gauche, ainsi que la signature au bas de la page.
LE JUGE D'INSTRUCTION : La signature du Führer ?

ANNA KATSCHENKA : J'imagine.

LE JUGE D'INSTRUCTION : On peut donc affirmer qu'à partir de ce moment, de cet entretien, vous « saviez » non seulement ce qui se passait à la clinique, mais aussi quelle était la finalité de tout cela ?

ANNA KATSCHENKA : [...]

LE JUGE D'INSTRUCTION : Je suggère que nous fassions une petite pause avant de poursuivre. Profitez-en pour réfléchir à ce que vous souhaitez faire inscrire au procès-verbal et demandez éventuellement conseil à votre avocat. Puis nous en viendrons au docteur Hübsch.

Traitement

Second entretien avec le témoin Anna Katschenka, suite

LE JUGE D'INSTRUCTION : Savez-vous désormais ce que vous souhaitez faire inscrire au procès-verbal, Frau Katschenka ? Il vaut peut-être mieux reprendre depuis le début, depuis le moment où vous avez commencé à travailler à la clinique.

ANNA KATSCHENKA : J'y suis entrée en fonction en janvier 1941. Le docteur Jekelius était alors directeur de la clinique. J'y travaillais comme infirmière au pavillon 15. Le reste de l'institution, telle qu'elle était organisée, hébergeait également des enfants ayant de graves problèmes de discipline. Une partie des enfants étaient très malades, certains présentaient des malformations physiques et des retards mentaux à des degrés différents. Dès leur arrivée dans l'établissement, ils étaient soumis à des examens approfondis, et notre mission consistait alors à les garder sous observation pendant un certain temps afin de rassembler suffisamment d'éléments pour constituer un dossier, pas seulement en vue d'une décision définitive, mais aussi pour une évaluation future de leur état de santé. Des photographies étaient prises également dans ce but. Tous les dossiers des entrants à la clinique étaient ensuite envoyés au comité du Reich [*der Reichausschuss zur wissenschaftlichen Erfassung erb- und anlagebedingter schwerer Leiden*] à Berlin, qui nous faisait ensuite part de sa décision et des directives à suivre pour chaque cas. Pour résumer : quels enfants devaient être traités et quels enfants devaient être maintenus en observation.

LE JUGE D'INSTRUCTION : Et si la réponse stipulait que les enfants devaient être traités, qu'est-ce que cela signifiait ?

ANNA KATSCHENKA : Cela signifiait que les enfants devaient être tués. Plusieurs enfants décédaient avant que la réponse nous parvienne. Mais il arrivait aussi souvent que des enfants que Berlin nous avait ordonné de traiter soient maintenus en observation, parce que nous nourrissions encore l'espoir que leur état puisse s'améliorer. Nous en avions toujours l'espoir. Vous devez comprendre. Il s'agissait d'enfants gravement malades, présentant de sévères malformations organiques. Certains d'entre eux avaient une partie du cerveau manquante, d'autres étaient atteints d'hydrocéphalie, d'infirmité motrice cérébrale, de paraplégie, de malformation de la moelle épinière, de crises convulsives, d'atrophies ou de paralysies.

Quand ils arrivaient, la plupart étaient déjà lourdement médicamentés. Il y en avait même beaucoup que nous étions obligés de garder attachés vingt-quatre heures sur vingt-quatre, parfois dans des camisoles de force pour les empêcher de se mettre les doigts dans l'anus et de manger leurs propres excréments.

LE JUGE D'INSTRUCTION : Et comment se déroulait le traitement en tant que tel ?

ANNA KATSCHENKA : Nous mélangions des médicaments à la nourriture de ceux qui étaient capables de s'alimenter seuls. Quant aux autres, les plus petits et les plus malades, ils recevaient de la morphine sous perfusion en très petite quantité. Pour les plus grands, nous utilisions le Luminal.

LE JUGE D'INSTRUCTION : Savait-on avec certitude qu'un tel traitement provoquerait la mort ?

ANNA KATSCHENKA : Oui.

LE JUGE D'INSTRUCTION : À quelle fréquence diriez-vous que cela se produisait ? Tous les jours, toutes les semaines ?

ANNA KATSCHENKA : Je ne comprends pas.

LE JUGE D'INSTRUCTION : Cela faisait-il partie des tâches quotidiennes du personnel d'administrer ou de discuter de ce genre de traitement ?

ANNA KATSCHENKA : Oui.

LE JUGE D'INSTRUCTION : Et de qui émanait l'ordre de donner les médicaments ?

ANNA KATSCHENKA : Du médecin responsable ou de son remplaçant, le cas échéant.

LE JUGE D'INSTRUCTION : Il est donc impossible que ces produits aient été utilisés avec les effets que nous avons évoqués sans qu'un médecin responsable ait été au courant ?

ANNA KATSCHENKA : Oui, impossible, je dirais.

LE JUGE D'INSTRUCTION : De quels médecins parlons-nous, précisément ?

ANNA KATSCHENKA : Au début, du docteur Jekelius. Quand il était absent, c'était le docteur Gross ou le docteur Türk. Puis du docteur Illing.

LE JUGE D'INSTRUCTION : Et le docteur Hübsch ? Elle était la remplaçante de Jekelius quand celui-ci était absent. Diriez-vous que le docteur Hübsch avait aussi pleinement connaissance de ce qui se passait ?

ANNA KATSCHENKA : Le docteur Hübsch était médecin chef et ne prenait pas part aux examens quotidiens, mais comme ces ordres provenaient de la direction de l'établissement, il est difficile d'imaginer qu'elle n'ait pas été au courant. Elle assurait la direction par intérim et représentait le docteur Jekelius quand celui-ci était en déplacement. Et puis elle était une nationale-socialiste convaincue. Sa tenue était toujours strictement conforme au règlement, avec les initiales du parti mises en évidence. Elle nous saluait toujours par un *Heil Hitler*. Il me paraît impossible qu'elle n'ait pas été d'accord avec ce qui se passait.

LE JUGE D'INSTRUCTION : Je pense que cela suffira pour aujourd'hui, Frau Katschenka.

Anatomie

extrait de l'entretien avec le témoin Barbara Uiberrak, médecin chef et médecin légiste au Steinhof, janvier 1946

J'ai officié à la clinique du Steinhof à partir de 1933 et dès lors comme médecin légiste pour tout le complexe. Je veux dire, pas seulement pour la clinique psychiatrique, mais pour toutes les institutions rattachées au Steinhof. Et l'établissement a beaucoup changé au cours des années. D'abord, il y a eu cette clinique pédiatrique, puis une maison de redressement, puis un camp de travail pour femmes, et enfin un hôpital de campagne. J'ai été le médecin légiste responsable pour chacune de ces institutions, y compris pour l'hôpital de campagne. Presque tous les corps étaient autopsiés. Ce n'est que quand la charge de travail est devenue trop importante que nous avons cessé d'autopsier les corps des patients morts de vieillesse.

Je ne connaissais les docteurs Illing et Türk que dans un cadre professionnel. Nous ne nous voyions jamais en privé. Il était connu que le docteur Türk n'était pas membre du NSDAP, tandis que le docteur Illing était un national-socialiste notoire. Il portait les initiales du parti en permanence.

S'il y a bien eu ordre du gouvernement de pratiquer des euthanasies dans certains centres hospitaliers, je ne suis pas au courant. C'était un sujet de conversation récurrent parmi mes subordonnés, qui soupçonnaient des dysfonctionnements, notamment au sein de la clinique pédiatrique. Mais je n'écoutais pas ces rumeurs. En ce temps-là, il se racontait tellement de choses qui plus tard se sont révélées fausses, et lors de l'autopsie de ces enfants je n'ai jamais rien trouvé de suspect.

Tout ce que je peux dire du docteur Illing, c'est qu'il m'a donné l'impression d'être un médecin consciencieux qui montrait un intérêt plus élevé que la normale pour chacun des cas dont il avait la charge. Il arrivait souvent qu'il vienne me voir pour examiner mes découvertes lors de mes autopsies et d'une manière générale prendre en considération mes observations. Pour résumer : il dégageait une excellente impression, aussi bien en tant que médecin qu'en tant qu'homme. Il véhiculait l'image d'une personne ayant un grand sens moral ainsi qu'un grand sens du devoir. Si je dois m'exprimer sur les cas particuliers suivants :

I. Garçons :

1) *Anton Sturdik :*

Cet enfant n'était tout simplement pas viable. Difficile de dire combien de temps il aurait pu vivre. Il était paralysé. Sur deux des photos, on voit qu'il appuie le sommet de son crâne sur le matelas. Cette position est normale quand les jambes sont aussi gravement atteintes. Le cliché du cerveau ne montre que des ventricules dilatés, mais en dehors de cela, aucun changement. Si l'on émettait un jugement uniquement fondé sur l'observation de ce cliché, on en conclurait qu'un tel état d'abrutissement ne devrait pas exister. Mais comme dans de nombreux cas quand il s'agit de recherches sur le cerveau, les choses sont très incertaines.

2) *Johan Wenzel :*
Hydrocéphalie interne marquée, développement cérébral réduit.
3) *Wolfgang Lasch :*
Enfant né de parents de haut rang intellectuel. Mais souffrant de lésions cérébrales dues à une exposition à des radiations lors du deuxième mois de grossesse. Le garçon était un parfait idiot. Il avait dix-sept ans. De ce que je sais, sa mère est décédée quelque temps avant lui des suites d'une dépression nerveuse.
4) Gerhard Rothmayer :
Souffrant de graves lésions cérébrales, toutefois relativement difficiles à détecter à l'œil nu.
5) Günther Rimser :
Lésions cérébrales sévères. Et cela continue ainsi dans tous les dossiers médicaux.
II. *Filles :*
1) Brigitte Schmidt :
Les radios du cerveau montrent de graves lésions cérébrales. Ce genre de lésions peuvent être héréditaires ou avoir été causées lors de l'accouchement, par exemple si celui-ci a été effectué à l'aide d'une pince. Les cellules cérébrales endommagées ne se reforment jamais.
2) Maria Theresie Kramerstätter :
Ici, c'est quasiment l'ensemble du cervelet qui est manquant.
Presque tous ces cas sont d'un très grand intérêt scientifique. Au Steinhof, nous avons conservé quasiment l'ensemble des sept cents cerveaux, avec, dans la plupart des cas, les glandes et leurs sécrétions internes, dans des bocaux anatomiques à des fins de recherche scientifique pathologique. Je suis persuadée

que l'on peut apprendre beaucoup en réétudiant un cas chaque année. De cette manière, on peut se constituer une bonne vue d'ensemble.

Sauvez votre peau, Frau Katschenka Tu es folle, dit Otto quand il apprend les aveux que sa sœur a été obligée de faire. *Bon sang, mais tu es complètement folle !* Ses yeux sont vides, ses lèvres tremblent. Elle essaie de lui expliquer qu'elle n'a pas eu le choix. Si même ses anciens supérieurs, le docteur Illing et le docteur Türk, sont revenus sur leurs déclarations et ont reconnu que les enfants ont été euthanasiés à la clinique, que pouvait-elle faire ? Le docteur Illing s'est même déclaré fier de ce qu'il a fait. Il prétend avoir toujours eu la loi de son côté. Ces gens-là ont toujours une loi de leur côté ou un supérieur derrière lequel se planquer, regrette Otto. Mais qui te protège, toi ? Un an après la fin de la guerre, Otto est toujours employé aux travaux de déblaiement, désormais près de Lobau, où les nazis étaient sur le point de creuser un nouveau port pétrolier. Ils y avaient déporté des dizaines de milliers de prisonniers de guerre soviétiques pour exécuter les travaux d'excavation. Otto a vu les baraques dans lesquels vivaient les prisonniers. Ils menaient la belle vie, crache-t-il avec mépris. Ils vivaient mieux que nous. Peux-tu m'expliquer pourquoi eux, de simples prisonniers, étaient mieux logés et mieux nourris que nous, d'honnêtes travailleurs ? Même mieux logés que nous le sommes aujourd'hui, sous l'occupation des Russes ou des Américains ? Elle voit bien que l'amertume de son frère est une plaie ouverte. Elle se rappelle encore ce jour où, alors qu'il était en permission, elle l'avait vu poser les mains sur la table, aussi loin que possible de son assiette, comme s'il refusait d'admettre que c'étaient les siennes. Ce jour-là, elle avait compris que ces mains avaient tué. Pour qui, pour *quoi* a-t-il tué ? se demande-t-il désormais. Elle aurait pu se poser cette même question. Quelques semaines après avoir signé sa dernière déposition, elle reçoit l'appel d'un homme qui se présente comme étant l'avocat du docteur Illing. Elle ne saisit pas son nom, peut-être ne le lui donne-t-il pas. Avant d'en venir à la raison de son appel, il prend courtoisement des nouvelles de sa famille et s'enquiert de sa santé en ces « temps difficiles ». Puis il lui demande si elle est consciente du fait que le crime dont le docteur Illing est accusé n'aurait pas été qualifié de crime dans le contexte législatif de l'époque. Au contraire, ajoute-t-il : si le docteur Illing avait agi à l'encontre des directives qui prévalaient pendant la guerre, il se serait rendu coupable d'un acte punissable par la loi. Il aurait certainement été destitué de son poste et sans doute aurait-il dû comparaître devant un tribunal militaire. Peut-être n'y avez-vous pas bien réfléchi, Frau Katschenka, mais vous êtes dans le même cas que lui. Comme le docteur Illing, vous n'avez fait que suivre les règles et les ordres qui vous étaient donnés à la clinique. Personne ne peut faire fi de l'histoire ni choisir de s'en remettre à une autre loi et une autre justice supposées « supérieures » à celles qui régissent la société et que, en tant que citoyen, on est tenu de respecter. On risquerait la peine de mort pour un tel défaut de foi. C'est pour cette raison que je vous le dis : sauvez votre peau, Frau Katschenka. Refusez de dire ce qu'ils veulent vous faire dire. Tout le monde sait que vous étiez chargée de veiller à ce que les médicaments mortels soient administrés aux enfants selon les doses prescrites. Par conséquent, n'avouez rien qui puisse vous compromettre ou compromettre vos anciens supérieurs. Le tribunal populaire cherche à vous pousser aux aveux, non pas pour faire la lumière sur ce qui s'est passé, et donc rendre justice – ou ce qu'ils appellent justice – mais uniquement pour pouvoir retourner ces aveux contre vous. C'est pour cette raison que vous devez veiller à ne rien avouer, sous aucun prétexte. Dites-leur que vous ne savez rien, ou que vous ne vous souvenez de rien. Je vous en supplie, Frau Katschenka. Des vies sont en jeu. Pas seulement celle de vos supérieurs, la vôtre également. Qui était-ce ? demande Otto après qu'elle a raccroché. Ne sachant que répondre, elle prétend devoir se dépêcher car elle a un rendez-vous avec une amie. À nouveau, les yeux d'Otto se vident de tout regard. Il sait que sa sœur n'a pas de rendez-vous, car sa sœur n'a aucune amie. Pourtant il ne la retient pas. Dehors, elle ne sait pas où se diriger et, sans réfléchir, elle prend le tramway 6 depuis Matzleinsdorferplatz, comme elle le faisait chaque matin quand elle travaillait à la clinique. C'est une erreur. Elle le comprend dès qu'elle monte dans la voiture. *C'est elle !* hurle quelqu'un au fond. Quand Anna se retourne, elles sont toutes là, évidemment, ces mères toquées qui faisaient les cent pas devant les grilles de l'hôpital ; elles sont toutes là, assises sur les banquettes autour d'elle. Frau Barth et Frau Schelling, la mère de la petite fille qu'on gardait attachée en permanence ; Frau Keuschnig et Frau Althofer, la mère de la fille au thorax en carène. Elles se comportent toutes comme leurs enfants : Frau Schelling se tient les poignets où les marques laissées par les lanières de cuir apparaissent ; Frau Keuschnig traîne les pieds exactement comme son fils ; Frau Barth glisse la main sous ses cuisses épaisses et lèche ses lèvres couvertes d'excréments imaginaires. Et Frau Althofer, avec son thorax proéminent comme celui de sa fille : le menton ostensiblement appuyée contre son cou, elle tente de l'attraper avec ses moignons. Toutes les mères la tâtent et l'enserrent, la palpent de leurs mains dégoûtantes, battant des ailes et hurlant *Tuez-la, tuez-la !* Elle se jette vers l'avant de la voiture et prie le chauffeur de s'arrêter, et tout autour d'elle les mères continuent à caqueter, la bouche béante et leurs yeux déments fixés sur elle. Elle aperçoit le panneau d'une station derrière les vitres tandis que les portes s'ouvrent et la libèrent enfin. Le lendemain matin, elle se rend au *Landesgericht* et demande à revenir sur l'ensemble de son précédent témoignage. Mais le juge d'instruction n'est pas là, ou alors il refuse de la recevoir.

Les visages de pierre Le procès contre les trois principaux accusés, le docteur Illing, le docteur Türk et le docteur Hübsch, connu sous le nom de procès du Steinhof, débuta le 15 juillet 1946, un lundi, et se prolongea jusqu'à la fin de la semaine. Anna Katschenka, l'accusée-témoin, comme elle était surnommée dans la presse, fut appelée à témoigner le mardi, deuxième jour du procès. Le matin même, Marie D., mère de la jeune Martha, seize ans, vint apporter son témoignage. Martha, née avec un crâne fin comme une coquille d'œuf, était incapable de marcher ou de parler et le moindre contact lui provoquait d'intenses douleurs. Se tournant tour à tour vers le juge puis vers le public – venu en masse assister à l'audience et suivre attentivement tout ce qui se passait derrière et devant la barre des témoins – Frau D. expliqua que, dès la naissance de sa fille, elle avait fait tout ce qui avait été en son pouvoir pour tenter de la guérir. Elle l'avait nourrie à l'aide de préparations spéciales, avait baigné son petit corps difforme dans des solutions de sels pour renforcer son squelette. Mais aucun des nombreux docteurs qu'elle avait consultés n'avait osé lui donner un quelconque espoir. Aucun médecin au monde ne peut sauver cette enfant, lui avait dit l'un d'eux. En septembre 1944, à bout de forces et de patience (ses proches la comparaient à un ange), elle avait embarqué sa fille à bord d'un taxi en direction du Spiegelgrund. Là, elle avait été reçue par le docteur Illing qui, au début, s'était avéré être l'« amabilité incarnée ». Il avait déploré qu'elle ne soit pas venue plus tôt et lui avait affirmé qu'à ses yeux il n'existait pas de « cas désespérés ». Quand Frau D. lui avait fait part de sa situation personnelle (apparemment, l'enfant était née hors mariage car elle ne mentionna jamais le père), ainsi que de sa crainte de voir sa fille si fragile tomber entre de mauvaises mains, le docteur Illing s'était fâché. *Pour qui nous prenez-vous, Frau D. ? Nous sommes là pour l'aider. Je suis moi-même père, et je traite tous les enfants de ma clinique comme s'ils étaient les miens.* Pourtant Frau D. ne s'était pas laissé totalement convaincre. Elle était retournée à la clinique les jours suivants, mais chaque fois qu'elle avait demandé à voir sa fille, elle s'était fait refouler par le personnel. En raison de la « faiblesse nerveuse » de la petite, le docteur Illing lui avait interdit toute visite. Quand Frau D., après plusieurs tentatives infructueuses, avait fini par être conduite au dortoir où était gardée sa fille, celle-ci avait drastiquement changé :

> On s'était contenté de plaquer ses cheveux en arrière. Elle avait de grandes pustules sur les lèvres et son visage sur l'oreiller paraissait sans vie. De son corps souffrant émanaient d'incessants pleurs et gémissements. Ce qui m'a le plus bouleversée, c'était de voir les larmes qui coulaient à flots des yeux d'une jeune fille qui ne s'était jamais plainte de toute sa vie.

> J'ai immédiatement demandé à rencontrer le docteur et je lui ai dit : Qu'avez-vous fait à ma fille ? Le docteur Türk a répondu : Essayez de comprendre, votre fille est gravement malade, elle a de la fièvre, il en est toujours ainsi avec les enfants comme elle, il faut s'attendre au pire.
>
> Puis, le 23 octobre 1944, quand, après une attente interminable, j'ai enfin pu voir ma fille, elle portait l'empreinte de la mort : son corps, déjà très amaigri, était réduit à une fine couche de peau sur un squelette, ses yeux paraissaient exorbités et elle n'avait plus la force de lever sa tête de l'oreiller. J'étais au bord de la crise de nerfs. Je n'arrivais plus à me contrôler. J'ai immédiatement exigé de parler au médecin, mais comme elle était absente, j'ai dû patienter jusqu'au lendemain matin.

Frau D. reçut alors une lettre, la *Schlechtmeldung*. À ce moment-là, elle s'identifiait tellement à sa fille malade qu'elle eut *personnellement* l'impression qu'on lui avait administré de la « poudre ». Sa température atteignit 40° de fièvre et le médecin qu'elle avait fait venir lui dit qu'elle souffrait de *fièvre nerveuse*. Deux jours plus tard, elle reçut ce message :

> *Nous avons le regret de vous annoncer que votre fille Martha est décédée à sept heures et demie ce matin.*

Morte trois semaines et demie seulement après avoir été admise à la clinique ! clama Frau D., tournée vers l'audience choquée. *Alors qu'elle a survécu chez nous pendant près de quinze ans et demi !*

Le même jour que Frau D., c'est au tour de l'aide-soignante Anny Wödl de témoigner. Anny Wödl ne travaillait pas au Steinhof, mais à l'Allgemeines Krankenhaus. Avant la guerre, elle était mère célibataire d'un petit garçon prénommé Alfred qui, selon Wödl, « comprenait tout mais était incapable de parler ». Ses jambes devaient par ailleurs être trop faibles, car il ne pouvait pas marcher non plus.

> Pour vous dire la vérité, aucun des médecins que j'ai consultés n'a jamais pu me dire ce qui n'allait pas chez lui. En revanche, ils m'ont recommandé de le confier à un établissement spécialisé. Étant mère célibataire, je n'arrivais pas à la fois à travailler et à m'occuper d'Alfred, j'ai donc fait en sorte qu'ils puissent le prendre à Gugging, qui, à cette époque, jouissait d'une bonne réputation.

C'était sans compter l'année 1938 : la dissolution de la république, la prise de pouvoir par les nazis. Parmi les employés des hôpitaux, la rumeur courait que les nouvelles autorités traquaient les personnes âgées ou atteintes de maladies mentales. L'une des plus proches collègues de Wödl à l'Allgemeines Krankenhaus était mère d'un petit garçon gravement attardé qui était interné au Steinhof depuis des années. Désormais elle lui rendait visite aussi souvent que possible, de crainte qu'il lui arrive quelque chose. Un jour, alors qu'elle était venue voir son fils, elle apprit que celui-ci n'était plus hospitalisé au Steinhof. Qu'il avait été transféré par *Kriegsbedingte Maßnahme* – par « mesure de guerre ». Toutes les décisions, toutes les nouvelles lois n'étaient plus justifiées qu'en termes de contribution à l'effort de guerre. La mère apprit que son fils avait été emmené dans une station thermale sur la côte allemande de la mer Baltique. Deux semaines plus tard, elle reçut une lettre lui annonçant qu'il était « subitement décédé ». À peu près au même moment, des milliers d'autres femmes à Vienne reçurent des lettres similaires les informant que leurs enfants, parents ou proches étaient « subitement décédés ». Elles se tournèrent vers l'administration du Steinhof et exigèrent de savoir ce que signifiaient ces décès soudains. Au Steinhof on les renvoya au *Hauptgesundheitsamt* à Schottering ; au *Hauptgesundheitsamt* on les renvoya aux services concernés du ministère de l'Intérieur à Berlin. Car toutes les décisions importantes se prenaient à Berlin. Un groupe de victimes décida donc d'envoyer une représentante au ministère afin d'exiger des réponses des personnes responsables. Anny Wödl fut désignée par ces femmes pour être leur représentante (bien qu'à ce moment-là Wödl n'eût pas été directement touchée par cette vague de décès, son fils Alfred étant encore entre de bonnes mains à Gugging). *Wiener bitten für Angehörige* : c'est ce qui est écrit dans le registre des visites de la chancellerie allemande de Tiergartenstraße à Berlin 4, à la page du 23 juillet 1940, le jour où l'aide-soignante Anny Wödl arriva dans la capitale du Reich. Au ministère, elle fut reçue par le docteur Herbert Linden, l'un des secrétaires de département de l'unité IV, appelée *Gesundheitswesen und Volkspflege* et concernant les questions de santé publique. C'est dans cette unité que l'on décidait quels étaient les individus dont le Reich devait être purgé pour des raisons raciales ou médico-sociales – car ils constituaient un fardeau pour un système de santé déjà fragilisé par la guerre. L'objectif de ce système était de s'occuper des individus en bonne santé et aptes au travail, capables d'améliorer la race allemande et d'installer les conditions pour produire une prochaine génération d'enfants parfaitement sains. Le docteur Linden expliqua cela en détail à Anny Wödl, avec amabilité, calme et fermeté. Il lui expliqua également pourquoi les transports devaient être effectués de nuit, afin de ne pas éveiller d'inutiles soupçons parmi la population et d'éviter la propagation de rumeurs potentiellement dangereuses. Et aussi pourquoi Vienne et l'Ostmark ne pouvaient se soustraire à une politique de santé qui, pour fonctionner, devait être appliquée dans tout le Reich. C'était la guerre. L'Allemagne était sur le qui-vive. Sur les fronts extérieur et intérieur, précisa-t-il. Mais comment être prêts au combat si, pour des raisons sentimentales ou autres, nous soutenons à bout de bras ceux qui souillent notre race, minent notre moral et affaiblissent notre volonté ? Wödl dut se contenter de cette réponse et retourna à Vienne. Six mois plus tard, en janvier 1941, elle apprit par des voies détournées que son fils Alfred avait fait l'objet d'un nouvel examen médical. Ce dernier montra qu'Alfred souffrait de ce que le médecin appelait *syndrome athétosique* – des spasmes et mouvements involontaires affectant tant sa motricité que sa capacité générale de coordination ; il l'attribuait à une encéphalite passée, soit la méningite qui avait été à l'origine de son « idiotie de degré moyen » et l'avait plus ou moins condamné à un alitement permanent. Le 6 février, Anny Wödl reçut une carte-lettre envoyée à l'unité de l'hôpital où elle travaillait. On lui annonçait que *votre fils, Alfred Wödl, a été admis au Spiegelgrund, clinique située au 109/14 Sanatoriumstraße, Vienne 2*. Le 15 février, Alfred fut examiné par le docteur Heinrich Gross, qui prit également des photographies du jeune garçon. Sur ces clichés, le petit miraculé regarde le médecin et son appareil avec des yeux étrangement graves et inquisiteurs. Peut-être l'enfant n'a-t-il pas tout à fait compris la découverte exceptionnelle que le docteur croit avoir faite : le même jour (le 15/02), le docteur Gross inscrit triomphalement dans le compte rendu d'examen « *L'enfant est à moitié juif !* » Tout à coup tout prend son sens : l'enfant est né hors mariage – Frau Wödl n'a jamais précisé qui en est le père – et on n'a jamais trouvé d'explication valable pour ses maladies. Entre-temps, Anny Wödl a réussi à se mettre en relation avec le directeur du Spiegelgrund, le docteur Erwin Jekelius. Au cours du procès, plusieurs années plus tard, elle expliquera que, lors de son entretien avec Jekelius, elle ne fit plus aucune tentative pour sauver son fils :

> Je voulais seulement empêcher qu'il soit encore emmené ailleurs. Et si, dans le pire des cas, il devait mourir, alors je voulais au moins lui éviter de souffrir. C'est pour cette raison que j'ai demandé au docteur Jekelius, s'il ne pouvait sauver la vie de mon fils, de faire au moins en sorte qu'il décède le plus rapidement possible et sans trop souffrir. Le docteur Jekelius me l'a promis. Mais j'ignore totalement ce qu'il lui a fait, et s'il l'a fait lui-même ou a laissé quelqu'un d'autre le faire à sa place.

Assise sur sa chaise, Anny Wödl baisse les yeux et pleure en silence. Il n'y a pas un bruit dans la salle d'audience. Le président de la cour appelle le témoin Anna Katschenka. L'accusée-témoin. L'ambiance est tendue. Quelqu'un crie *Meurtrière !* quand Katschenka est conduite à la barre. Elle marche lentement, à sa manière usuelle, pourtant le public pense qu'elle fait cela pour résister aux agents qui la tiennent par les bras. À ceux qui la connaissent, elle donne une impression encore plus abattue que d'habitude. Sur le banc des accusés sont alignés ceux pour qui on lui a demandé de témoigner : le docteur Hübsch, le docteur Illing, et entre les deux le docteur Türk. Leurs visages n'expriment rien quand ils la regardent. Des visages de pierre. Sont-ils mal à l'aise ou éprouvent-ils simplement une sorte d'indifférence hautaine ? Impossible de le dire. Le procureur évoque sans attendre les enfants euthanasiés. Il lit, à voix haute, un texte décrivant les circonstances dans lesquelles les enfants étaient accueillis, examinés et leur dossier soumis au comité du Reich à Berlin, puis comment, selon la réponse de ce même comité, le personnel de la clinique jugeait de la manière dont les enfants devaient être « traités » et comment ce « traitement » était mis en œuvre.

Le procureur : *Tout cela a-t-il bien été résumé, Frau Katschenka ?*

Anna Katschenka ne sait que répondre. Elle regarde les visages de pierre devant elle, puis elle baisse les yeux vers ses mains. Des mains abîmées, gercées mais propres, des mains qui ont l'habitude de trouver ce qu'elles cherchent : rabattre un drap ou pincer une veine avant une injection. Des mains qui ont aidé, soutenu, et parfois aussi puni. Pourtant, elles ne sont pas des outils qu'on peut ranger après utilisation en prétendant qu'elles n'ont rien fait. Parfois il lui est arrivé de penser que ses mains sont tout ce qu'elle possède. Parfois, la nuit, elle les porte à son visage en espérant qu'elles finissent par se confondre avec sa peau. Elle ignore totalement si ce désir est l'expression de sa honte, de sa tristesse, de sa résignation ou de tout cela en même temps. La seule chose qu'elle sait, c'est que, juste avant que la sentence tombe, elle portera ces mains à son visage, et les visages de pierre la regarderont de leurs yeux indifférents ou hautains, et tout le monde pensera que sa condamnation n'est que justice, étant donné ce que ces mains ont commis.

LE PROCUREUR : Pouvez-vous nous répéter en quelles circonstances vous avez entendu dire que l'on euthanasiait des enfants à la clinique ?
ANNA KATSCHENKA : De toute ma vie, je n'ai jamais vu des êtres aussi gravement malades. Je n'imaginais même pas cela possible.
LE PROCUREUR : Nous ne parlons pas de cela. Quand avez-vous pour la première fois appris que des enfants étaient euthanasiés dans la clinique où vous étiez employée ?
ANNA KATSCHENKA : J'ai entendu des rumeurs selon lesquelles des patients adultes extrêmement malades du Steinhof avaient dû être tués.
LE PROCUREUR : Et les enfants...
ANNA KATSCHENKA : Ça, je ne sais pas.
LE PRÉSIDENT DE LA COUR : Frau Katschenka, vous avez vous-même déclaré, lors d'un précédent interrogatoire, que le docteur Jekelius s'était personnellement déjà engagé auprès de Berlin à systématiquement éliminer les enfants que le comité estimait inaptes à la vie, et que cela constituait votre mission : déterminer quels enfants devaient être tués et quels enfants devaient rester sous observation. C'était le but de toute la manœuvre, si je puis me permettre de m'exprimer de manière aussi légère. La clinique euthanasiait des enfants. N'est-ce pas ?
ANNA KATSCHENKA : Il y a peut-être eu quelques soupçons.
LE PROCUREUR : Quels soupçons ?
ANNA KATSCHENKA : Que des choses douteuses se passaient à la clinique, mais je ne...

LE PROCUREUR : Vous ?

ANNA KATSCHENKA : Je ne peux rien dire de plus.

LE PRÉSIDENT DE LA COUR [*les interrompt*] : Excusez-moi, Frau Katschenka. Vous avez d'abord été simple infirmière, puis vous êtes passée au poste d'infirmière en chef remplaçante. Il relevait de vos compétences, pour ne pas dire de votre devoir, de veiller à ce que les patients soient traités selon l'ordonnance des médecins. Il est impossible que vous n'ayez pas été au courant des produits prescrits par ceux-ci aux enfants.

ANNA KATSCHENKA : C'est vrai.

LE PRÉSIDENT DE LA COUR : Ou voulez-vous nous faire croire que ce sont les enfants eux-mêmes qui se sont procuré les médicaments nécessaires ? [*rires nerveux dans la salle*]

ANNA KATSCHENKA : [...]

LE PRÉSIDENT DE LA COUR : Lors d'une précédente déposition, vous avez décrit le traitement comme suit [*lit*] : « *Nous mélangions des médicaments à la nourriture de ceux qui étaient capables de s'alimenter seuls. Quant aux autres, les plus petits et les plus malades, ils recevaient de la morphine sous perfusion en très petite quantité. Pour les plus grands, nous utilisions le Luminal.* » Et quand on vous a demandé si vous saviez qu'un tel traitement les conduirait à la mort, vous avez résolument répondu oui. Sous les ordres de qui avez-vous administré ces traitements ?

ANNA KATSCHENKA [*pleure*]

LE PROCUREUR : N'était-ce pas sous les ordres des trois personnes assises aujourd'hui sur le banc des accusés ?
Les visages de pierre.

ANNA KATSCHENKA : Le docteur Illing... le docteur Türk se préoccupaient tous les deux beaucoup du bien-être des enfants. On ne peut pas leur faire de reproche quant à la manière dont ils traitaient les enfants.

LE PRÉSIDENT DE LA COUR [*d'un ton sec*] : Frau Katschenka ! Que s'est-il passé pour que vous nous donniez aujourd'hui un témoignage différent de vos dépositions effectuées dans le cadre de l'enquête préliminaire ? Avez-vous été soumise à une quelconque pression ? Par qui ?

ANNA KATSCHENKA [*pleure*]
Les visages de pierre.

LE PRÉSIDENT DE LA COUR : Faites venir deux de nos agents ici.
[*Les agents s'approchent d'un pas hésitant*]
La témoin Katschenka veut-elle bien se lever ?
[*Katschenka tente de se lever*]
J'ordonne que ce témoin soit immédiatement mis en détention provisoire pour suspicion de complicité de meurtre. Cette femme est en état d'arrestation.

Jubilation dans la salle. Anna Katschenka tente de se lever, mais elle retombe sur son siège au moment où le juge prononce ces mots et enfouit son visage dans ses mains. Lorsque les agents la saisissent par les bras, ses épaules sont secouées de sanglots au point qu'ils arrivent à peine à la soulever. Pendant un bref instant, la femme en larmes lève les yeux en direction des trois visages de pierre assis sur le banc des accusés :

les supérieurs qu'elle n'a finalement pas été capable de trahir. Quand elle est reconduite hors de la salle par les deux agents, la salle est déchaînée. Cela dépasse ce que quiconque pouvait imaginer ou espérer. Une meurtrière arrêtée en plein procès, sous les yeux de tous les témoins et de toutes les victimes. Les trois visages de pierre restent à leur place. Illing détourne le regard : comme si tout ce spectacle le dégoûtait.

Pénitence Le procès séparé d'Anna Katschenka eut lieu juste après, et son jugement tomba au mois d'avril 1948. Elle écopa de huit ans de prison et d'une peine additionnelle de trois mois de travaux d'intérêt général par année. Elle purgea sa peine dans la prison pour femmes Maria Lankowitz, à côté de Graz. L'établissement hébergeait alors plus de trois cents détenues, qui dormaient jusqu'à vingt dans des cellules sans toilettes ni eau courante et dont la seule source de chauffage était un grand poêle au milieu de la pièce qui fonctionnait mal, même en plein hiver. C'était aux corps des femmes de produire leur propre chaleur en se serrant les uns contre les autres. Les premiers mois, avant qu'on la change de cellule, le lit fut l'unique endroit où elle put conserver ses effets personnels ou s'asseoir. L'administration de l'établissement ne faisait aucune différence entre les détenues : les femmes condamnées à de courtes peines pour vol, fraude ou faux et usage de faux, dormaient parfois avec des femmes qui purgeaient des peines à perpétuité pour meurtre. Un jour, Anna Katschenka fut approchée par une jeune femme dont la rumeur disait qu'elle avait empoisonné sa propre fille. De l'extérieur, cette femme n'avait rien de particulier. D'allure toujours propre et soignée, elle était polie et respectueuse, juste peu étourdie. Quand on lui parlait, elle gardait la tête légèrement penchée, avec un étrange sourire et les yeux rivés au sol ou au mur. Son intérêt pour Katschenka était tout à fait rationnel : elle avait lu des articles sur le procès du Steinhof et se demandait simplement comment Katschenka et ses collègues avaient « procédé ». Elles ne partagèrent jamais la même cellule, mais Anna Katschenka apprit à fuir comme la peste cette malédiction humaine. Elle veillait à ne jamais la croiser dans le couloir et quittait le réfectoire dès qu'elle la voyait arriver. Elle alla même jusqu'à demander son transfert dans ce qu'on appelait la Maison du travail, où étaient parquées les prostituées et les toxicomanes. S'ensuivit une période pendant laquelle elle se replia sur elle-même, évitant tout contact avec les détenues et le personnel et restant silencieuse tant qu'elle n'était pas forcée de parler. Des images du procès lui tournaient dans la tête. Elle se revoyait sur le banc des accusés, *seule*. Théoriquement, les charges ne pesaient pas seulement contre elle, mais aussi contre toutes ses collègues du pavillon 15 : Maria Bohlenrath, Erna Storch, Emilie Kragulj et Cläre Kleinschmittger. Néanmoins, d'après ce qu'elle avait compris, la police, malgré d'intenses recherches, n'avait jamais réussi à les retrouver. Que se serait-il passé si elle n'était pas retournée à la clinique ce jour-là ? Que se serait-il passé si elle était restée fidèle à son premier témoignage ? Si elle ne l'avait pas modifié, malgré les aveux d'Illing et de Türk – qui avaient tenté de se blanchir. Marianne Türk avait déclaré qu'ils n'avaient fait qu'obéir aux ordres émanant de plus haut : c'était à Berlin que la décision de mettre en œuvre ou non le traitement était prise. Pas au Spiegelgrund. *Je n'ai fait que mon devoir*. Parfois, Anna se forçait à remonter plus loin dans le temps. Que se serait-il passé si elle n'avait pas postulé au Spiegelgrund, auprès de Jekelius ? Là, ses pensées étaient contraintes de cesser un instant. C'était la guerre. Comment aurait-elle subvenu aux besoins de sa famille ? Elle était le pilier de son père et le guide de sa mère. Même en prison, elle avait le sentiment qu'elle manquait à ses devoirs envers ses parents, qu'elle fuyait ses responsabilités en étant enfermée là. Ainsi passèrent les jours et les années ; et chaque jour qui s'ajoutait aux précédents était comme la dent d'une roue d'engrenage qui la hissait lentement vers la fin de sa peine. D'un même mouvement la grande roue, dont les dents tournaient en sens inverse – vers la vieillesse et la mort – l'attirait de plus en plus profondément dans les ténèbres. Jamais le temps n'allégea le poids du châtiment. Au contraire, celui-ci devint de plus en plus insupportable. En tout, elle purgerait quatre ans, cinq mois et huit jours, détention provisoire inclus. Pendant tout ce temps, elle qui avait passé sa vie de femme active à surveiller et à juger de l'état des autres se retrouva sous surveillance, chaque aspect de son corps et de sa personne soumis à observation et analyse. Son avocat ayant déposé pour elle un recours en grâce, elle subit en avril 1950 un examen médical complet. Du compte rendu il ressort que ses cheveux déjà clairsemés deviennent de plus en plus gris et fins, que son corps, qui a toujours été un peu trapu, semble durci et enflé, qu'elle ne supporte aucun contact et pleure pour un rien. Tout indique qu'elle souffre de dépression chronique. Le médecin en charge attribue cet état de dépression, ainsi que son hypersensibilité et ses sécrétions anormalement élevées, à un excès d'hormones thyroïdiennes, dont les symptômes comptent également l'irritabilité et d'importantes sautes d'humeur. Le recours en grâce précise également que Katschenka a plusieurs fois été félicitée pour sa bonne conduite. Elle travaille en tant qu'assistante à l'infirmerie de la prison, où les médecins et la direction la couvrent de louanges pour « son travail consciencieux et assidu ; elle est toujours prête à aider les autres, d'humeur calme et sensée ». En décembre 1950 elle est mise en liberté conditionnelle. Le reste de sa peine est transformé en une période de probation de cinq ans. Mais elle peut désormais chercher un vrai travail et, au bout de six mois de liberté, elle décroche un poste à la clinique pédiatrique St. Anna, à Kinderspitalgasse, dans le IXe arrondissement de Vienne. De nouveau, elle peut faire ce que, tant dans sa demande de recours que dans son témoignage, elle avait déclaré aimer plus que tout : travailler avec des enfants. St. Anna Kinderspital est une clinique privée : Anna Katschenka a perdu son poste au sein du personnel hospitalier de la commune de Vienne le jour où elle a été renvoyée du Spiegelgrund. Avec cet emploi fixe et la promesse d'une petite retraite, on pourrait la considérer comme tout à fait réhabilitée. Pourtant toutes ses demandes de grâce sont rejetées les unes après les autres. En septembre 1956, après le refus d'un nouveau recours, elle écrit une lettre au ministre de la Justice, Otto Tschadek, dans laquelle elle lui demande d'intervenir pour elle :

> Monsieur le Ministre,
>
> Je pense qu'il est inutile de préciser combien ce refus m'a affectée, tant j'avais espéré, après toutes ces années de tracas et de peines, avoir enfin mérité le droit de me sentir à nouveau un individu à part entière. Mon dossier fait pourtant état des efforts que j'ai fournis pour réintégrer après ma libération la profession d'infirmière, malgré les difficultés que cela m'a coûté. Mes parents étant très âgés, je suis obligée

de subvenir à leurs besoins tout en m'efforçant de me bâtir une nouvelle vie. Ma condamnation a eu pour conséquence de me faire perdre ma place à la commune de Vienne après vingt et un ans de service, mais également une bonne partie de ma retraite, puisque je n'ai pu postuler que dans le domaine privé. En janvier 1951, j'ai adressé à *Gemeinde Wien*[1] un courrier dans lequel j'ai fait part de mon souhait de reprendre un poste d'infirmière, mais ma candidature n'a, à ce jour, reçu aucune réponse, et ce malgré les fonctionnaires influents qui ont plaidé en ma faveur.

Je viens d'une famille de socialistes. Mon père, Otto Katschenka, était graveur et membre du parti social-démocrate depuis 1895. Le jour de son quatre-vingtième anniversaire, le 14 novembre 1954, il a fait l'objet de nombreuses distinctions honorifiques de la part du parti et a également reçu une photographie dédicacée de son président, le docteur Körner, en souvenir de leur lien particulier, puisqu'ils avaient eu l'occasion de travailler côte à côte lors de la construction de la piste de saut en hauteur de Coblence. J'ai moi-même été membre du parti social-démocrate de 1923 à 1934, puis de nouveau dès 1945.

Mon père ayant été victime d'une attaque cardiaque au mois de juillet de cette année, je vis seule avec ma mère âgée, dont je dois désormais m'occuper pleinement.

C'est pourquoi je vous saurais gré, Monsieur le Ministre, de bien vouloir m'accorder votre aide

1. La commune de Vienne.

afin que je ne subisse plus le poids et les conséquences de la sentence qui a été prononcée à mon encontre. Pendant toutes mes années de service, je n'ai reçu que les meilleures appréciations. N'étant pas, et n'ayant jamais été une mauvaise personne, je n'ai été impliquée dans ce procès que suite à une série de circonstances malheureuses. Je n'ai été que l'organe exécutif, et j'estime avoir suffisamment expié les fautes que l'on m'a obligée à commettre dans le cadre de mon travail.

Je vous prie donc de venir en aide à une femme honnête, socialiste convaincue, qui vous assure par avance de sa reconnaissance et de son soutien éternel.

Veuillez agréer, Monsieur le Ministre, l'expression de mon plus profond respect.

Anna Katschenka

Cette dernière demande sera, elle aussi, rejetée. Anna Katschenka n'obtiendra jamais sa réhabilitation. Elle décédera à Vienne en février 1966, à l'âge de soixante et un ans.

XVI

Survivant

Nous devons apprendre à regarder droit devant
Il existe un phénomène d'oubli, explique Adrian Ziegler, qui dépasse le simple fait de ne pas se rappeler une chose mais est dû à une sorte de mutisme du cerveau. Croyez-moi, je connais bien ce type d'oubli. J'en ai souffert toute ma vie. Vous évoluez dans la vie comme dans des coulisses vides. Rien de ce que les autres vous disent ou vous font n'a de sens. Même les événements les plus terribles et les plus abjects ne s'impriment pas dans votre mémoire. On dit alors qu'on a oublié ou qu'on ne comprend pas le sens de ses propres actes. Mais est-il possible qu'un pays tout entier soit frappé de ce type d'amnésie ? En cavale depuis qu'il avait fui le front de l'Est, Heinrich Gross fut arrêté par des soldats soviétiques alors qu'il tentait de traverser l'Elbe. C'était en mai 1945. Il passa ensuite plusieurs années en captivité à Kohtla-Järve, dans le nord de l'Estonie. Ce camp comptait seulement vingt médecins pour près de quinze mille prisonniers de guerre. Gross comprit qu'on allait avoir besoin de lui ; il s'attacha bientôt l'estime de la direction de l'établissement, qui en vint à le considérer comme un médecin sérieux et dévoué. Il consacra son temps libre à apprendre le russe. Quand, en décembre 1947, il

retourna à Vienne, le procès des trois accusés principaux du procès du Steinhof était déjà terminé. Le docteur Illing, condamné à la peine capitale, avait été exécuté par pendaison le 30 novembre 1946. Le docteur Hübsch avait été acquittée, et Marianne Türk avait écopé de dix ans d'emprisonnement. Sachant que la justice l'attendait aussi, Heinrich Gross tenta sans conviction de rester caché ; il finit cependant par être retrouvé quelques mois plus tard. Alors que, d'après les déclarations d'Anna Katschenka, l'ordre de tuer les enfants pour le meurtre desquels elle avait été condamnée provenait du docteur Gross, le *Wiens Volksgericht* ne le condamna qu'à deux ans de prison. Cette sentence ayant fait l'objet d'un appel, elle fut immédiatement révoquée par une instance juridique supérieure – ce qui invalida l'ensemble du procès pour des raisons de procédure. À la différence du docteur Türk, qui avait pu être jugée parce qu'elle avait admis lors de son interrogatoire avoir agi avec préméditation et la ferme intention de causer la mort (Türk : « *À de rares occasions, quand les enfants en question ne réagissaient pas assez aux somnifères, je leur administrais une injection de Modiscop, disons trois ou quatre ampoules. Avec cela, la mort intervenait environ douze heures plus tard* »), le docteur Gross n'avoua ni acte ni intention. Lui savait quels types de décès étaient provoqués par des causes naturelles et quels types de décès ne l'étaient pas. Les enfants morts au Spiegelgrund l'étaient tous de causes naturelles. Tout un chacun pouvait le constater : c'était écrit noir sur blanc dans les dossiers médicaux. La pneumonie était la plus courante de ces causes de décès. Bien sûr, une dose trop importante de calmant, disons par exemple de Luminal, pouvait engendrer des symptômes qui rappelaient les gastro-entérites décrites chez certains des enfants, mais un tel ensemble de symptômes se retrouvait également dans l'évolution de bien d'autres maladies. Cela ne prouvait rien. Contrairement à Anna Katschenka, le docteur Gross ne se contredit jamais. Tout au long du procès, il garda la même approximation arrogante. Il ne déclara que ce dont il était certain d'être accusé, occulta tout le reste et réduisit les « preuves » à son encontre à autant de détails tirés de leur contexte et pouvant être, selon les points de vue, interprétés d'une tout autre manière. Il parvint ainsi à minimiser sa contribution en tant que médecin à la clinique :

> *C'est donc en 1941 que j'ai pris la direction de l'unité pédiatrique du pavillon 15.*
> *Ma mission consistait à photographier des enfants malades pour le docteur Jekelius.*
> *J'y ai officié jusqu'à l'été 1942, et n'ai fait que mettre à jour les dossiers médicaux et prendre des clichés des enfants.*
> *[...]*
> *Oui, tous les enfants ont été photographiés, même ceux de l'unité correspondant à la maison de redressement.*
> *[...]*
> *Si nous avions une raison d'ordre psychiatrique de les prendre en photo ? Je ne peux pas le dire. Concernant les enfants que j'ai moi-même photographiés, il y avait bien sûr des raisons médicales, nous avions des cas de malformation à des degrés élevés, c'était terrible : des enfants avec des hydrocéphalies d'un mètre de circonférence, entre autres choses !*
> *[...]*

Non, tout cela n'avait rien à voir avec la biologie raciale. Il ne faut pas confondre les clichés que j'ai pris pour l'unité de soins et les dossiers médicaux avec les photos que j'ai prises des adolescents...

[...]

Il est possible que les photographies aient été utilisées par Jekelius dans le cadre de ses recherches en biologie raciale, oui c'est possible, mais je ne peux rien dire à ce propos...

[...]

Oui, cela représentait beaucoup de travail. Il n'y avait que deux ou trois médecins, et donc nous étions de garde une nuit sur deux ou sur trois. C'était au médecin de garde de signer les actes de décès. Mais le fait de signer les actes de décès ne signifie pas nécessairement que l'on connaissait les causes de la mort, ni même que l'on était familier du dossier.

[...]

Non, je n'ai connaissance d'aucune circulaire. Qu'un médecin puisse, délibérément, administrer des médicaments en quantité plus élevée que les doses prescrites ? Vous plaisantez ? Il faudrait qu'il ait perdu le sens commun pour faire une chose pareille !

En mai 1951, toutes poursuites à l'encontre de Gross sont abandonnées, les accusations sont retirées ; il est libre de reprendre le cours de sa carrière. Ce qu'il fait sans attendre. Au cours des décennies suivantes, il est régulièrement publié dans des revues scientifiques : au total une centaine d'articles sur les différentes affections neurologiques et la manière dont elles peuvent être diagnostiquées. En 1959, il publie dans le *Wiener Zeitschrift für Nervenheilkunde und deren Grenzgebiete* un article intitulé « Des plus importantes malformations des ventricules cérébraux », une analyse complète des malformations courantes des cavités ventriculaires du cerveau doublée d'une tentative d'explication des causes. Dans son introduction, le docteur Gross précise que ses recherches sont fondées sur *une collection d'échantillons anatomiques riche et parfaitement valide mise à disposition par l'unité de thanatologie du centre hospitalier Steinhof.* Riche de centaines de cerveaux, il s'agit *certainement de la plus importante collection de ce genre*. Que ces organes et les glandes qui leur sont attachées proviennent du même établissement que celui où Gross a travaillé précédemment apparaît évident à la lecture de plusieurs des descriptions de cas anonymes réalisées par le médecin et ses collaborateurs pour cet article et la longue série d'écrits scientifiques qui suivra. Il s'agit des cerveaux dont le médecin légiste en chef, Barbara Uiberrak, a dit, lors du procès du Steinhof, qu'ils étaient d'« un intérêt scientifique si grand » qu'ils devraient faire l'objet de nouvelles études chaque année ; suggestion que le docteur Gross semble avoir mise en application. Tandis qu'il poursuit ses recherches sur les enfants qu'il a lui-même contribué à tuer, sa réputation d'excellent psychiatre et scientifique ne cesse de croître. En 1957, on lui offre le poste de médecin chef à l'hôpital Rosenhügel à Lainz. En 1962, il récupère son logement de fonction au Steinhof et présente sa candidature au poste de directeur pour l'ensemble de l'établissement. En 1968, il intègre l'institut Ludwig Boltzmann, où il prend la direction de l'unité pour la recherche sur les malformations du système nerveux et initie en parallèle une longue et fructueuse carrière de psychiatre légiste. Pendant les années 1960 et au début des années 1970, on lui demande régulièrement de rédiger des rapports d'expertise sur lesquels s'appuient les tribunaux pour déterminer la peine et le traitement infligés à de nombreux criminels dont la santé mentale est susceptible d'être mise en doute. Jusqu'en 1978, il a, selon ses propres dires, rédigé pas moins de 12 000 de ces rapports. Sa rigueur, son savoir et son expérience sont unanimement reconnus. Ce sont les tribunaux qui ont le plus souvent l'occasion d'apprécier son efficacité. Les affaires ne traînent jamais très longtemps avec lui. C'est en sa qualité de psychiatre légiste que le docteur Gross, un matin du mois de novembre 1975, rencontre son ancien patient du Spiegelgrund. Il lui faut cependant quelques instants avant de comprendre à qui il a affaire.

Un entretien avec mon psychiatre

DOKTOR GROSS [*lit*] : Ziegler, Adrian... Quel est votre lieu de naissance, Herr Ziegler ?

ADRIAN Z. : Vienne.

DOKTOR GROSS : Vous êtes donc citoyen autrichien ?

ADRIAN Z. : Oui.

DOKTOR GROSS : Et votre mère s'appelle ?

ADRIAN Z. : Dobrosch.

DOKTOR GROSS [*écrit, aucune réaction notable*] : Et votre père ?

ADRIAN Z. : Qu'est-ce que vous voulez savoir ?

DOKTOR GROSS : Savez-vous qui est votre père ? L'avez-vous connu ?

ADRIAN Z. : Ziegler, c'est le nom de mon père. Mes parents se sont mariés en 1939. Ils se sont séparés depuis.

DOKTOR GROSS : Est-il toujours en vie ?

ADRIAN Z. : Non, il est décédé en 1970. Il était alcoolique.

DOKTOR GROSS : Et jusque-là ? Votre père et votre mère vivaient-ils ensemble ?

ADRIAN Z. : Périodiquement.

DOKTOR GROSS : Et vous, Herr Ziegler ? [*ses lèvres se crispent et il grimace un sourire*] Rassurez-vous, vous pouvez tout me dire.

ADRIAN Z. : Mon frère et moi avons été envoyés dans une famille d'adoption. J'ai atterri chez la famille Haidinger. Mais ils ne voulaient pas de moi. Alors j'ai été envoyé au Spiegelgrund. C'était en 1941. En début d'année, en janvier. Cela correspond à peu près au moment où vous êtes vous-même arrivé à la clinique, Herr Doktor Gross.

DOKTOR GROSS [*ne dit rien, regarde un moment le plafond puis baisse de nouveau les yeux*]

ADRIAN Z. : [...]

DOKTOR GROSS [*d'un ton étonnamment sec*] : Donc vous étiez là-bas aussi... Jusqu'en quelle année, Herr Ziegler ?

ADRIAN Z. : Cela devrait figurer dans vos dossiers, mais vous vous en souvenez certainement. Au premier étage du pavillon 15, il y avait une grande salle d'examen qui était utilisée comme salle de cours. Le docteur Illing me considérant comme un *Mischling*, un demi-Juif, j'ai dû me mettre tout nu et faire le pied de grue devant toutes les élèves infirmières jusqu'à ce qu'il me laisse partir avec une tape sur les fesses, comme si j'étais un animal de foire. À la fin de mon traitement, j'étais censé aller dans un camp de travail, mais le bus qui devait nous y conduire n'est jamais venu. Au lieu de quoi, j'ai réussi à m'échapper grâce à une jeune femme de ménage qui avait laissé la fenêtre ouverte, ce qui m'a valu ma première punition. Le docteur Illing a ordonné un rapport d'expertise médico-légale. C'était en 1944.

DOKTOR GROSS : Ces documents ont certainement disparu.

ADRIAN Z. : Absolument pas. Dans son rapport, le docteur Illing parle d'une hérédité lourde, d'un caractère sociopathe et d'une tendance psychologique impliquant que je devais être considéré, d'un point de vue psychiatrique, comme un récidiviste chronique.

DOKTOR GROSS : Avez-vous parlé de tout cela à quelqu'un ?

ADRIAN Z. : Non, je n'avais aucune raison de le faire.

DOKTOR GROSS : Êtes-vous toujours en contact avec des personnes que vous avez connues à cette époque ?

ADRIAN Z. : Oui, quelques-unes. Mais je ne dirai aucun nom. Je ne vois pas pourquoi je le ferais.

DOKTOR GROSS [*déconcerté*] : Je vois, je vois. Alors ne parlons plus de cela. C'étaient des temps différents. Et je suis heureux qu'ils soient révolus. Et vous, Herr Ziegler, devriez aussi être content que tout cela soit derrière vous. Ne parlons plus de ces vieilles histoires. Si vous acceptez de ne rien dire à ce sujet, je vous promets de faire de mon mieux pour plaider en votre faveur lors du procès et faire en sorte que vous vous en sortiez le mieux possible.

Crime et châtiment Le docteur Gross ne tient pas sa promesse. Au contraire. Il utilise le rapport de 1944 rédigé par le docteur Illing comme document de référence pour le rapport qu'il rédige ce jour-là. Enfant déjà, écrit le docteur Gross, Adrian Z. faisait preuve de troubles relationnels, de tendances au mensonge et à la tromperie et se livrait à différents actes incestueux et homosexuels. Il a été placé dans plusieurs familles d'accueil avant d'être pris en charge par une clinique psychiatrique pour enfants. Puis il cite directement le rapport d'Illing daté de 1944, soit le document dont, au cours de son entretien avec Adrian, il avait nié l'existence :

> *D'un point de vue psychiatrique, l'accusé est psychologiquement impossible à rééduquer. Il n'est pas seulement un sociopathe avéré, il doit être, d'un point de vue psychiatrique, considéré comme un récidiviste chronique.*

Le crime d'Adrian Z. est d'avoir reçu 20000 schilling en échange de sa participation à un vol aggravé. Suite au rapport du psychiatre légiste docteur Heinrich Gross, il est condamné à six ans de prison, suivis de dix ans d'internement dans un établissement pénitentiaire spécial pour multirécidivistes.

Asiles La cellule d'Adrian Ziegler à la prison de Stein an der Donau n'était pas plus grande que sa cellule d'isolement du pavillon 9. Elle comportait un lavabo et des toilettes ainsi qu'un vasistas grillagé auquel il avait accroché des rideaux bleus. Il les avait cousus à l'aide d'une machine à coudre vétuste qu'il conservait dans une vieille valise brune tout au fond de sa penderie. Ainsi transforma-t-il ce lieu de ségrégation sale et glacial en un lieu de vie aménagé chichement quoique efficacement : l'exiguïté interdisait le superflu mais il y avait tout ce dont il pouvait avoir besoin. Au-dessus et au-dessous d'un lit parfaitement bordé (S'il y a une chose que j'ai apprise au Spiegelgrund, c'est bien à faire mon lit), il avait emmagasiné des dizaines de livres, alignés en double rang sur l'étagère ou empilés en hauteur pour gagner de la place. Des livres de toutes sortes. Le récit de la guerre du Péloponnèse de Thucydide, des traductions de romans de Steinbeck ou de Conrad, des biographies politiques, aussi, des manuels de médecine sociale ou de pédagogie et des ouvrages documentaires sur le développement de la psychiatrie moderne. L'un des textes auxquels il tenait le plus était un essai de Julius Tandler, le célèbre social-démocrate et défenseur du droit des ouvriers à un logement salubre et à des conditions de travail décentes. L'article, écrit en 1916 et intitulé « Krieg und Bevölkerung », était un long plaidoyer pour l'interruption de tout soutien à ce que Tandler appelait *die Minusvariante* de la société (Ziegler avait souligné le mot) qui, si l'on continuait à les « tenir par la main », risquaient de tirer les prochaines générations vers le bas avec tout ce que leur race drainait de médiocrité, au lieu d'apporter à l'homme du futur la force, les compétences et la capacité de survie nécessaires. Je connaissais si peu de choses quand j'étais enfant et que j'étais interné au Steinhof, regretterait Adrian plus tard. Je ne m'étais jamais rendu compte à quel point ces idées étaient enracinées dans chaque pore de la société, ni à quel point tout était diaboliquement calculé dans les moindres détails. Je ne m'étais jamais rendu compte que les services sociaux rendaient visite à tous les parents, comme ils l'avaient fait avec ma mère. Je me le rappelle ! Je me rappelle que les employés de l'agence sociale, comme le personnel des crèches et des hôpitaux, devaient remplir des formulaires pour chacun des enfants qui présentaient selon eux quelque anomalie ou qui ne correspondaient pas aux normes. Ensuite, ces enfants-là étaient enlevés à leurs parents. Au Spiegelgrund, on m'a fait passer deux semaines seul dans une cellule comme celle-ci. Ils appelaient cela *Einzeln gegeben*. C'était la routine : dès que les infirmières avaient une raison de s'énerver contre toi, elles te punissaient ainsi. Je ne me rappelle pas pourquoi j'avais été enfermé, mais je me rappelle qu'un jour, après avoir passé au moins une semaine dans la cellule, j'ai demandé à avoir un livre ou du papier pour écrire, de quoi m'occuper en somme. Mais au lieu d'un livre ou d'une feuille de papier, on m'a envoyé le docteur Illing. Il avait sa canne en main et était fou de rage. Il m'a dit que mon seul droit était de me taire et d'apprendre à obéir. Puis j'ai dû me mettre à quatre pattes le temps qu'il me frappe avec sa canne. Si ces châtiments n'avaient pas de réelle raison d'être, si on ne nous enfermait pas pour nous éduquer, nous apprendre à lire, à écrire et à nous comporter convenablement, comme on le prétendait, quel *était* le but de tout cela ? Pourquoi nous rouer de coups jusqu'à ce qu'on ne puisse plus tenir ni assis ni debout ? Quel sens cela avait-il ? Aujourd'hui, au moins, on me donne des livres à lire. Ses codétenus, ainsi que les gardiens, les travailleurs sociaux et tous ceux avec qui il était en contact à la prison de Stein le voyaient surtout comme un original. Aucune autre cellule ne ressemblait à la sienne : à mi-chemin entre une mercerie et une bibliothèque. Il avait la réputation d'être loquace, mais on ne comprenait pas toujours ce qu'il racontait ni où il voulait en venir. Les mots étaient un écran qu'il brandissait devant lui afin que personne ne puisse atteindre ou entrevoir ce qui se logeait au plus profond de lui. Ziegler était un homme solitaire qui avait appris à considérer la solitude comme une compagne. Il avait des traits tranchants et anguleux, un menton marqué, des pommettes et un front saillants, tel un masque : impression renforcée par ses grandes lunettes. Sa peau était grise et rugueuse, comme si la pierre et le béton qui l'entouraient avaient fini par s'incruster dans chacun de ses pores. Ses yeux restaient constamment ouverts, curieux, même s'il leur arrivait parfois d'errer ou de disparaître dans le néant. Ziegler était comme ça : sa bouche ne cessait jamais de parler. Il s'empêtrait dans des raisonnements complexes entrecoupés de longues digressions détaillées qui débouchaient soudain sur Je ne me rappelle pas, ou Je ne m'en souviens pas. Il montrait souvent des photographies et des documents qu'il avait rassemblés et soigneusement classés dans différents albums. On y trouvait des portraits de sa mère (Frau Dobrosch, épouse Ziegler) en robe de mariée avec voilette. La photo de son oncle Ferenc allongé sur le flanc au bord de l'eau près du barrage Hubertusdamm, la tête appuyée contre la paume de sa main, la peau apparaissant sous son veston aussi bronzée que celle de son visage. Des clichés de tous ses frères et sœurs : Laura qui, déjà petite, montre une mine résolue avec ses larges avant-bras croisés sur le bord de la table autour de laquelle les enfants sont assis, Helmut, qui a grimpé sur le dossier de sa chaise, les petites sœurs Helga et Hannelore, assises sur les genoux de leur mère, qui esquisse ce même sourire rouge cerise et inquiet qu'Adrian décrirait si souvent. Il possède également des photos d'Elfriede, la femme qu'il a épousée plus tard avant de fuir loin d'elle, ainsi que de sa fille Missi. Dans de grands cahiers noirs, il a soigneusement recopié chacune des lettres qu'il lui a envoyées depuis la prison et collé leur réponse juste derrière. Il lui écrivait au moins une fois par semaine ; ils ne se voyaient pas très souvent. Quand ils se voyaient, ils parlaient rarement de son enfance et jamais de son séjour au Spiegelgrund. Non pas qu'il refusât d'en parler, mais il était venu un temps où il fut de plus en plus difficile pour lui de se concentrer sur les détails concrets. Il disait qu'il ne se rappelait rien, ou que la monotonie et le calme dans lesquels il avait vécu ces dernières années avaient fini par tout embrouiller. Certaines choses lui revenaient néanmoins : les grands cheveux noirs de Schwester Mutsch, qu'il avait un jour vus détachés et qui l'avaient tant impressionné, la nuit où Julius Becker s'était enfoncé les ciseaux dans le ventre, ainsi que la bagarre provoquée par la douille de fusil : le « pouvoir » de Pototschnik, comme il l'appelait. Mais à propos de la période qui avait suivi sa fugue, celle passée « chez les idiots » du pavillon 17, il restait toujours vague. Il disait que le docteur Illing lui avait fait subir une encéphalographie, décrivait la douleur et les effets secondaires de manière très précise. Pourtant les notes dans son dossier médical restent très floues sur ce point, et il est impossible à leur lecture de déterminer si un tel examen a bien été pratiqué ou non. Quand il fut libéré de prison après une réduction de peine, il retourna au Steinhof plusieurs fois, même s'il n'est pas certain que ces visites l'aient aidé à raviver ses souvenirs. Il se promena dans les différentes allées latérales qui se déployaient depuis l'axe central telles les nervures d'une feuille. En début d'après-midi, on n'y entendait que le croassement incessant des corneilles et le son creux du vent à travers le feuillage, ce même vent immuable, ample et silencieux. De nombreux pavillons étant encore en usage, il était difficile pour un simple visiteur d'y avoir un accès illimité.

Un jour, constatant que l'un d'eux a été vidé pour restauration, Adrian en profite pour jeter un coup d'œil à l'intérieur. Dans le couloir de l'entrée s'entassent des objets en émail hors d'usage, des sièges de toilettes, entre autres, dont émane une âcre odeur de poussière et d'humidité. Dans la salle d'eau, tous les éviers ont été dévissés et il ne reste plus que quelques robinets rouillés sortant du crépi nu. Mais la longue rangée de cabines de douche est toujours là, ainsi que l'une des grandes baignoires où les mouilleurs de lit étaient enroulés dans des draps ou des serviettes trempés puis plongés dans l'eau de façon répétée. *Schlempern lassen*, Adrian s'en souvient, était la dénomination officielle de cette pratique. (Schwester Mutsch et Schwester Demeter se tenaient de chaque côté de la baignoire, le corps d'enfant trempé pendant lourdement entre elles.) Telles qu'Adrian se les remémore, les portes des dortoirs étaient autrefois équipées de lucarnes que les infirmières de nuit ouvraient pour vérifier que les enfants étaient bien dans leurs lits ; ces portes-ci, en revanche, sont d'un seul tenant, compactes. La longue bande de couleur brune qui scindait à mi-hauteur les murs d'un bout à l'autre du couloir et qui, dans le souvenir très précis qu'il en a, dégageait une étouffante odeur de peinture à l'huile, a disparu elle aussi. En revanche, le motif rhomboïde du sol carrelé est resté le même qu'à l'époque, avec ses carreaux parfois si abîmés le long des murs et au pied des portes que le dessin en est presque effacé. Les fenêtres grillagées à loquet sont toujours là, aussi. Ainsi que cette lumière bien particulière qu'elles laissaient passer : vide et dévitalisée, le filtre des vitres retenant toute sa couleur et toute sa substance. Une lumière sans ombre et sans espace. Une lumière sans mémoire. Autour de la clinique, les allées suivent les mêmes immuables tracés, ces chemins que les enfants prenaient quand, menés par Frau Rohrbach ou Frau Krämer, ils partaient en excursion. Il est également toujours possible de monter au sommet du Gallitzinberg. Si l'on regarde des plans d'époque, on peut voir l'emplacement des anciens couloirs d'accès à l'abri antiaérien à l'intérieur de la montagne. Sur l'un des versants sud, désormais cachée derrière des blocs de pierres aux arêtes tranchantes et en partie recouverte de mousse et de racines, se trouve l'entrée de tout le complexe fortifié : la même entrée que Baldur von Schirach a dû emprunter quand il a cherché à s'abriter lors des derniers jours du mois d'avril 1945, après la capitulation de Vienne. Seuls manquent au tableau les anges au sommet de la montagne. Les anges gardiens des enfants, ceux qui, selon Hannes Neubauer, ressemblaient aux anges couronnant la façade de l'église qui surplombait leurs pavillons. Les anges qu'il croyait entendre crier les nuits où l'alarme se déclenchait. Mais l'abri dans la montagne se résumait à des murs de ciment nu et à une longue table autour de laquelle étaient assises des jeunes filles à peine plus âgées qu'eux, ayant chacune des écouteurs sur la tête et un microphone devant elles. C'était l'une de ces filles qu'Hannes Neubauer avait entendue parler dans la radio de Schwester Mutsch. C'était elle, *Frau Coucou* qui, d'une voix métallique et éthérée, annonçait les attaques aériennes et rendait compte des dégâts. Sur une photo, on la voit assise à son poste radio, une fille toute jeune, quatorze ou quinze ans, les cheveux mi-longs, avec une frange raide et une expression de confiance mêlée d'angoisse. Le mur derrière elle est couvert de cartes abstraites qui montrent les mouvements aériens des forces ennemies. Si les Alliés avaient bombardé cette position, s'ils avaient su que les nazis avaient réuni toute l'administration de leur défense aérienne sous cette montagne, ils auraient pu, en une seule frappe, tous les éradiquer : pas seulement ceux qui veillaient jour et nuit dans la montagne, également les malades et les attardés, les mal élevés et les bons à rien, les *non-humains* végétant dans les pavillons, tous auraient disparu en une seule explosion, et aucun ange sur terre ni dans l'univers n'aurait pu les sauver.

Les archives des morts Dans une pièce du sous-sol auparavant condamnée, située sous les salles d'autopsie du Steinhof, on a retrouvé en 1997 des restes humains provenant d'environ huit cents enfants, tous anciens « patients » de la clinique du Spiegelgrund. Les restes étaient conservés dans des bocaux de verre de trente centimètres de haut, rangés les uns contre les autres sur des étagères poussiéreuses. Les bocaux étaient minutieusement étiquetés et numérotés. Ils ne comportaient aucune information personnelle, mais avaient été classés selon l'âge et le sexe (*4J* – garçon de quatre ans) ou selon le poids de l'enfant (*10 kg*), et la plupart d'entre eux présentaient une étiquette sur laquelle le diagnostic était écrit dans une encre bleuâtre pâlie par le temps. *Befund : normal. Diagnos : Idiotie*. Les restes font partie de cette collection anatomique personnelle à laquelle le docteur Gross avait fait référence dans plusieurs de ses articles scientifiques : *une collection d'échantillons anatomiques riche et parfaitement valide... certainement la plus importante collection de ce genre*. Derrière le verre trouble des bocaux, des cerveaux entiers ou des échantillons de lobes flottent dans une épaisse solution de formol ; une mâchoire d'enfant déformée par une excroissance qui s'agrippe telle une algue boursouflée ; un visage entier, flottant comme dans un rêve, yeux fermés et lèvres entrouvertes, tordues dans une expression d'éternelle stupéfaction.

On aperçoit derrière des étagères et des étagères de bocaux qui s'engendrent les unes les autres dans une perspective infinie. Donner un nom aux êtres vivants cachés derrière ces restes anonymes exigera une éternité : il faudra comparer les numéros inscrits sur les étiquettes avec les notes des dossiers pour retrouver les affections et les diagnostics correspondants. *Hermine A., atteinte de paralysie totale.* À l'arrivée d'Hermine au Spiegelgrund, le docteur Illing prononce le diagnostic suivant : *tiefstehende Idiotie*. Le même jour, le 8 février 1943, il envoie son dossier au comité à Berlin. Malgré l'état général de la jeune fille, qualifié de « sévèrement affaibli » (d'après ses archives médicales, elle avait 39° de fièvre), elle subit cinq jours plus tard une pneumo-encéphalographie complète – afin que le docteur Illing puisse se faire une idée de l'apparence des tissus cérébraux de l'enfant avant que son autopsie déjà programmée soit pratiquée. Après sa radiographie du cerveau, Hermine décède sans avoir repris connaissance. *Ingeborg S., quinze ans.* Ingeborg S. souffre de paralysie spastique et de crises d'épilepsie généralisées. Selon son dossier, elle est traitée au Luminal. La jeune fille doit être « attachée » pour ne pas « s'échapper » pendant la nuit. Après soumission de son cas à Berlin – au motif qu'« aucune amélioration » n'a été observée depuis son traitement au Luminal – elle subit, elle aussi, une pneumo-encéphalographie, et ce malgré la rougeole contractée la semaine précédente et les notes de l'infirmière faisant état d'une « fièvre élevée ». Deux jours après sa radio du cerveau, Ingeborg est déclarée atteinte d'une « double pneumonie ». Comme dans tous les autres cas, c'est le docteur Uiberrak qui pratique l'autopsie avec (comme elle le précise dans le rapport d'enquête préliminaire) le docteur Gross ou le docteur Illing à ses côtés en qualité d'observateur. Le cerveau est extrait du crâne et plongé dans la solution de formol adéquate. Puis les glandes y sont rattachées afin que la jeune fille, devenue objet anonyme, puisse être examinée autant de fois que nécessaire. Les morts ne meurent pas seulement une fois. Ils meurent éternellement.

Le dernier entretien avec Doktor Gross En avril 1997, une nouvelle procédure est lancée contre Heinrich Gross. Cette fois, l'accusation se fonde sur de nouvelles preuves, dont un document retrouvé dans une ancienne banque d'archives de la Stasi à Berlin. Sur ce document, le docteur Illing demande au comité d'État des subventions supplémentaires pour financer rétrospectivement le travail fourni par le docteur Gross afin d'« aider le comité dans ses actions » durant l'été 1944. Lors d'une précédente déposition, Gross a déclaré qu'il se trouvait en réhabilitation cet été-là et que, de toute façon, il n'était pas retourné à la clinique après son enrôlement dans la Wehrmacht en 1943. Néanmoins, le procureur peut désormais prouver que le docteur Gross était en activité à la clinique pendant tout l'été et qu'il a, au cours de cette période, examiné puis « traité », en fonction des réponses de Berlin, au moins douze enfants. Le plus jeune d'entre eux a dix jours au moment de l'examen. Le plus âgé a quatorze ans. L'un des enfants s'appelle Hannes Pichler. Il est accueilli et examiné par le docteur Gross le 19 juillet 1944. Hannes, âgé de trois mois, est né avec une sévère malformation du visage, un diagnostic psychologique et neurologique plus précis étant « impossible à réaliser » d'après les notes du docteur Gross. Selon le protocole alors établi depuis quelques années, l'enfant est placé en unité pédiatrique au pavillon 15, puis il subit une pneumo-encéphalographie et son dossier est soumis au comité à Berlin qui, en raison de sa malformation, donne son aval au « traitement ». Le bébé décède le 26 août. Tant le rapport d'examen que le dossier envoyé au comité portent sa signature, pourtant le docteur Gross continue de nier.

INTERROGATEUR ANONYME : Le nom de Hannes Pichler vous dit-il quelque chose ?

LE DOCTEUR GROSS : Non.

L'INTERROGATEUR : Il ne vous dit vraiment rien ?

LE DOCTEUR GROSS : Non, il ne me dit vraiment rien.

L'INTERROGATEUR : Pourtant, vous avez publié des articles scientifiques à son sujet en 1956, 1957 puis 1973, fondés sur la coupe histologique de cerveau que vous avez vous-même réalisée.

LE DOCTEUR GROSS : C'est possible, mais cela ne veut pas dire que je sais de qui il s'agit.

L'INTERROGATEUR : Il s'agit d'un enfant qui a été admis au Spiegelgrund et qui y a été assassiné. C'est vous qui l'avez examiné. Et il est mort à l'époque où vous officiiez à la clinique en tant que remplaçant du docteur Illing.

LE DOCTEUR GROSS : C'est possible, je ne me souviens plus.

L'INTERROGATEUR : Mais Illing n'était plus là ! Qui était le plus haut responsable quand Illing n'était pas là ?

LE DOCTEUR GROSS : Je l'ignore. La décision avait peut-être été prise avant. Je ne me souviens pas.

L'accusation de complicité de meurtre des douze enfants a beau cette fois être étayée sur des preuves concrètes, le docteur Gross continue de nier. Parallèlement à cela, ses avocats tentent de faire déclarer Gross inapte à subir son procès : ils présentent une série de certificats médicaux compilant toutes les maladies dont souffre le médecin – diabète, infection chronique de la vessie, angine de poitrine, problèmes de motricité, surdité partielle. Le 21 mars 2000 s'ouvre ce qui sera le dernier jour d'audience dans le procès contre le docteur Gross. Il a quatre-vingt-quatre ans, porte une casquette vissée jusqu'aux yeux et, voûté, marche à petits pas traînants. Il tient sa canne d'une main tremblante, et de l'autre il s'accroche au fils de son avocat qui le conduit au banc des accusés ; il y tombe plus qu'il ne s'y assied. Il se tasse sur son siège : on ne voit plus de lui que le bout de son grand nez et ses larges lunettes sous le bord de sa casquette. Quand les débats s'ouvrent, il s'est tellement affaissé sur lui-même qu'un conseiller juridique, au dernier moment, l'empêche de tomber à la renverse. Le juge, inquiet, se penche en avant. *Comprenez-vous ce que je dis, Herr Gross ?* La réponse qui émane du banc est à peine audible : *Un peu, très mal*. À ce moment-là, l'avocat de Gross ouvre sa mallette pour en extraire son meilleur atout : une récente tomographie du cerveau de Gross montrant un processus démentiel très avancé. Lequel, selon le psychiatre qui a ordonné et analysé la radiographie, se traduit par des pertes de mémoire et un état de confusion mentale récurrent. Au vu de la santé de l'accusé, il ne faut pas plus de cinq minutes à la cour pour décider de repousser les débats d'un an et demi. Il n'y aura pas d'autre audience du procès contre le docteur Gross. Le 15 décembre 2005, il décède à l'âge de quatre-vingt-onze ans à son domicile de Hollabrunn sans jamais avoir retrouvé sa mémoire sélective. Jamais il ne sera jugé pour meurtre ou complicité de meurtre sur les enfants du Spiegelgrund.

> LE DOCTEUR GROSS : Non – non, jamais, monsieur le juge ! Je n'ai jamais directement ou indirectement fait quoi que ce soit qui aurait pu entraîner la mort d'adultes ou bien d'enfants.
> Jamais. Je vous assure : jamais. Je ne m'en souviens pas.
> En fait, je ne me souviens de rien.

Alors que j'étais allongé sur le lit, écoutant couler la rivière, une nuit, en effet, il m'a semblé que j'étais comme une rivière avec la terre en dessous et l'air au-dessus, que la rivière s'était vraiment arrêtée, et que ce qui montait et descendait, seul au milieu et avec des arbres sur les rives, c'était moi.

Mercè Rodoreda[1]

1. *La Mort et le Printemps* (*La mort i la primavera*), Actes Sud, 1995. Traduction de Christine Maintenant et Claude Bleton.

XVII

Morts sans nom

D'un jour à l'autre, sans opposition notable, un hôpital de Vienne s'est transformé en un camp pour enfants présumés handicapés mentaux. Au Spiegelgrund, la viabilité de ces enfants a été médicalement mise à l'épreuve ; ils y ont été mesurés, étiquetés, maltraités, torturés et assassinés. Leurs dossiers et certificats de décès ont été falsifiés. On y agissait à l'insu des parents, que l'on calomniait ensuite. « Une fois que l'enfant est mort, sa famille a cessé de s'intéresser à lui », a écrit le médecin-assassin dans le dossier médical de l'un de ses jeunes patients. Or, c'est lui qui a fait en sorte que ces parents ne puissent plus approcher leur enfant, avant comme après la mort. Mais de cela, il ne dit rien. Plus tard, il niera systématiquement tout ce qui s'est passé là-bas, jusqu'à ce que tout finisse par tomber dans l'oubli. Certains se sont échappés de ce lieu de mort, d'autres y ont survécu. Au cours des décennies suivantes, ces survivants n'ont cessé de témoigner des faits qui se sont produits au Spiegelgrund. Ils ont décrit avec précision les bourreaux et les assassins qui, impunément, comme si rien ne s'était jamais passé, ont continué à exercer leur activité dans cette ville. Après le procès à l'Oberlandsgericht *de Vienne, le 30 mars 1981, tout le pays savait que le médecin chef Gross avait participé à l'« assassinat d'un nombre inconnu d'enfants atteints de maladie mentale, de déficience intellectuelle ou de malformation grave (qui souffraient d'affections héréditaires ou infectieuses), ce nombre inconnu étant vraisemblablement élevé, sans toutefois atteindre des centaines ». Ici, au cimetière central, plus de 600 urnes ont été déposées. À ce jour, nous avons connaissance de 789 enfants assassinés. Leur nombre augmente chaque année. Et aujourd'hui, nous savons que Vienne devait être purgée de 15 % de sa population totale – telle était la proportion de la « sélection négative » estimée par les hygiénistes raciaux pour cette ville. Malgré cela, le médecin euthanasiste a pu redevenir en 1981 ce qu'il avait été plus tôt : médecin chef du Steinhof. À cette époque, le conseiller municipal en charge des questions de santé s'appelle Alois Stacher. Gross est également devenu psychiatre légiste. Le ministre de la Justice est alors Christian Borda. Gross a conservé son poste à la tête de l'institut Boltzmann. On pouvait pourtant aisément prouver que les préparations anatomiques dont il se servait provenaient d'enfants victimes de meurtre, mais le monde de la recherche n'y voyait visiblement aucun inconvénient. C'est Herta Firnberg qui est alors au ministère des Sciences, et le chancelier fédéral s'appelle Bruno Kreisky. Seuls les survivants présents ont élevé la voix contre cette épouvantable indifférence. Depuis 1981, ils n'ont plus eu qu'un objectif : que les enfants réduits à l'état de préparations anatomiques soient dignement honorés et enterrés. Ce qu'Antigone demande à Créon pour son frère tombé en faute, nous l'avons demandé pendant deux décennies pour les enfants innocents du Spiegelgrund : une sépulture. Pourquoi leur a-t-on pendant si longtemps refusé cette sépulture ? Pourquoi a-t-on refusé de croire le témoignage des survivants ? Pourquoi a-t-on choisi d'accorder davantage de crédit aux médecins légistes plutôt qu'aux historiens de la médecine ? La réponse est évidente, pourtant personne ne veut l'accepter. Le mutisme mensonger protège les criminels. C'est pourquoi nous venons, ici et devant vous, vous rappeler que l'injustice n'est pas encore réparée, que les auteurs des faits n'ont pas encore été punis et qu'ils sont, en raison d'une perte de mémoire consciente, tombés dans l'un de ces oublis légitimés par les autorités. Il n'y a pas de justice, il n'y a même pas de condamnation. Jamais plus personne ne devra poser cette question fatale de l'utilité et de la valeur d'une vie humaine, personne. Je m'incline devant la souffrance et la mort de ces enfants. Cette terre est plus légère maintenant que nous les laissons y reposer.*

Un père dit Hannes En vieillissant, Hannes Neubauer a commencé à collectionner des cartes. L'une d'elles est une planche datant de l'époque nazie et représentant le réseau de voies navigables européen *germanique* (elle est intitulée ainsi) *:* une jolie planche où le tracé des fleuves ressemble à de longues veines noires, rouges, bleues et turquoise serpentant sur la surface d'un continent tant saturé de régions annexées et occupées que la topographie est à peine reconnaissable. Là, dit Hannes en pointant son index sur la Moravie traversée par un épais trait turquoise. C'est là que les nazis voulaient forcer leurs prisonniers russes à creuser un canal devant relier l'Oder au Danube. S'ils avaient réussi, toutes les voies d'eau d'Europe auraient été réunies en un seul réseau de veines. Et ainsi ils n'auraient pas seulement régné sur les routes, les chemins de fer, les villes et les ports, mais aussi sur les fleuves, notre système sanguin à tous. Pourquoi croyez-vous qu'il était si important pour eux de se débarrasser de nous ? Nous ne prenions pas de place, nous n'apparaissions sur aucune de leurs cartes. Seulement nous empêchions leur sang de circuler librement. Du simple fait de notre existence, nous faisions planer l'ombre d'un doute quant à l'espèce humaine docile et obéissante qu'ils se croyaient capables de créer. Des hommes-souverains voulant enfanter des hommes-esclaves. Ils y échouèrent. La honte était leur dernier opposant, celui qu'ils devaient vaincre en eux-mêmes, mais dont jamais ils n'arrivèrent à se débarrasser. Nous étions le dysfonctionnement de ce système, les éléments qui refusaient de s'assembler. L'ombre qui, la nuit, murmurait que tu allais pour l'éternité devoir demeurer un autre que celui que tu aurais dû devenir. Dit Hannes. Il explique ensuite qu'il fut parmi les derniers restés au Spiegelgrund. Quand la clinique ferma ses portes, il fut transféré dans un autre établissement situé à Kollburggasse, à Ottakring. On l'installa dans un dortoir parmi d'autres enfants qui n'avaient pas été réclamés par leurs parents. Il ne se rappelle pas le nom de l'unité dans laquelle il avait été placé, ni combien de temps il y resta, mais il comprit qu'ils le considéraient comme gravement malade. Un médecin venait le voir plusieurs fois par jour pour lui prescrire des médicaments et il recevait également les visites d'une psychologue. Une femme jeune et aimable, totalement différente de ce qu'avait été Frau Baar, qui l'avait tant tourmenté jadis. Cependant ce petit être patient finit aussi par se lasser qu'aucune de ses questions ne reçoive de réponse. On lui fit des injections censées lui délier la langue, mais elles le rendirent somnolent et encore moins loquace. L'infirmière en charge de ces injections était également celle qui lui apportait ses repas. Il faut que tu manges, Hannes, insistait-elle. Il faut que tu deviennes grand et fort. Elle avait une voix chaleureuse et amicale, et il s'en méfiait comme de la peste. La guerre est finie, maintenant, répétait-elle de cette voix fallacieusement douce. Il ne comprenait pas ce qu'elle voulait dire. Régulièrement, une personne de l'« administration » venait dans le dortoir accompagnée d'un ou deux adultes mal à l'aise. Cela se passait toujours de la même manière : la personne de l'« administration » lisait un nom à voix haute sur un document, l'infirmière responsable montrait alors un lit du doigt, et la ou les inconnues (c'étaient souvent des femmes, très rarement des hommes ; parfois un homme et une femme) éclataient en sanglots ou laissaient échapper un cri avant de se ruer vers le lit de l'enfant. D'autres fois, on obligeait l'enfant à se lever et à s'avancer vers ses parents, qui attendaient que leur enfant vienne docilement à eux. Ainsi, le dortoir se vida peu à peu, et Hannes fut bientôt le seul à y occuper encore son lit. Il s'était rétabli et passait la plus grande partie de ses journées assis à la fenêtre – elle n'avait pas de barreaux mais n'en était pas moins une fenêtre. Soudain, il entendit des pas dans le couloir et, quand il se retourna, il vit que l'infirmière était à la porte. Elle lui dit alors, avec une joie teintée d'un certain soulagement :

Ta maman est là, Hannes.

Elle fait un pas de côté, dévoilant une femme inconnue qui ouvre les bras, s'attendant à ce qu'il coure vers elle pour l'étreindre. Au lieu de cela, il pousse un cri effroyable, puis survient un véritable chaos dans le dortoir. L'infirmière appelle des renforts ; deux hommes se précipitent dans la salle et parviennent à sortir l'enfant de sa cachette sous le lit. Il s'ensuit une discussion avec le représentant de l'administration, devant lequel l'inconnue doit à nouveau certifier que le document qu'elle a présenté est valable. Dans ses derniers souvenirs de cet instant, Hannes se cramponne au montant de la porte, obligeant les deux hommes à desserrer ses doigts un à un pour le faire sortir de la pièce. Par la suite, tout trouvera son explication. L'inconnue, qui s'avérera patiente et gentille, à l'opposé de l'affreux monstre pour lequel il la prenait pendant les premiers temps, l'emmène un jour au parc. Elle lui explique que sa vraie mère est morte juste après que le père de Hannes l'avait quittée. L'inconnue a alors épousé le père. C'est la pire erreur que j'aie commise de toute ma vie, regrette-t-elle. Le père de Hannes lui avait raconté qu'il était veuf, et il avait bel et bien l'air d'avoir besoin de l'aide et du soutien d'une femme. En réalité, dit l'inconnue, il avait seulement besoin d'une personne sur qui déverser sa colère. Mon père est un soldat, rétorque Hannes. La femme se montre compréhensive : d'une certaine manière, oui, peut-être était-il un soldat. Il travaillait dans l'industrie de l'armement, passait ses journées à manipuler une lourde presse à métaux, une immense machine à l'intérieur de laquelle il fallait entrer toute sa tête avant d'actionner la pédale qui commande le système de presse en lui-même. Un jour où il était distrait, il a appuyé sur la pédale avant d'avoir retiré sa tête de la machine. Si tu veux mon avis, il a eu la fin qu'il méritait.

Tu mens lance Hannes.

Pendant toute sa vie, on lui a menti. Alors comment distinguer le vrai du faux ? La femme est bienveillante, pas de doute. Elle lui dit qu'elle a tout fait pour convaincre les autorités de donner la possibilité à Hannes de vivre dans une vraie maison. Où pourrait-il aller, sinon ? L'inconnue s'était remariée avec un homme du nom de Heinz Rehmer, professeur dans un lycée professionnel. Hannes Neubauer grandit avec eux, mais il ne se remettra jamais du mensonge. Il passe son temps devant ses cartes et ses livres à se demander : Que se serait-il passé si tout cela n'était pas arrivé ? S'ils avaient réussi à creuser ce canal ? Si la honte n'avait pas existé ? Si son père avait vraiment été soldat et s'il était venu le chercher après la guerre, comme il l’avait dit ? S’il avait au moins eu la décence de mourir comme tous les autres ?

Morts sans nom Le dimanche 28 avril 2002 sont inhumés les restes des enfants retrouvés dans le sous-sol des salles d’autopsie du Steinhof. Hannes Neubauer est présent à la chapelle du cimetière central de Vienne ; il n’est pas le seul : plusieurs autres « anciens » assistent également à la cérémonie commémorative. Hannes est toujours en contact avec certains d’entre eux, Walter Schiebeler (l’Éternel Insatisfait), par exemple. L’Éternel Insatisfait lui raconte qu’il a récemment rendu visite à Pawel Zavlacky, qui occupe une chambre dans une maison de retraite à Simmering. Je n’aurais jamais cru que ce pauvre diable tiendrait aussi longtemps, dit l’Éternel Insatisfait. Adrian Ziegler est absent. J’ai laissé tout cela derrière moi depuis bien longtemps, affirme-t-il désormais dès que le Spiegelgrund surgit dans la conversation, mais personne ne le croit vraiment. Il rumine et ressasse et ne peut s’empêcher de découper soigneusement tout ce qui paraît au sujet du programme d’euthanasie des nazis. Au moment où la cérémonie commence, il est sur la route avec son gendre : ils vont chercher des bulbes et de l’engrais chez un grossiste à Schwechat. Missi et Ewald – c’est le prénom du gendre – tiennent une petite boutique de fleurs dans le XVIe arrondissement et Adrian aime bien leur donner un petit coup de main à l’entrepôt, les aider à transporter des marchandises ou entasser des sacs de terre ou d’engrais. De ses quelques années d’activité professionnelle, c’est ce genre de travail concret et manuel qu’il a préféré. En 1983, trente-cinq ans après qu’on lui a refusé le droit de conduire un véhicule, il a enfin pu passer son permis de conduire. C’est pourtant le gendre qui conduit. Ewald et Missi ont un break SEAT rouge. C'est un jour de printemps presque estival, le ciel est ouvert à l'infini au-dessus des champs, la fine couche de brume à l'horizon achève de brouiller la frontière pourtant déjà floue entre la terre et le ciel. De ce ciel sans limites souffle un vent qui charrie avec lui la poussière et la terre des champs. Ce même vent secoue les peupliers et frappe de plein fouet les larges rangées de saules qui bordent la route. Alors que, en chemin vers Albern, ils viennent tout juste de passer sous le pont de l'autoroute de l'Est, Adrian se tourne vers Ewald et lui raconte qu'il s'agit de la route qu'ils ont prise le jour où on est venu les chercher à la prison de Kaiserebersdorf pour les faire déblayer les gravats après l'attaque aérienne. Cela devait être en février, ou peut-être en mars ; mars 1945. Foutaises, objecte Ewald, ils n'utilisaient que les prisonniers de guerre pour ce genre de travaux. Qui ? demande Adrian. Les nazis, bien sûr. Ils ont souvent ce genre de conversation. Adrian raconte une anecdote, puis Ewald rétorque qu'il est impossible que cela se soit passé ainsi. Ewald est un homme opiniâtre et têtu, persuadé d'en savoir plus que les autres, même s'il n'y était pas. Mais il écoute toujours Adrian avec bonhomie et semble dans l'ensemble apprécier la compagnie de son beau-père. Bien évidemment, Adrian *sait* que c'est la route qu'ils ont prise ce matin-là. Il revoit cette lumière si particulière de début de printemps qui les éblouissait, il revoit la boue qui se mêlait en bord de route aux bandes de neige à moitié fondue, le tout dans une piquante brume grise. Il revoit également Jockerl assis à côté de lui bien qu'il soit mort. Livide, il grelotte derrière ses genoux repliés sur sa poitrine. Comment peut-on se rappeler avoir vu une personne qui était déjà morte ? Morte ou vivante, dans les souvenirs, cela ne fait aucune différence. Les silos à céréales s'élèvent au-dessus des cimes de la forêt à l'approche du port d'Albern. Peux-tu tourner ici s'il te plaît ? dit-il à Ewald.

À la fin de la cérémonie, l'assemblée quitte la chapelle pour se rendre à l'emplacement des sépultures. Il y a beaucoup de monde, dont des hommes politiques en costume sombre et des journalistes équipés de microphones suivis par des hommes avec de lourdes caméras sur l'épaule. Bien sûr, ces caméras de télévision ne sont pas pointées vers eux mais vers les hommes politiques et leurs femmes, ainsi que vers le maire et son entourage. Entre les dos noirs des costumes, Hannes voit une cinquantaine d'enfants former une haie. À hauteur du visage ou de la poitrine, chacun tient une photographie agrandie de l'un des enfants assassinés au Spiegelgrund. Ces clichés sont vraisemblablement ceux pris par le docteur Gross, car il n'existe pas d'autre photo, ou très peu. Ainsi, les portraits forment deux rangées entre lesquelles les urnes sont solennellement apportées. Quelqu'un lit le nom de chaque mort, lentement et méticuleusement, mais la voix s'éraille, ou alors est-ce le vent qui souffle à travers les buissons et les arbustes, autour des stèles qui le repoussent ? Hannes porte la main à son oreille pour mieux entendre :

Baumgartner Herbert Bayerl Wilma Becker Anna

Il tente de percevoir un nom qu'il pourrait reconnaître. En vain. Ils ne citent que les enfants du pavillon 15, bien sûr. Becker Julius, pense-t-il, le garçon aux ciseaux ; mais le nom de Becker n'est pas cité. La voix poursuit :

Braun Anton Brückner Gertrude Brunner Hilde Czech Anton...

Tourne ici, s'il te plaît, dit Adrian à Ewald, et Ewald s'exécute sans poser de questions, empruntant la pente qui descend vers le port. Il fait beaucoup plus chaud ici, parmi les silos. L'air tremble et vibre dans le grondement des moteurs, comme si toute la zone portuaire était contenue sous une cloche de verre. Les camions-citernes reculent en direction des quais de chargement, tandis que leurs chauffeurs, accrochés à la porte entrouverte de leur cabine, hurlent et font de grands gestes en direction de leurs collègues. Le bruit est si assourdissant qu'il est impossible d'entendre autre chose que les moteurs des camions, le choc des maillons de chaînes des grues et des lourdes marchandises que l'on décharge. Deux ouvriers en gilets réfléchissants s'emparent d'un tuyau attaché à l'un des camions-citernes et le tirent jusqu'à un puits protégé. Puis ils reculent et allument une cigarette, pendant que les céréales se déversent dans le réservoir. Adrian regarde autour de lui. Il ne reconnaît rien, pourtant ce doit être là, au port d'Albern. Ce doit être le lieu où, selon l'oncle Ferenc, échouaient les noyés que le fleuve avait emportés, tous ces morts sans nom, ces disparus qui n'existaient jamais ailleurs que dans la mémoire de leurs proches. Ewald longe d'interminables rangées d'entrepôts, puis la route s'arrête sur une aire de manœuvre où sont garés deux camions à bétonnière dont le puissant moteur tourne au ralenti. Deux hommes sont en train de nettoyer les réservoirs. L'un d'eux fait le tour du véhicule avec un tuyau à la pression si forte qu'on a l'impression d'entendre un coup de feu chaque fois que le jet d'eau frappe les parois de métal. Derrière lui, l'autre homme essaie de gratter les dépôts de béton restés collés à l'aide d'une brosse pourvue d'un long manche. Les deux hommes portent une combinaison orange à même leur peau bronzée. Comme Ferenc. Adrian sait qu'il se trouve au bon endroit, et pendant un instant il est presque heureux. Il fait signe à Ewald de s'arrêter, puis il descend de la voiture. Ewald essaie de lui dire quelque chose mais ses paroles se perdent dans le vacarme des moteurs et des bétonnières. Il fait horriblement chaud. C'est comme si la lumière du jour avait été chauffée puis fondue dans les vapeurs d'essence avant d'être déversée dans l'espace étroit qui sépare les camions des entrepôts. L'air est chargé d'insectes. Ils semblent enivrés par l'odeur des gaz d'échappement : mouches et taons au bourdonnement incessant. Adrian tente de les balayer du revers de la main, en vain. De l'autre côté de l'esplanade goudronnée, deux montants de barrière ainsi qu'un escalier grossièrement maçonné conduisent à une petite chapelle mortuaire en partie dissimulée derrière des broussailles. Une fois au bas des marches fissurées et couvertes de mousse, Adrian découvre les allées reliant les tombes selon un tracé qui n'a pas l'évidence d'un cimetière normal ; ici elles sont tortueuses, comme si elles avaient cherché leur chemin à tâtons. D'ailleurs, il s'agit moins d'allées que de sentiers façonnés par les pas. Lors d'une de ces après-midi d'été où ils gardaient des bêtes près de Hubertusdamm, Ferenc lui avait parlé d'un cimetière caché et à demi enterré près du port d'Albern. Allongés sur la terre dure, les bras et les jambes en croix, ils avaient regardé le ciel profond des soirs d'été, tandis qu'au-dessus des rives les insectes formaient de grandes colonnes noires, comme aujourd'hui. Le fleuve faisait beaucoup de victimes en ce temps-là, avait dit Ferenc. Surtout lorsqu'on a cherché à réguler son débit en creusant le nouveau canal puis bâtissant des digues et en transformant d'anciens bras du fleuve en canaux de drainage. Plusieurs membres de la famille de Ferenc avaient travaillé sur ces chantiers, et ceux qui n'étaient pas morts du typhus pendant la phase d'excavation avaient été emportés par les flots, disparaissant à jamais ou échouant à Albern avec les autres cadavres. Étrangement, il y a un contre-courant naturel juste à cet endroit, racontait Ferenc. Lorsque les eaux de surface rencontrent des courants plus forts en profondeur, il se forme un tourbillon, et dans les zones mortes resurgit une boue faite de toutes sortes d'ordures provenant de plusieurs milliers de kilomètres en amont ; on y trouve de l'herbe, des rondins, des vieux cartons et même des meubles entiers. Et bien sûr aussi des cadavres humains. Beaucoup de cadavres : certains sont si enflés après avoir passé tout l'hiver dans l'eau qu'on peine à leur reconnaître forme humaine. Avant, on les enterrait à l'endroit où on les trouvait. Tout au bout de la pointe. Le cimetière a fini par abriter un nombre important de sépultures. Mais cela n'a servi à rien, disait Ferenc. Malgré la régulation du fleuve décidée par l'empereur, les berges ont continué à être inondées, encore et encore. À chaque crue, il a fallu renforcer les digues. On a donc construit un nouveau cimetière *derrière* l'ancien pour tous les morts recrachés par le fleuve. La digue qui s'étend désormais à droite d'Adrian est le dernier barrage monté pour protéger le second cimetière. Ainsi les morts reposent-ils les uns contre les autres, en rangs désordonnés, serrés en raison de leur nombre. *Inconnu*, *anonyme*, annoncent les planches de bois plantées dans le sol. Ou parfois rien du tout, seulement une date, 14.4.1931. Correspond-elle au jour où la personne est morte, à celle où son corps a échoué sur la rive ou au jour où on l'a enterrée ? Toutes les tombes ne sont pas délaissées.

Ici et là, certaines ont été désherbées et ornées de fleurs fraîches plantées dans un pot de peinture, ou d'une image pieuse, ou encore d'une lanterne dont la lumière a depuis longtemps fini de brûler derrière ses plaques de verre tachées de poussière et de cadavres d'insectes carbonisés. Ici et là, certaines tombes ont même un nom. Martin, est-il écrit sur un crucifix. Hildegard, un peu plus loin sur une pierre. Adrian aimerait voir apparaître le nom de Jockerl ; pendant un court instant, il croit discerner le début d'un J gravé sur une pierre, mais quand il arrache l'herbe et la mousse qui la recouvrent, c'est un autre nom qui se révèle. Il y a tant d'insectes qui rampent autour de sa bouche et de ses narines qu'il n'ose plus respirer. Les insectes grouillent sur son cou et sa nuque, ils s'amassent sur son front et autour de ses yeux, si bien que, à sa grande surprise, il entend le sifflement rageur de leurs ailes : malgré la proximité du port industriel, de ses entrepôts et de ses quais de chargement, le vacarme assourdissant s'est tu. Le sol détrempé et marécageux qui accueille les tombes est situé à un autre niveau – un niveau qui appartient à un autre monde. Adrian rassemble ses dernières forces et, s'accrochant aux arbustes et racines, il atteint la digue et retrouve le soleil. Là, le vent le frappe de plein fouet et les essaims d'insectes s'évaporent comme par enchantement. Devant lui, dans la lumière décroissante de la fin d'après-midi, les bras du fleuve s'étirent, interminables, en direction de la centrale électrique de Freudenau. De l'autre côté, il voit Albern et l'étroite entrée du port. Il voit également Ewald en train de fumer, debout à côté de sa SEAT rouge clair. Glissant sur un tapis de lumière, une péniche remonte le fleuve. Il entend quelqu'un l'appeler. *Adrian !* C'est Ewald. Il le voit articuler exagérément en désignant sa montre. Il se tourne vers le fleuve une dernière fois. La péniche a disparu. Il ne reste plus devant ses yeux qu'une étendue d'eau informe en perpétuel mouvement sous une surface en apparence lisse qui reflète la lumière telle la face intérieure et cachée du ciel

et la voix continue de lire :

Weihs Ingrid Weinzierl Johann Weiss Hildegard Wick Alfred Wödl Alfred Woina Franz Zehetner Gerhard Zipfl Aloisia Zipko Hedwig

puis recommence, cela ne prend jamais fin

Épilogue

La littérature traitant ou tournant autour du projet d'euthanasie d'enfants initié par les nazis au Spiegelgrund est aujourd'hui très abondante, et il serait bien trop long d'énumérer chacune de mes sources. Je souhaite cependant adresser des remerciements tout particuliers à Friedrich Zawrel, dont l'enfance et l'expérience, puis la rencontre inattendue avec son ancien bourreau Heinrich Gross, ont inspiré les passages correspondants dans mon roman. Tant dans ses échanges privés avec moi qu'à travers les livres, films et conférences où il s'est exprimé, Zawrel a apporté un éclairage détaillé sur les conditions de vie au Spiegelgrund. Son témoignage, riche en informations, a été d'une valeur inestimable pour ce roman. J'aimerais aussi remercier Andrea Fredriksson-Zederbauer pour m'avoir aidé dans mes recherches et dans mon travail de rédaction, ainsi que pour ses remarques critiques et constructives sur le texte même. Merci également à René Chahrour, Herwig Czech et Werner Vogt, dont le discours prononcé lors de l'enterrement des restes des enfants assassinés au Spiegelgrund au cimetière central de Vienne, le 28 avril 2002, est partiellement repris dans la dernière partie.

Table des matières

La photocomposition de cet ouvrage
a été réalisée par
GRAPHIC HAINAUT
30, rue Pierre Mathieu
59410 Anzin

MIXTE
Papier issu de
sources responsables
FSC® C003309
FSC
www.fsc.org

10/18, une marque d'Univers Poche,
est un éditeur qui s'engage pour
la préservation de son environnement
et qui utilise du papier fabriqué à partir
de bois provenant de forêts gérées
de manière responsable.

Imprimé en France par CPI

N° d'impression : 3025726
Dépôt légal : août 2017
Suite du premier tirage : novembre 2017
X07097/02

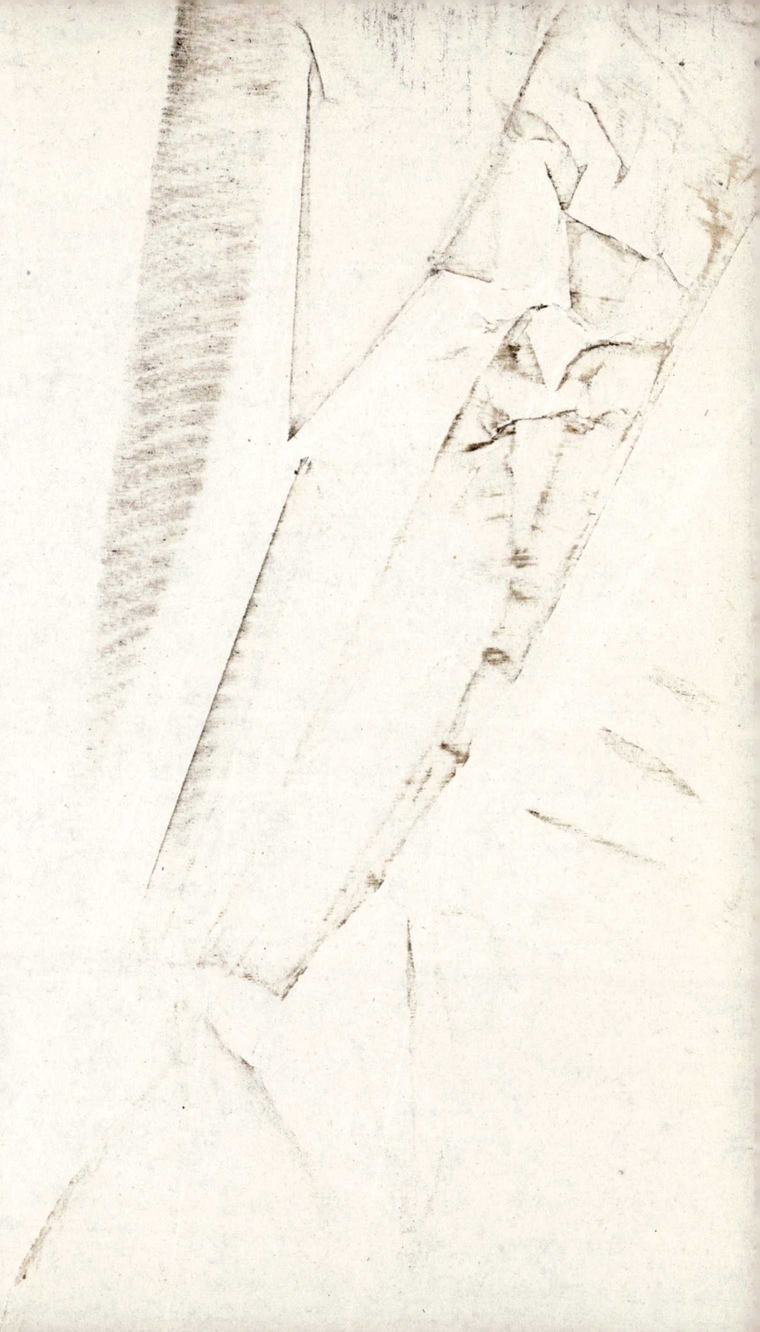